FamRZ-Buch **25**

Die

FamRZ-Bücher

werden herausgegeben von

Prof. Dr. Dr. h.c. Peter Gottwald
Dr. Ingrid Groß
Dr. Meo-Micaela Hahne
Prof. Dr. Dr. h.c. mult. Dieter Henrich
Prof. Dr. Dr. h.c. Dieter Schwab
Prof. Dr. Thomas Wagenitz

VERLAG ERNST UND WERNER GIESEKING, BIELEFELD

Die gemeinsame Wohnung

– Begründung, Änderung und Aufhebung der Rechtsverhältnisse,
Wohnungszuweisung, Gewaltschutz –

von

Dr. Isabell Götz
Richterin am OLG München
und
Prof. Dr. Gerd Brudermüller
Vors. Richter am OLG Karlsruhe

2008

VERLAG ERNST UND WERNER GIESEKING, BIELEFELD

Bibliografische Information der Deutschen Nationalbibliothek

Die Deutsche Nationalbibliothek verzeichnet diese Publikation in der Deutschen Nationalbibliografie; detaillierte bibliografische Daten sind im Internet über http://dnb.d-nb.de abrufbar.

2008

© Verlag Ernst und Werner Gieseking GmbH, Bielefeld

Dieses Werk ist urheberrechtlich geschützt. Jede Verwertung, insbesondere die auch nur auszugsweise Vervielfältigung auf fotomechanischem oder elektronischem Wege, die Einstellung in Datenbanken oder die Aufnahme in On-line-Dienste, ist nur insoweit zulässig, als sie das Urheberrechtsgesetz ausdrücklich gestattet, ansonsten nur und ausschließlich mit vorheriger Zustimmung des Verlages.

Alle Rechte bleiben vorbehalten.

Lektorat: Dr. iur. Jobst Conring

Gesamtherstellung: Decker Druck GmbH & Co. KG, Neuss

ISBN 978-3-7694-1034-1

Vorwort

Beziehungen und Mietverhältnisse weisen in gewisser Hinsicht Parallelitäten auf: Beide werden oft mit großer Euphorie begonnen, die im Laufe der Zeit einer Ernüchterung weicht und schließlich zu heftigen Auseinandersetzungen bei der Abwicklung führen kann. Sowohl Miet- als auch Familienrichter haben es häufig mit sehr emotional geführten Prozessen zu tun, ist ein Dach über dem Kopf doch existenzielles Bedürfnis jedes Menschen. Zerbricht eine Partnerschaft, gleich ob Ehe, eingetragene Lebenspartnerschaft oder nichteheliche Lebensgemeinschaft, stellt sich auch die Frage nach dem Schicksal der gemeinsamen Wohnung. Wer darf sie behalten, was geschieht mit dem Mietverhältnis oder dem gemeinsamen Eigentum? Vor allem in Gewaltfällen sind dann rasche Regelungen nötig, die die Parteien in dieser Situation kaum einvernehmlich erzielen können. Dem Familiengericht stehen verschiedene Vorschriften zur Verfügung, nach denen die Alleinnutzung einer Wohnung bei Trennung eines Paares oder in Fällen von Gewalt geregelt werden kann.

Das Buch soll für den Praktiker die mit dem gemeinsamen Wohnen zusammenhängenden Probleme – von dessen Beginn über eine gerichtliche Wohnungszuweisung bis zur Abwicklung des zugrunde liegenden Rechtsverhältnisses – aufzeigen. Die geplanten Reformen des Familienverfahrensrechts, der Vorschriften über familiengerichtliche Maßnahmen bei Kindeswohlgefährdungen und der Wohnungszuweisung nach Rechtskraft der Scheidung werden durch entsprechende Hinweise im Text bereits berücksichtigt (jeweils grau unterlegt). Die dazugehörigen Vorschriften in der jeweiligen Entwurfsfassung finden sich auszugsweise im Anhang.

Soweit im Text von Lebenspartnern die Rede ist, ist dies auf Personen bezogen, die eine eingetragene Lebenspartnerschaft nach dem Lebenspartnerschaftsgesetz begründet haben. Demgegenüber wird mit dem Begriff des Lebensgefährten eine Person bezeichnet, die in einer nichtehelichen oder nicht „verpartnerten" Lebensgemeinschaft lebt. In der Darstellung wird zwischen Eheleuten, Lebenspartnern und Lebensgefährten unterschieden, soweit unterschiedliche Regelungen bestehen. Ausführungen ohne diese Unterscheidung betreffen – unabhängig vom zugrunde liegenden Status – alle Paare gleichermaßen.

München/Karlsruhe, Juli 2008   *Isabell Götz/Gerd Brudermüller*

Inhaltsverzeichnis

Literaturverzeichnis XIX
Abkürzungsverzeichnis XXVII

Teil 1: Rechtsverhältnisse an der gemeinsamen Wohnung – Begründung, Änderung, Beendigung 1

A. Mietverhältnisse 1
   I.   Ein Partner als Alleinmieter 1
      1. Aufnahme des Partners 1
         a) Ehegatte oder eingetragener Lebenspartner 1
         b) Nichteheliche Lebensgemeinschaft 3
      2. Folgen der Aufnahme 5
         a) Im Verhältnis zum Vermieter 5
            aa) Vertragsbeitritt 5
            bb) Haftung für den Mietzins 6
            cc) Erhöhung des Mietzinses 6
            dd) Einbeziehung des Nichtmieters in die Schutzwirkung des Mietvertrags 8
            ee) Nichtmieter als Erfüllungsgehilfe des Mieters ... 9
         b) Im Verhältnis zum Mieter 10
            aa) Untermietverhältnis 10
            bb) Ausgleichsansprüche 10
         c) Besitzrecht und Besitzschutz des Nichtmieters 11
            aa) Eheleute und Lebenspartner 11
            bb) Nichteheliche Lebensgefährten 13
         d) Tod des Mieters 14
      3. Kündigung 16
         a) Durch den Vermieter 17
            aa) Wegen der Aufnahme des Partners 17
            bb) Wegen der Überlassung der Wohnung nach Trennung an den Partner 18
            cc) Wegen Fehlverhaltens des Partners 20
         b) Durch den Mieter 21
            aa) Einschränkung des Rechts zur Kündigung im Hinblick auf § 1353 BGB, § 2 LPartG 22

bb) Gerichtliches Kündigungsverbot bei
    Wohnungszuweisung 23
c) Räumungsvollstreckung 23
    aa) Vermieter gegenüber den Bewohnern 23
    bb) Alleinmieter gegenüber dem Nichtmieter 24
II. Mitmieter 25
    1. Abschluss des Mietvertrags 25
        a) Eheleute 25
            aa) Zwei Parteien im Kopf, nur eine Unterschrift 25
            bb) Eine Partei im Kopf, zwei Unterschriften 27
        b) Lebenspartner 28
            aa) Zwei Parteien im Kopf, nur eine Unterschrift 28
            bb) Eine Partei im Kopf, zwei Unterschriften 29
        c) Nichteheliche Lebensgemeinschaft 30
            aa) Zwei Parteien im Kopf, nur eine Unterschrift 30
            bb) Eine Partei im Kopf, zwei Unterschriften 30
    2. Verhältnis zwischen dem Vermieter und den Mietern 31
        a) Mieter als Gesamthandsgläubiger und Gesamt-
           schuldner 31
        b) Mieterhöhungsverlangen 31
        c) Tod eines Mieters 33
        d) Vermieterkündigung 33
    3. Verhältnis zwischen den Mietern 34
        a) Gesellschaftsrecht – Vollmachtklauseln 34
        b) Ausgleichs- und Freistellungsansprüche 35
            aa) Vor der Trennung 35
            bb) Nach der Trennung 36
        c) Besitz- und Nutzungsrechte 37
        d) Mieterkündigung 38
            aa) Kündigungserklärung 38
            bb) Anspruch gegen den Mitmieter auf Zustimmung
                zur Kündigung 39
        e) Mietaufhebungsvertrag 41
        f) Kautionsrückzahlung 43
B. Dingliche Berechtigung 44
    I. Alleineigentum eines Ehe-, Lebenspartners oder Lebens-
       gefährten 44
       1. Mietverhältnis zwischen den Bewohnern 44
       2. Besitzrecht 44
       3. Schutz vor Veräußerung 45
           a) Eheleute und Lebenspartner 45
               aa) § 1353 BGB, § 2 LPartG 45

bb) § 1365 BGB 46
cc) Gerichtliches Veräußerungsverbot bei
    Wohnungszuweisung 47
b) Lebensgefährten 47
4. Verbindlichkeiten – Ausgleichsansprüche 48
   a) Kreditverbindlichkeiten, Hauslasten 48
   b) Investitionen in die Immobilie 49

II. Miteigentum 51
1. Gemeinschaftsrecht – Verfügungsbefugnis – Recht zum
   Besitz 51
2. Regelungen für die Zeit nach der Trennung 52
   a) Beibehaltung des Miteigentums – Wohnwert –
      Nutzungsentschädigung 53
      aa) Exkurs: Wohnwert 53
      bb) Nutzungsentschädigung 56
   b) Verkauf 58
   c) Übernahme durch einen Miteigentümer zum
      Alleineigentum 58
3. Teilungsversteigerung 59
   a) Antrag 60
      aa) Form und Inhalt 60
      bb) Antragsberechtigung 60
      cc) § 1365 BGB 61
   b) Verfahren 63
   c) Unzulässigkeit des Verfahrens 64
      aa) Gebot der Rücksichtnahme 64
      bb) Unzulässige Rechtsausübung 65
      cc) Vorrang Gewaltschutzgesetz – Gerichtliches
          Verbot der Teilungsversteigerung bei Wohnungs-
          zuweisung 66
   d) Einstellung des Verfahrens 66
      aa) Einstellung aufgrund Bewilligung des Antrag-
          stellers 66
      bb) § 180 Abs. 2 ZVG 66
      cc) § 180 Abs. 3 ZVG 67
      dd) § 765a ZPO 68
   e) Erlösverteilung 70
4. Verbindlichkeiten – Ausgleichsansprüche 70
   a) Vor der Trennung 71
   b) Nach der Trennung 71

III. Sonstige dingliche Berechtigung 73

C. Schutz des räumlich-gegenständlichen Bereichs der gemeinsamen Wohnung 74
  I. Ehepaare 74
  II. Eingetragene Lebenspartner 74
  III. Nichteheliche Lebensgemeinschaften 75

D. Kinder 76

Teil 2: Gerichtliche Regelung der Alleinnutzung einer Wohnung im Konfliktfall – die Wohnungszuweisung durch das Familiengericht 79

A. Einführung 79
  I. Nutzungsregelungen im Überblick 79
  II. Rechtsverhältnis an der Wohnung 81
  III. Folgen der Zuweisung für Mietverhältnis und Eigentum 81
    1. Mietwohnungen 81
    2. Eigentumswohnungen 82

B. Voraussetzungen der einzelnen Zuweisungsregelungen 84
  I. Wohnungszuweisung für die Trennungszeit bei Eheleuten nach § 1361b BGB 84
    1. Vorläufige Benutzungsregelung 85
    2. Wirksame Ehe 85
    3. Trennung 86
    4. Ehewohnung 88
    5. Zuweisung zum Zweck der Veräußerung, Vermietung oder Kündigung? 90
    6. Unbillige Härte 90
      a) Einzelfälle 91
      b) Kindeswohl 92
      c) Ausgeübte oder angedrohte Gewalt, § 1361b Abs. 2 BGB 94
        aa) Verletzungshandlung 94
        bb) Vollendetes Delikt 95
        cc) Rechtswidrigkeit und Schuld 95
        dd) § 1361b Abs. 2 BGB und Kindeswohl 96
      d) Gesamtabwägung 96
    7. Ausschluss der Wohnungszuweisung 99
      a) Fehlende Wiederholungsgefahr 99
      b) Einigung 100
      c) Kündigung 101
      d) Überlassungsvermutung des § 1361b Abs. 4 BGB 101

II.	Wohnungszuweisung für die Trennungszeit bei Lebenspartnern nach § 14 LPartG	103
	1. Gemeinsame Wohnung	104
	2. Wirksame Lebenspartnerschaft	105
	3. Ausschluss der Zuweisung	106
III.	HausratsVO	107
	1. Ehewohnung	108
	2. § 1 HausratsVO – fehlende Einigung der Parteien	108
	3. Zuweisungskriterien	112
	a) Billiges Ermessen, § 2 HausratsVO	112
	b) Dingliche Rechtspositionen, § 3 HausratsVO	114
	c) Dienst- und Werkwohnungen, § 4 HausratsVO	116
IV.	§§ 17, 18 LPartG	118
	1. Wirksame Lebenspartnerschaft und Partnerschaftswohnung	119
	2. Kindeswohl	119
	3. Dingliche Berechtigung, § 18 Abs. 2 LPartG	120
V.	Überlassung einer gemeinsam genutzten Wohnung zur Alleinnutzung nach § 2 GewSchG	120
	1. Grundsätze	122
	2. Wohnung	123
	3. Voraussetzungen für eine Überlassung der Wohnung zur Alleinnutzung	123
	a) Verletzung von Rechtsgütern gemäß § 1 Abs. 1 S. 1 GewSchG oder Drohung	123
	b) „Auf Dauer angelegter gemeinsamer Haushalt"	126
	c) Ausschluss der Wohnungszuweisung	128
	aa) Fehlender Vorsatz	128
	bb) Fehlende Widerrechtlichkeit	128
	cc) Fehlendes Verschulden	129
	dd) Fehlende Wiederholungsgefahr, § 2 Abs. 3 Nr. 1 GewSchG	130
	ee) Nicht fristgerechtes schriftliches Überlassungsverlangen, § 2 Abs. 3 Nr. 2 GewSchG	131
	ff) Täterbelange, § 2 Abs. 3 Nr. 3 GewSchG	133
VI.	Die „go-order" nach §§ 1666, 1666a BGB	134
	1. Kindeswohlgefährdung	135
	2. Fehlende Gefahrenabwehr durch die Eltern	136
	3. Maßnahmen gegen Dritte	136
	4. „Go-order"	136
	5. Amtsverfahren	137
	6. Überprüfungspflicht	138

VII. Wohnungszuweisung bei nichtehelicher Lebensgemeinschaft 138

C. **Grundsatz der Verhältnismäßigkeit** 140
 I. Wohnungsteilung 140
  1. Grundsätze 140
  2. Besonderheiten in Gewaltfällen 141
 II. Befristung der Zuweisung zur Alleinnutzung 141
  1. Erforderlichkeit der Befristung innerhalb der einzelnen Zuweisungstatbestände 142
   a) Wohnungszuweisung für die Zeit des Getrenntlebens, § 1361b BGB, § 14 LPartG 142
   b) Wohnungszuweisung für die Zeit nach Rechtskraft der Scheidung bzw. Aufhebung der eingetragenen Lebenspartnerschaft nach der HausratsVO und §§ 17, 18 LPartG 143
   c) Zuweisung zur Alleinnutzung nach § 2 GewSchG 143
   d) „go-order" nach §§ 1666, 1666a BGB 144
  2. Dauer der Befristung 144
  3. Fristverlängerung 145

D. **Konkurrenzen** 147
 I. Innerhalb der Zuweisungsvorschriften 147
 II. Mit anderen Ansprüchen 149
  1. Verhältnis zu §§ 861ff BGB 149
   a) Bei getrennt lebenden Ehe- und Lebenspartnern 149
   b) Ohne vorhergehende Trennung und bei fehlender Trennungsabsicht des Ausgesperrten 151
  2. Im Verhältnis zu §§ 985, 745 Abs. 2 BGB 152
  3. Bei nichtehelicher Lebensgemeinschaft 152

E. **Nutzungsentschädigung** 154
 I. Einleitung 154
  1. Der künftige Alleinnutzer ist Alleinberechtigter 155
  2. Mitberechtigung beider Wohnungsnutzer 155
  3. Alleinberechtigung des Weichenden 156
 II. Ansprüche im Einzelnen 156
  1. § 1361b Abs. 3 S. 2 BGB 156
   a) Voraussetzungen 157
    aa) Wohnungszuweisung oder Wohnungsüberlassung 157
    bb) Verhältnis zu § 745 Abs. 2 BGB bei Miteigentum 158

Inhaltsverzeichnis XIII

    cc) Billigkeitskriterien 160
   b) Höhe 160
  2. § 14 Abs. 3 S. 2 LPartG 162
  3. Hausratsverordnung 163
   a) Voraussetzungen 163
   b) Verhältnis zu § 745 Abs. 2 BGB bei Miteigentum 164
   c) Höhe 165
  4. §§ 17, 18 LPartG 166
  5. Gewaltschutzgesetz 167
   a) Voraussetzungen 167
   b) Verhältnis zu § 745 Abs. 2 BGB bei Miteigentum 168
   c) Höhe 168
  6. „go-order" nach §§ 1666, 1666a BGB 168
 III. Freistellung statt Nutzungsentschädigung 169
 IV. Isolierte Nutzungsentschädigung 169
 V. Verhältnis zu Unterhaltsansprüchen 170
 VI. Verhältnis zu § 426 BGB 171
 VII. Zusätzliche Ausgleichszahlung 171

F. Schutz- und Zusatzanordnungen 173
 I. Rechtsgrundlagen für Schutz- und Zusatzanordnungen 173
  1. Wohlverhaltensgebote 173
  2. Richterliche Anordnung zur Durchführung der Zuweisung 173
  3. Maßnahmen nach § 1 GewSchG und Strafbarkeit nach § 4 GewSchG 174
  4. Schutz- und Zusatzanordnungen bei einer „go-order" 175
  5. Überblick 176
 II. Mögliche Schutz- und Zusatzanordnungen 176
  1. Räumungsanordnung 177
   a) Grundsätze 177
    aa) Zuweisung nach § 1361b BGB, § 14 LPartG, der HausratsVO, §§ 17, 18 LPartG und § 2 GewSchG 177
    bb) „go-order" nach §§ 1666, 1666a BGB 178
   b) Räumungsfrist und deren Verlängerung 179
  2. Die Räumung ergänzende Anordnungen 180
  3. Zusatzanordnungen bei Wohnungsteilung 180
  4. Verbot der Kündigung oder sonstigen Beendigung des Mietverhältnisses 181
  5. Veräußerungsverbot 182
  6. Verbot der Teilungsversteigerung 182

	7. Gewaltfälle	184
III.	Isolierte Schutz- und Zusatzordnungen	185
IV.	Befristung der Schutz- und Zusatzanordnungen	187
V.	Tenorierungsbeispiele	187
	1. Räumungsverpflichtung und diese begleitende Anordnungen	187
	2. Kündigungsverbot	188
	3. Zusatzanordnungen in Gewaltfällen	188
	4. Hinweis auf Strafbarkeit nach § 4 GewSchG	188

G. Änderung des Mietvertrags durch das Familiengericht 189
   I.   Einleitung 189
   II. Möglichkeiten nach § 5 HausratsVO, § 18 LPartG 190
       1. Änderung des Mietvertrags, § 5 Abs. 1 S. 1 HausratsVO, § 18 Abs. 1 LPartG 191
       2. Neubegründung eines Mietverhältnisses, § 5 Abs. 2 HausratsVO, § 18 Abs. 3 LPartG (in Verbindung mit der HausratsVO) 193
   III. Sicherung der Ansprüche des Vermieters, § 5 Abs. 1 S. 2 HausratsVO (in Verbindung mit § 18 Abs. 3 LPartG) 195
   IV. Zuweisung und Änderung des Mietvertrags gegen den Willen des Begünstigten? 197

H. Verfahrensrecht 199
   I.   Anwendbare Vorschriften 199
   II. Zuständigkeit 200
   III. Verbundverfahren – Isoliertes Verfahren – Entscheidung 202
   IV. FGG-Verfahren: Amtsermittlung und Beweislast, Antrag, Aussetzung, Hauptsacheerledigung 204
       1. Amtsermittlungsgrundsatz 204
       2. Antrag 206
       3. Mündliche Verhandlung 207
       4. Aussetzung des Verfahrens 207
       5. Hauptsacheerledigung 208
   V. Anwaltszwang 209
   VI. Beteiligte 209
   VII. Vereinbarungen 212
   VIII. Änderung der Entscheidung (oder Vereinbarung) 213

I. Eilmaßnahmen 215
   I.   Überblick über die Vorschriften zum Erlass einer einstweiligen Anordnung 216

II. Voraussetzungen des Erlasses einer einstweiligen Anordnung 216
 1. Materielle Voraussetzungen 216
 2. Prozessuale Voraussetzungen 217
  a) Anhängiges Hauptsacheverfahren 217
  b) Form, Anwaltszwang, Glaubhaftmachung 219
  c) Regelungsbedürfnis 220
  d) Zuständigkeit 220
  e) Mündliche Verhandlung 221
III. Geltungsdauer 222
 1. Ohne Befristung 222
 2. Mit Befristung 223
IV. Einstweilige Verfügung 223

J. Vollstreckung 225
 I. Räumungsanordnung 225
  1. Im Verfahren nach § 1361b BGB, § 14 LPartG, der HausratsVO und §§ 17, 18 LPartG 225
  2. Im Verfahren nach § 2 GewSchG 227
  3. Im einstweiligen Anordnungsverfahren 227
   a) Grundsätze 227
   b) Besonderheiten Gewaltschutzgesetz 228
   c) Mehrfache Vollziehung nach § 885 Abs. 1 S. 3 ZPO ...228
 II. Untersagungsanordnungen 229
 III. Nichtabholung zurückgelassener Sachen 229
 IV. Vollstreckung der „go-order" 230

K. Kosten, Streitwert und Gebühren 232
 I. Kostenentscheidung in der ersten Instanz 232
  1. Wohnungszuweisung nach HausratsVO, §§ 17, 18 LPartG und nach § 1361b BGB, § 14 LPartG 232
   a) Isoliertes Zuweisungsverfahren 232
    aa) Verfahrenskosten 233
    bb) Außergerichtliche Kosten 234
   b) Im Verbundverfahren 234
  2. Regelung der Wohnungsnutzung nach § 2 GewSchG 235
   a) Gerichtskosten 235
   b) Außergerichtliche Kosten 236
  3. Bei „go-order" nach §§ 1666, 1666a BGB 237
   a) Gerichtskosten 237
   b) Außergerichtliche Kosten 238
  4. Kosten einer einstweiligen Anordnung 238
 II. Kostenentscheidung in der Rechtsmittelinstanz 239

1. Rechtsmittel gegen Wohnungszuweisung 239
   a) Isoliertes Verfahren 239
   b) Verbundverfahren 240
   c) Rechtsmittelrücknahme 241
2. Rechtsmittel gegen einstweilige Anordnung 241
3. Rechtsmittel gegen Zwangsmittel 241

III. Gegenstandwerte 242
1. Nach § 1361b BGB, § 14 LPartG..............................242
   a) Hauptsacheverfahren 242
   b) Einstweilige Anordnung 242
2. Verfahren nach der HausratsVO, §§ 17, 18 LPartG 243
   a) Hauptsacheverfahren 243
   b) Einstweilige Anordnung 243
3. Verfahren nach § 2 GewSchG 243
   a) Hauptsacheverfahren 243
   b) Einstweilige Anordnung 244
4. Verfahren nach §§ 1666, 1666a BGB 244
   a) Hauptsacheverfahren 244
   b) Einstweilige Anordnung 245
5. Rechtsmittelverfahren 245
6. Zwangsvollstreckungsverfahren 245

IV. Gebühren 246
1. Allgemeine Grundsätze 246
2. Übersicht über die im Einzelnen anfallenden Gebühren ...246
   a) Gerichtsgebühren 246
      aa) 1. Instanz 246
      bb) 2. Instanz 247
   b) Anwaltsgebühren 248
      aa) Grundsatz 248
      bb) Ausnahmen 248

L. **Rechtsmittel** 250
I. Rechtsmittel gegen Hauptsacheentscheidung 250
1. Beschluss im isolierten Hauptsacheverfahren 251
   a) Befristete Beschwerde, § 621e ZPO 251
      aa) Statthaftigkeit – Problem der „Endentscheidung" 251
      bb) Abhilfe 252
      cc) Beschwerdeberechtigung 252
      dd) Zuständigkeit, Frist, Form, Anwaltszwang 253
      ee) Reformatio in peius 254
      ff) Suspensiveffekt 255
      gg) Anschlussbeschwerde 255

	hh) Beschwerderücknahme 255
	b) Rechtsbeschwerde 256
	2. Verbundentscheidung 256
	a) Berufung oder sofortige Beschwerde 256
	b) Revision oder Rechtsbeschwerde 256
II.	Rechtsmittel gegen einstweilige Anordnung 257
	1. Statthaftigkeit 257
	2. Beschwerdeberechtigung 258
	3. Form, Frist, Anwaltszwang 259
	4. Weitere Beschwerde 259
III.	Rechtsmittel gegen Kostenentscheidung 259
	1. Verbundentscheidung 259
	2. Isoliertes Verfahren 260
IV.	Rechtsmittel gegen Zwangsmittel und deren Androhung 260
V.	Rechtsmittel gegen Festsetzung des Geschäftswerts, Kostenfestsetzung und Kostenansatz 261

M. Ausblick 263

Anhang 269
 I. Checklisten für § 1361b BGB, HausratsVO und § 2 GewSchG 269
   1. Wohnungszuweisung nach § 1361b BGB 269
   2. Zuweisung nach der HausratsVO 271
   3. Wohnungsüberlassung zur Alleinnutzung nach § 2 GewSchG 273
 II. Formulierungshilfen für Anträge und Beschlüsse 274
   1. Antrag/Beschluss nach § 1361b BGB mit Zusatzanordnungen 274
   2. Antrag/Beschluss nach §§ 2, 5 HausratsVO 275
   3. Antrag/Beschluss nach §§ 2, 3 HausratsVO 276
   4. Antrag/Beschluss nach § 2 GewSchG 277
   5. Antrag/Beschluss nach § 1666 BGB 278
 III. Gesetzesentwürfe 279
   1. Entwurf eines Gesetzes zur Reform des Verfahrens in Familiensachen und in den Angelegenheiten der freiwilligen Gerichtsbarkeit (FamFG-E) 279
   2. Entwurf eines Gesetzes zur Erleichterung familiengerichtlicher Maßnahmen bei Gefährdung des Kindeswohls 286
   3. Entwurf eines Gesetzes zur Änderung des Zugewinnausgleichs- und Vormundschaftsrechts 287

Stichwortverzeichnis 289

Literaturverzeichnis

Bamberger, Heinz Georg/Roth, Herbert (Hrsg.): Kommentar zum Bürgerlichen Gesetzbuch, Band 3, Familienrecht, 2. Auflage, München 2008 (zit.: Bamberger/Roth/*Bearbeiter*).

Bassenge, Peter/Roth, Herbert: Gesetz über die Angelegenheiten der freiwilligen Gerichtsbarkeit. Rechtspflegergesetz. FGG/RPflG Kommentar, 11. Auflage, Heidelberg 2007.

Baumbach, Adolf/Lauterbach, Wolfgang/Albers, Jan/Hartmann, Peter: Zivilprozessordnung, 66. Auflage, München 2008.

Blank, Hubert: Haftung und Kündigung mit Personenmehrheiten in: Schriftenreihe des Evangelischen Siedlungswerkes in Deutschland e.V., Band 70, Mietparteien und ihr Wechsel – während des Bestehens des Mietvertrages, Köln 2005, S. 23ff.

ders.: Die Zuweisung der Ehewohnung nach der HausratsVO, FPR 1997, 119ff.

Brudermüller, Gerd: Zuweisung der Wohnung zum Schutz vor Gewalt, in: Theorie und Praxis des Miet- und Wohnungseigentumsrechts, Festschrift für Hubert Blank zum 65. Geburtstag, hrsg. v. Ulf P. Börstinghaus und Norbert Eisenschmid, München 2006, S. 109ff.

ders.: Schlüsselgewalt und Telefonsex – zugleich Besprechung von BGH, Urt. v. 11.3.2004 – III ZR 213/03 –, NJW 2004, 2265ff.

ders.: Zum Anspruch des Mieters auf Erteilung der Erlaubnis zur Aufnahme eines Lebensgefährten in die Mietwohnung – zugleich Anmerkung zum Urteil des BGH vom 5.11.2003 – VII ZR 371/02 –, FamRZ 2004, 358ff.

ders.: Regelungen der Nutzungs- und Rechtsverhältnisse an Ehewohnung und Hausrat – Rechtsprechungsübersicht seit 1999, FamRZ 2003, 1705ff; Rechtsprechungsübersicht seit Mitte 2003, FamRZ 2006, 1157ff.

ders.: Zuweisung der Mietwohnung bei Ehegatten, Lebenspartnern, Lebensgefährten, FuR 2003, 433ff = WuM 2003, 250ff. = ZFE 2003, 164ff.

ders.: Das geplante Gewaltschutzgesetz, FF 2000, 156ff.

ders.: Das Familienheim in der Teilungsversteigerung, FamRZ 1996, 1516ff.

ders.: Wohnungszuweisung bei Beendigung einer nichtehelichen Lebensgemeinschaft?, FamRZ 1994, 207ff.

ders.: Wohnungszuweisung und Ausgleichszahlung, FamRZ 1989, 7ff.

ders.: Die Zuweisung der Ehewohnung an einen Ehegatten, FamRZ 1987, 109ff.

ders.: Wohnungszuweisung vor Anhängigkeit einer Ehesache, NJW 1984, 2560ff.

ders.: Mietrechtliche Aspekte eheähnlicher Gemeinschaften, Die gesetzliche Regelung der Untermiete als Lösungsmodell, Europäische Hochschulschriften, Reihe 2: Rechtswissenschaft, Band 309, Frankfurt am Main 1982.

Bruns, Manfred/Kemper, Rainer: Lebenspartnerschaftrecht, Handkommentar, 2. Auflage, Baden-Baden 2006 (Hk-LPartR/*Bearbeiter*).

Bub, Wolf-Rüdiger: Aktuelle Rechtsprechung zum Mietrecht in: Schriftenreihe des Evangelischen Siedlungswerkes in Deutschland e.V., Band 70, Mietparteien und ihr Wechsel – während des Bestehens des Mietvertrages, Köln 2005, S. 287ff.

Bumiller, Ursula/Winkler, Karl: Freiwillige Gerichtsbarkeit, 8. Auflage, München 2006.

Dauner-Lieb, Barbara/Heidel, Thomas/Ring, Gerhard (Hrsg.): Anwaltkommentar BGB, Band 2, Schuldrecht, Band 4, Familienrecht, Bonn 2005 (zit.: AnwK-BGB/*Bearbeiter*).

Emmerich, Volker/Sonnenschein, Jürgen: Miete, Handkommentar, 8. Auflage, Berlin 2003 (zit.: Emmerich/Sonnenschein/*Bearbeiter*).

Erbarth, Alexander: Die zeitlichen Grenzen des § 1361b II BGB – ein Beitrag zur Dogmatik der Vorschrift, FamRZ 1998, 1007.

Erman, Walter: Handkommentar zum Bürgerlichen Gesetzbuch in zwei Bänden, 11. Auflage, Berlin 2004 (zit.: Ermann/*Bearbeiter*).

Eschenbruch, Klaus/Klinkhammer, Frank (Hrsg.): Der Unterhaltsprozess, Praxishandbuch des materiellen und prozessualen Unterhaltsrechts, 4. Auflage, Neuwied 2006 (zit.:Eschenbruch/Klinkhammer/*Bearbeiter*).

Finger, Peter: Zuweisung der Ehe-/Partnerschaftswohnung; GewSchutzG, FuR 2006, 241ff.

Finke, Fritz: Wohnwert – Nutzungsentschädigung, Die Nutzung des Familienheims im Unterhaltsrecht und allgemeinen Zivilrecht, FF 2007, 185ff.

ders.: Der Wohnwert beim Ehegatten- und Kindesunterhalt unter besonderer Berücksichtigung unterschiedlicher Eigentumsverhältnisse am Familienheim, FPR 2008, 94ff.

Flatow, Anneke: Die Ehewohnung in der Trennungsphase der Ehegatten – Recht zum Besitz und Besitzschutz, Schriften zum deutschen, europäischen und vergleichenden Zivil-, Handels- und Prozessrecht, Band 201, Bielefeld 2002.

Gerhardt, Peter/von Heintschel-Heinegg, Bernd/Klein, Michael (Hrsg.): Handbuch des Fachanwalts Familienrecht, 6. Auflage, Neuwied 2008 (zit.: FA-FamR/*Bearbeiter*).

Gerhardt, Peter: Wohnwert und Abzahlungen beim Ehegattenunterhalt – unter Berücksichtigung der geänderten Rechtsprechung des BGH –, FuR 2007, 393ff.

Gernhuber, Joachim/Coester-Waltjen, Dagmar: Familienrecht, 5. Auflage, München 2006.

Giers, Michael: Der Antrag nach dem Gewaltschutzgesetz, FamRB 2005, 303ff.

Gottwald, Uwe: Die Zwangsversteigerung zum Zweck der Aufhebung der Gemeinschaft (Teilungsversteigerung) in der familienrechtlichen Praxis, ZFE 2007, 64ff und 101ff.

ders.: Zustimmung des Ehegatten zum Antrag auf Anordnung der Teilungsversteigerung, FamRZ 2006, 1075ff.

Gruber, Urs Peter: Die „Gesamtbereinigung" nach dem BGH – Steine statt Brot für die Scheidungspraxis, FamRZ 2000, 399ff.

Grziwotz, Herbert: Nichteheliche Lebensgemeinschaft, 4. Auflage, München 2006.

ders.: Rechtsprechung zur nichtehelichen Lebensgemeinschaft, FamRZ 2006, 1069ff.

ders.: Schutz vor Gewalt in Lebensgemeinschaften und vor Nachstellungen, NJW 2002, 872ff.

Hartmann, Peter: Kostengesetze, 37. Auflage, München 2007.

Harz, Annegret/Kääb, Ottheinz/Riecke, Olaf/Schmid, Michael: Handbuch des Fachanwalts Miet- und Wohnungseigentumsrecht, Neuwied 2006 (zit.:FA-MietRWEG/*Bearbeiter*).

Haußleiter, Otto/Schulz, Werner: Vermögensauseinandersetzung bei Trennung und Scheidung, 4. Auflage, München 2004.

Henrich, Dieter/Schwab, Dieter (Hrsg.): Der Schutz der Familienwohnung in europäischen Rechtsordnungen, Beiträge zum europäischen Familienrecht, Band 2, Bielefeld 1995 (zit.: Henrich/Schwab/*Bearbeiter*).

Hoppenz, Rainer (Hrsg.): Familiensachen, 8. Auflage, Heidelberg 2005. (zit.: Hoppenz/*Bearbeiter*).

Hülsmann, Hans-Bernd: Ehegattenauszug und Mietvertragskündigung, NZM 2004, 124ff.

Janzen, Ulrike: Das Kinderrechteverbesserungsgesetz – Weiterentwicklung des Kindschaftsrechts und Schutz der Kinder vor Gewalt –, FamRZ 2002, 785ff.

Johannsen, Kurt/Henrich, Dieter (Hrsg.): Eherecht – Scheidung, Trennung, Folgen. Kommentar, 4. Auflage, München 2003 (zit.: Johannsen/Henrich/*Bearbeiter*).

Karasek, Christian: Die Veräußerung von Wohnungseigentum im Rahmen des Zugewinnausgleichs, FamRZ 2002, 590ff.

Kay, Wolfgang: Polizeiliche Eingriffsmöglichkeiten bei häuslicher Gewalt, FPR 2005, 28ff.

Keidel, Theodor/Kuntze, Joachim/Winkler, Karl (Hrsg.): Freiwillige Gerichtsbarkeit, Kommentar zum Gesetz über die Angelegenheiten der freiwilligen Gerichtsbarkeit, 15. Auflage, München 2003 (zit.: Keidel/*Bearbeiter*).

Kemper, Rainer: Der Rechtsstreit um Wohnung und Hausrat in der gerichtlichen, anwaltlichen und notariellen Praxis, Berlin 2004.

Kindler, Heinz/Salzgeber, Josef/Fichtner, Jörg/Werner, Annegret: Familiäre Gewalt und Umgang, FamRZ 2004, 1241ff.

Kinne, Harald: Nichteheliche Lebensgemeinschaft und Mietverhältnis, FPR 2001, 36ff.

Kloster-Harz, Doris/Schmid, Michael: Ehewohnung – Partnerwohnung – Wohngemeinschaften, Neuwied 1999.

Kogel, Walter: Wohnungseigentum und Zugewinn, FamRZ 2003, 808ff.

Krause, Lambert: Das Familienheim bei Trennung und Scheidung, Baden-Baden 2007.

Langheim, Tanja: Entlassung eines Ehegatten aus dem gemeinsamen Mietvertrag, FamRZ 2007, 2030ff.

Löhnig, Martin: Zivilrechtlicher Gewaltschutz, Gesetze zur Ächtung von Gewalt in Erziehung, Familie, Partnerschaft und im sozialen Nahbereich, 2. Auflage, Berlin 2004.

ders.: Zivilrechtliche Probleme des neuen § 238 StGB, FamRZ 2007, 518ff.

ders.: Darlegung der Voraussetzungen des Anspruchs auf Wohnungsüberlassung, FPR 2005, 36ff.

Lützenkirchen, Klaus (Hrsg.): Anwalts-Handbuch Mietrecht, 3. Auflage, Köln 2007 (zit.: AHB-Mietrecht/*Bearbeiter*).

Machulla-Nothoff, Martina: Das Gewaltschutzverfahren – Fallstricke in der anwaltlichen Praxis, ZFE 2007, 55ff.

Münchener Kommentar, Kommentar zum Bürgerlichen Gesetzbuch, hrsg. von Rebmann, Kurt, Säcker, Franz Jürgen und Rixecker, Roland, Band 7, Familienrecht I (§§ 1297 – 1588, VAHRG, VAÜG, HausrVO), 4. Auflage, München 2000 (zit.: MünchKomm/*Bearbeiter*).

Münchener Kommentar zur ZPO, hrsg. von Lüke, Gerhard und Wax, Peter, 3. Auflage, München 2008 (zit.: MünchKomm/ZPO/*Bearbeiter*).

Muscheler, Karlheinz: Das Recht der eingetragenen Lebenspartnerschaft, 2. Auflage, Berlin 2004.

Musielak, Hans-Joachim (Hrsg.): Kommentar zur Zivilprozessordnung mit Gerichtsverfassungsgesetz, 5. Auflage, München 2007 (zit.: Musielak/*Bearbeiter*).

Palandt, Otto: Bürgerliches Gesetzbuch, 67. Auflage, München 2008 (zit.: Palandt/*Bearbeiter*).

Pechstaedt, Volkmar von: Zivilrechtliche Abwehrmaßnahmen gegen Stalking, NJW 2007, 1233ff.

Prütting, Hanns/Wegen, Gerhard/Weinreich, Gerd (Hrsg.): BGB Kommentar, 3. Auflage, Neuwied 2008 (zit.: Prütting/Wegen/Weinreich/*Bearbeiter*).

Schmidt-Futterer, Wolfgang: Mietrecht, 9. Auflage, München 2007 (zit.: Schmidt-Futterer/*Bearbeiter*).

Schneider, Johann: Rechtsstellung des getrennt lebenden Ehegatten gegenüber dem Vermieter der Ehewohnung, wenn der andere Ehegatte allein Mieter ist, FamRZ 2006, 10f.

Schneider, Norbert: Streitwertberechnung bei wechselseitigen Anträgen im Familienrecht – insbesondere bei Klage und Widerklage, ZFE 2007, 464ff.

Schnitzler, Klaus (Hrsg.): Münchener AnwaltsHandbuch Familienrecht, 2. Auflage, München 2008 (zit.: MAH-Familienrecht/*Bearbeiter*).

Scholz, Harald/Kleffmann, Norbert/Motzer, Stefan (Hrsg.): Praxishandbuch Familienrecht, München 2007 (zit.: Scholz/Stein/*Bearbeiter*).

Schröder, Rudolf/Bergschneider, Ludwig (Hrsg.): Familienvermögensrecht, 2. Auflage, Bielefeld 2007 (zit.: Schröder/Bergschneider/*Bearbeiter*).

Schröder, Rudolf: Eigentumsübertragungen beim Zugewinnausgleich und § 23 EStG, FamRZ 2002, 1010.

Schürmann, Heinrich: Wie hoch ist der Vorteil mietfreien Wohnens?, FuR 2006, 385ff und 440ff.

Schulz, Werner: Vermögensauseinandersetzung der nichtehelichen Lebensgemeinschaft, FamRZ 2007, 593ff.

ders.: Ausgleich von Gesamtschulden bei Trennung und Scheidung (§ 426 BGB), FPR 2006, 472ff.

Schumacher, Silvia/Janzen, Ulrike: Gewaltschutz in der Familie, Bielefeld 2003.

Schumacher, Silvia: Mehr Schutz bei Gewalt in der Familie – Das Gesetz zur Verbesserung des zivilgerichtlichen Schutzes bei Gewalttaten und Nachstellungen sowie zur Erleichterung der Überlassung der Ehewohnung bei Trennung, FamRZ 2002, 645ff.

Schumann, Eva: Zur Gleichbehandlung ehelicher und nichtehelicher Eltern-Kind-Verhältnisse. Zugleich Anmerkung zum Beschluss des BVerfG vom 28.2.2007 (1 BvL 9/04), FF 2007, 227ff.

Schwab, Dieter: Familienrecht, 15. Auflage, München 2007.

ders. (Hrsg.): Handbuch des Scheidungsrechts, 5. Auflage, München 2004 (zit.: Schwab/*Bearbeiter*).

Schweikert, Birgit/Baer, Susanne: Das neue Gewaltschutzrecht, Baden-Baden 2002.

Schwidich, Nadja: Die nichteheliche Lebensgemeinschaft im deutschen und im niederländischen Recht, Schriften zum deutschen, europäischen und vergleichenden Zivil-, Handels- und Prozessrecht, Band 240, Bielefeld 2007.

Soergel, H. Th.: Bürgerliches Gesetzbuch, Band 7, Familienrecht I (§§ 1297 – 1588, VAHRG, Nichteheliche Lebensgemeinschaft), 12. Auflage, Stuttgart 1989 (zit.: Soergel/*Bearbeiter*).

Staudinger, Julius von: Kommentar zum Bürgerlichen Gesetzbuch mit Einführungsgesetz und Nebengesetzen, 4. Buch, Familienrecht, Einl. zu §§ 1297ff; §§ 1297 – 1302; Nichteheliche Lebensgemeinschaft (Anhang zu §§ 1297ff), §§ 1303 – 1362; 13. Bearbeitung, Berlin 2000 (zit.: Staudinger/*Bearbeiter*).

Sternel, Friedemann: Mietrecht, 3. Auflage, Köln 1988.

ders.: Mietrecht aktuell, Erläuterung der neuen Mietgesetze, aktuelle Rechtsprechung, Gesetzestexte, Köln 1991.

ders.: Der Tod des Mieters, Eintritts- und Kündigungsrechte, ZMR 2004, 713ff.

Stöber, Kurt: Zwangsvollstreckung in das unbewegliche Vermögen. ZVG-Handbuch, 8. Auflage, München 2007.

Thomas, Heinz/Putzo, Hans: Zivilprozessordnung, Kommentar, 28. Auflage, München 2007 (zit.: Thomas/Putzo/*Bearbeiter*).

Viefhues, Wolfram: Fehlerquellen im familiengerichtlichen Verfahren, 2. Auflage, Münster 2008.

Weinreich, Gerd/Klein, Michael (Hrsg.): Fachanwaltskommentar Familienrecht, Kompaktkommentar zum Familienrecht, 3. Auflage, Köln 2008 (zit.: FAKomm-FamR/*Bearbeiter*).

Weinreich, Gerd: Zuweisung der Ehewohnung nach Gewaltschutzgesetz und § 1361b BGB, FuR 2007, 145ff.

ders.: Probleme der Teilungsversteigerung, FuR 2006, 352ff, 403ff und 453ff.

Wellenhofer-Klein, Marina: Die eingetragene Lebenspartnerschaft, München 2003.

Wendl, Philipp/Staudigl, Siegfried (Hrsg.): Das Unterhaltsrecht in der familienrichterlichen Praxis, 6. Auflage, München 2004 (zit.: Wendl/*Bearbeiter*).

Wever, Reinhardt: Vermögensauseinandersetzung der Ehegatten außerhalb des Güterrechts, 4. Auflage, Bielefeld 2006.

Will, Annegret: Gewaltschutz in Paarbeziehungen mit gemeinsamen Kindern, FPR 2004, 233ff.

Winterer, Heidi: Straf- und zivilrechtlicher Umgang mit Stalking in Deutschland – Stalking und häusliche Gewalt, FPR 2006, 199ff.

Wlecke, Ruth: Bestandsschutz an der gemieteten Ehewohnung, Schriften zum deutschen und europäischen Zivil-, Handels- und Prozessrecht, Band 157, Bielefeld 1995.

Wolf, Eckhard/Eckert, Hans-Georg/Ball, Wolfgang: Handbuch des gewerblichen Miet-, Pacht- und Leasingrechts, 9. Auflage, Köln 2004.

Zimmer, Maximilian/Pieper, Susann: Die Anwendung des § 1365 BGB in der Teilungsversteigerung, NJW 2007, 3104ff.

Zöller, Richard: Zivilprozessordnung, 26. Auflage, Köln 2007 (zit.: Zöller/*Bearbeiter*).

Abkürzungsverzeichnis

a.A.	anderer Ansicht
abl.	ablehnend
Abs.	Absatz
AG	Amtsgericht
Alt.	Alternative
a.E.	am Ende
a.F.	alte Fassung
Anm.	Anmerkung
BayObLG	Bayerisches Oberstes Landesgericht
BB	Der Betriebs-Berater
BetrKV	Betriebskostenverordnung
BFH	Bundesfinanzhof
BGB	Bürgerliches Gesetzbuch
BGBl.	Bundesgesetzblatt
BGH	Bundesgerichtshof
BGHZ	Amtliche Sammlung der Entscheidungen des Bundesgerichtshofs in Zivilsachen
BStBl.	Bundessteuerblatt
BT-Drs.	Bundestagsdrucksache
BV	Verordnung über wohnungswirtschaftliche Berechnungen
BVerfG	Bundesverfassungsgericht
E	Entwurf
EGZPO	Einführungsgesetz zur Zivilprozessordnung
Einl.	Einleitung
EStG	Einkommensteuergesetz
FamRB	Familienrechtsberater
FGG	Gesetz über die Angelegenheiten der freiwilligen Gerichtsbarkeit
Fn.	Fußnote
FPR	Familie, Partnerschaft, Recht
FuR	Familie und Recht

GE	Das Grundeigentum
GewSchG	Gewaltschutzgesetz
GKG	Gerichtskostengesetz
GVG	Gerichtsverfassungsgesetz
HausratsVO	Hausratsverordnung
h.M.	herrschende Meinung
Hs.	Halbsatz
Kap.	Kapitel
KostO	Kostenordnung
krit.	kritisch
LG	Landgericht
LPartG	Lebenspartnerschaftsgesetz
Ls.	Leitsatz
MDR	Monatsschrift für Deutsches Recht
MM	Mietrechtliche Mitteilungen
m.w.N.	mit weiteren Nachweisen
NJW	Neue Juristische Wochenschrift
NJWE-FER	NJW Entscheidungsdienst Familien- und Erbrecht
NJW-RR	NJW – Rechtsprechungs-Report Zivilrecht
NJW-Spezial	Beilage zur NJW
NZM	Neue Zeitschrift für Miet- und Wohnungsrecht
OLG	Oberlandesgericht
OLGR	OLG-Report
Rdnr.	Randnummer
Rpfleger	Der Deutsche Rechtspfleger
RPflG	Rechtspflegergesetz
RVG	Rechtsanwaltsvergütungsgesetz
S.	Satz, Seite
SGB	Sozialgesetzbuch
StGB	Strafgesetzbuch
StPO	Strafprozessordnung
str.	streitig

UÄndG	Gesetz zur Änderung des Unterhaltsrechts
VG	Verwaltungsgericht
WM	Wertpapiermitteilungen
WuM	Wohnungswirtschaft und Mietrecht
ZFE	Zeitschrift für Familien- und Erbrecht
ZMR	Zeitschrift für Miet- und Raumrecht
ZPO	Zivilprozessordnung
ZVG	Gesetz über die Zwangsversteigerung und Zwangsverwaltung

Teil 1: Rechtsverhältnisse an der gemeinsamen Wohnung – Begründung, Änderung, Beendigung

A. Mietverhältnisse

I. Ein Partner als Alleinmieter

1. Aufnahme des Partners

Wird eine Wohnung allein angemietet und soll später der Ehe- oder Lebenspartner oder der Lebensgefährte dort mit einziehen, stellt sich die Frage nach der Zulässigkeit der Aufnahme dieses Partners. Nach § 540 Abs. 1 S. 1 BGB ist ein Mieter **ohne die Erlaubnis** des Vermieters grundsätzlich **nicht berechtigt**, den Gebrauch der Mietsache einem Dritten zu überlassen. § 553 Abs. 1 S. 1 BGB räumt dem Mieter allerdings einen Anspruch auf Erteilung der Erlaubnis, einen Teil des Wohnraums einem Dritten zu überlassen, ein, wenn für ihn nach Abschluss des Mietvertrags ein berechtigtes Interesse daran entsteht. § 553 BGB gilt seinem Wortlaut nach nur für die Überlassung eines „Teils des Wohnraums" an den Dritten, jedoch wird die Vorschrift auch auf den – bei Aufnahme eines Partners typischen – Fall angewendet, dass der Mieter dem Dritten den unselbständigen Mitgebrauch an der ganzen Wohnung einräumen will.[1]

a) Ehegatte oder eingetragener Lebenspartner

Die Aufnahme von nahen **Familienangehörigen** in die allein angemietete Wohnung gehört nach herrschender Meinung **zum vertragsmäßigen Mietgebrauch**.[2] Dies korrespondiert mit der sich bei Eheleuten aus der Pflicht zur ehelichen Lebensgemeinschaft nach § 1353 Abs. 1 S. 2 BGB bzw. der Verpflichtung der Lebenspartner zu wechselseitiger Fürsorge und Unterstützung nach § 2 S. 1 LPartG ergebenden Verpflichtung, dem Partner den Mitgebrauch an der gemeinsamen Wohnung zu gestat-

1

2

---

1 Palandt/*Weidenkaff* § 540 BGB Rdnr. 10; Schmidt-Futterer/*Blank* § 540 BGB Rdnr. 43.
2 BGH FamRZ 2004, 91 m. Anm. *Brudermüller* FamRZ 2004, 358; AnwK-BGB/*Klein-Blenkers* § 540 BGB Rdnr. 5; Schmidt-Futterer/*Blank* § 540 BGB Rdnr. 23.

ten.³ Ehe- und Lebenspartner sind daher keine „Dritten" im Sinne der §§ 540, 553 BGB, so dass deren Aufnahme nicht von der Erlaubnis des Vermieters abhängig ist.

3 Die Aufnahme darf jedoch nicht zu einer **Überbelegung** führen.⁴ Dabei ist auf das Verhältnis der Gesamtfläche und der Anzahl der Räume zu der Zahl der Bewohner abzustellen. Die Mindestanforderungen hinsichtlich der Wohnungsgröße in bestehenden Wohnungsaufsichtsgesetzen können ebenso Berücksichtigung finden, wie die Lage auf dem allgemeinen Wohnungsmarkt.⁵ Als „Faustregel" wird eine Fläche von je ca. 12 m² für jeden Erwachsenen oder zwei Kinder unter 13 Jahren genannt.⁶

Die Aufnahme des Ehegatten oder Lebenspartners darf auch nicht zu **Störungen** oder einem **vollständigen Nutzerwechsel** führen, so dass das Recht zur Aufnahme grundsätzlich nur besteht, solange der Alleinmieter die Wohnung noch in eigener Person nutzt und sie seinem Ehegatten oder Lebenspartner nicht vollständig zu dessen alleiniger Benutzung überlässt.⁷

Dieser mietrechtliche Aspekt wird jedoch durch das Familienrecht „überlagert". Deshalb kann sich nach Trennung der Eheleute oder Lebenspartner der Vermieter einer (Weiter-) Nutzung durch den in der Wohnung verbliebenen Nichtmieter während der Trennungszeit nicht widersetzen, insbesondere wegen der Überlassung der Wohnung an ihn zur Alleinnutzung das Mietverhältnis **nicht kündigen**.⁸

4 Auch wenn eine Erlaubnis zur Aufnahme nicht erforderlich ist, so besteht dem Vermieter gegenüber jedoch eine Pflicht zur Anzeige der Aufnahme des Ehe- oder Lebenspartners.⁹

---

3 Vgl. dazu Palandt/*Brudermüller* § 1353 BGB Rdnr. 6 und § 2 LPartG Rdnr. 1; enger Hk-LPartG/*Kemper* § 2 Rdnr. 10 (wobei eine gemeinsame Wohnung bei der Lebenspartnerschaft vom Gesetz nicht vorausgesetzt wird, vgl. dazu Rdnr. 62).

4 Vgl. aber BGH NJW 1993, 2528 (2529): Der Vermieter ist nicht berechtigt, das Mietverhältnis allein deshalb fristlos wegen vertragswidrigen Gebrauchs gemäß § 553 BGB (in der damaligen Fassung) zu kündigen, weil die Wohnung durch Zuzug von Kindern des Mieters in erheblichem Umfang überbelegt ist, den Vermieter beeinträchtigende Auswirkungen indessen nicht festzustellen sind; zu Beispielsfällen vgl. Schmidt-Futterer/*Blank* § 540 BGB Rdnr. 27.

5 AG Limburg WuM 1990, 509; AG Köln WuM 1990, 508.

6 Schmidt-Futterer/*Blank* § 540 BGB Rdnr. 27 mit zahlreichen Beispielsfällen; vgl. auch Schröder/Bergschneider/*Burger* Rdnr. 7.110: Für jede Person ein Raum und 6 bis 9 m² Nutzfläche.

7 Vgl. aber auch BGH NJW 2006, 1200: Der Mieter muss in der Wohnung nicht seinen Lebensmittelpunkt haben.

8 Vgl. dazu im Einzelnen Rdnr. 41f.

9 Palandt/*Weidenkaff* § 540 BGB Rdnr. 5; *Wellenhofer-Klein* Rdnr. 167.

b) Nichteheliche Lebensgemeinschaft

Die herrschende Meinung in Rechtsprechung und Literatur geht – trotz der Neufassung der Bestimmungen über das Eintrittsrecht des Lebensgefährten in den Mietvertrag bei Tod des Mieters durch das Mietrechtsreformgesetz[10] – davon aus, dass die Aufnahme eines Lebensgefährten nicht vom vertragsgemäßen Mietgebrauch umfasst wird. Der Lebensgefährte ist demnach „Dritter" im Sinne der §§ 540, 553 BGB, so dass der Alleinmieter für seine Aufnahme in die Mietwohnung der Erlaubnis des Vermieters bedarf.[11] Die Erlaubnisfreiheit ist nach Ansicht des BGH nach wie vor auf Familienangehörige des Mieters beschränkt, zu denen der Lebensgefährte nicht zu rechnen ist.

Die Rechtsprechung bejaht jedoch ein **berechtigtes Interesse** des Mieters im Sinne des § 553 Abs. 1 S. 1 BGB daran, seinen nichtehelichen Lebenspartner in die allein angemietete Mietwohnung mit aufzunehmen, wobei dies gleichermaßen für gleichgeschlechtliche Partnerschaften gilt.[12] Im Rahmen des § 553 Abs. 1 BGB hat ein Mieter zwar grundsätzlich die tatsächlichen Umstände, aus denen sich sein berechtigtes Interesse im Sinne des § 553 Abs. 1 S. 1 BGB ergibt, darzulegen. Dieser näheren Begründung bedarf es bei dem Wunsch nach Aufnahme des Lebensgefährten – da offensichtlich – hingegen nicht.[13]

Der Vermieter kann die Erlaubnis zur Aufnahme nach § 553 Abs. 1 S. 2 BGB nur dann versagen, wenn in der Person des Dritten ein **wichtiger Grund** vorliegt, der Wohnraum **übermäßig belegt** würde oder dem Vermieter die Überlassung **aus sonstigen Gründen nicht zugemutet werden kann**. Ein in der Person des Dritten liegender Grund ist etwa dann gegeben, wenn konkrete Anhaltspunkte dafür bestehen, dass der neue Partner den Hausfrieden stören oder das Mietobjekt beschädigen wird. Eigene Moralvorstellungen des Vermieters, wie eine ablehnende Haltung gegenüber nicht verheirateten oder gleichgeschlechtlichen Paaren, rechtfertigen für sich eine Verweigerung der Erlaubnis demgegenüber nicht.[14] Eine Unzumutbarkeit kann jedoch vorliegen, wenn besondere Gründe im Einzelfall zu einer konkreten Betroffenheit des Vermieters führen.[15] Streitig ist, ob und inwieweit im Rahmen der sonstigen Gründe

---

10 Vom 19.6.2001, BGBl. 2001 I 1149.
11 Vgl. zuletzt BGH FamRZ 2004, 91ff m. Anm. *Brudermüller* FamRZ 2004, 358.
12 BGH FamRZ 2004, 91 m. Anm. *Brudermüller* FamRZ 2004, 358; AG Nürnberg WuM 1993, 609; AG Hamburg NJW 1982, 2260.
13 BGH FamRZ 2004, 91 m. Anm. *Brudermüller* FamRZ 2004, 358.
14 AG Nürnberg WuM 1993, 609.
15 OLG Hamm FamRZ 1992, 308 (310).

konfessionelle Anschauungen eine Unzumutbarkeit begründen können, etwa wenn der Vermieter eine kirchliche juristische Person ist.[16] Ohne Belang ist die finanzielle Leistungsfähigkeit des Lebensgefährten, da zwischen dem Vermieter und ihm keine Vertragsbeziehung besteht und er nicht Schuldner des Mietzinses ist. Hinsichtlich einer Überbelegung ist auch hier – wie bei Eheleuten oder Lebenspartnern – auf das Verhältnis der Gesamtfläche und Raumzahl zur Zahl der Bewohner abzustellen.

Damit der Vermieter in die Lage versetzt wird zu prüfen, ob der Erteilung der Erlaubnis zur Aufnahme des Dritten Gründe entgegenstehen, die in dessen Person liegen, muss der Mieter seinen Lebensgefährten **namentlich benennen** und über dessen berufliche oder sonstige Tätigkeit **Auskunft erteilen**, nicht aber über dessen Einkommen.[17] Die bloße Anbringung eines Klingelschildes mit dem Namen des Partners genügt hierfür nicht.

8   Auch wenn ein klagbarer Anspruch auf Erteilung der Erlaubnis besteht und der Vermieter diese nur aus den in § 553 Abs. 1 S. 2 BGB genannten Gründen versagen kann, ist die Frage, ob eine Zustimmung erteilt werden muss oder – wie bei Eheleuten oder eingetragenen Lebenspartnern – die bloße Anzeige durch den Mieter genügt, von nicht unerheblicher praktischer Relevanz.[18]

Zum einen muss das Interesse des Mieters an der Aufnahme des Dritten nach § 553 Abs. 1 S. 1 BGB *nach* **Abschluss des Mietvertrags entstanden** sein.[19] Maßgebend ist dabei nicht, wann der Mieter den Entschluss zur Aufnahme des Dritten gefasst hat, sondern ob die Umstände, die den Entschluss des Mieters zur Aufnahme des Dritten als gerechtfertigt erscheinen lassen, nach diesem Zeitpunkt entstanden sind. Der Mieter muss daher die Veränderung seiner persönlichen Situation im Vergleich zu derjenigen dartun, die bei Abschluss des Vertrags vorgelegen hat. Damit soll vermieden werden, dass ein erkannter oder auch nur erwarteter Widerstand des Vermieters gegen die anfängliche Vermietung an Lebensgefährten umgangen wird.[20] Für den Zeitpunkt des Entstehens des

---

16 OLG Hamm FamRZ 1992, 308: Ablehnung nicht allein deshalb, weil nichteheliche Lebensgemeinschaft im Widerspruch zu Glauben und Lehre der Kirche steht; so auch AG Aachen NJW-RR 1991, 1112; einschränkend LG Aachen NJW 1992, 2897.
17 BGH NJW 1985, 130; LG Hamburg NJW-RR 1992, 13.
18 Anders *Grziwotz* FamRZ 2006, 1069.
19 Missverständlich daher *Schulz* FamRZ 2007, 593 (600), der ausführt, der Wunsch eines Mieters eine hetero- oder homosexuelle Lebensgemeinschaft zu bilden oder *fortzusetzen*, sei ein ausreichender Grund für die Aufnahme des Partners in die Wohnung.
20 BGHZ 92, 213 (221/222); vgl. auch *Wellenhofer-Klein* Rdnr. 169.

Interesses an der Aufnahme trägt der Mieter die Darlegungs- und Beweislast.[21]

Hinzu kommt, dass das Interesse an der Aufnahme des Partners nur so lange besteht, wie die Partnerschaft dauert, weil der Alleinmieter nach § 553 BGB nur Anspruch darauf hat, dem Dritten den Gebrauch eines Teils der Wohnung zu überlassen oder ihm unselbständigen Mitbesitz an der ganzen Wohnung einzuräumen. Da er nicht berechtigt ist, den selbständigen Gebrauch der gesamten Wohnung dem Nichtmieter zu überlassen, darf eine gemeinsam genutzte Wohnung **nach Trennung** und damit Beendigung der Partnerschaft **nicht** dem anderen Partner **zur alleinigen Benutzung überlassen** werden.[22] Zwar ist zur Ausübung der Sachherrschaft durch den Mieter nicht erforderlich, dass dieser ständig in der Wohnung lebt oder diese auch nur seinen Lebensmittelpunkt bildet, er darf die Wohnungsnutzung jedoch nicht völlig aufgeben. Einigen sich nichteheliche Lebenspartner (etwa mit Rücksicht auf die Interessen gemeinsamer Kinder) nach der Trennung auf eine Weiternutzung der Wohnung durch den Nichtmieter und den Auszug des Mieters, hängt der Bestand dieser Einigung vom Wohlwollen des Vermieters ab – im Gegensatz zur Rechtslage bei Eheleuten und eingetragenen Lebenspartnern, bei denen die bloße Trennung am Charakter der Wohnung als Ehe- oder Partnerschaftswohnung zunächst nichts ändert: Aufgrund dieser Überlagerung durch das Familienrecht erfolgt trotz Trennung weiterhin eine vertragsgemäße Nutzung, auch wenn der Nichtmieter in der Wohnung bleibt und der Alleinmieter auszieht.[23]

9

2. Folgen der Aufnahme

a) Im Verhältnis zum Vermieter

aa) Vertragsbeitritt

Der bloße Einzug des Ehegatten oder Lebenspartners in die vom anderen allein angemietete Wohnung begründet keinen Anspruch des Vermieters auf einen Beitritt zum Mietvertrag.[24] Das gleiche gilt für den nicht-

10

---

21 Schmidt-Futterer/*Blank* § 553 Rdnr. 21; die Tatsache, dass es für den Vermieter kaum zu ermitteln ist, wann bei einer im Zeitpunkt des Vertragsschlusses bereits bestehenden Liebesbeziehung der Wunsch nach einer Wohngemeinschaft entstanden ist – so *Grziwotz* § 14 Rdnr. 30 und *Schwidich* S. 73 –, vermag an der bestehenden Beweislast nichts zu ändern.
22 *Wellenhofer-Klein* Rdnr. 169.
23 Zu den Folgen für die Kündigung durch den Vermieter wegen der Gebrauchsüberlassung an den Nichtmieter vgl. Rdnr. 41ff.
24 LG Aachen NJW-RR 1987, 1373; AG Köln NJW 1982, 239; Palandt/*Weidenkaff* § 535 BGB Rdnr. 7.

ehelichen Lebensgefährten, unabhängig von dem Anspruch gegen den Vermieter auf Zustimmung zur Aufnahme des Partners.[25]

11 Will der nachträglich in die Wohnung aufgenommene Partner dem Mietvertrag beitreten, kann dies schon bei der Aufnahme, aber auch erst während der Mietzeit geschehen. Der Vertragsbeitritt setzt einen **dreiseitigen Vertrag** dahingehend voraus, dass sich Beitretender und Vermieter über die Einbeziehung des Beitretenden in den Mietvertrag einig sind und der vormalige Alleinmieter mit dieser Erweiterung einverstanden ist.[26]

Der Beitritt kann sowohl **ausdrücklich als auch stillschweigend** vereinbart werden. Der BGH[27] hat einen stillschweigenden Beitritt angenommen, wenn sich der ursprünglich nicht am Vertragsschluss beteiligte Ehegatte während der Mietzeit wie ein Mieter verhält, indem er Mieterrechte im eigenen Namen geltend macht, und die beiden anderen Vertragsparteien das akzeptieren. Dies kommt etwa dann in Betracht, wenn der Nichtmieter – durch Zahlung der Miete oder Zustimmung zu einer Mieterhöhung – wie ein Mieter auftritt. In diesem Fall kommt es nach Ansicht des BGH auch nicht darauf an, ob der Beitretende tatsächlich eigene Rechte und Pflichten aus dem Mietvertrag begründen will und ein entsprechendes Erklärungsbewusstsein oder einen Rechtsbindungswillen hat, sondern nur darauf, dass der Vermieter die Äußerungen des Beitretenden als Willenserklärung versteht und der Beitretende dies erkennen kann. Für Lebenspartner und Lebensgefährten gilt dies gleichermaßen.

bb) Haftung für den Mietzins

12 Ist es zu einem Beitritt des in die Wohnung aufgenommenen Partners zum Mietvertrag nicht gekommen, kann er keine Ansprüche aus dem Vertrag gegenüber dem Vermieter geltend machen,[28] aber auch nicht für die Erfüllung der dem Mieter obliegenden Pflichten in Anspruch genommen werden. Für den Mietzins haftet nach § 535 Abs. 2 BGB aufgrund des geschlossenen Mietvertrags nach wie vor **ausschließlich der Alleinmieter**.

cc) Erhöhung des Mietzinses

13 Bei der nicht von einer Erlaubnis abhängenden Aufnahme des Ehegatten oder Lebenspartners in die vormals allein bewohnte Wohnung kann die **Netto-Kalt-Miete** nur einvernehmlich erhöht werden. Ist der Mieter

---

25 *Wellenhofer-Klein* Rdnr. 170.
26 Schmidt-Futterer/*Blank* vor § 535 BGB Rdnr. 258.
27 FamRZ 2005, 1559.
28 Zur Einbeziehung in die Schutzwirkung des Mietvertrags vgl. Rdnr. 15.

damit einverstanden, kommt eine freiwillige Änderungsvereinbarung im Sinne von § 557 Abs. 1 BGB zustande. Ein Anspruch auf Erhöhung der Netto-Kalt-Miete besteht jedoch grundsätzlich nicht.[29] Soweit sich die **verbrauchsabhängigen Betriebskosten** aufgrund der Aufnahme erhöhen, sind diese bei Vereinbarung einer Betriebskostenumlage ohnehin vom Mieter zu tragen (§ 556 Abs. 3 BGB jährliche Abrechnung; § 560 Abs. 4 BGB Anpassung der Vorauszahlung). Ist eine Betriebskostenpauschale vereinbart, kann der Vermieter nach § 560 Abs. 1 und 2 BGB eine Erhöhung verlangen, wenn im Mietvertrag vereinbart ist, dass der Mieter eine Erhöhung der Betriebskosten zu tragen hat, und sich die Betriebskosten, die in der Pauschale enthalten sind, erhöht haben. Auch ohne dementsprechende vertragliche Vereinbarung kommt eine Erhöhung der Pauschale dann in Betracht, wenn diese verbrauchsabhängige Kosten umfasst, die erheblich höher ausfallen als kalkuliert, was nach Aufnahme des Ehebzw. Lebenspartners regelmäßig der Fall sein wird.[30] Ist eine Pauschale vereinbart, aber kein Erhöhungsvorbehalt, oder handelt es sich um eine Inklusiv- oder Bruttomiete, bei der die Betriebskosten enthalten sind, kommt eine Mieterhöhung nach § 558 BGB in Betracht.[31]

Nach § 553 Abs. 2 BGB kann der Vermieter seine Zustimmung zur Aufnahme des **Lebensgefährten** von einer angemessenen Erhöhung der Miete abhängig machen, wenn ihm die Überlassung nur bei einer angemessenen Erhöhung der Miete zuzumuten ist. Das Verlangen des Vermieters, die sich durch die Aufnahme des Partners erhöhenden Betriebskosten zu übernehmen, ist in jedem Fall angemessen. Darüber hinaus hängt der Anspruch des Vermieters davon ab, ob er durch die Aufnahme des Dritten und den dadurch erweiterten Mietgebrauch vermehrt belastet wird, etwa durch eine **stärkere Abnutzung der Wohnung**. Besteht über einen Anspruch auf Erhöhung der Netto-Kalt-Miete im Falle eines Untermietverhältnisses aus dem Gedanken der Partizipation des Vermieters am Untermietzins weitgehend Einigkeit, so ist dies im Fall einer nichtehelichen Lebensgemeinschaft streitig.[32]

Die Mietzinserhöhung, so sie berechtigt ist, erfolgt nicht als Automatismus mit der Erlaubniserteilung, der Vermieter muss die Erhöhung viel-

14

---

29 Vgl. dazu *Brudermüller*, Mietrechtliche Aspekte eheähnlicher Gemeinschaften, S. 126.
30 Zu Einzelheiten vgl. Schmidt-Futterer/*Langenberg* § 560 BGB Rdnr. 11.
31 Schmidt-Futterer/*Börstinghaus* vor § 558 Rdnr. 13.
32 Vgl. dazu LG München I WuM 1999, 575; LG Kassel NJW-RR 1987, 1495; AG Trier FamRZ 1993, 547 (für Eheleute); Schmidt-Futterer/*Blank* § 553 BGB Rdnr. 18; Palandt/*Weidenkaff* § 553 BGB Rdnr. 6: Bei preisgebundenem Wohnraum in Höhe des nach § 26 Abs. 3 NMV zulässigen Untermietzuschlags, sonst das Entgelt für die zusätzliche Abnutzung; *Brudermüller*, Mietrechtliche Aspekte eheähnlicher Gemeinschaften, S. 126: 5 bis 10 % der Grundmiete.

mehr konkret verlangen und der Mieter muss ihr zustimmen, damit eine entsprechende **Änderungsvereinbarung** zustande kommt (§ 557 Abs. 1 BGB). Verweigert der Mieter die Zustimmung zur Erhöhung, liegt ein „sonstiger Grund" im Sinne des § 553 Abs. 1 BGB vor, der die **Verweigerung der Erlaubnis** zur Aufnahme durch den Vermieter rechtfertigt.[33]

Endet die Gebrauchsüberlassung an den Dritten, hat dies auf die Höhe der Miete keinen Einfluss, soweit die Erhöhung nicht unter einer auflösenden Bedingung vereinbart wurde.[34]

dd) Einbeziehung des Nichtmieters in die Schutzwirkung des Mietvertrags

15   Dem in die Wohnung aufgenommenen Partner, der dem Mietvertrag nicht beigetreten ist, stehen keine vertraglichen Ansprüche gegen den Vermieter zu. Gleichwohl kommen vertragliche Schadensersatzansprüche des Aufgenommenen gegen den Vermieter nach den Grundsätzen des Vertrags mit Schutzwirkung für Dritte in Betracht. Diese Einbeziehung des Dritten in den Schutzbereich eines Vertrags setzt voraus, dass der Dritte **bestimmungsgemäß** mit der geschuldeten Leistung bzw. der Erfüllung einer sich daraus ergebenden Nebenpflicht in Kontakt kommt und deshalb den Gefahren einer Sorgfaltspflichtverletzung in gleicher Weise ausgesetzt ist, wie der Gläubiger selbst.[35]

16   Ehegatte und Lebenspartner sind in den Schutzbereich des Mietvertrags einbezogen, da sie mit der Leistung des Vermieters in gleicher Weise in Berührung kommen, wie der Mieter selbst, und der Gefahr von Schutzpflichtverletzungen ebenso ausgesetzt sind. Ihr Einbeziehungsinteresse ergibt sich aus dem familienrechtlichen Verhältnis zwischen dem Mieter und seinem Ehe- bzw. Lebenspartner, das als solches für den Vermieter auch ohne weiteres erkennbar ist.[36] Durch diese Einbeziehung erlangen die Partner **vertragliche Ersatzansprüche** gegen den Vermieter, wenn sie durch eine von ihm verschuldete Vertragsverletzung einen Schaden erleiden,[37] bei Verletzung eines durch § 253 Abs. 2 BGB geschützten Rechtsguts auch einen **Schmerzensgeldanspruch**.[38] Ein etwaiges Mitverschul-

---

33 Palandt/*Weidenkaff* § 553 BGB Rdnr. 6.
34 So auch Schmidt-Futterer/*Blank* § 553 Rdnr. 16; a.A. *Sternel* II Rdnr. 260.
35 Vgl. dazu allgemein BGH NJW 2001, 3115 (3116); BGH NJW 1996, 2927.
36 BGHZ 61, 227 (233).
37 Palandt/*Brudermüller* Einl. vor § 1297 BGB Rdnr. 20; Schmidt-Futterer/*Blank* vor § 535 BGB Rdnr. 262 (für Ehegatten); *Schwab*, Familienrecht, Rdnr. 844.
38 Palandt/*Grüneberg* § 328 BGB Rdnr. 19.

den des aufgenommenen Ehe- und Lebenspartners ist dabei ebenso zu berücksichtigen, wie ein Mitverschulden des Alleinmieters.[39]

Ein **Lebensgefährte** ist dann in die Schutzwirkung des Mietvertrags einbezogen, wenn der Vermieter die Überlassung der Wohnung zum Mitgebrauch **genehmigt hat oder zumindest ein Anspruch auf diese Genehmigung besteht.**[40] Ist dies hingegen nicht der Fall, nutzt der Lebensgefährte die Wohnung nicht „bestimmungsgemäß" im oben genannten Sinn, so dass er nicht in den Schutzbereich des Mietvertrags einbezogen wird.

17

ee) Nichtmieter als Erfüllungsgehilfe des Mieters

Wird der Vermieter durch den aufgenommenen Partner geschädigt, haftet dieser aus Deliktsrecht.

18

Darüber hinaus hat ein Mieter, der den Gebrauch der Mietsache einem Dritten überlässt, nach § 540 Abs. 2 BGB ein diesem Dritten bei dem Gebrauch zur Last fallendes Verschulden zu vertreten und zwar unabhängig davon, ob die Überlassung erlaubt oder unerlaubt erfolgt ist. Der Mieter hat demnach **für seinen Lebensgefährten** wie für einen **Erfüllungsgehilfen** (§ 278 BGB) einzustehen.

19

Damit haftet der Alleinmieter für alle von seinem Lebensgefährten schuldhaft verursachten Schäden, die im Zusammenhang mit der Aufnahme und Mitbenutzung der Mietsache durch ihn stehen. Er muss dafür Sorge tragen, dass sein Lebensgefährte die Grenzen des Mietverhältnisses einhält.[41] Ausgenommen von dieser Haftung für den Lebensgefährten sind lediglich unerlaubte Handlungen, die keinerlei Bezug zum Mietgebrauch der gemeinsamen Wohnung haben.

Hat der Mieter seinem Lebensgefährten den **Gebrauch unerlaubt überlassen**, so haftet er nach allgemeiner Meinung auch für Schäden, die der Dritte unverschuldet verursacht hat, da bereits die unbefugte Gebrauchsüberlassung eine Vertragsverletzung darstellt und der Mieter daher aus eigenem Verschulden haftet.[42] Eine Haftung scheidet in diesem Fall nur dann aus, wenn dem Alleinmieter der Nachweis gelingt, dass der Schaden auch ohne Aufnahme des Lebensgefährten entstanden wäre.[43]

---

39 BGH NJW 1998, 1059 (1061).
40 OLG Hamburg NJW-RR 1988, 1482; Schmidt-Futterer/*Blank* vor § 535 Rdnr. 281.
41 BGH NJW 2000, 3203 (3206).
42 Palandt/*Weidenkaff* § 540 BGB Rdnr. 15.
43 FA-MietRWEG/*Riecke* 10. Kap. Rdnr. 20.

20 Die Einstandspflicht für den Mitbewohner besteht aber nicht nur im Fall der Aufnahme eines Lebensgefährten, sondern auch bei der Einräumung des unselbständigen Mitbesitzes zu Gunsten des **Ehe- oder Lebenspartners**. Auch diese sind für die mietvertraglichen Pflichten des Mieters (etwa Obhutspflicht, Pflicht zur Wahrung des Hausfriedens oder Reinigungspflichten betreffend gemeinschaftliche Hausteile) als **Erfüllungsgehilfen** anzusehen, mit der Konsequenz, dass der Mieter für das Verschulden seines Partners einzustehen hat.[44]

b) Im Verhältnis zum Mieter

aa) Untermietverhältnis

21 Durch die Aufnahme des Ehe- oder Lebenspartners oder Lebensgefährten in die Mietwohnung entsteht in der Regel kein Untermietverhältnis.[45] Ein solches erfordert nach herrschender Meinung, dass dem Untermieter ein Teil der Wohnung – und sei es nur ein Zimmer – zur ausschließlichen Benutzung überlassen wird, auch wenn an den übrigen Räumen ein Mitbenutzungsrecht besteht.[46] Nutzt der Partner die gesamte Wohnung im gleichen Umfang wie der Alleinmieter, liegt diese Voraussetzung und damit ein Untermietverhältnis nicht vor, mit der Folge, dass Mieterschutzbestimmungen zwischen den Bewohnern unanwendbar sind.[47]

bb) Ausgleichsansprüche

22 Hat bei einer Ehe oder Lebenspartnerschaft der Nichtmieter die Zahlung des Mietzinses übernommen, findet nach der Trennung kein Ausgleich der **vor der Trennung** gezahlten Beträge statt, da zum angemessenen Familien- bzw. Partnerunterhalt während des Zusammenlebens auch die Kosten für die Beschaffung des erforderlichen Wohnraums gehören.[48] Selbst wenn die Mietzinszahlung durch den Nichtmieter das

---

[44] Schmidt-Futterer/*Blank* vor § 535 BGB Rdnr. 263 für Ehegatten und § 573 BGB Rdnr. 20; zu den Konsequenzen für die Kündigung vgl. Rdnr. 44.
[45] Palandt/*Brudermüller* Einl. vor § 1297 BGB Rdnr. 20.
[46] FA-MietRWEG/*Riecke* 10. Kap. Rdnr. 7; Schmidt-Futterer/*Blank* § 540 BGB Rdnr. 3; *Brudermüller* FamRZ 1994, 207 (208).
[47] Mietverträgen über Wohnraum zwischen Lebensgefährten wird die steuerliche Anerkennung versagt, so lange die Lebensgemeinschaft besteht. Maßgeblich für den BFH (NJWE-FER 1997, 34) ist dabei, dass eine nichteheliche Lebensgemeinschaft auch eine Wirtschaftsgemeinschaft darstellt, deren wesentlicher Bestandteil das gemeinsame Wohnen ist. Grundlage dieses gemeinsamen Wohnens ist nach dem BFH aber die persönliche Beziehung der Partner, nicht ein zivilrechtlicher Vertrag.
[48] Palandt/*Brudermüller* § 1360a BGB Rdnr. 2, § 5 LPartG Rdnr. 2.

von ihm geschuldete Maß des Unterhalts übersteigt, stellt sie gleichwohl einen **Beitrag zum Familienunterhalt** dar, so dass eine Rückforderung nach § 1360b BGB bzw. § 1360b BGB, § 5 S. 2 LPartG ausscheidet. Ausgleichsansprüche des Nichtmieters wegen Mietzinszahlungen während der Zeit des Zusammenlebens bestehen daher grundsätzlich nicht.[49]

Soweit sie nicht vertraglich vereinbart wurde, besteht im Rahmen einer nichtehelichen Lebensgemeinschaft keine Unterhaltspflicht. Gleichwohl ist auch hier nach dem Scheitern der Beziehung kein Ausgleichsanspruch gegeben, wenn der Nichtmieter während des Zusammenlebens einen Teil oder sogar die ganze Miete gezahlt hat, da – wie der BGH in ständiger Rechtsprechung betont – davon auszugehen ist, dass Zuwendungen, die im Interesse der Lebensgemeinschaft liegen und der Gestaltung des gemeinsamen Lebens dienen, **aus Gründen der Solidarität** ersatzlos von demjenigen erbracht werden, der dazu gerade in der Lage ist. Eine Erstattung, Ab- oder Verrechnung nach der Trennung kommt daher nicht in Betracht.[50]

23

Bleibt nach der Trennung der Nichtmieter – sei es aufgrund einer Wohnungszuweisung des Familiengerichts, sei es aufgrund Einvernehmens der Eheleute, Lebenspartner oder Lebensgefährten hierüber – allein in der Wohnung, sind Ansprüche des Mieters auf Zahlung einer **Nutzungsentschädigung** oder auf **Freistellung von der Mietzinszahlung** zu prüfen.[51]

24

c) Besitzrecht und Besitzschutz des Nichtmieters

aa) Eheleute und Lebenspartner

Eheleute und Lebenspartner sind aufgrund der Pflicht zur ehelichen Lebensgemeinschaft nach § 1353 Abs. 1 S. 2 BGB bzw. der Verpflichtung zu wechselseitiger Fürsorge und Unterstützung nach § 2 S. 1 LPartG verpflichtet, einander unabhängig von der schuld- bzw. sachenrechtlichen Lage den Mitgebrauch an der gemeinsamen Wohnung zu gestatten.[52] Zieht der Ehe- oder Lebenspartner in die Wohnung ein, ohne Mieter zu sein, hat er gegenüber dem Vermieter und dem Partner aufgrund des Ehe- bzw. Lebenspartnerschaftsrechts **ein Recht zum Besitz** an der gemeinsa-

25

---

49 BGH FamRZ 2002, 739 m. Anm. *Wever*; OLG Oldenburg FamRZ 2005, 1837; OLG Bremen FamRZ 2000, 1152.
50 BGH FamRZ 2008, 247 (248) m. Anm. *Grziwotz*; BGH FamRZ 2005, 1151 (1152).
51 Vgl. dazu im Einzelnen Rdnr. 267ff.
52 Palandt/*Brudermüller* § 1353 BGB Rdnr. 6; § 2 LPartG Rdnr. 1; enger Hk-LPartR/*Kemper* § 2 LPartG Rdnr. 10.

men Wohnung, das schuldrechtliche Rechtsverhältnis zwischen Vermieter und Alleinmieter ist „familienrechtlich gezähmt".[53]

Beide Eheleute und Lebenspartner haben daher ein gleichberechtigtes Besitzrecht an der gemeinsamen, aber von einem allein angemieteten Wohnung, das auch noch **über die Trennung hinausreicht,** da die Wohnung allein hierdurch nicht ihren Charakter als Ehe- bzw. Lebenspartnerschaftswohnung verliert. Das bloße Verlassen der Wohnung, sofern es nicht endgültig sein soll, beendet dieses Besitzrecht nicht. Durch eine nur vorübergehende Abwesenheit, etwa wenn Zuflucht in einem Frauenhaus gesucht wird, wird der Mitbesitz nicht aufgegeben.[54]

26 Das Besitzrecht erlischt jedoch bei einem **endgültigen Auszug** des Nichtmieters aus der gemeinsamen Wohnung oder bei **nicht fristgerecht mitgeteilter Rückkehrabsicht** (§ 1361b Abs. 4 BGB; § 14 Abs. 4 LPartG).[55] Ob dieses Besitzrecht darüber hinaus schon dann endet, wenn die tatbestandlichen Voraussetzungen für eine richterliche Zuweisung der Wohnung an den Partner erfüllt sind oder erst mit der richterlichen Zuweisung selbst, ist höchstrichterlich noch nicht entschieden. Für den Zeitpunkt der Entscheidung spricht, dass dieser leicht und sicher feststellbar ist.[56] Dagegen lässt sich anführen, dass der Zeitpunkt der Gerichtsentscheidung von vielerlei Umständen abhängig ist, so dass es zweckmäßiger ist, den Zeitpunkt zu wählen, an dem die Voraussetzungen für eine gerichtliche Zuweisung der Wohnung vorliegen.[57] Da jedoch in keinem Fall ein tatsächlich noch vorhandener Mitbesitz einfach entzogen werden darf, sondern ein gerichtlicher Räumungstitel im Rahmen eines Wohnungszuweisungsverfahrens erwirkt werden muss, sind die praktischen Auswirkungen dieses Meinungsstreits gering.

27 Der Ehe- oder Lebenspartner ist Inhaber aller deliktischen und negatorischen Ansprüche, die aus dem berechtigten Besitz herleitbar sind.[58] Wird einem Mitbesitzer sein Besitz durch verbotene Eigenmacht des anderen entzogen, hat er darüber hinaus Anspruch auf Wiedereinräumung des Besitzes nach § 861 BGB. Verbotene Eigenmacht stellt auch die Untervermietung eines Teils der Wohnung durch den Alleinmieter ohne Ein-

---

53 Vgl. dazu auch Henrich/Schwab/*Schwab* S. 129 (132f).
54 LG Freiburg FamRZ 2005, 1252.
55 Vgl. zur Notwendigkeit der Mitteilung der Rückkehrabsicht Rdnr. 188 (für Eheleute) und Rdnr. 194 (für Lebenspartner) und Rdnr. 231ff (GewSchG).
56 So Schröder/Bergschneider/*Wever* Rdnr. 5.12.
57 So *Brudermüller* Anm. zu BGH FamRZ 2006, 930 in FamRZ 2006, 934 (935).
58 Henrich/Schwab/*Schwab* S. 129 (134); vgl. dazu auch räumlich-gegenständlicher Bereich Rdnr. 149f.

verständnis des anderen dar.[59] Das Verhältnis des possessorischen Besitzschutzes zu den Wohnungszuweisungsvorschriften ist sehr streitig, die Meinungen reichen hier von einer freien Anspruchskonkurrenz über den Vorrang der Wohnungszuweisungsvorschriften bis zu einer vermittelnden Lösung.[60]

bb) Nichteheliche Lebensgefährten

Räumt der Alleinmieter seinem Lebensgefährten durch Aufnahme in die allein angemietete Wohnung eine tatsächliche Einwirkungsmöglichkeit auf die eigene Rechtssphäre ein, ist dieser nicht lediglich als Besitzdiener des Alleinmieters anzusehen, sondern verfügt über eine eigenständige Sachherrschaft und hat damit **Mitbesitz an der Wohnung**.[61] Von einer gemeinsamen Sachherrschaft ist auszugehen, wenn dem Lebensgefährten ein Schlüssel überlassen wird und er für eine gewisse Zeit in der Wohnung (mit-)wohnt.[62] Dem Alleinmieter ist es dann nach allgemeinen Grundsätzen verboten, diesen freiwillig hergestellten Zustand einseitig wieder zu ändern und seinen zuvor aufgenommenen Partner – ohne gerichtliche Hilfe – eigenmächtig und zwangsweise vor die Tür zu setzen.[63] Der mietende Partner hat jedoch das Recht, sofern keine besonderen Abreden zwischen den Lebensgefährten getroffen wurden, nach der Trennung **jederzeit** vom anderen die Räumung zu verlangen.[64] Diesem Räumungsanspruch kann kein Zurückbehaltungsrecht nach § 273 BGB wegen offener finanzieller Forderungen entgegengehalten werden.[65] Der Räumungsanspruch muss allerdings gerichtlich geltend gemacht werden, wobei der Nichtmieter für eine Übergangszeit **Räumungsschutz** verlangen kann

28

---

59 LG Freiburg FamRZ 2005, 1252.
60 Vgl. dazu Rdnr. 261 ff.
61 OLG Hamburg NJW 1992, 3308; streitig ist, ob der Lebensgefährte durch die Aufnahme ein selbständiges Besitzrecht an der Wohnung erlangt, nachdem seine Berechtigung zum Mitbesitz mangels vertraglicher Beziehungen zwischen den Partnern nur auf der jederzeit widerruflichen Gestattung des Alleinmieters beruht; dafür OLG Köln WuM 1997, 280; OLG Hamburg NJW 1992, 3308; Palandt/*Brudermüller* Einleitung vor § 1297 BGB Rdnr. 20; dagegen LG Berlin WuM 1990, 38 (für Eheleute); OLG Hamm NJW 1986, 728; *Schwab*, Familienrecht, Rdnr. 845; FAKomm-FamR/*Weinreich*, Nichteheliche Lebensgemeinschaft, Rdnr. 68.
62 AG Waldshut-Tiengen FamRZ 1994, 522: 1 ½ Monate ab Zerbrechen der Beziehung; vgl. auch *Schulz* FamRZ 2007, 593 (600).
63 *Brudermüller* FamRZ 1994, 207 (209).
64 LG Berlin MDR 1990, 1116; AG Potsdam WuM 1994, 528; AG Gelsenkirchen WuM 1994, 194; AG Hamburg NJW-RR 1989, 271; vgl. auch LG Chemnitz NJW-RR 1995, 269 (für zeitlich begrenztes Wohnrecht).
65 OLG Hamm NJW 1986, 728.

(§ 721 ZPO). Bei verbotener Eigenmacht des Alleinmieters genießt der Nichtmieter Besitzschutz.[66] Wird der Lebensgefährte also trotz des Erfordernisses einer Räumungsklage einfach aus der Wohnung ausgesperrt, kann er den Anspruch aus § 861 BGB geltend machen. Die Anordnung der Wiedereinräumung des Mitbesitzes ist in diesem Fall jedoch zu befristen.[67] Der Anspruch aus § 861 BGB auf Wiedereinräumung des Mitbesitzes kann auch im Wege der einstweiligen Verfügung durchgesetzt werden, es sei denn, dass Gefahr für Leib oder Leben des Partners besteht (vgl. § 940a ZPO).

Im Verhältnis zum Vermieter hat der Mitbesitz des Lebensgefährten vollstreckungsrechtliche Konsequenzen.[68]

d) Tod des Mieters

29 § 563 BGB gewährt Personen, die in einem persönlichen Näheverhältnis zum Alleinmieter standen, nach dessen Tod einen mietrechtlichen Bestandsschutz, auch wenn der betreffende Bewohner des Haushalts nicht Erbe des Alleinmieters geworden ist. Diese **mietrechtliche Sonderrechtsnachfolge**, bei der das Mietverhältnis mit allen Rechten und Pflichten, die sich aus dem Mietvertrag zum fraglichen Zeitpunkt ergeben, auf den Sonderrechtsnachfolger übergeht, geht der erbrechtlichen Gesamtrechtsnachfolge als Sonderregelung vor.

§ 563 BGB enthält eine abgestufte „Rangfolge" für die Nachfolge in das Mietverhältnis, wobei der auf einer höheren Stufe stehende Berechtigte den Berechtigten einer niedrigeren Rangstufe verdrängt.

30 Vorrangig treten nach § 563 Abs. 1 BGB Ehe- und Lebenspartner in das Mietverhältnis des Verstorbenen ein. Notwendig ist jedoch, dass in der Wohnung ein **gemeinsamer Haushalt** geführt wurde. Dieser wird durch eine nur vorübergehende, etwa beruflich bedingte Abwesenheit, nicht aufgehoben. Bei einer Trennung des Paares wird teilweise differenziert, ob es sich nur um eine solche auf Probe oder auf Dauer handelt.[69] Selbst bei einem Getrenntleben in der Wohnung (vgl. § 1567 Abs. 1 S. 2 BGB, § 15 Abs. 5 S. 2 LPartG) wird teilweise noch von einem gemeinsamen Haushalt ausgegangen.[70]

---

66 *Schwab*, Familienrecht, Rdnr. 845.
67 AG Waldshut-Tiengen FamRZ 1994, 522: 1 ½ Monate ab Zerbrechen der Beziehung.
68 Vgl. dazu Rdnr. 51ff.
69 FA-MietRWEG/*Stangl* 12. Kapitel Rdnr. 218.
70 Vgl. hierzu Palandt/*Weidenkaff* § 563 BGB Rdnr. 11; Schmidt-Futterer/*Gather* § 563 BGB Rdnr. 12.

Tritt der Ehegatte oder Lebenspartner nicht ein, treten die Kinder des Verstorbenen – unabhängig von ihrem Alter – in das Mietverhältnis ein. Ob die Vorschrift in ausdehnender Auslegung auch Stief- oder Pflegekinder umfasst,[71] ist streitig. Andere Familienangehörige oder sonstige Personen, die mit dem Vermieter einen auf Dauer angelegten gemeinsamen Haushalt führen – typischerweise also ein Lebensgefährte –, treten nachrangig zu Ehegatten oder Lebenspartnern in das Mietverhältnis ein und zwar gemeinsam mit Kindern des Verstorbenen (§ 563 Abs. 2 S. 2 BGB). Mit im Haushalt lebende Kinder des Lebenspartners können nach § 563 Abs. 2 S. 3 BGB nur eintreten, wenn der Lebenspartner selbst den Eintritt ablehnt. Voraussetzung für den Eintritt in das Mietverhältnis ist jedoch stets, dass der verstorbene Mieter und der zum Eintritt in das Mietverhältnis Berechtigte in der Wohnung einen gemeinsamen Haushalt geführt haben.

Der Eintritt in das Mietverhältnis erfolgt kraft Gesetzes. Der Eintretende hat jedoch nach § 563 Abs. 3 S. 1 BGB ein **Ablehnungsrecht**. Die Frist für die Abgabe der Willenserklärung, das Mietverhältnis nicht fortsetzen zu wollen, beträgt einen Monat. Sie beginnt mit der positiven Kenntnis vom Tod des Mieters. Die Ablehnung ist eine einseitige empfangsbedürftige Willenserklärung, die nicht der Schriftform des § 568 Abs. 1 BGB bedarf.[72]

31

Praxistipp: Da der Ablehnende nach den allgemeinen Grundsätzen für empfangsbedürftige Willenserklärungen sowohl den Zugang der Ablehnung als auch deren Rechtzeitigkeit zu beweisen hat, sollte die Ablehnungserklärung in jedem Fall schriftlich und unter beweiskräftiger Dokumentation des Zugangszeitpunkts erfolgen.

Wird der Eintritt fristgerecht abgelehnt, gilt er als nicht erfolgt, die Ablehnung wirkt also auf den Todeszeitpunkt zurück.

Wird keine Ablehnungserklärung abgegeben, besteht ein Mietvertrag zwischen dem Vermieter und dem Eingetretenen. § 563 Abs. 4 BGB gewährt dem Vermieter jedoch ein **außerordentliches Kündigungsrecht** mit gesetzlicher Frist innerhalb eines Monats nach Kenntniserlangung vom endgültigen Eintritt in das Mietverhältnis, wenn in der Person des

32

---

71 Ablehnend: Emmerich/Sonnenschein/*Rolfs* § 563 BGB Rdnr. 41; *Sternel* ZMR 2004, 713 (716); FA-MietRWEG/*Stangl* 12. Kap. Rdnr. 226: Können als Familienangehörige eintrittsberechtigt sein.
72 Palandt/*Weidenkaff* § 563 BGB Rdnr. 21.

Eingetretenen ein wichtiger Grund vorliegt. Der Begriff „wichtiger Grund" entspricht nach herrschender Meinung dem des § 553 Abs. 1 S. 2 BGB.[73] Ein solcher liegt etwa dann vor, wenn der Eingetretene schon früher den Hausfrieden gestört oder die Mietsache beschädigt hat. Bei einer Genossenschaftswohnung kann er darin liegen, dass der Eintretende nicht Genosse ist und auch nicht werden will. Der wichtige Grund kann sich schließlich aus der Einkommens- und Vermögenslosigkeit des Eintretenden ergeben, da der Vermieter ein berechtigtes Interesse an einem zahlungsfähigen Mieter hat.[74] Die Gleichgeschlechtlichkeit des eintretenden Lebensgefährten berechtigt hingegen für sich nicht zur Kündigung nach § 563 Abs. 4 BGB. Die Kündigungsfrist beträgt nach §§ 573d Abs. 2 S. 1, 575a Abs. 3 S. 1 BGB drei Monate (abzüglich drei Werktage).

33   Nach §§ 563b Abs. 3, 551 BGB kann der Vermieter von den Personen, die in das Mietverhältnis eingetreten sind, eine **Kaution** verlangen, sofern eine solche bislang nicht geleistet worden ist.

3. Kündigung

34   Nach § 542 Abs. 1 BGB kann ein Mietverhältnis, für das eine Mietzeit nicht bestimmt ist, nach den gesetzlichen Vorschriften gekündigt werden. Die Kündigung kann als ordentliche oder außerordentliche Kündigung erklärt werden, wobei letztere befristet oder fristlos möglich ist. Mietverhältnisse, die für eine bestimmte Zeit eingegangen werden, enden nach § 542 Abs. 2 BGB mit Zeitablauf und können vorher nur außerordentlich gekündigt oder durch einen Mietaufhebungsvertrag beendet werden. Das Recht zur Kündigung steht beiden Vertragsteilen zu.

35   Die Kündigung ist eine **einseitige empfangsbedürftige Willenserklärung**, deren Wirksamkeit sich nach den allgemeinen Vorschriften richtet (§§ 116ff BGB). Ist nur eine Person Vertragspartner, muss die Kündigung nur ihr gegenüber erklärt werden. Auch wenn die Wohnung von einem Ehepaar, Lebenspartnern oder Lebensgefährten gemeinsam genutzt wird, genügt es daher, wenn die Kündigung gegenüber dem Alleinmieter erklärt wird. Muss eine Räumungsklage erhoben werden, ist diese jedoch trotz des Alleinmietverhältnisses gegen beide Partner zu richten.[75]

36   Bei Mietverhältnissen über Wohnraum erfordert die Kündigung außerdem **Schriftform** (§ 568 Abs. 1 BGB), d.h. der Kündigende muss die Kündigungserklärung schriftlich abfassen und eigenhändig unter-

---

73 Palandt/*Weidenkaff* § 563 BGB Rdnr. 23.
74 *Wellenhofer-Klein* Rdnr. 180.
75 Vgl. dazu Rdnr. 52.

zeichnen (§ 126 Abs. 1 BGB). Die Schriftform kann nur dann durch die elektronische Form ersetzt werden, wenn der Name hinzugefügt und das Dokument mit einer qualifizierten elektronischen Signatur versehen wird (§ 126a Abs. 1 BGB). Voraussetzung für die Wirksamkeit dieser Erklärung ist jedoch das Einverständnis des Empfängers, das allerdings darin gesehen werden kann, dass die Parteien ihre Erklärungen auch in der Vergangenheit in elektronischer Form ausgetauscht haben.[76]

Des Weiteren erfordert eine Kündigung durch den Vermieter bei Wohnraummietverhältnissen generell die **Angabe der Kündigungsgründe**, d.h. sowohl die außerordentlich fristlose Kündigung aus wichtigem Grund als auch die außerordentliche Kündigung mit gesetzlicher Frist als auch die ordentliche Kündigung müssen begründet werden (§§ 569 Abs. 4, 543, 573 Abs. 3, 573a Abs. 3, 573d Abs. 1, 575a Abs. 1 BGB). Der Mieter muss seine außerordentliche fristlose Kündigung begründen, da § 569 Abs. 4 BGB für Mieter und Vermieter gilt. Im Übrigen bedarf seine Kündigung **keiner Begründung**. § 573 Abs. 3 BGB, auf den §§ 573d Abs. 1, 575a Abs. 1 BGB für die außerordentliche Kündigung mit gesetzlicher Frist verweisen, gilt nur für den Vermieter.

37

a) Durch den Vermieter

aa) Wegen der Aufnahme des Partners

Nach § 543 Abs. 2 S. 1 Nr. 2, 2. Alt. BGB kann der Vermieter fristlos kündigen, wenn der Mieter die Rechte des Vermieters trotz Abmahnung (§ 543 Abs. 3 BGB) dadurch verletzt, dass er die Mietsache unbefugt einem Dritten überlässt. Neben der Vertragsverletzung durch unbefugte Gebrauchsüberlassung erfordert die fristlose Kündigung zusätzlich eine „erhebliche" Verletzung der Rechte des Vermieters. Nach § 573 Abs. 1 und 2 Nr. 1 BGB kommt bei einer nicht unerheblichen Vertragsverletzung durch den Mieter in diesem Fall auch eine ordentliche Kündigung in Betracht, die jedoch wiederum ein schuldhaftes Verhalten des Mieters voraussetzt.

38

Eine Gebrauchsüberlassung liegt nicht nur bei Untervermietung, sondern auch bei unentgeltlicher Überlassung eines Teils oder der gesamten Wohnung an einen Dritten vor, aber auch bei der Aufnahme eines Dritten und Einräumung des unselbständigen Mitbesitzes.

---

76 Palandt/*Heinrichs* § 126a BGB Rdnr. 6.

39 Die Aufnahme des Ehegatten oder Lebenspartners gehört zum vertragsgemäßen Gebrauch der Mietsache, soweit dadurch keine Überlegung erfolgt. Sie **rechtfertigt** daher eine **Kündigung nicht**.[77]

40 Zwar hat der Alleinmieter nach § 553 Abs. 1 BGB grundsätzlich einen Anspruch auf Erteilung der Erlaubnis zur Aufnahme seines Lebensgefährten, jedoch muss er diese vor der Gebrauchsüberlassung an den Lebensgefährten einholen, um eine Vertragsverletzung zu vermeiden.[78] Hat der Alleinmieter entgegen § 553 BGB die Erlaubnis zur Aufnahme des Lebensgefährten nicht vorab eingeholt, besteht aber ein **Anspruch auf Erteilung der Erlaubnis**, stellt das bloße Nichteinholen wiederum keine so erhebliche Verletzung der Rechte des Vermieters dar, dass eine fristlose oder auch ordentliche Kündigung darauf gestützt werden könnte.[79] Dabei ist zu berücksichtigen, dass die Absicht, einen Partner in die Wohnung aufzunehmen, um mit ihm dort eine Lebensgemeinschaft zu begründen und zu führen, ein gewichtiges Interesse des Mieters darstellt. Eine erhebliche Vertragsverletzung liegt hingegen nahe, wenn der Vermieterwille bewusst missachtet und die Gebrauchsüberlassung verschleiert wird.[80]

Eine Kündigung wegen vertragswidrigen Verhaltens aufgrund einer unbefugten Gebrauchsüberlassung setzt im Übrigen voraus, dass diese Vertragswidrigkeit zum Zeitpunkt der Kündigung noch besteht. Die Kündigung ist auch ausgeschlossen, wenn dem Vermieter die unbefugte Gebrauchsüberlassung bekannt ist und er sie über längere Zeit hinweg geduldet hat.[81]

bb) Wegen der Überlassung der Wohnung nach Trennung an den Partner

41 Die Überlassung der gemeinsamen Wohnung an den Ehegatten oder Lebenspartner zum Mitgebrauch durch den Alleinmieter gehört zur ver-

---

77 Vgl. LG Hannover ZMR 1993, 473 (fristlose Kündigung, wenn Alleinmieterin Ehemann aufnimmt, selbst nicht mehr im Mietobjekt wohnt und dieser ständig dritten Personen Unterkunft gewährt); LG Frankfurt/M. WuM 1989, 237; LG Berlin GE 1988, 409.
78 OLG Hamm NJW-RR 1997, 1370; Palandt/*Weidenkaff* § 553 BGB Rdnr. 2: Der Anspruch auf Erteilung der Erlaubnis gibt noch nicht die Befugnis zur Gebrauchsüberlassung oder Aufnahme zum unselbständigen Mitgebrauch.
79 BayObLG NJW-RR 1991, 461; OLG Düsseldorf WuM 2002, 673 (Kündigung dann unzulässige Rechtsausübung); LG Berlin GE 2003, 880; LG München I NJW-RR 1991, 1112; Hk-LPartR/*Emmert* § 553 BGB Rdnr. 11; *Wellenhofer-Klein* Rdnr. 171; *Brudermüller*, Mietrechtliche Aspekte eheähnlicher Lebensgemeinschaften, S. 111.
80 OLG Hamm NJW-RR 1997, 1370.
81 LG Berlin MM 1993, 287: 4 ½ Jahre; LG München I NJW-RR 1991, 1112: 10 Jahre; AG Bonn ZMR 1979, 174: 15 Jahre.

tragsgemäßen Nutzung. Im Falle der **Trennung der Eheleute oder Lebenspartner** bedarf es der Zustimmung des Vermieters zur Alleinnutzung durch den Nichtmieter während der Trennungszeit nicht. Auch ein Kündigungsrecht wegen dieser Gebrauchsüberlassung besteht nicht. Wird die Ehe- oder Partnerschaftswohnung im Rahmen eines Wohnungszuweisungsverfahrens nach § 1361b BGB, § 14 LPartG dem Nichtmieter zugewiesen, liegt darin von vornherein kein vertragswidriges Verhalten des Mieters, das den Vermieter zur Kündigung berechtigen würde. Doch auch ohne Wohnungszuweisung verliert bei Einigung der Parteien über die vorläufige Weiternutzung durch den Nichtmieter die Wohnung **allein durch Trennung nicht den Charakter als Ehe- oder Partnerschaftswohnung**, der Ehe- und Lebenspartner behält aus § 1353 Abs. 1 S. 2 BGB bzw. § 2 S. 1 LPartG über die Trennung hinaus ein Recht zum Besitz.[82] Das Familienrecht überlagert insoweit wiederum das Mietrecht, so dass diese Überlassung im Zusammenhang mit der Trennung kein vertragswidriges Verhalten darstellt und eine Kündigung deshalb selbst dann darauf nicht gestützt werden kann, wenn nach der Trennung der Mieter auszieht.[83]

Für die Zeit nach der Scheidung kann der Mietvertrag – **auch ohne Einverständnis des Vermieters** – nach § 5 Abs. 1 S. 1 HausratsVO (bei Lebenspartnern nach § 18 Abs. 1 Nr. 1 LPartG) dahingehend **abgeändert werden**, dass statt des früheren Alleinmieters nunmehr der Ehe- oder Lebenspartner Alleinmieter ist.[84] Ein bereits anhängiges Räumungsverfahren ist bis zur Entscheidung im Verfahren nach der HausratsVO bzw. den inhaltsgleichen Vorschriften des LPartG auszusetzen oder das Zivilgericht muss selbst die familiären Interessen, insbesondere auch des betroffenen Kindes, berücksichtigen.[85] Die Tatsache, dass die Wohnung vereinba-

42

---

82 OLG Jena FamRZ 2004, 877 (Lse); OLG Karlsruhe FamRZ 1999, 1087; OLG Celle FamRZ 1992, 676; OLG Hamm FamRZ 1989, 739; *Gernhuber/Coester-Waltjen* § 19 Rdnr. 24; zur Kritik an dieser Begründung des Besitzrechts vgl. *Flatow* S. 74.
83 Vgl. dazu auch *Schneider* FamRZ 2006, 10f.
84 Zu Einzelheiten vgl. Rdnr. 335ff.
85 BVerfG FamRZ 2006, 1596 (mit ihrer Verfassungsbeschwerde hatte sich die Ehefrau, die vor dem Familiengericht die Wohnungszuweisung beantragt hatte, gegen ihre Verurteilung durch ein Zivilgericht zur Räumung der (Ehe-)Wohnung gewendet. Sie war in die von ihrem späteren Ehemann gemietete Wohnung eingezogen, ohne in das Mietverhältnis selbst einzutreten. Die Vermieterin schloss später mit dem durch einen Betreuer vertretenen Ehemann, der inzwischen in einem Pflegeheim lebte, einen Mietaufhebungsvertrag und klagte erfolgreich gegen die Ehefrau auf Räumung. Die Zivilgerichte lehnten eine Aussetzung ihrer Entscheidung über die Räumungsklage bis zur Entscheidung im Wohnungszuweisungsverfahren ab. Die Beschwerdeführerin machte geltend, dass die nach der HausratsVO (die analoge Anwendung des § 5 HausratsVO war zwischen den Instanzen streitig) vorzunehmende Interessenabwägung nicht erfolgt sei.

rungsgemäß einer Familie als Lebensmittelpunkt diente und der Alleinmieter auch über die Scheidung bzw. Aufhebung der Lebenspartnerschaft hinaus seinem Partner und insbesondere den Kindern zur Rücksichtnahme verpflichtet ist, rechtfertigt die damit verbundene Beschränkung der Rechte des Vermieters.

43 Anderes gilt hingegen für **Lebensgefährten**: Die Aufnahme erfordert hier nicht nur eine Anzeige, sondern der Alleinmieter muss die **Erlaubnis des Vermieters** nach § 553 BGB einholen, auf deren Erteilung jedoch bei Vorliegen eines berechtigten Interesses, das bei der Aufnahme eines Lebensgefährten grundsätzlich zu bejahen ist, ein Anspruch besteht. Im Rahmen des § 553 BGB darf dem Lebensgefährten jedoch nur ein Teil der Wohnung zum Gebrauch oder unselbständiger Mitbesitz an der gesamten Wohnung überlassen werden. Wird ihm die Wohnung hingegen allein überlassen, ist dies von der erteilten Erlaubnis nicht mehr gedeckt.[86] Eine **unbefugte Gebrauchsüberlassung** an Dritte stellt keinen nur unerheblichen Pflichtverstoß dar und rechtfertigt bei einem vorsätzlichen oder fahrlässigen Verhalten des Mieters eine Kündigung nach § 573 Abs. 2 Nr. 1 BGB,[87] nach anderer Ansicht sogar eine fristlose Kündigung nach § 543 Abs. 2 S. 1 Nr. 2 BGB.[88] Die Lebensgemeinschaft endet unmittelbar mit der Trennung. Nachwirkende familiäre Pflichten wie bei Ehe oder Lebenspartnerschaft, die das Mietrecht überlagern könnten, bestehen hier nicht. Auch eine Wohnungszuweisung durch das Familiengericht, die wiederum dem Mieter nicht als Vertragsverletzung mit der Folge der Kündigung zur Last gelegt werden kann, kommt bei Lebensgefährten nur nach § 2 GewSchG in Betracht. Eine **Umgestaltung des Mietvertrags** durch das Familiengericht **scheidet vollständig aus**.

cc) Wegen Fehlverhaltens des Partners

44 Nach § 540 Abs. 2 BGB hat ein Mieter, der den Gebrauch der Mietsache einem Dritten überlässt, ein dem Dritten bei dem Gebrauch zur Last fallendes Verschulden zu vertreten, so dass eine Kündigung des Mietvertrags nach § 573 Abs. 2 Nr. 1 BGB[89] auch wegen **Verstößen des Nichtmieters gegen mietvertragliche Pflichten** in Betracht kommt. Der Mieter hat insoweit dafür einzustehen, dass sein Lebensgefährte den Mietvertrag einhält.[90]

---

86 AG Neukölln NJW-RR 1997, 584.
87 Palandt/*Weidenkaff* § 573 BGB Rdnr. 19; Schmidt-Futterer/*Blank* § 573 BGB Rdnr. 24.
88 LG Berlin WuM 1995, 38; vgl. dazu auch *Schwidich* S. 85.
89 Oder sogar §§ 543 Abs. 1, 569 Abs. 2 BGB.
90 BGH NJW 2000, 3203 (3206).

Streitig ist diese Frage bei Ehe- oder Lebenspartnern. Bei dem Fehlverhalten eines Familienangehörigen ist nach einer Ansicht eine Kündigung nach § 573 Abs. 2 Nr. 1 BGB nur möglich, wenn der Mieter selbst schuldhaft gehandelt hat, etwa indem er das Fehlverhalten erkannte und nichts unternahm. Das Verschulden nur des Familienangehörigen genügt nicht, es sei denn, es handelt sich um ein besonders gravierendes, das dann wiederum die verschuldensunabhägige Kündigung nach § 573 Abs. 1 BGB rechtfertige.[91] Nach anderer Ansicht muss sich der Alleinmieter gemäß § 278 BGB auch das Verhalten von Ehe- oder Lebenspartnern zurechnen lassen. Auch diese sind für mietvertragliche Pflichten als **Erfüllungsgehilfen des Mieters** anzusehen, mit der Konsequenz, dass der Mieter für das Verschulden seines Partners einzustehen hat.[92] Diese Ansicht ist vorzuziehen, ein Grund für eine Privilegierung besteht insoweit nicht.

45

b) Durch den Mieter

Eine außerordentliche fristlose Kündigung aus wichtigem Grund kommt für den Mieter nur in den in §§ 543, 569 BGB vorgesehenen Fällen in Betracht und muss vom Mieter begründet werden (§ 569 Abs. 4 BGB). Die bloße Trennung vom Partner rechtfertigt diese Kündigung nicht. Eine ordentliche Kündigung durch den Mieter nach § 573 BGB bedarf demgegenüber weder eines besonderen Grundes noch einer Begründung, da § 573 Abs. 3 BGB diese nur für den Vermieter vorschreibt. Der Alleinmieter kann danach grundsätzlich **jederzeit unter Wahrung der gesetzlichen Kündigungsfrist** das nur mit ihm bestehende Mietverhältnis beenden.[93]

46

Nach § 540 Abs. 1 S. 2 BGB hat der Mieter darüber hinaus ein außerordentliches Kündigungsrecht mit gesetzlicher Frist, falls der Vermieter die **Zustimmung zur Aufnahme des Lebensgefährten** verweigert, sofern nicht in der Person des Lebensgefährten ein wichtiger Grund vorliegt, der diese Weigerung rechtfertigt.

---

91 KG NZM 2000, 905; vgl auch AHB-Mietrecht/*Eisenhardt* Teil J Rdnr. 237: Eigenes Verschulden des Mieters erforderlich, das jedoch darin liegen kann, dass er ein wiederholtes Fehlverhalten des Dritten nicht unterbindet.
92 Schmidt-Futterer/*Blank* vor § 535 BGB Rdnr. 263 für Ehegatten: Vermieter kann dem Mieter kündigen, wenn der Ehegatte den Hausfrieden stört; so auch AG Brandenburg GE 2001, 1134; vgl. auch Schmidt-Futterer/*Blank* § 573 BGB Rdnr. 20 m.w.N.
93 Johannsen/Henrich/*Brudermüller* § 5 HausratsVO Rdnr. 9.

aa) Einschränkung des Rechts zur Kündigung im Hinblick auf § 1353 BGB, § 2 LPartG

47 Die Befugnis des Alleinmieters zur Kündigung kann bei Eheleuten durch § 1353 Abs. 1 S. 2 BGB begrenzt sein. Aus dieser Vorschrift ergibt sich unter anderem die Verpflichtung, „familienfeindliche" Rechte nicht auszuüben. Demnach ist keiner der Ehegatten berechtigt, den räumlich-gegenständlichen Bereich der Ehe einseitig vor deren Beendigung zu beseitigen, jedoch ist insoweit eine **Interessenabwägung** notwendig.[94] Leben die Eheleute schon längere Zeit getrennt, kann das Interesse des aus der Wohnung ausgezogenen Ehegatten an der Kündigung überwiegen, wenn diese etwa für die Beschaffung von Ersatzwohnraum erforderlich ist. Der Nichtmieter kann sich gegen eine drohende Kündigung mit einer negativen Herstellungsklage auf Unterlassung der Kündigung nach § 1353 Abs. 1 S. 2 BGB oder einer quasi-negatorischen Unterlassungsklage nach §§ 823 Abs. 1, 1004 BGB (Besitzrecht an der Ehewohnung als absolutes Recht) zur Wehr setzen. Aber selbst ein zusprechendes Urteil bietet keinen tatsächlichen Schutz, da das Verbot der Kündigung **nur im Verhältnis zum anderen Ehegatten** besteht, jedoch grundsätzlich keinen Einfluss auf die Wirksamkeit einer dem Vermieter gegenüber erklärten Kündigung hat.[95] Auch eine ehewidrig ausgesprochene Kündigung ist wirksam und verstößt nicht gegen §§ 134, 138 BGB. Nur im Einzelfall kann die Kündigung wegen Rechtsmissbräuchlichkeit unwirksam sein, wenn sie sich als „familienfeindlich" darstellt und ohne Rücksicht auf die künftige Unterbringung des Partners und der Kinder erklärt wurde, dem Vermieter das Interesse der (Rest-)Familie am Erhalt der Wohnung bekannt ist und auch keine berechtigten Interessen des Vermieters entgegenstehen, der Kündigung im konkreten Fall die Wirksamkeit zu versagen.[96]

48 Haben Lebenspartner einen gemeinsamen Hausstand begründet, ergibt sich aus der Pflicht zur **gegenseitigen Fürsorge und Unterstützung** sowie ihrer **gegenseitigen Verantwortung** eine vergleichbare Einschränkung des Kündigungsrechts wie bei Eheleuten (§ 2 LPartG).

49 Im Gegensatz zu Eheleuten und Lebenspartnern besteht bei Lebensgefährten **keinerlei Einschränkung** des Rechts zur Kündigung der Wohnung durch den Alleinmieter.[97]

---

94 Palandt/*Brudermüller* § 1353 BGB Rdnr. 6; *Wlecke* S. 152f.
95 *Gernhuber/Coester-Waltjen* § 19 Rdnr. 25.
96 LG Hamburg FamRZ 2002, 818; LG München I WuM 1997, 502.
97 Vgl. auch *Brudermüller* FamRZ 1994, 207 (208ff).

bb) Gerichtliches Kündigungsverbot bei Wohnungszuweisung

Bei einer Wohnungszuweisung an den Nichtmieter durch das Familiengericht besteht – sofern nicht zugleich der Mietvertrag umgestaltet wird, was nur bei der endgültigen Wohnungszuweisung für die Zeit nach Rechtskraft der Scheidung oder Aufhebung der Lebenspartnerschaft möglich ist – die Gefahr der Kündigung durch den Alleinmieter, um diese Zuweisung zu unterlaufen. Dieser kann durch ein vom Familiengericht im Wege einer Zusatzanordnung verhängtes Kündigungsverbot begegnet werden. Auch hier besteht jedoch das Problem, dass durch das Kündigungsverbot nur ein **relatives Verfügungsverbot** begründet wird, eine entgegen diesem Verbot ausgesprochene Kündigung also dennoch wirksam ist.[98]

50

c) Räumungsvollstreckung

aa) Vermieter gegenüber den Bewohnern

Die Räumungsvollstreckung erfolgt nach § 885 ZPO.

51

Nach § 750 Abs. 1 S. 1 ZPO kann die Zwangsvollstreckung nur gegen eine Person betrieben werden, die im Titel und in der Vollstreckungsklausel **namentlich bezeichnet** ist. Bei der Räumung von Wohnungen ist deshalb grundsätzlich ein Titel gegen alle Besitzer erforderlich, auch wenn diese nicht Vertragspartner des Vermieters sind. Keines Titels bedarf es gegenüber bloßen Besitzdienern wie Besuchern.[99]

52

Auch gegen einen Untermieter kann die Räumungsvollstreckung nicht aufgrund eines allein gegen den Hauptmieter ergangenen Titels betrieben werden, wobei unerheblich ist, dass der Untermieter nach materiellem Recht gemäß § 546 Abs. 2 BGB zur Herausgabe der Mietsache an den Vermieter verpflichtet ist.[100]

Gleiches gilt – auch ohne Untermietverhältnis – für den mitbesitzenden Ehegatten[101] und Lebenspartner[102] sowie für den nichtehelichen Le-

---

98 Vgl. dazu im Einzelnen Rdnr. 316.
99 Zu Kindern vgl. Rdnr. 152f; zu den verfassungsrechtlichen Anforderungen an eine Räumungsvollstreckung bei Suizidandrohung vgl. BVerfG FamRZ 2007, 1717; BVerfG FamRZ 2007, 107; BVerfG FamRZ 2005, 1972; BGH FamRZ 2008, 260; BGH NJW 2007, 3719; BGH NJW 2006, 508; BGH FamRZ 2006, 265.
100 BGH MDR 2004, 53.
101 BGH NJW 2004, 3041; OLG Frankfurt/M. WuM 2003, 640; OLG Jena WuM 2002, 221; a.A. LG Berlin ZMR 1992, 395.
102 AnwK-BGB/*Klein-Blenkers* vor §§ 535-580a BGB Rdnr. 45.

bensgefährten,[103] es sei denn, der Mitbesitz des Lebensgefährten wurde ohne oder gegen den Willen des Vermieters begründet und diesem gegenüber treuwidrig über einen erheblichen Zeitraum verheimlicht.[104] Das Rechtsschutzbedürfnis für eine Klage des Vermieters gegen den früheren Partner kann aber entfallen, wenn dieser bereits aus der Wohnung ausgezogen ist und eindeutig erklärt hat, dass **keine Rückkehrabsicht** besteht.[105]

53 Vorläufiger Rechtsschutz kann in Mietstreitigkeiten gemäß §§ 935, 940 ZPO im Wege einer einstweiligen Verfügung gewährt werden. Hier gelten im Grundsatz die allgemeinen Regelungen, jedoch sind einstweilige Verfügungen, die auf die Räumung von Wohnraum gerichtet sind, gemäß § 940a ZPO nur bei **verbotener Eigenmacht** (d.h. wenn der Besitz durch verbotene Eigenmacht erlangt wurde) zulässig sowie dann, wenn eine konkrete **Gefahr für Leib und Leben** besteht.

bb) Alleinmieter gegenüber dem Nichtmieter

54 Bei Ehe- und Lebenspartnern scheidet ein Herausgabeverlangen nach den allgemeinen Vorschriften aus, da beide auch im Fall der Alleinmiete nur durch einen von ihnen gleichberechtigten Mitbesitz an der gemeinsamen Wohnung haben und dies sogar noch über die Trennung hinaus.[106] Es bestehen jedoch **Sonderregelungen** in Form der Wohnungszuweisungsvorschriften, im Rahmen derer eine Räumungsanordnung erlassen werden kann.[107]

55 Bei nichtehelichen Lebensgefährten kann der Alleinmieter nach Beendigung der Partnerschaft jederzeit die Räumung und Herausgabe der Wohnung vom Nichtmieter verlangen,[108] der Anspruch muss zur Durchsetzung allerdings **tituliert** werden. Dabei kann der Nichtmieter für eine Übergangszeit Räumungsschutz nach § 721 ZPO beanspruchen. Nach

---

103 BGH FamRZ 2008, 1174; OLG Köln MDR 1997, 782; KG NJW-RR 1994, 713; Palandt/ *Brudermüller* vor § 1297 BGB Rdnr. 20; Thomas/Putzo/*Hüßtege* § 885 ZPO Rdnr. 4; a.A. OLG Karlsruhe WuM 1992, 493.
104 OLG Hamburg NJW 1992, 3308; KG NZM 2003, 105; *Grziwotz* § 14 Rdnr. 49; *Bub*, Aktuelle Rechtsprechung zum Mietrecht, S. 287 (349).
105 LG Berlin GE 2003, 529.
106 OLG Jena FamRZ 2004, 877 (Lse); OLG Karlsruhe FamRZ 1999, 1087; OLG Celle FamRZ 1992, 676; OLG Hamm FamRZ 1989, 739; *Gernhuber/Coester-Waltjen* § 19 Rdnr. 24.
107 Vgl. dazu Rdnr. 309ff.
108 AG Potsdam WuM 1994, 528; AG Gelsenkirchen WuM 1994, 194; vgl. auch LG Chemnitz NJW-RR 1995, 269 (für zeitlich begrenztes Wohnrecht); vgl. auch *Brudermüller* FamRZ 1994, 207 (210).

dem Wortlaut des § 940a ZPO kann vom Alleinmieter eine einstweilige Verfügung auf Unterlassen des Betretens der Wohnung erwirkt werden, wenn er bei weiterer Mitbenutzung durch den Lebensgefährten um sein Leben fürchten muss, weil er von ihm geschlagen, bedroht oder misshandelt wird.[109] Bei auf Dauer angelegtem gemeinsamem Haushalt kommt in diesem Fall jedoch **vorrangig eine Zuweisung der Wohnung** nach § 2 GewSchG in Betracht.[110]

II. Mitmieter

1. Abschluss des Mietvertrags

Wer Partei eines Mietvertrags wird, richtet sich nach den allgemeinen Grundsätzen des Vertragsrechts und damit danach, ob Antrag und Annahme übereinstimmen. Es ist jedoch ein altbekanntes, immer wieder auftretendes mietrechtliches Problem, dass in einem Mietvertrag mehrere Personen als Mieter und damit als Vertragspartei genannt sind, aber nicht alle den Vertrag unterschreiben oder – im umgekehrten Fall – dass jemand (mit-) unterschreibt, der bei den Vertragsparteien als Mieter nicht genannt ist. Grundsätzlich wird Mieter, wer im Vertrag als solcher **bezeichnet** ist und diesen auch **unterschreibt**.[111] Es gelten dabei die allgemeinen Grundsätze des Vertretungsrechts, so dass ein Vertreter zum Abschluss des Mietvertrags bevollmächtigt werden und diesen dann (auch) im Namen des Vertretenen abschließen kann.

56

a) Eheleute

aa) Zwei Parteien im Kopf, nur eine Unterschrift

Um Vertragspartner zu werden, müssen grundsätzlich beide Eheleute beim Abschluss des Mietvertrags mitwirken. Unterzeichnen beide Ehepartner den Mietvertrag, ist es unproblematisch, wenn im Kopf des Vertrags nicht beide namentlich genannt sind, sondern die Formulierung „Eheleute", „Familie" oder „Herr xy und Ehefrau" gewählt wird.[112] Der Vertrag kommt in diesem Fall **mit beiden Eheleuten** zustande.

57

Unterzeichnet nur ein Ehepartner, wird der andere immer dann Vertragspartei, wenn der Unterzeichnende den Mietvertrag zugleich im

---

109 OLG Braunschweig NJW-RR 1991, 832.
110 Vgl. dazu Rdnr. 266.
111 LG Berlin ZMR 1998, 497; vgl. auch AG Villingen-Schwenningen WuM 1998, 689.
112 Schmidt-Futterer/*Blank* vor 535 Rdnr. 255; *Blank*, Haftung und Kündigung mit Personenmehrheiten, S. 23 (31).

Namen und als bevollmächtigter **Vertreter** des anderen Ehegatten unterzeichnet (§ 164 BGB) oder zwar als vollmachtloser Vertreter handelt, dies aber in der Folgezeit vom anderen Ehegatten **genehmigt** wird (§§ 177 Abs. 1, 182, 184 Abs. 1 BGB).

58   Nach § 1357 Abs. 1 BGB ist jeder Ehegatte berechtigt, Geschäfte zur angemessenen Deckung des Lebensbedarfs der Familie mit Wirkung auch für den anderen Ehegatten zu besorgen, sofern die Eheleute nicht getrennt leben (§ 1357 Abs. 3 BGB). Durch solche Geschäfte werden beide Ehegatten berechtigt und verpflichtet, es sei denn, dass sich aus den Umständen etwas anderes ergibt. Allein die Tatsache, dass mit einem Mietvertrag ein Dauerschuldverhältnis begründet wird, steht der Einordnung als Geschäft zur angemessenen Deckung des Lebensbedarfs nicht von vorneherein entgegen,[113] jedoch dienen sog. „Grundlagengeschäfte" nicht der Deckung des allgemeinen Lebensbedarfs. Zu diesen gehören auch das **Anmieten und Kündigen einer Wohnung**.[114] Soweit die Anwendbarkeit des § 1357 BGB für den Fall bejaht wird, dass die Anmietung der Ehewohnung dringend ist und einer der Eheleute daran nicht mitwirken kann, weil er krank ist oder sich an einem anderen Ort aufhält,[115] erscheint dies bereits deshalb zweifelhaft, weil die Frage, ob ein Geschäft zur angemessenen Deckung des Lebensbedarfs vorliegt, sich nicht nach der Dringlichkeit dieses Geschäfts richtet. Hinzu kommt, dass das normale Vertretungsrecht insoweit ausreichende Lösungen bietet, insbesondere im Hinblick auf die Möglichkeit der nachträglichen Genehmigung eines vollmachtlos abgeschlossenen Mietvertrags (§§ 177 Abs. 2, 182, 184 Abs. 1 BGB).

59   Sind beide Ehepartner im Vertrag angeführt, wird bei Unterzeichnung nur durch einen von ihnen bei Anmietung der Ehewohnung teilweise angenommen, dass eine **tatsächliche Vermutung** dafür spreche, dass dieser zugleich im Namen und mit Vollmacht des anderen unterschrieben habe.[116]

Nach anderer Ansicht ist hingegen im Zweifel nicht anzunehmen, dass ein Ehepartner den Vertrag zugleich in Vertretung und mit Vollmacht für

---

113 BGH FamRZ 2004, 778; vgl. dazu *Brudermüller* NJW 2004, 2265.
114 OLG Brandenburg FamRZ 2007, 558; OLG Flensburg NJW 1973, 1085; LG Mannheim FamRZ 1994, 445; Palandt/*Brudermüller* § 1357 BGB Rdnr. 14; AnwK-BGB/*Wellenhofer* § 1357 BGB Rdnr. 16; a.A. LG Braunschweig FamRZ 1986, 61: § 1357 BGB deckt Abschluss einer Maklervertrags zum Zwecke der Hausanmietung.
115 Schmidt-Futterer/*Blank* vor § 535 Rdnr. 255 a.E.
116 OLG Schleswig NJW-RR 1993, 274; OLG Düsseldorf WuM 1989, 362; LG Heidelberg WuM 1997, 547; Palandt/*Weidenkaff* § 535 BGB Rdnr. 7; *Sternel* I Rdnr. 22.

den anderen geschlossen habe.[117] Von einer Vertretungsbefugnis könne nur bei Vorliegen einer **typischen Vertretungssituation** ausgegangen werden, etwa wenn ein Ehegatte aus tatsächlichen oder rechtlichen Gründen an der Unterschrift gehindert ist.[118] Nimmt ein Ehepartner jedoch an den Vertragsverhandlungen teil und unterschreibt danach den Mietvertrag aber nicht, lege dies die Vermutung nahe, dass er keine Vollmacht zur Mitunterzeichnung in seinem Namen erteilt habe.[119]

Nach wieder anderer Ansicht können in diesem Fall die Voraussetzungen einer **Rechtsscheinsvollmacht** vorliegen, wenn bei den Verhandlungen die Absicht bekundet wurde, dass beide die Wohnung mieten, vor Unterzeichnung die Ehepartner sich aber – ohne dem Vermieter Mitteilung zu machen – darauf einigen, dass der Unterzeichner Alleinmieter werden solle.[120]

Praxistipp: Es kommt stets auf die Umstände des Einzelfalles an, inwieweit der Vermieter von einem Handeln in fremden Namen, das sich auch aus den Umständen ergeben kann (§ 164 Abs. 1 S. 2 BGB), ausgehen durfte und ob eine Vollmacht, eine Genehmigung vollmachtlosen Handelns oder eine Duldungs- oder Anscheinsvollmacht vorliegen. Zur Vermeidung von Zweifelsfällen sollte deshalb großer Wert auf die zutreffende Bezeichnung des oder der Mieter im Mietvertrag und die damit korrespondierende Zahl von Unterschriften gelegt werden.

Von der Frage des Abschlusses des Mietvertrags zu trennen ist die Frage eines nachträglichen (auch schlüssig möglichen) Beitritts zu dem bereits mit dem anderen Ehegatten bestehenden Mietvertrag.[121]

bb) Eine Partei im Kopf, zwei Unterschriften

Ist im Kopf des Vertrags nur einer der Ehegatten genannt und unterzeichnet auch nur dieser die Vertragsurkunde, so wird er Partei des Mietvertrags. Unterzeichnen hingegen beide Eheleute ist die Lösung streitig.

60

---

117 LG Berlin GE 2004, 1096; LG Osnabrück NZM 2002, 943 (944); LG Mannheim FamRZ 1994, 445.
118 LG Mannheim NJW-RR 1994, 274; LG Mannheim FamRZ 1994, 445; Schmidt-Futterer/*Blank* vor § 535 Rdnr. 255; so auch *Blank*, Haftung und Kündigung mit Personenmehrheiten, S. 23 (32).
119 LG Mannheim NJW-RR 1994, 274; LG Mannheim FamRZ 1994, 445.
120 *Wlecke* S. 61.
121 Vgl. dazu Rdnr. 10f.

Hier ist die Meinungsvielfalt breit gefächert. Nach einer Ansicht wird nur der im Kopf aufgeführte Partner Mieter,[122] da das Angebot nur an ihn gerichtet ist. Nach anderer Ansicht ist der Mitunterschreibende Mitschuldner, aber ohne geschützte Rechtsstellung,[123] oder er haftet als Bürge.[124] Nach wieder anderer Ansicht soll es auf den Willen des Vermieters ankommen: Ist für ihn die Zahl der Vertragspartner gleichgültig, sollen beide Eheleute Mietvertragspartei werden, nur der Unterzeichnende hingegen dann, wenn der Vermieter nur mit dem namentlich Aufgeführten abschließen wolle.[125] Damit wird es jedoch dem Willen des Vermieters überlassen, gegebenenfalls lange Zeit im Nachhinein „festzulegen", wer Mieter sein soll. Nach wieder anderer Ansicht wird es der Interessenlage sowohl des Vermieters als auch der Eheleute gerecht, in diesem Fall von einem mit beiden Eheleuten geschlossenen Vertrag auszugehen.[126]

Da der Abschluss des Mietvertrags mit beiden Eheleuten zwar das Haftungsrisiko verringert, weil in diesem Fall beide gesamtschuldnerisch für den Mietzins haften, es dem Vermieter aber dann andererseits obliegt, alle Erklärungen gegenüber beiden Eheleuten abzugeben und Rechtsgeschäfte mit beiden zu tätigen, was insbesondere nach dem Auszug eines Ehepartners zu Schwierigkeiten führen kann, ist nicht von vornherein davon auszugehen, die Interessenlage des Vermieters spreche für einen Mietvertrag mit beiden Eheleuten. Im Zweifel wird daher **nur der namentlich Genannte**, an den das Angebot zum Vertragsschluss gerichtet ist, Mietvertragspartei.

b) Lebenspartner

aa) Zwei Parteien im Kopf, nur eine Unterschrift

61 Die für Eheleute dargestellten Grundzüge des Vertretergeschäfts gelten grundsätzlich für Lebenspartner gleichermaßen.[127] Der Lebenspartner, der den Vertrag nicht unterzeichnet, aber im Kopf des Vertrags als Mietvertragspartei genannt ist, wird demnach dann Vertragspartei, wenn der Unterzeichnende den Vertrag zugleich in seinem Namen und entsprechend bevollmächtigt[128] unterschreibt oder eine vollmachtlos abgegebene

---

122 LG Berlin ZMR 1988, 103; AG Dortmund MDR 1993, 755.
123 *Sternel*, Mietrecht aktuell, Rdnr. 83.
124 LG Berlin ZMR 1988, 103; LG Berlin GE 1986, 1119.
125 Schmidt-Futterer/*Blank* vor § 535 Rdnr. 256.
126 LG Schweinfurt WuM 1989, 362; FA-MietRWEG/*Harsch* 3. Kap. Rdnr. 264; *Wlecke* S. 75.
127 Palandt/*Weidenkaff* § 535 BGB Rdnr. 7.
128 Gegebenenfalls auch nach den Grundsätzen der Duldungs- und Anscheinsvollmacht, vgl. *Wlecke* S. 61.

Erklärung in der Folgezeit vom Partner genehmigt wird (§§ 164 Abs. 1, 177 Abs. 1, 182, 184 Abs. 1 BGB).

Gerade bei der Frage, ob der Vermieter aus den Umständen schließen kann, dass – bei der Anführung beider Lebenspartner als Vertragspartei und Unterschrift nur durch einen – zugleich ein Handeln in fremdem Namen vorliegt (§ 164 Abs. 1 S. 2 BGB), ist jedoch zu bedenken, dass § 2 LPartG an die Lebensgemeinschaft der Lebenspartner geringere Anforderungen stellt als § 1353 BGB an die der Eheleute. Während diese einander zur ehelichen Lebensgemeinschaft und damit normativ auch zur Haushaltsgemeinschaft verpflichtet sind, ist die Lebensgestaltung nach dem Lebenspartnerschaftsgesetz insoweit den Lebenspartnern überlassen. Sie sind nicht verpflichtet, einen gemeinsamen Hausstand zu begründen.[129] Da somit **keine Verpflichtung zum Zusammenleben** in häuslicher Gemeinschaft besteht, liegt die Annahme, dass beide den Vertrag schließen wollen, weil sie die Wohnung künftig gemeinsam nutzen, nicht in gleichem Maße nahe wie bei Eheleuten. 62

Nach § 8 Abs. 2 LPartG findet § 1357 BGB auch bei Lebenspartnern Anwendung, da der Gesetzgeber davon ausging, dass in arbeitsteiligen Lebenspartnerschaften dem Partner, der nicht erwerbstätig ist – entsprechend einer „Hausfrauenehe" – die Befugnis zustehen solle, den anderen Partner ohne Vorliegen einer besonderen Vollmacht zu verpflichten.[130] § 1357 BGB umfasst jedoch nur Geschäfte zur angemessenen Deckung des Lebensbedarfs und damit diejenigen Geschäfte, die typischerweise vorher nicht abgesprochen werden.[131] Grundlagengeschäfte, wie der Abschluss eines Mietvertrags, gehören nicht dazu, so dass es einer Vollmachterteilung nach allgemeinen Grundsätzen bedarf. 63

Unterzeichnet nur ein Lebenspartner den Mietvertrag, wird daher grundsätzlich **er allein Mieter**, selbst wenn beide im Vertrag aufgeführt sind.[132]

bb) Eine Partei im Kopf, zwei Unterschriften

Ist nur ein Lebenspartner als Mieter genannt, unterzeichnen aber beide Partner den Vertrag, kommt es auf die konkrete Situation im Einzelfall an, ob von einem Vertrag mit beiden Lebenspartnern ausgegangen werden kann. Bei Eheleuten ist die Lösung in diesem Fall äußerst streitig.[133] Bei 64

---

129 Palandt/*Brudermüller* § 2 LPartG Rdnr. 2; *Wellenhofer-Klein* Rdnr. 109.
130 *Wellenhofer-Klein* Rdnr. 157, auch zur Kritik an dieser Vorschrift.
131 BGHZ 94, 1 (8/9).
132 AG Osnabrück NJW-RR 1997, 774.
133 Vgl. dazu Rdnr. 60.

Fehlen weiterer Anhaltspunkte ist davon auszugehen, dass **nur der im Vertrag genannte** Unterzeichner Mietvertragspartei wird.

c) Nichteheliche Lebensgemeinschaft

aa) Zwei Parteien im Kopf, nur eine Unterschrift

65 Auch bei nichtehelichen Lebensgemeinschaften kommt es auf die Vertragsgestaltung im Einzelfall an.[134] Sind beide im Kopf aufgeführt, unterschreibt aber nur einer, wird in der Regel **nur dieser Mietvertragspartei**, denn jeder Lebensgefährte kann grundsätzlich nur sich selbst durch Rechtsgeschäft verpflichten.[135] Eine Mitverpflichtung des anderen kommt nur bei Vorliegen eines wirksamen Vertretergeschäfts in Betracht und damit bei Handeln (auch) in fremdem Namen und mit dementsprechender Vollmacht (bzw. bei nachträglicher Genehmigung, §§ 164 Abs. 1, 177 Abs. 1, 182, 184 Abs. 1 BGB). Bei der Erkennbarkeit des Handelns in fremdem Namen für den Vermieter ist bei nichtehelichen Lebensgefährten – wie auch bei Lebenspartnern – zu berücksichtigen, dass der Bestand einer häuslichen Gemeinschaft nicht ausschlaggebend für das Bestehen der Lebensgemeinschaft ist. Die Lebensgefährten können übereinkommen, ihre Lebensgemeinschaft ohne gemeinsamen Haushalt und ohne räumliches Zusammenleben in getrennten Wohnungen zu führen.[136]

66 Eine analoge Anwendung von § 1357 BGB auf die nichteheliche Lebensgemeinschaft wird überwiegend abgelehnt,[137] wobei dies für den Mietvertragsschluss im Ergebnis ohne Belang ist, da eine Mitverpflichtung des Partners im Rahmen des Abschlusses eines Mietvertrags über § 1357 Abs. 1 BGB auch bei Eheleuten oder Lebenspartnern verneint wird.

67 Die Grundsätze der **Duldungs- und Anscheinsvollmacht** finden demgegenüber Anwendung, wenn der Vermieter wusste, dass eine nichteheliche Lebensgemeinschaft besteht. Sie sind bei der Wohnungsmiete nicht von vornherein ausgeschlossen.

bb) Eine Partei im Kopf, zwei Unterschriften

68 Wird nur einer der Lebensgefährten im Vertrag genannt, unterschreiben aber beide, wird **grundsätzlich nur der Genannte** Vertragspartner,

---

134 Palandt/*Weidenkaff* § 535 BGB Rdnr. 7.
135 AG Osnabrück NJW-RR 1997, 774: Anders als bei Eheleuten ist die Stellvertretung bei Mietvertragsabschluss hier die Ausnahme.
136 *Grizwotz*, Nichteheliche Lebensgemeinschaft, § 13 Rdnr. 1.
137 Palandt/*Brudermüller* vor § 1297 BGB Rdnr. 25.

da das Angebot nur an ihn gerichtet ist. Die Unterschrift des anderen wird dabei so gewertet, dass er Kenntnis von den Bestimmungen des Mietvertrags genommen hat, während die Annahme eines Schuldbeitritts oder einer Bürgschaft fraglich erscheint.[138]

2. Verhältnis zwischen dem Vermieter und den Mietern

a) Mieter als Gesamthandsgläubiger und Gesamtschuldner

Sind beide Eheleute, Lebenspartner oder Lebensgefährten Mieter, können beide als Gesamthandsgläubiger nach § 432 BGB Rechte aus dem Mietvertrag geltend machen. Dabei ist jeder der Mitmieter für sich allein befugt, Ansprüche gegen den Vermieter durchzusetzen, er kann jedoch nicht Leistung an sich alleine, sondern **nur an beide Mieter** verlangen.[139] 69

Für die Erfüllung der mietvertraglichen Verpflichtungen haften die Eheleute, Lebenspartner oder Lebensgefährten als Gesamtschuldner gemäß § 421 BGB.[140] Dabei haftet jeder Schuldner dem Gläubiger **für die ganze Verbindlichkeit**, wobei nach § 422 BGB die Erfüllung durch einen Gesamtschuldner auch für den anderen wirkt. Der Vermieter kann die Miete und die Kaution (§ 551 BGB) daher nach seinem Belieben von jedem Mieter in voller Höhe fordern, jedoch nur einmal. Die Haftung für die Miete und alle Nebenkosten **entfällt** – sofern keine einvernehmliche Entlassung aus dem Mietverhältnis erfolgt – auch **nicht mit der Trennung und dem Auszug** eines Partners aus der Wohnung und besteht selbst dann, wenn die Trennung noch vor dem Einzug in die gemeinsam angemietete Wohnung erfolgt ist und diese nie gemeinsam bewohnt wurde.[141] 70

b) Mieterhöhungsverlangen

Das Recht, die Zustimmung zur Mieterhöhung zu verlangen (§ 558 BGB), muss wegen der Einheitlichkeit des Mietverhältnisses **gegenüber beiden Mietern** ausgeübt werden. Deshalb muss jedem Mieter ein Erhöhungsverlangen in der in § 558a BGB vorgesehenen Form zugehen. Die Mieter können sich jedoch wechselseitig **Empfangsvollmacht** erteilen 71

---

138 Vgl. hierzu *Kinne* FPR 2001, 36 (36/37); sehr str. bei Eheleuten, vgl. dazu Rdnr. 60.
139 LG Kassel WuM 1994, 534.
140 LG Koblenz FamRZ 2001, 95 (das allerdings für den Ausnahmefall, dass nichteheliche Lebenspartner gemeinsam einen langjährigen Mietvertrag abschließen und nach Auflösung der Partnerschaft nur einer der Partner in die Mietwohnung einzieht, einen Ausgleichsanspruch des einziehenden Partners auf Übernahme anteiliger Mietkosten ablehnt).
141 LG Berlin FamRZ 2001, 1708 (Mithaftung sogar noch 13 Jahre nach dem Auszug).

und zwar wirksam auch durch Formularmietvertrag, da diese Empfangsvollmacht die Mieter nicht unangemessen im Sinne von § 307 BGB benachteiligt.[142] Die Empfangsvollmacht kann dem Vermieter gegenüber jederzeit widerrufen werden,[143] wobei teilweise angenommen wird, dass bereits der Auszug aus der Wohnung einen konkludenten Widerruf darstelle.[144] Diese Annahme setzt aber zumindest voraus, dass der Vermieter Kenntnis vom Auszug des Mieters hat. Trotz bestehender Empfangsvollmacht ist ein nur an einen Mieter gerichtetes Mieterhöhungsverlangen unwirksam und zwar auch nach Trennung des Paares und Auszug des Partners aus der Wohnung.[145] Allerdings kann sich der Einwand gegenüber einem nur an einen Mieter gerichteten Mieterhöhungsverlangen, dass der Mietvertrag mit beiden bestehe, als **unzulässige Rechtsausübung** darstellen, wenn eine Trennung erfolgt ist und der in der Wohnung verbliebene Partner die Wohnung seit längerer Zeit allein nutzt, aber dem zwischen dem Vermieter und dem früheren Partner geschlossenen Aufhebungsvertrag nicht zugestimmt hat.[146]

Bei einer Klage des Vermieters auf Zustimmung zur Erhöhung des Mietzinses nach § 558b Abs. 2 BGB ist ein Fall der **notwendigen Streitgenossenschaft** nach § 62 Abs. 1, 2. Alt. ZPO gegeben. Eine nur gegen einen Streitgenossen erhobene Klage ist als unzulässig abzuweisen.[147]

72   Die Mieterhöhungsvereinbarung setzt die **Zustimmung beider Mieter** voraus. Hat ein Partner sie nicht oder nicht in vollem Umfang erteilt, ist die Zustimmung insgesamt oder jedenfalls in dem Umfang, in dem sie eingeschränkt wurde, nicht erteilt. Vertretung ist auch bei der Abgabe der Zustimmungserklärung möglich. Eine Formularklausel, die einen Mieter zur Zustimmung für den anderen bevollmächtigt, ist nach § 307 BGB jedoch unwirksam. In einem Formularmietvertrag kann zwar die gegenseitige Bevollmächtigung der Mitmieter zur Entgegennahme von Willenserklärungen wirksam erfolgen, nicht aber die Bevollmächtigung zur Abgabe von Willenserklärungen.[148] Die Zustimmung zu einer Mieterhöhung wird auch nicht von § 1357 BGB umfasst, da deren Konsequenzen denen einer erstmaligen Anmietung der Wohnung ähneln.[149]

---

142 BGH NJW 1997, 3437.
143 BGH NJW 1997, 3437.
144 AG Schöneberg MM 1993, 255.
145 AG München NZM 2003, 394; LG Darmstadt WuM 1996, 708.
146 BGH FamRZ 2004, 936 (937/938).
147 BGH FamRZ 2004, 936 (937).
148 BGHZ 136, 314; OLG Frankfurt/M. NJW-RR 1992, 396 (400).
149 LG Berlin GE 2003, 1210.

c) Tod eines Mieters

Hat ein Paar die Wohnung gemeinsam gemietet, so wird das Mietverhältnis beim Tod eines Mieters **mit dem Überlebenden** fortgesetzt (§ 563a Abs. 1 BGB). Der Mitmieter kann aber binnen Monatsfrist nach dem Tod des Partners unter Einhaltung der gesetzlichen Fristen das Mietverhältnis kündigen (§ 563a Abs. 2 BGB). Der Vermieter hat in diesem Fall – im Gegensatz zum Eintritt des Nichtmieters nach dem Tod des Alleinmieters nach § 563 BGB – **kein außerordentliches Kündigungsrecht**, er kann jedoch auch hier eine Kaution verlangen, wenn bislang keine geleistet wurde (§§ 563b Abs. 3, 551 BGB).

d) Vermieterkündigung

Ein Mietverhältnis an dem auf Mieterseite mehrere Personen beteiligt sind, kann wirksam nur **gegenüber allen Vertragspartnern** gekündigt werden. Dies gilt auch, wenn ein Mieter – nach Trennung des Paares – bereits ausgezogen ist.[150] Auch hier kann formularmäßig eine Empfangsvollmacht vereinbart werden. Diese betrifft jedoch nur den Zugang der empfangsbedürftigen Kündigungserklärung, die als solche aber an beide Mieter gerichtet sein muss. Da die Empfangsvollmacht jederzeit widerrufen werden kann,[151] wird zum Teil ein (konkludenter) Widerruf bereits im Auszug gesehen.[152]

Ausnahmsweise genügt die Kündigung **gegenüber dem in der Wohnung verbliebenen Mieter**, wenn der andere nach der Trennung ausgezogen ist, der in der Wohnung Verbliebene die Wohnung mit Einverständnis des Vermieters weiter alleine nutzt, aber die Zustimmung zur Entlassung des Mitmieters verweigert, ohne dass dies durch schutzwürdige Interessen gerechtfertigt wäre. Ein in dieser Weise widersprüchlich handelnder Mieter muss sich so behandeln lassen, als habe er die Zustimmung zur Entlassung des Mitmieters und zur Fortsetzung des Mietverhältnisses mit ihm allein erteilt. Die Berufung darauf, er habe der Entlassung des anderen aus dem Mietverhältnis nicht zugestimmt, stellt in diesem Fall eine **unzulässige Rechtsausübung** (§ 242 BGB) dar.[153]

---

150 Vgl. dazu auch AHB-Mietrecht/*Eisenhardt* Teil J Rdnr. 58, der im Zweifel dazu rät: „Lieber zu viel, als zu wenig".
151 BGH NJW 1997, 3437.
152 AG Schöneberg MM 1993, 255.
153 BGH NJW 2005, 1715 (für Lebensgefährten); vgl. aber auch AG Limburg WuM 1993, 47: Mitmieter muss die nur ihm gegenüber ausgesprochene Kündigung nach Treu und Glauben gelten lassen, wenn der andere Mieter die Wohnung verlässt, keine neue Anschrift angibt und für den Vermieter nicht mehr erreichbar ist.

75   Bei einer Kündigung wegen Vertragspflichtverletzung genügt es, dass der **Kündigungstatbestand nur von einem Mieter** verwirklicht wird.[154]

3. Verhältnis zwischen den Mietern

a) Gesellschaftsrecht – Vollmachtklauseln

76   Bei einer Mietermehrheit findet für das Verhältnis der Mieter untereinander grundsätzlich Gemeinschaftsrecht Anwendung (§§ 741 ff BGB). Bei Ehe- oder Lebenspartnern, aber auch nichtehelichen Lebensgefährten wird jedoch überwiegend Gesellschaftsrecht angenommen (§§ 705 ff BGB).[155]

77   Im Formularmietvertrag kann wirksam die gegenseitige Bevollmächtigung der Mitmieter zur Entgegennahme von Willenserklärungen des Vermieters vereinbart werden, **nicht aber zur Abgabe** dieser. Eine solche Vereinbarung wäre wegen Verstoßes gegen § 307 BGB unwirksam.[156] Möglich ist auch eine wechselseitige Stellvertretung der Mitmieter nach allgemeinen Regeln.

Bei Ehe- und Lebenspartnern wird zum Teil vertreten, dass der Vermieter während der Mietzeit darauf vertrauen könne, dass der eine mit Vollmacht des jeweils anderen handele.[157] Die Meinungen sind hier allerdings sehr unterschiedlich.[158]

Praxistipp: Wegen der unterschiedlichen Meinungen zu der Vertretung des einen Ehe- bzw. Lebenspartners durch den anderen sollte stets ausdrücklich klargestellt werden, ob dieser tatsächlich namens und mit Vollmacht des anderen handelt.

---

154 AnwK-BGB/*Hinz* § 573 BGB Rdnr. 11.
155 OLG München ZMR 1994, 216; LG Berlin NJW-RR 1999, 1387; Palandt/*Weidenkaff* § 535 BGB Rdnr. 7.
156 BGHZ 136, 314; OLG Frankfurt/M. NJW-RR 1992, 396 (400).
157 AnwK-BGB/*Klein-Blenkers* vor §§ 535–580a BGB Rdnr. 45.
158 Tatsächliche Vermutung für Unterschrift auch namens des anderen: OLG Düsseldorf ZMR 2000, 210 (für Vermieter); OLG Oldenburg MDR 1991, 969; LG Berlin GE 1999, 1285; andererseits: Im Zweifel keine Vertretung: LG Berlin GE 2004, 1096; LG Osnabrück NZM 2002, 943; LG Mannheim ZMR 1993, 415.

b) Ausgleichs- und Freistellungsansprüche

aa) Vor der Trennung

§ 426 BGB regelt die Ausgleichsansprüche im Innenverhältnis der Gesamtschuldner. Für diesen internen Ausgleich ordnet § 426 Abs. 1 S. 1 BGB grundsätzlich – solange nichts Abweichendes vereinbart ist, sich aus dem Gesetz, einem zwischen den Gesamtschuldnern bestehenden Rechtsverhältnis oder auch der Natur der Sache ergibt[159] – die hälftige Beteiligung an. Beruft sich ein Gesamtschuldner auf eine **andere Quotierung**, trägt er hierfür die **Darlegungs- und Beweislast**.[160] Ein Ausgleichsanspruch setzt demnach voraus, dass ein Gesamtschuldner einen höheren als den von ihm geschuldeten Anteil gezahlt hat. Ist dies der Fall, geht die Forderung des Gläubigers nach § 426 Abs. 2 S. 1 BGB in der Höhe auf ihn über, in der ein Ausgleichsanspruch gegen den anderen Gesamtschuldner nach § 426 Abs. 1 BGB besteht.

78

Während intakter Ehe und Lebenspartnerschaft lässt die tatsächliche Handhabung der Tragung gemeinsamer Mietschulden auf eine dementsprechende **stillschweigende Vereinbarung** schließen. Derjenige, der den Mietzins – auch in voller Höhe – trägt, leistet damit einen Beitrag zur ehelichen Lebensgemeinschaft bzw. Lebenspartnerschaft, da zum angemessenen Familien- bzw. Partnerunterhalt die Kosten der gemeinsamen Wohnung gehören.[161] Auch wenn das Maß des geschuldeten Unterhalts durch diese Zahlung überschritten wird, scheidet eine Rückforderung nach § 1360b BGB (in Verbindung mit § 5 S. 2 LPartG) aus. Ausgleichsansprüche wegen Mietzinszahlungen während der Zeit des Zusammenlebens **scheiden daher in aller Regel aus**. Das Gleiche ist für die bei Vertragsbeginn von einem Partner bezahlte Kaution gemäß § 551 BGB anzunehmen, so dass ein Ausgleichsanspruch nach § 426 Abs. 1 S. 1 BGB auch hier nicht besteht. Das Gesamtschuldverhältnis wird insoweit durch die eheliche oder lebenspartnerschaftliche Lebensgemeinschaft „überlagert".[162]

79

Auch bei Auflösung einer nichtehelichen Lebensgemeinschaft findet grundsätzlich **keine Abrechnung** der beiderseitigen während des Zusammenlebens erbrachten Leistungen für die laufende alltägliche gemeinsame Lebenshaltung, wozu auch die Wohnkosten zu rechnen sind, statt.

80

---

159 BGH NJW 1992, 2288.
160 Palandt/*Heinrichs* § 426 BGB Rdnr. 7.
161 Palandt/*Brudermüller* § 1360a BGB Rdnr. 2, § 5 LPartG Rdnr. 2.
162 Vgl. BGH FamRZ 2002, 739 m. Anm. *Wever*; OLG Oldenburg FamRZ 2005, 1837; OLG Bremen FamRZ 2000, 1152.

Diese werden bis zur Trennung daher nicht ausgeglichen, es sei denn, die Partner haben etwas anderes vereinbart.[163]

bb) Nach der Trennung

81 Der bloße Auszug eines Mitmieters beendet seine mietvertragliche Haftung nicht.[164] § 537 Abs. 1 S. 1 BGB stellt insoweit klar, dass der Mieter von der Zahlung der Miete nicht dadurch befreit wird, dass er aus einem Grund, der in seinem Risikobereich liegt, an der Ausübung des Gebrauchsrechts gehindert ist.

82 Auch wenn für die Zeit des Zusammenlebens ein Ausgleich zwischen den gesamtschuldnerisch haftenden Eheleuten, Lebenspartnern und Lebensgefährten nicht stattfindet, so lebt die Grundregel der hälftigen Teilung nach § 426 Abs. 1 S. 1 BGB mit der Trennung wieder auf. Aus den Umständen kann sich jedoch ergeben, dass in der **alleinigen Weiternutzung der Wohnung** durch einen Partner wiederum eine „anderweitige Bestimmung" im Sinne von § 426 Abs. 1 S. 1 BGB zu sehen ist, mit der Folge, dass der Alleinnutzer den Mietzins im Innenverhältnis allein trägt, da er nach dem Auszug des anderen auch den alleinigen Nutzen aus der Wohnmöglichkeit zieht.[165] Da diese Alleinhaftung nur das Innenverhältnis zwischen den Mitmietern betrifft, kann der aus der Wohnung ausgezogene Partner die **Freistellung** vom Anspruch des Vermieters auf Mietzinszahlung von dem in der Wohnung verbliebenen Partner verlangen.[166]

Etwas anderes gilt allerdings dann, wenn der in der Wohnung Verbliebene die für ihn allein zu große oder zu teure Wohnung nicht behalten will, ihm die Alleinnutzung durch den Auszug des anderen letztlich „aufgedrängt" wurde.[167] Es ist daher zu differenzieren: Will der in der Wohnung Verbliebene diese beibehalten, hat er im Innenverhältnis die Miete allein zu tragen. Ihm ist für die Entscheidung jedoch eine gewisse **Überlegungsfrist** zuzubilligen.[168] Zieht er nach Ablauf der Überlegungsfrist nicht aus, entfällt ein gesamtschuldnerischer Ausgleichsanspruch auch für die Zeit der Überlegungsfrist,[169] gibt er die Wohnung innerhalb

---

163 BGH FamRZ 1997, 1533 (1534); LG Oldenburg FamRZ 2008, 155; Schröder/Bergschneider/*Burger* Rdnr. 7.16.
164 Palandt/*Weidenkaff* § 535 BGB Rdnr. 7.
165 OLG Brandenburg FamRZ 2008, 156; OLG Brandenburg FamRZ 2007, 1172; OLG Köln FamRZ 2003, 1664 m. Anm. *Wever*; OLG München FamRZ 1996, 291; MAH-Familienrecht/*Maurer-Wildermann* § 21 Rdnr. 89.
166 OLG Köln FamRZ 2003, 1664 (1665) m. Anm. *Wever*.
167 LG Hannover FamRZ 2002, 29; OLG Koblenz FamRZ 2001, 95.
168 OLG München FamRZ 1996, 291: 2 ½ Monate.
169 OLG Brandenburg FamRZ 2007, 1172.

Mitmieter 37

der Überlegungsfrist auf, ist der andere zum Ausgleich hälftig verpflichtet.[170] Diese Ausgleichspflicht besteht dann bis zu dem Zeitpunkt, zu dem das Mietverhältnis **beendet werden kann**, also dem Ablauf der Kündigungsfrist oder dem Ende des befristeten Mietverhältnisses.[171]

Der Ausgleich nach § 426 BGB kann – im Gegensatz zu einer Nutzungsentschädigung, die konkret geltend gemacht werden muss – grundsätzlich **rückwirkend** verlangt werden.[172] 83

Kein Gesamtschuldnerausgleich findet statt, wenn ein Partner dem anderen Unterhalt schuldet und die Gesamtschuld bei der **Unterhaltsberechnung** bereits als Abzugsposten bei der Einkommensbereinigung berücksichtigt wurde.[173] Unterhaltsansprüche zwischen Lebensgefährten bestehen jedoch nur bei Kinderbetreuung (§ 1615l BGB) oder im Falle einer zwischen ihnen vereinbarten Unterhaltsverpflichtung. 84

c) Besitz- und Nutzungsrechte

Im Fall eines gemeinsamen Mietvertrags haben beide Partner gegenüber dem Vermieter aufgrund des Vertrags ein **Recht zum Besitz** an der Wohnung und einen Anspruch auf Überlassung zur Nutzung. Mit der Überlassung der gebrauchstauglichen Wohnung hat der Vermieter allerdings die ihm obliegende Pflicht erfüllt. In der Folgezeit trägt der Mieter sodann das Risiko der nutzbringenden Verwendung (§ 537 Abs. 1 S. 1 BGB). 85

Sind beide Partner Mitmieter, kann keiner – unabhängig von ihrem Status – von dem anderen die Räumung der Wohnung verlangen. Bei Eheleuten und Lebenspartnern kann nach Trennung und Scheidung bzw. Aufhebung der Lebenspartnerschaft beim Familiengericht jedoch eine **Regelung der künftigen Wohnungsnutzung** verlangt werden.[174] Spätestens mit der Entscheidung des Familiengerichts nach § 1361b BGB, § 14 LPartG über die Wohnungsnutzung während der Trennungszeit endet das Besitzrecht des aus der Wohnung gewiesenen Partners,[175] obwohl er nach

---

170 OLG Dresden FamRZ 2003, 158; vgl. auch Schröder/Bergschneider/*Wever* Rdnr. 5.252: Nicht unbedingt hälftig.
171 OLG Dresden FamRZ 2003, 158; OLG Frankfurt/M. FamRZ 2002, 27; LG Mönchengladbach WuM 2003, 204; LG Hannover FamRZ 2002, 29 (30).
172 Zu den Konsequenzen vgl. Rdnr. 299.
173 BGH FamRZ 2005, 1236 (für den Fall, dass ein Ehegatte nach der Trennung gemeinsame Schulden weiterhin allein abträgt und der andere Trennungsunterhalt nicht geltend macht).
174 Zu Einzelheiten hierzu vgl. Rdnr. 159ff.
175 Str., ob das Besitzrecht nicht bereits dann endet, wenn die Zuweisungsvoraussetzungen vorliegen; vgl. dazu. Rdnr. 26.

wie vor Partei des Mietvertrags ist. Eine Umgestaltung des Mietverhältnisses durch das Familiengericht kommt erst für die Zeit nach Scheidung der Ehe bzw. Aufhebung der Lebenspartnerschaft in Betracht (§ 5 HausratsVO, § 18 Abs. 1, 3 LPartG iVm § 5 HausratsVO). Diese Vorschriften sind auf nichteheliche Lebensgefährten nicht, **auch nicht analog** anwendbar.[176] Eine Regelung zur Alleinnutzung einer gemeinsamen Wohnung durch das Familiengericht kommt bei ihnen nur nach § 2 GewSchG und damit in Gewaltfällen in Betracht.[177]

86 Liegen die Voraussetzungen der Wohnungszuweisungsvorschriften nicht vor, muss der Partner, der sich trennen will, die Wohnung selbst verlassen, wenn der andere sich weigert, auszuziehen. Entzieht ein Mitmieter dem anderen dessen Besitz durch verbotene Eigenmacht, etwa indem er die Schlösser austauscht, kann der „Ausgeschlossene" über § 861 BGB die **Wiedereinräumung seines Mitbesitzes** verlangen.[178]

d) Mieterkündigung

aa) Kündigungserklärung

87 Nach § 542 Abs. 1 BGB kann jede Mietvertragspartei ein Mietverhältnis, für das eine Mietzeit nicht bestimmt ist, nach den gesetzlichen Vorschriften kündigen. Die Kündigung erfolgt durch einseitige empfangsbedürftige Willenserklärung, wobei für Wohnraummietverhältnisse die Schriftform einzuhalten ist (§ 568 Abs. 1 BGB).

88 Bei einer Mehrheit von Mietern muss die Kündigung **von allen Mietern**, hier also beiden Partnern ausgesprochen werden. Jedoch kommt auch bei der Kündigung Stellvertretung in Betracht. In diesem Fall muss sich aus dem Kündigungsschreiben oder einer beigefügten Vollmacht ergeben, dass die Kündigung namens beider Mieter erfolgt.[179] Auch wenn im Briefkopf der andere Mieter mit aufgeführt ist und der Kündigende den Plural verwendet, rechtfertigt dies nicht den Schluss, dass die Kündigung auch für den Partner erklärt werden soll, wenn nur ein Mitmieter die Kündigung unterzeichnet.[180]

---

176 OLG Hamm FamRZ 2005, 2085; Palandt/*Brudermüller* § 1361b BGB Rdnr. 5; AnwK-BGB/*Boden* § 1 HausratsVO Rdnr. 3; Hoppenz/*Müller* § 1361b BGB Rdnr. 2; KK-FamR/*Klein* § 1361b Rdnr. 7; a.A. LG München NJW-RR 1991, 834.
177 Zu § 2 GewSchG vgl. Rdnr. 215ff.
178 Zum Verhältnis des possessorischen Besitzschutzes zu den Wohnungszuweisungsvorschriften vgl. Rdnr. 261ff.
179 Vgl. dazu BGHZ 125, 175; OLG Koblenz WuM 1999, 694.
180 Schmidt-Futterer/*Blank* § 568 Rdnr. 15.

Die Kündigung in Vertretung des Mitmieters ist darüber hinaus nur dann wirksam, wenn eine **schriftliche Vollmacht** hierfür vorliegt (§ 180 S. 1 BGB). § 180 S. 2 BGB gilt für eine Gestaltungserklärung wie die Kündigung nicht, so dass eine nachträgliche Genehmigung ausscheidet.[181] Liegt die Vollmacht dem Kündigungsschreiben nicht in schriftlicher Form bei, kann der Vermieter die Kündigung nach § 174 BGB zurückweisen, es sei denn, der Vollmachtgeber hat ihn von der Vollmacht in Kenntnis gesetzt. Diese Zurückweisung muss unverzüglich erfolgen und erkennen lassen, dass sie wegen Nichtvorlage der Vollmacht erfolgt. Durch die Zurückweisung wird die Kündigung – selbst bei tatsächlich bestehender Vollmacht – **endgültig unwirksam** und kann nur neu unter Wahrung der Form ausgesprochen werden.

§ 1357 BGB (bei Lebenspartnern in Verbindung mit § 8 Abs. 2 LPartG) ist im Falle der Kündigung eines Mietverhältnisses unanwendbar, da es sich bei dieser nicht um ein Geschäft zur Deckung des Lebensbedarfs handelt.[182] Zwar kann vertraglich vereinbart werden, dass die Kündigung durch einen Mitmieter genügt, jedoch ist dies nur **individualvertraglich** möglich, nicht durch eine formularmäßig erteilte Vollmacht.[183]

bb) Anspruch gegen den Mitmieter auf Zustimmung zur Kündigung

Haben Ehegatten, Lebenspartner oder Lebensgefährten einen Mietvertrag gemeinsam abgeschlossen und kommt es nach dem Auszug eines Partners nicht zu einer einvernehmlichen Vertragsänderung und der Entlassung dieses Partners aus dem Vertrag, stellt sich die Frage, ob er einen Anspruch gegen den Verbleibenden auf Zustimmung zur Kündigung hat, da er die Wohnung wegen der Einheitlichkeit des Mietvertrags nicht allein kündigen kann. Diese Frage wird äußerst **kontrovers** beantwortet.[184]

Bei Eheleuten wird davon ausgegangen, dass das schuldrechtliche Verhältnis zwischen den Mitmietern von deren familienrechtlicher Beziehung überlagert wird. In Konsequenz dessen wird als Extremposition vertreten, dass ein Anspruch auf Zustimmung zur Kündigung unter Eheleuten sogar nach rechtskräftiger Scheidung ausscheidet.[185] Hier stehe den Eheleuten

---

181 OLG Celle ZMR 1999, 237; so auch Palandt/*Heinrichs* § 180 BGB Rdnr. 1; vgl. auch LAG Brandenburg Urteil vom 1.12.2005, Az.: 3 Sa 161/05 (Kündigung als Gestaltungsrecht kann nicht an ein zukünftiges ungewisses Ereignis geknüpft werden).
182 Palandt/*Brudermüller* § 1357 BGB Rdnr. 14; Schmidt-Futterer/*Blank* nach § 542 Rdnr. 3.
183 OLG Koblenz WuM 1999, 694; Palandt/*Weidenkaff* § 542 BGB Rdnr. 18.
184 Vgl. dazu *Hülsmann* NZM 2004, 124f.
185 OLG München FamRZ 2004, 1875 (aber zeitliche Befristung der gesamtschuldnerischen Haftung); AG Charlottenburg FamRZ 1990, 532.

das Verfahren nach § 5 HausratsVO zur Verfügung.[186] Nach anderer Ansicht wird ein Anspruch auf Zustimmung zur Kündigung nach rechtskräftiger Scheidung zugestanden;[187] vertreten wird jedoch auch, dass die Zustimmung zur Kündigung schon nach endgültiger Trennung verlangt werden könne.[188]

Nach herrschender Meinung besteht kein Anspruch auf Zustimmung zur Kündigung, wenn der verbleibende Mieter die Wohung weiter nutzen möchte, er mit der Kündigung also eigene Interessen verletzen müsste.[189] Dies gilt jedoch dann wiederum nicht, wenn sich der in der Wohnung Verbleibende ohne sachlich gerechtfertigten Grund der Entlassung des Partners aus dem Mietvertrag widersetzt.

Praxistipp: Vor einer Klage auf Zustimmung zur Kündigung des gemeinsamen Mietverhältnisses von Eheleuten sollte unbedingt die im jeweiligen OLG-Bezirk vertretene Meinung ermittelt werden. Wird ein Anspruch auf Zustimmung zur Kündigung auch für die Zeit nach Rechtskraft der Scheidung abgelehnt, muss zumindest ein Antrag auf Zuweisung der Ehewohnung an den in der Wohnung verbliebenen Partner – verbunden mit einer Mietvertragsänderung dahingehend, dass dieser künftig Alleinmieter ist (auch gegen dessen Willen) – zugestanden werden.[190]

91 Die Rechtslage bei Lebenspartnern entspricht der bei Eheleuten, so dass – auch wenn, soweit ersichtlich, Entscheidungen hierzu noch nicht vorliegen – mit ähnlich kontroversen Meinungen zu rechnen ist.

92 Demgegenüber besteht bei einer **nichtehelichen Lebensgemeinschaft** grundsätzlich ein **Anspruch auf Zustimmung zur Kündigung** (aus § 749 BGB[191] oder § 723 BGB[192]), die Mieterschutzvorschriften gel-

---

186 LG Flensburg FamRZ 1983, 1025 mit zust. Anm. *Brühl;* AG Charlottenburg FamRZ 1990, 532; für Vorrang einer Regelung nach § 5 HausratsVO auch *Langheim* FamRZ 2007, 2030.
187 OLG Hamburg NJW-RR 2001, 1012; OLG Düsseldorf FamRZ 1993, 575; AG Wetzlar FamRZ 2003, 379; AG Flensburg FamRZ 1983, 1024.
188 OLG Köln FamRZ 2007, 46; AG Tübingen FamRZ 2006, 790 (bereits nach Auszug).
189 OLG München FamRZ 2004, 1875; LG Düsseldorf WuM 1996, 36; AG Charlottenburg FamRZ 1990, 533; *Brudermüller* FuR 2003, 433 (438).
190 Zur Zuweisung gegen den Willen des Wohnungsnutzers vgl. Rdnr. 344.
191 Für Gemeinschaft: LG Berlin NJW-RR 1995, 463; LG Heidelberg WuM 1977, 31.
192 Für Gesellschaft: OLG München OLGR 1996, 163; OLG München ZMR 1994, 216; OLG Hamm BB 1976, 529; LG Gießen WuM 1996, 273; LG München II FamRZ 1992, 1077 (1078); AG Kiel NZM 2001, 95.

ten weder unmittelbar noch analog.[193] Diese Gemeinschaft endet bereits mit Trennung der Partner, nachwirkende Pflichten bestehen nicht und auch die Vorschriften der HausratsVO, die eine Umgestaltung des Mietverhältnisses ermöglichen, sind für diese Personengruppe nicht, auch nicht analog anwendbar.

Praxistipp: Bejaht man einen Anspruch auf Zustimmung zur Kündigung, muss der Mitmieter vor dem allgemeinen Zivilgericht auf Abgabe der Kündigungserklärung verklagt werden. Mit Eintritt der Rechtskraft des zusprechenden Urteils gilt die Erklärung als abgegeben (§ 894 ZPO). Weigert sich ein Partner trotz Verpflichtung, der Kündigungserklärung zuzustimmen, bei dieser mitzuwirken, kommt darüber hinaus ein Schadensersatzanspruch in Betracht.[194]

e) Mietaufhebungsvertrag

Ein Mietvertrag kann jederzeit durch Abschluss eines Mietaufhebungsvertrags aufgehoben werden. Hierzu besteht dann ein praktisches Bedürfnis, wenn ein befristeter Mietvertrag – wegen der Trennung des Paares – vor Ablauf der Vertragszeit enden soll, wenn ein Auszug vor Ablauf der Kündigungsfrist sowohl im Interesse des Vermieters als auch der Mieter liegt oder wenn nur ein Mieter aus dem Vertrag entlassen und dieser mit dem anderen Mieter fortgesetzt werden soll. Ein Rechtsanspruch eines Mieters gegen den Vermieter, aus dem gemeinsamen Mietvertrag entlassen zu werden, besteht nicht.[195] An der Mietaufhebungsvereinbarung müssen **alle Parteien mitwirken**, die den Mietvertrag ursprünglich geschlossen haben, und zwar nach richtiger Ansicht auch dann, wenn das Mietverhältnis nicht insgesamt beendet werden, sondern nur ein Mitmieter aus dem Mietvertrag ausscheiden soll.[196] Haben Vermieter und der die Wohnung verlassende Partner eine Vereinbarung über die Entlassung aus dem Mietvertrag getroffen, so kann aus der bloßen Tatsache der Trennung der Eheleute, Lebenspartner oder Lebensgefährten nicht auf die Zustimmung des in der Wohnung Verbliebenen hiermit geschlossen werden.

93

---

193 OLG Düsseldorf FamRZ 2008, 154; OLG Köln WuM 1999, 521; LG Karlsruhe FamRZ 1995, 94 (95).
194 OLG Hamm BB 1976, 529; LG Heidelberg WM 1977, 31.
195 OLG Celle FamRZ 1998, 1530; vgl. aber LG Duisburg FamRZ 1998, 1581.
196 BayObLG WuM 1983, 107; OLG Köln WuM 1990, 142; LG Heidelberg FamRZ 1993, 1437; zur konkludenten Aufhebung des Mietvertrags vgl. OLG Köln FamRZ 1993, 803.

Vereinzelt wird die Ansicht vertreten, dass bei einer Mietermehrheit für die Entlassung eines Mieters aus dem Vertrag nicht zwingend die Zustimmung des verbleibenden Mieters erforderlich ist, die Notwendigkeit seiner Zustimmung vielmehr davon abhänge, ob seine Interessen betroffen seien.[197] Nach wieder anderer Ansicht ist die Zustimmung des Verbleibenden nicht Wirksamkeitserfordernis im Außenverhältnis Mieter – Vermieter, sondern lediglich für die Enthaftung im Innenverhältnis der Mieter.[198]

Eine nur zweiseitige Vereinbarung über die Entlassung eines Mieters aus dem Mietverhältnis ist nach richtiger Ansicht jedoch unwirksam. Vertretbar ist allerdings eine **Umdeutung** dahingehend, dass der Vermieter den Ausziehenden nicht mehr in Anspruch nehmen darf, dieser aber im Innenverhältnis zum anderen Mieter zur anteiligen Mietzinszahlung verpflichtet bleibt, sofern sich nicht aus der Tatsache der alleinigen Wohnungsnutzung nur durch ihn etwas anderes ergibt.[199] Nutzt der verbleibende Mitmieter die Wohnung im Einverständnis des Vermieters allein weiter und verweigert dennoch – ohne dass hierfür ein schutzwürdiges Interesse besteht – die Zustimmung zur Entlassung des Mitmieters aus dem Mietvertrag, wird ihm nach § 242 BGB untersagt, sich darauf zu berufen, dass er dem Aufhebungsvertrag nicht zugestimmt habe.[200]

94   Auch bei einem Mietaufhebungsvertrag kommt Stellvertretung in Betracht, wenn ein Mitmieter die Erklärung zugleich namens des anderen abgibt und hierzu von diesem bevollmächtigt ist oder bei vollmachtlosem Handeln im Nachhinein eine Genehmigung erfolgt (§§ 177 Abs. 2, 182, 184 Abs. 1 BGB). Eine im Formularvertrag erteilte **Erklärungsvollmacht** wäre wegen Verstoßes gegen § 307 BGB **unwirksam**. § 1357 BGB ist auch bei Abschluss einer Mietaufhebungsvereinbarung unanwendbar.[201]

95   Für den Anspruch auf Zustimmung zu einer Mietaufhebungsvereinbarung, wenn der Vermieter bei einem befristeten Vertrag eine solche anbietet, gilt das zur Zustimmung zur Kündigung Ausgeführte entsprechend.[202]

---

197 LG Krefeld WuM 2003, 447 m. abl. Anm. *Wiek*.
198 *Wolf/Eckert/Ball* Rdnr. 1022; wohl auch *Kloster-Harz/Schmid* Rdnr. 2054.
199 Schmidt/Futterer/*Blank* nach § 542 Rdnr. 4; vgl. zu Ausgleichspflichten zwischen den Mietern nach Auszug Rdnr. 78ff.
200 BGH FamRZ 2004, 936 (938) (für Mieterhöhungsverlangen); BGH NJW 2005, 1715 (für Kündigung).
201 LG Köln WuM 1990, 142.
202 Vgl. dazu Rdnr. 90ff; LG Karlsruhe FamRZ 1995, 94 (95); a.A. LG Gießen WuM 1996, 273: Vertragslaufzeit muss abgewartet werden.

f) Kautionsrückzahlung

Sind beide Eheleute, Lebenspartner oder Lebensgefährten Mieter der Wohnung gewesen, steht ihnen der Kautionsrückzahlungsanspruch als **Gesamtgläubiger** zu (§ 428 BGB). Der Vermieter kann die Kaution deshalb in voller Höhe an einen Partner ausbezahlen. Ohne anderweitige Vereinbarung sind beide Partner zu gleichen Teilen an dem Betrag berechtigt, so dass ein dementsprechender Ausgleichsanspruch nach § 430 BGB besteht. Ohne Beendigung des Mietverhältnisses besteht jedoch **kein Anspruch auf Ausgleichszahlung** des die Wohnung verlassenden Partners, auch nicht im Rahmen eines Wohnungszuweisungsverfahrens und bei Umgestaltung des Mietvertrags durch das Familiengericht nach § 5 Abs. 1 HausratsVO bzw. § 18 Abs. 1 Nr. 1 LPartG.[203]

96

---

[203] Vgl. dazu auch Rdnr. 336.

B. Dingliche Berechtigung

I. Alleineigentum eines Ehe-, Lebenspartners oder Lebensgefährten

1. Mietverhältnis zwischen den Bewohnern

97 Bei allen drei Personengruppen ist der Abschluss eines Mietverhältnisses zwischen dem Alleineigentümer der Immobilie und dem mitbenutzenden Partner in der Praxis die Ausnahme und kommt am ehesten bei nichtehelichen Lebensgefährten in Betracht, die damit einen Schutz vor einem jederzeitigen Räumungsverlangen des Partners erlangen. Indiz für die Annahme eines Mietverhältnisses kann eine **regelmäßige Mietzinszahlung** sein, deren Fehlen die Annahme eines Mietverhältnisses freilich nicht ausschließt, denn Mietzahlungen können durch gleichwertige Gegenleistungen anderer Art ersetzt worden sein.[204] Besteht im Einzelfall ein Mietverhältnis, so ist dieses auch nach mietrechtlichen Vorschriften aufzulösen, also durch den Eigentümer unter Einhaltung der entsprechenden Fristen zu kündigen.[205]

2. Besitzrecht

98 Bei bestehender Ehe und Lebenspartnerschaft hat jeder Ehegatte und Lebenspartner, auch wenn die Ehe- bzw. Partnerschaftswohnung im Alleineigentum des anderen steht, einen **Anspruch auf Gestattung des Mitgebrauchs** der gemeinsam genutzten Wohnung (§ 1353 Abs. 1 S. 2 BGB, § 2 S. 1 LPartG). Das sich daraus ergebende Recht zum Besitz im Sinne von § 986 BGB kann dem Herausgabeanspruch des Alleineigentümer aus § 985 BGB entgegengehalten werden und zwar auch über die Trennung hinaus so lange, bis die Wohnung ihren Status als Ehe- bzw.

---

204 KK-FamR/*Weinreich*, Nichteheliche Lebensgemeinschaft, Rdnr. 97; eine steuerliche Anerkennung des Mietverhältnisses über die gemeinsam genutzte Wohnung scheidet während des Bestehens der nichtehelichen Lebensgemeinschaft aus, vgl. BFH NJWE-FER 1997, 34 (Ls.) und Rdnr. 21 Fn. 47.

205 Zur Einwirkungspflicht des Wohnungseigentümers auf seinen Lebensgefährten und der Haftung auf Ersatz eines durch dessen Verhalten entstandenen Mietausfallschadens vgl. OLG Saarbrücken NJW 2008, 80.

Partnerschaftswohnung endgültig verloren hat.[206] Das Besitzrecht erlischt jedoch bei endgültigem Auszug des Nichteigentümers sowie bei einem nach § 1361b Abs. 4 BGB, § 14 Abs. 4 LPartG nicht fristgerecht geltend gemachten Rückkehrverlangen. Das Gleiche gilt für den Fall der Wohnungszuweisung, wobei streitig ist, ob bereits das Vorliegen der tatbestandlichen Voraussetzungen des § 1361b BGB bzw. des § 14 LPartG für eine richterliche Zuweisung der Wohnung genügt[207] oder eine Zuweisungsentscheidung erfolgt sein muss.[208] Auch bei Erlöschen des Besitzrechts darf der Alleineigentümer dem Partner einen noch vorhandenen tatsächlichen Besitz aber **nicht eigenmächtig entziehen**. Diese verbotene Eigenmacht löst einen Anspruch des Nichteigentümers auf Wiedereinräumung des Mitbesitzes nach § 861 BGB aus.[209]

Bei einer **nichtehelichen Lebensgemeinschaft** kann der Alleineigentümer vom Partner nach Beendigung der Lebensgemeinschaft die Räumung und Herausgabe der Wohnung verlangen, da dem in die Wohnung aufgenommenen Partner **kein** über die Beendigung der Lebensgemeinschaft hinausreichendes **eigenständiges Besitzrecht** zusteht.[210] Auch hier muss der Räumungsanspruch aber gerichtlich geltend gemacht werden, wobei der Nichteigentümer für eine Übergangszeit Räumungsschutz nach § 721 ZPO beanspruchen kann. Wird der Nichteigentümer ohne Räumungsklage eigenmächtig vor die Tür gesetzt, stehen auch ihm die Besitzschutzansprüche nach § 861 BGB zu, wobei die Anordnung der Wiedereinräumung des Mitbesitzes in diesem Fall zeitlich befristet werden muss.[211]

99

3. Schutz vor Veräußerung

a) Eheleute und Lebenspartner

aa) § 1353 BGB, § 2 LPartG

Grundsätzlich besteht kein Anspruch darauf, dass die Ehe- bzw. Lebenspartnerschaftswohnung und damit der räumlich-gegenständliche Be-

100

---

206 OLG Celle OLGR 2000, 281; FA-FamR/*Klein* 8. Kap. Rdnr. 53.
207 So *Brudermüller* Anm. zu BGH FamRZ 2006, 930 in FamRZ 2006, 934 (935).
208 So Schröder/Bergschneider/*Wever* Rdnr. 5.12; vgl. hierzu auch Rdnr. 26.
209 Vgl. zum Verhältnis von § 861 BGB zu den Wohnungszuweisungsvorschriften Rdnr. 261 ff.
210 BGH FamRZ 2008, 1404 m. Anm. *Grziwotz* (auch zur Nutzungsentschädigung gemäß § 987 BGB); LG Chemnitz NJW-RR 1995, 269 (für zeitlich begrenztes Wohnrecht); LG Berlin MDR 1990, 1116; AG Potsdam WuM 1994, 528; AG Gelsenkirchen WuM 1994, 194; AG Hamburg NJW-RR 1989 271; vgl. auch *Brudermüller* FamRZ 1994, 207 (209); ob durch die Aufnahme ein selbständiges Besitzrecht entsteht ist str., vgl. dazu Rdnr. 28 Fn. 61.
211 AG Waldshut-Tiengen FamRZ 1994, 522: 1 ½ Monate ab Zerbrechen der Beziehung.

reich der Partnerschaft in Form der gemeinsamen Wohnung dauerhaft erhalten bleibt. Vielmehr sind stets die beiderseitigen Interessen abzuwägen.[212] Während noch bestehender Ehe wurde vom OLG München[213] aus der ehelichen Grundnorm des § 1353 BGB in Verbindung mit Art. 6 Abs. 1 GG ein Anspruch auf Unterlassung der Veräußerung des Familienheims hergeleitet, der durch Eintragung eines Veräußerungsverbots im Grundbuch sicherbar ist. Bejaht man überhaupt eine derartige Einschränkung der Verfügungsbefugnis des Alleineigentümers, kann diese jedoch **keinesfalls unbegrenzt** bis zur Rechtskraft der Scheidung oder sogar darüber hinaus erfolgen und muss vor allem bei längerer Trennung zugunsten des Eigentumsrechts wieder entfallen.[214] Dies gilt insbesondere dann, wenn das Wohnrecht des anderen durch die Veräußerung nicht beeinträchtigt oder eine gleichwertige Ersatzwohnung beschafft wird.[215]

bb) § 1365 BGB

101   Die Veräußerung der Familienwohnung durch den Alleineigentümer wird jedoch häufig an der bis zur Rechtskraft der Scheidung bestehenden **Zustimmungspflicht** des anderen Ehe- oder Lebenspartners scheitern, wenn die Wohnung das ganze oder nahezu ganze Vermögen des Alleineigentümers ausmacht und die Eheleute oder Lebenspartner im Güterstand der Zugewinngemeinschaft leben (§ 1365 BGB, § 6 S. 2 LPartG). Auch nach Rechtskraft der Scheidung bzw. Aufhebung der Lebenspartnerschaft kann das Verfügungsverbot des § 1365 BGB noch geltend gemacht werden, wenn im Verbundverfahren der **Zugewinnausgleich** abgetrennt wurde. Solange über diesen nicht entschieden ist, wird die Vorschrift analog angewendet.[216]

Die Immobilie stellt das ganze oder nahezu ganze Vermögen im Sinne des § 1365 BGB dar, wenn dem Eigentümer ohne sie bei kleineren Vermögen unter 15% des Gesamtvermögens verbleiben, bei größeren Vermögen unter 10%.[217] Der Erwerber muss bei Veräußerung nur eines Gegenstandes jedoch wissen, dass dieser, hier also die Immobilie, das ganze oder nahezu ganze Vermögen des Veräußerers darstellt, oder er muss zumindest die Verhältnisse kennen, aus denen sich diese Tatsache ergibt. Hat der Alleineigentümer ohne die Zustimmung seines Ehe- oder Lebenspartners

---

212 Palandt/*Brudermüller* § 1353 BGB Rdnr. 6.
213 FamRZ 1969, 92 (93).
214 *Brudermüller* FamRZ 1996, 1516 (1517).
215 OLG München FamRZ 1969, 92 (93).
216 OLG Hamm FamRZ 2006, 1557; OLG Celle FamRZ 2004, 625 m. abl. Anm. *Janke*; OLG Köln FamRZ 2001, 176.
217 Palandt/*Brudermüller* § 1365 BGB Rdnr. 4.

einen schuldrechtlichen Vertrag über die Immobilie geschlossen, hängt die Wirksamkeit dieses Geschäfts von der **Genehmigung des Partners** ab (§ 1366 Abs. 1, 4 BGB, § 6 S. 2 LPartG). Bis zur Erteilung der Genehmigung kann der Erwerber den Vertrag widerrufen, sofern er nicht wusste, dass der Veräußerer verheiratet ist oder wenn er dies zwar wusste, sein Vertragspartner aber objektiv wahrheitswidrig die Einwilligung des Partners behauptet hat. Hat der Ehe- oder Lebenspartner weder zugestimmt noch genehmigt und wurde die Genehmigung auch nicht gemäß § 1365 Abs. 2 BGB (ggf. in Verbindung mit § 6 S. 2 LPartG) vom Vormundschaftsgericht ersetzt, sind sowohl das Verpflichtungs- als auch das nachfolgende Verfügungsgeschäft unwirksam. Es handelt sich um ein **absolutes Veräußerungsverbot**, bei dem auch der Rechtsscheinsschutz des § 135 Abs. 2 BGB keine Anwendung findet. Nach § 1368 BGB (bei Lebenspartnern in Verbindung mit § 6 S. 2 LPartG) ist nicht nur der Alleineigentümer, sondern auch sein Ehe- oder Lebenspartner berechtigt, die sich aus der Unwirksamkeit der Verfügung ergebenden Rechte geltend zu machen, so dass ein Grundbuchberichtigungsanspruch des Nichteigentümers zugunsten des früheren Alleineigentümers besteht.[218]

cc) **Gerichtliches Veräußerungsverbot bei Wohnungszuweisung**

Bei einer Wohnungszuweisung bei Ehegatten und Lebenspartnern für die Zeit der Trennung, aber auch für die Zeit nach Rechtskraft der Scheidung bzw. Aufhebung der Lebenspartnerschaft ist (ausnahmsweise) auch eine Zuweisung an den Nichteigentümer möglich. In diesem Zusammenhang kommen Schutz- und Zusatzanordnungen zugunsten des in der Wohnung verbliebenen Nichteigentümers in Betracht, nach ganz herrschender Meinung jedoch **kein Veräußerungsverbot**, da ein solches im Hinblick auf das gemäß Art. 14 Abs. 1 GG verfassungsrechtlich geschützte Eigentumsrecht einer gesonderten gesetzlichen Grundlage bedürfte, die jedoch fehlt.[219]

102

b) **Lebensgefährten**

Bei Lebensgefährten besteht **keine Einschränkung** der Verfügungsbefugnis. Der Alleineigentümer kann seine Immobilie frei veräußern.

103

---

218 BGH NJW 1984, 609; das Grundbuchamt ist nicht verpflichtet, Ermittlungen darüber anzustellen, ob der eine Eigentumsumschreibung bewilligende Verkäufer in einem Grundstückskaufvertrag über sein nahezu ganzes Vermögen im Sinne von § 1365 BGB verfügt; konkrete Anhaltspunkte für eine Zustimmungsbedürftigkeit lassen sich auch nicht allein aus dem Wert des fraglichen Grundbesitzes herleiten, vgl. dazu OLG München FamRZ 2007, 1884.
219 Vgl. hierzu im Einzelnen Rdnr. 317f.

Auch im Rahmen der hier allein möglichen Regelung der Alleinnutzung der Wohnung durch das Familiengericht nach dem Gewaltschutzgesetz kann ein Veräußerungsverbot nicht verhängt werden.

4. Verbindlichkeiten – Ausgleichsansprüche

a) Kreditverbindlichkeiten, Hauslasten

104   Auch bei alleiniger dinglicher Berechtigung eines Partners kommt es nicht selten zu einer gemeinschaftlichen Kreditaufnahme, zumal ein Kredit häufig nur unter der Bedingung der Mithaftung des Partners vergeben wird.[220] Unabhängig davon, ob eine vertragliche Verpflichtung zur Kreditrückführung besteht oder ob sich der Partner an dieser und/oder an sonstigen Hauslasten freiwillig beteiligt oder diese sogar ganz übernommen hat, erfolgt nach der Trennung grundsätzlich **kein Ausgleich** der während des Zusammenlebens erbrachten Leistungen. Insoweit gilt das bei Mitmietern Ausgeführte entsprechend.[221]

Bei einer gemeinsamen Kreditverbindlichkeit haftet nach der Trennung der Eigentümer der Immobilie jedoch **im Innenverhältnis allein**,[222] der andere Partner hat insoweit einen Befreiungsanspruch.[223] Die weitere Mitnutzung des Anwesens oder auch – bei Eheleuten und Lebenspartnern – die Teilhabe an der Wertsteigerung über den Zugewinn kann allerdings Berücksichtigung finden.[224]

---

220 In vielen Fällen hält die verlangte Mithaftung jedoch einer Wirksamkeitskontrolle nicht stand, da bei krasser finanzieller Überforderung des mithaftenden Partners, der Vertrag wegen Sittenwidrigkeit nichtig ist (§ 138 Abs. 1 BGB). Die Frage der Sittenwidrigkeit richtet sich nach den für die Schuldmitübernahme und die Bürgschaft entwickelten Kriterien, vgl. dazu BGH FamRZ 2002, 1694; Schröder/Bergschneider/*Wever* Rdnr. 5.217; im Fall der gemeinsamen Kreditaufnahme ist maßgebliches Kriterium zur Abgrenzung der echten Mitschuldnerschaft von der bloßen Mithaftung, ob der Mitschuldner ein eigenes sachliches Interesse an der Kreditaufnahme hat oder – ohne ein solches – einfach mithaftet; vgl. auch OLG Brandenburg FamRZ 2007, 2070 (Anwendung der Grundsätze auch auf private Kreditgeber).
221 Vgl. dazu Rdnr. 78ff.
222 BGH FamRZ 2005, 2052 (2054); BGH FamRZ 1997, 487; BGH FamRZ 1981, 530 für nichteheliche Lebensgemeinschaft; auch OLG Saarbrücken FamRZ 1998, 738.
223 BGH FamRZ 1989, 835.
224 OLG Bamberg FamRZ 2001, 1074 (Nutzungsvergütung); OLG München FamRZ 2000, 672 (alleinige Haftung erst ab Rechtshängigkeit des Scheidungsverfahrens).

b) Investitionen in die Immobilie

Aufwendungen, die ein Ehe- oder Lebenspartner für die – als Familienwohnung genutzte – Immobilie im Alleineigentum des anderen erbringt, stellen in der Regel **keine Schenkung** im Sinne von §§ 516ff BGB dar, sondern werden in der Erwartung gewährt, dass die Ehe bzw. Lebenspartnerschaft Bestand hat und der Nichteigentümer so von der Investition (mit) profitiert. Es handelt sich um eine – gesetzlich nicht geregelte – **ehebezogene Zuwendung** (wobei für die Lebenspartnerschaft das Gleiche gilt), weil der zuwendende Parter dem anderen den Vermögenswert um der Ehe bzw. Lebenspartnerschaft willen und als Beitrag zur Verwirklichung und Ausgestaltung, Erhaltung oder Sicherung der ehelichen/lebenspartnerschaftlichen Lebensverhältnisse zukommen lässt. Dabei hegt der Zuwendende die Vorstellung oder Erwartung, dass die Partnerschaft Bestand hat und er innerhalb dieser Gemeinschaft am Vermögenswert und dessen Früchten weiter teilhat. Dies stellt die Geschäftsgrundlage für die Zuwendung dar.[225] Scheitert die Ehe oder Lebenspartnerschaft in der Folgezeit, können sich Erstattungsansprüche aus einem Wegfall der Geschäftsgrundlage nach § 313 BGB ergeben, wenn die Zubilligung eines Ausgleichsanspruchs aus Gründen der Billigkeit erforderlich erscheint.

105

Eine wesentliche Rolle spielt hierbei der Güterstand, in dem die Eheleute bzw. Lebenspartner leben. Führt bereits der im Rahmen des Zugewinnausgleichs durchzuführende güterrechtliche Vermögensausgleich zu einem angemessenen Ergebnis, indem der Wert der Zuwendung in einem angemessenen Umfang an den Zuwendenden zurückfließt, besteht kein darüber hinausgehender Anspruch auf Rückgewähr der Zuwendung. Ist dies jedoch nicht der Fall und wäre die Aufrechterhaltung des geschaffenen Vermögenszustandes für den zuwendenden Partner **schlechthin unangemessen und untragbar**, kommt ein Anspruch auf Rückgewähr der Zuwendung in Betracht.[226]

106

Bei Gütertrennung findet ein Vermögensausgleich nicht statt. Ein Ausgleichsanspruch nach den Grundsätzen des Wegfalls der Geschäftsgrundlage liegt deshalb grundsätzlich schon dann nahe, wenn dem zuwendenden Partner die Beibehaltung der herbeigeführten Vermögenssituation nach Treu und Glauben nicht zugemutet werden kann, jedoch ist dieser Anspruch auch hier auf **Ausnahmefälle** beschränkt.[227]

---

225 BGH FamRZ 1999, 1580; BGH FamRZ 1997, 933; BGH FamRZ 1992, 300.
226 BGH FamRZ 1991, 1169; OLG Oldenburg NJW-Spezial 2007, 566.
227 BGH FamRZ 1997, 933; OLG Düsseldorf NJW-RR 2003, 1513.

107   Wird ein Ausgleichsanspruch bejaht, erfolgt der Ausgleich in der Regel durch **Zahlung in Geld**, wobei sich die Höhe nach den Umständen des Einzelfalls und hier vor allem nach der Dauer der Ehe oder Lebenspartnerschaft bemisst, da während des Zusammenlebens der Zweck der Zuwendung ja erreicht wurde. Zu berücksichtigen sind auch Art und Höhe der Zuwendung, Alter der Parteien und deren Einkommens- und Vermögensverhältnisse.[228] Ein **Anspruch auf dingliche Rückgewähr** besteht nur dann, wenn der Nichteigentümer, von dem die Zuwendung ausging, ein besonders schutzwürdiges Interesse am Erhalt der Immobilie hat und durch die Beibehaltung des Eigentums des anderen ein untragbarer, mit den Grundsätzen von Treu und Glauben unvereinbarer Zustand geschaffen würde.[229] Im Falle einer dinglichen Rückgewähr wird diese in aller Regel nur Zug-um-Zug gegen einen angemessenen finanziellen Ausgleich erfolgen.[230]

108   Auch bei der nichtehelichen Lebensgemeinschaft dienen finanzielle Aufwendungen, die ein Partner für die von beiden bewohnte, im Alleineigentum des anderen stehende Immobilie erbringt, regelmäßig dem Zweck, die Lebensgemeinschaft zu verwirklichen. Finanzielle Leistungen, die im Rahmen einer nichtehelichen Lebensgemeinschaft erbracht werden, werden nach der überwiegenden Ansicht der Gerichte nach Beendigung der Lebensgemeinschaft nicht gegeneinander auf- und abgerechnet und zwar auch dann nicht, wenn sie zur Vermögensbildung des Partners beigetragen haben. In **Ausnahmefällen**, wenn ein Partner über das in einer nichtehelichen Lebensgemeinschaft Übliche hinaus finanzielle Leistungen für die im Alleineigentum des anderen stehende Immobilie erbracht hat, werden jedoch Ausgleichsansprüche zugestanden, wobei diese auf verschiedene Anspruchsgrundlagen gestützt werden.[231] In Betracht kommt insbesondere eine Kondiktion nach § 812 Abs. 1 S. 2, 2. Alt. BGB, wenn eine gemeinsame Zweckabrede vorliegt. Von einer solchen kann auszugehen sein, wenn ein Partner – in der erkennbaren Vorstellung, daran längere Zeit auch selbst zu partizipieren – erhebliche Beträge in die Immobilie des anderen investiert. Allerdings bedarf es der Feststellung einer tatsächlichen Vereinbarung, einseitige Erwartungen genügen nicht.[232] Soweit der Zweck erfüllt wurde, scheidet eine Kondiktion aus. Der BGH[233]

---

228 BGH FamRZ 1999, 1580.
229 BGH FamRZ 1977, 458 (460); BGH FamRZ 2002, 949; OLG Celle FamRZ 2000, 668; LG Aachen FamRZ 2000, 669.
230 Vgl. dazu *Haußleiter/Schulz* Kap. 6 Rdnr. 137.
231 Vgl. Überblick bei Palandt/*Brudermüller* vor § 1297 BGB Rdnr. 33.
232 BGH NJW 1992, 427; OLG Karlsruhe NJW 1994, 948.
233 Vgl. nur FamRZ 2006, 607 m. Anm. *Hoppenz*.

löst diese Fälle in jüngerer Zeit nach Gesellschaftsrecht, wobei ein Ausgleichsanspruch aus § 733 Abs. 2 S. 1 BGB dann bejaht wird, wenn der Nichteigentümer wesentliche Beiträge für das Alleineigentum des anderen erbracht hat und die Absicht einer gemeinsamen Wertschöpfung bestand. Der Ausgleichsanspruch entspricht dabei nicht den vorher erbrachten Leistungen, sondern ist nach dem beim Partner aufgrund dieser Leistungen **noch vorhandenen Mehrwert** zu bemessen.[234]

II. Miteigentum

1. Gemeinschaftsrecht – Verfügungsbefugnis – Recht zum Besitz

Kaufen oder errichten Eheleute, Lebenspartner oder nichteheliche Lebensgefährten ein Haus oder eine Eigentumswohnung, um darin gemeinsam zu leben, bilden sie im Hinblick auf dieses Immobilieneigentum in der Regel eine Gemeinschaft nach Bruchteilen im Sinne von §§ 741 ff, 1008 ff BGB.[235] Gesellschaftsrecht kommt nur dann zur Anwendung, wenn ein über die Gestaltung der ehelichen Lebensgemeinschaft, Lebenspartnerschaft bzw. nichtehelichen Lebensgemeinschaft hinausgehendes Ziel verfolgt wird.[236] Miteigentümer nach Bruchteilen sind mit ideellen Anteilen an der Sache mitberechtigt, wobei diese Berechtigung **im Zweifel gleich groß** ist (§ 742 BGB).

109

Grundsätzlich ist jeder Miteigentümer berechtigt, jederzeit über seinen Miteigentumsanteil zu verfügen (§ 747 S. 1 BGB). Diese Verfügungsberechtigung unterliegt jedoch den gleichen Einschränkungen wie beim Alleineigentum.[237] Auch kann eine Verfügung über den Miteigentumsanteil am Grundstück im Einzelfall sittenwidrig sein.[238]

---

234 OLG Köln FamRZ 1993, 432; vgl. dazu aber auch BGH FamRZ 2008, 247 (249) m. Anm. *Grziwotz* (offen gelasssen, ob Ansprüche aus § 812 Abs. 1 S. 2, 2. Alt. BGB oder nach den Regeln über den Wegfall der Geschäftsgrundlage möglich sind).
235 Bei Gütertrennung oder Zugewinngemeinschaft. Bei der Gütergemeinschaft kommt es bei der Eingehung und während der Ehe laufend zur Bildung gemeinschaftlichen Vermögens (§ 1416 BGB Gesamtgut), das in diesem Zusammenhang nicht näher behandelt wird, zu Einzelheiten insoweit vgl. Schröder/Bergschneider/*Klüber* Rdnr. 4.563 ff.
236 BGH FamRZ 1989, 147; BGH FamRZ 1982, 910; OLG Frankfurt/M. FamRZ 2004, 877 (Lse).
237 Vgl. dazu Rdnr. 100 ff; vgl. auch OLG Saarbrücken OLGR 2007, 926: Vermietung der Wohnung nur mit Zustimmung des Miteigentümers.
238 OLG Schleswig FamRZ 1995, 735 (Veräußerung des Miteigentumsanteils während des Scheidungsverfahrens an Lebensgefährtin, um Teilungsversteigerung leichter zu ermöglichen).

110 Beide Miteigentümer sind zum Besitz an der gemeinsamen Wohnung gleichermaßen berechtigt. Trennung, aber auch Scheidung bzw. Aufhebung der Lebenspartnerschaft allein ändern hieran nichts. Deshalb hat jeder Miteigentümer einen Anspruch auf Wiedereinräumung des Mitbesitzes, wenn ihm der Zutritt zu der gemeinsamen Wohnung vom Partner verwehrt wird, sofern dieser nicht zu seinen Gunsten ein Recht auf alleinige Wohnungsnutzung nach den Wohnungszuweisungsvorschriften geltend machen kann.[239]

Innerhalb der Gemeinschaft hat jeder Partner unabhängig vom Status der Beziehung ein **Recht auf Mitwirkung an der Verwaltung und Mitbenutzung** (§ 745 Abs. 2 und 3 BGB). Kann die Neuregelung der Nutzung nach der Trennung nicht einvernehmlich erfolgen, kann der aus § 745 Abs. 2 BGB resultierende Anspruch auf Neuregelung der Verwaltung und Benutzung mit der allgemeinen Leistungsklage vor dem Zivilgericht geltend gemacht werden. Bei Trennung und Scheidung bzw. Aufhebung der Lebenspartnerschaft oder in Gewaltfällen wird dieser Anspruch jedoch von den **Vorschriften über Wohnungszuweisung** überlagert.[240]

2. Regelungen für die Zeit nach der Trennung

111 Der Frage nach dem Schicksal einer gemeinsamen Immobilie bei Trennung kommt oftmals zentrale Bedeutung zu, da sie in sehr vielen Fällen den **wesentlichen Vermögenswert** des Paares darstellt. Bei Eheleuten und Lebenspartnern sind häufig Fragen des Unterhaltsrechts und des Zugewinnausgleichs mit zu berücksichtigen. In diesem Bereich ist eine einvernehmliche Regelung allen Partnern besonders anzuraten, da die mit streitigen Auseinandersetzungen verbundenen Kosten im Ergebnis beide Parteien zu Verlierern machen und im Übrigen nach derzeitiger Rechtslage eine zersplitterte gerichtliche Zuständigkeit besteht, die schlimmstenfalls zu mehreren, parallel zu führenden Prozessen zwingt: Während nach geltendem Recht für die gerichtliche Regelung einer Wohnungsnutzung und ein damit zusammenhängendes Nutzungsentgelt die Familiengerichte zuständig sind, müssen Rechtsstreitigkeiten aus Gemeinschaftsrecht nach §§ 741ff BGB vor den allgemeinen Zivilgerichten und damit – je nach Streitwert – dem Amts- oder Landgericht geführt werden. Für die

---

239 OLG Karlsruhe FamRZ 2001, 760 (analog § 1361b BGB); AG Neustadt a. Rbge FamRZ 2005, 1253 (nach §§ 1011, 985 BGB).
240 Vgl. dazu im Einzelnen auch bei Nutzungsentschädigung Rdnr. 267ff.

Teilungsversteigerung ist schließlich das Vollstreckungsgericht des Amtsgerichts zuständig.[241]

a) Beibehaltung des Miteigentums – Wohnwert – Nutzungsentschädigung

Nach dem Ende einer Partnerschaft wird eine vormals gemeinsam bewohnte Immobilie nur selten konfliktfrei weiterhin im gemeinsamen Eigentum bleiben können.

112

Praxistipp: Wird die Beibehaltung des gemeinsamen Eigentums jedoch trotzdem gewünscht, gegebenenfalls auch nur für eine Übergangszeit, sollte im Rahmen der diesbezüglichen Vereinbarung unbedingt die Frage der künftigen Nutzung, der Lastentragung und eines Nutzungsentgelts bzw. der Berücksichtigung des Wohnwerts bei einer Unterhaltsberechnung geregelt und zugleich festgelegt werden, ob und wie lange eine Teilungsversteigerung nach § 749 Abs. 2 BGB ausgeschlossen sein soll.

aa) Exkurs: Wohnwert

Behalten unterhaltsberechtigte Eheleute und Lebenspartner eine gemeinsame Immobilie nach der Trennung bei und lebt weiterhin einer der beiden in ihr, kann ihm ein sog. Wohnvorteil zugute kommen, der als wirtschaftlicher Vorteil, nämlich der **Ersparnis von Aufwendungen für eine Wohnung**, einkommenserhöhend wirkt.[242] Dieser Wohnvorteil ist bei der Unterhaltsberechnung zu berücksichtigen; er liegt in der Differenz zwischen einerseits den ersparten Mietkosten und andererseits zu zahlenden Grundstückslasten und Kreditkosten. Lebt der Bedürftige in der Wohnung, ist seine Bedürftigkeit um den Wohnwert gemindert; verbleibt der Unterhaltspflichtige in der Wohnung, erhöht der Wohnwert dessen Leistungsfähigkeit.[243]

113

Bei nichtehelichen Lebensgefährten spielt diese Frage im Rahmen des Betreuungsunterhalts nach § 1615l BGB oder im Fall eines vereinbarten Unterhalts eine Rolle, da diese – mit Ausnahme von § 1615l BGB – einander nicht gesetzlich unterhaltsverpflichtet sind.

---

241 Vgl. dazu nachfolgend Rdnr. 126ff.
242 Vgl. dazu auch *Schürmann* FuR 2006, 385ff und 440ff.
243 Zum Wohnvorteil bei Erwerb des Miteigentumsanteils durch einen Ehegatten/Lebenspartner vgl. BGH FamRZ 2005, 1159; vgl. aber auch OLG Nürnberg FamRZ 2008, 992.

Bei Ehe- und Lebenspartnern ist der sich aus der weiteren Nutzung der ehemals gemeinsamen Wohnung ergebende Wohnwert **prägend**, da er – ebenso wie erzieltes Einkommen – mit zur wirtschaftlichen Grundlage des Lebensstandards der Ehe- und Lebenspartner gehörte, und erhöht daher den Bedarf des Unterhaltsberechtigten.[244]

114 In der Trennungszeit wird dem Ehe- oder Lebenspartner, der in der gemeinsamen Immobilie bleibt, nicht sogleich angesonnen, diese zu vermieten oder gar zu verwerten, auch wenn sie für ihn allein möglicherweise deutlich zu groß ist – dies auch deshalb, weil man eine Versöhnung nicht erschweren möchte. Als Wohnwert wird daher während dieser Zeit nicht der an der Marktmiete orientierte objektive Mietwert angesetzt, sondern nur ein **angemessener Mietwert** und zwar grundsätzlich auch bei langer Trennung.[245] Maßstab ist der Betrag, den der in der Wohnung verbliebene Partner für eine den vormaligen Lebensverhältnissen entsprechende kleinere Wohnung aufwenden müsste.[246]

115 Eine Divergenz kann zwischen dem anzurechnenden Wohnwert und einer zu zahlenden Nutzungsentschädigung entstehen. Letztere bemisst sich nach überwiegender Ansicht zwar während des Trennungsjahres auch nur nach dem angemessenen Mietwert, steigt dann jedoch auf den objektiven Mietwert an. Wird der Wohnwert bereits bei der Unterhaltsberechnung berücksichtigt, ist daneben grundsätzlich kein Raum für eine (zusätzliche) Nutzungsentschädigung, auch wenn diese den angesetzten Wohnwert gegebenenfalls übersteigt.

116 Nach der Scheidung bzw. der rechtskräftigen Aufhebung der Lebenspartnerschaft entspricht der Wohnwert der **objektiven Marktmiete**.[247] Der volle Mietwert ist auch während der Trennungszeit anzusetzen, wenn eine Wiederherstellung der ehelichen Lebensgemeinschaft nicht zu erwarten ist.[247a] Gleiches gilt für den Fall, dass der Wohnwert im Rahmen des § 1615l BGB oder einer Unterhaltsvereinbarung von nichtehelichen

---

244 Vgl. zu prägendem Einkommen im Einzelnen Eschenbruch/Klinkhammer/*Eschenbruch* Rdnr. 1223ff; Wendl/*Gerhardt* § 4 Rdnr. 172ff; Palandt/*Brudermüller* § 1578 BGB Rdnr. 3ff; AnwK-BGB/*Schürmann* § 1578 BGB Rdnr. 46ff; zum Wohnwert Eschenbruch/Klinkhammer/*Eschenbruch* Rdnr. 1240ff; Wendl/*Gerhardt* § 1 Rdnr. 314ff; Palandt/*Brudermüller* § 1361 BGB Rdnr. 22 und 34ff und § 1578 BGB Rdnr. 5; AnwK-BGB/*Schürmann* § 1578 BGB Rdnr. 58ff.
245 BGH FamRZ 2000, 351; ob auch bei langer Trennungszeit offen gelassen in BGH FamRZ 2007, 879; OLG Zweibrücken FamRZ 2008, 615 und FamRZ 2007, 470; vgl. dazu *Gerhardt* FuR 2007, 393.
246 BGH FamRZ 2007, 879.
247 BGH FamRZ 2000, 950; vgl. auch OLG Stuttgart NJW-RR 2007, 1380: Kürzung des objektiven Wohnwerts im Mangelfall (Anspruch aus § 1615l BGB).
247a BGH FamRZ 2008, 963 m. Anm. *Büttner*.

Lebensgefährten eine Rolle spielt, da die nichteheliche Lebensgemeinschaft bereits mit der Trennung endet und es eine „Trennungszeit" bei ihr daher nicht gibt.

Verbrauchsabhängige Nebenkosten kürzen den Wohnwert nicht, da sie auch bei einer Mietwohnung anfallen und deshalb der allgemeinen Lebenshaltung zuzuordnen sind. **Verbrauchsunabhängige Nebenkosten** sind dann kein Abzugsposten beim Wohnwert, wenn sie bei einem Mietverhältnis auf den Mieter umgelegt werden, was heute bis auf Verwaltungs-, Instandhaltungs- und Instandsetzungs- sowie Kapitalkosten umfassend der Fall ist (§ 556 Abs. 1 BGB, Katalog der § 2 BetrKV, früher Anlage 3 zu § 27 II. BV)[247b]. Auch Aufwendungen für die Instandhaltung der Immobilie kürzen den Wohnwert, jedoch muss es sich um konkrete unaufschiebbar notwendige Maßnahmen handeln. Erfasst werden außerdem nur notwendige Erhaltungsaufwendungen, nicht aber wertsteigernde Ausbauten oder Modernisierungen. Stehen konkrete Erhaltungsmaßnahmen bevor, dürfen hierfür Rücklagen gebildet werden.[248]

117

Praxistipp: Die Anforderungen an den diesbezüglichen Sachvortrag im Unterhaltsprozess sind hoch. Hier muss genau dargestellt werden, welche Erhaltungsmaßnahme aus welchem Grund notwendig ist, welche Kosten anfallen und wann sie durchgeführt werden soll.

Bei Eigentumswohnungen besteht eine **Verpflichtung**, die vereinbarte Rücklage zu leisten, so dass diese grundsätzlich auch unterhaltsrechtlich anzuerkennen ist (§ 21 Abs. 5 Nr. 4 WEG).

Bei Kreditverbindlichkeiten ist zu unterscheiden:

118

Steht die Immobilie im **gemeinsamen Eigentum** von Eheleuten und Lebenspartnern, kürzen Zins und Tilgung den Wohnwert bis zur Vermögensauseinandersetzung.[249] Übersteigen diese Lasten den Wohnwert, ist bei der Bedarfsberechnung ein negativer Wohnwert einzusetzen, das zur Verfügung stehende Einkommen reduziert sich um diese den Wohnwert übersteigenden Verbindlichkeiten.[250] Im Rahmen der Bedürftigkeit ist hingegen der volle Wohnwert anzusetzen, wenn nicht der in der Immobilie verbliebene Unterhaltsberechtigte die Lasten trägt, sondern der Unterhaltsverpflichtete, dem der Wohnwert nicht zu gute kommt.

247b Vgl. auch OLG Düsseldorf FamRZ 2008, 895.
248 BGH FamRZ 2000, 351 (354).
249 BGH FamRZ 2000, 950; vgl. dazu auch BGH FamRZ 2008, 963 m. Anm. *Büttner* für getrennt lebende Eheleute.
250 BGH FamRZ 2007, 879.

Steht die Immobilie im **Alleineigentum** eines Partners, können nach der Rechtsprechung des BGH[251] ab Rechtshängigkeit der Scheidung bzw. des Aufhebungsantrags bei einer Lebenspartnerschaft **nur noch die Zinsen** berücksichtigt werden, nicht mehr jedoch die Anteile, die für die Tilgung aufgewandt werden, da die Zahlung dieser zu einer einseitigen Vermögensbildung bei dem Immobilieneigentümer führt, an der der andere auch über den Zugewinnausgleich nicht mehr partizipiert. Etwas anderes gilt nur insoweit, als ein Teil der Tilgungsleistungen als **zusätzliche Altersvorsorge** anerkannt werden kann (maximal in Höhe von 4% des Bruttojahreseinkommens beim Ehegatten- oder Lebenspartnerunterhalt). Bis zur Rechtshängigkeit des Scheidungs- bzw. Aufhebungsantrags werden beim Trennungsunterhalt Zins- und Tilgung berücksichtigt, da die durch die Tilgungsleistungen erfolgte Vermögensbildung über den Zugewinnausgleich zugunsten des Nichteigentümers wirkt. Im Rahmen der Bedürftigkeit können Kreditverbindlichkeiten jedoch nur bis zur Höhe des Wohnwertes abgezogen werden, da der Unterhaltsbedarf durch Kreditraten, die die Summe aus eigenen Einkünften und sonstigen Gebrauchsvorteilen übersteigen, nicht erhöht werden kann.

119 Dem Ansatz des Mietwerts steht nicht entgegen, dass die Wohnung von gemeinsamen **minderjährigen Kindern** mitgenutzt wird, da im Kindesunterhalt ein Anteil Wohnkosten enthalten ist. Dieser fließt dem Partner zu, der die Kinder betreut und mit ihnen in der Immobilie lebt. Etwas anderes gilt allerdings für **volljährige Kinder**, soweit diese bereits wirtschaftlich selbständig sind.[252] Hier kann dem in der Wohnung verbliebenen Partner nur der auf dessen Anteil entfallende Wohnwert zugerechnet werden.

bb) Nutzungsentschädigung

120 Bleibt ein Miteigentümer nach der Trennung des Paares in der gemeinsamen Wohnung, kann ein Anspruch auf Zahlung einer Nutzungsentschädigung gemäß § 745 Abs. 2 BGB in Betracht kommen. Das Verhältnis dieser Vorschrift zu den Nutzungsentschädigungsregelungen in den Wohnungszuweisungsvorschriften ist allerdings höchst streitig. Nach ständiger Rechtsprechung des BGH – der diese Frage zuletzt jedoch offen gelassen hat – kann eine Nutzungsvergütung unter Miteigentümern nur als Folge einer Neuregelung der Verwaltung und Benutzung durch Beschluss nach § 745 Abs. 2 BGB angeordnet werden, wobei die Nutzungsänderung auch einen Anspruch auf Festsetzung der Vergütung beinhaltet.

---

251 FamRZ 2007, 897; krit. hierzu *Finke* FPR 2008, 94 (96).
252 OLG Brandenburg NJW-RR 2003, 1009.

Dagegen gehen nach der hier vertretenen Ansicht bei Ehe- und Lebenspartnern – auch bei einem freiwilligen Auszug eines Miteigentümers – die in den Wohnungszuweisungsvorschriften enthaltenen Nutzungsentschädigungsregelungen vor, mit dem Vorteil, dass eine umfassende Zuständigkeit des Familiengerichts gegeben ist.[253] § 745 Abs. 2 BGB findet danach primär für Lebensgefährten Anwendung, für die eine Regelung der Alleinnutzung der Wohnung durch das Familiengericht nur nach dem Gewaltschutzgesetz in Betracht kommt.

Die Höhe der Nutzungsentschädigung gemäß § 745 Abs. 2 BGB richtet sich – ebenso wie der Zeitpunkt, ab dem sie verlangt werden kann – **nach billigem Ermessen** und damit letztlich nach den gleichen Grundsätzen wie die Nutzungsentschädigung im Rahmen einer Wohnungszuweisung. Bei Alleinnutzung einer Wohnung durch einen Miteigentümer ist grundsätzlich eine Nutzungsentschädigung billig, die sich in der Höhe am **halben Mietwert** orientiert.[254] Bei Eheleuten ist zunächst nur von der Miete für eine angemessene kleinere Wohnung auszugehen, nach Ablauf des Trennungsjahres,[255] spätestens jedoch nach der Scheidung[256] von der objektiven Marktmiete. Gleiches gilt für Lebenspartner.

121

Steht nach einem freiwilligen und endgültigen Auszug eines Partners die künftige Neuregelung schon fest, kann **sofort** der Zahlungsanspruch eingeklagt werden.[257] Dieser Anspruch kann auch als Einwand gegenüber einem Anspruch des Verbliebenen aus § 426 BGB wegen gemeinsamer Schulden geltend gemacht werden.[258]

122

Die Einbeziehung des Nutzungsvorteils in eine **Unterhaltsberechnung** geht § 745 Abs. 2 BGB vor.[259] Haben Ehegatten oder Lebenspartner den Unterhalt dahingehend geregelt, dass der Berechtigte die gemeinsame Immobilie kostenfrei nutzen darf und von Grundstückslasten freigestellt ist und veräußert der Unterhaltsverpflichtete sodann seinen Miteigentumsanteil, muss er den in der Wohnung Verbliebenen von Ansprüchen des Erwerbers auf Zahlung einer Nutzungsentschädigung **freistellen**.[260]

123

---

253 Vgl. dazu im Einzelnen bei Nutzungsentschädigung Rdnr. 267ff.
254 OLG Karlsruhe NJW-RR 2005, 1240.
255 OLG Bremen OLGR 2005, 315 (317); OLG Brandenburg FamRZ 2003, 378.
256 OLG Celle FamRZ 2007, 832, Urt. v. 27.9.2006 – 15 UF 7/06 (der den Wohnvorteil betreffende Teil der Entscheidung fehlt in der Veröffentlichung).
257 BGH FamRZ 1994, 822.
258 Vgl. dazu im Einzelnen Rdnr. 299.
259 Vgl. nur Schröder/Bergschneider/Wever Rdnr. 5.107: Unterhaltsvereinbarung als bindender Beschluss gemäß § 745 Abs. 2 BGB.
260 BGH FamRZ 1997, 484.

b) Verkauf

124 Soll die Immobilie nicht behalten werden, kommt der freihändige Verkauf und die Teilung des Erlöses nach Abzug der Verbindlichkeiten in Betracht.

Zu beachten ist hierbei, dass die Eigentumsübertragung von Immobilien ein **privates Veräußerungsgeschäft** im Sinne von § 23 Abs. 1 S. 1 Nr. 1 EStG darstellt und der Gewinn daher gemäß §§ 2 Abs. 1 S. 1 Nr. 7, 22 Nr. 2 EStG der Einkommensteuer (Spekulationssteuer) unterliegt.[261] Kein Spekulationsgeschäft liegt bei einem Grundstück nach § 23 Abs. 1 Nr. 1 S. 3 EStG aber dann vor, wenn es zwischen Anschaffung und Veräußerung ausschließlich oder im Jahr der Veräußerung und den beiden vorangegangenen Jahren **zu eigenen Wohnzwecken** genutzt wurde, wobei die letzte Alternative keine drei vollen Kalenderjahre erfordert, sondern lediglich einen zusammenhängenden Zeitraum innerhalb dieser. Im Rahmen des § 10e EStG hat der BFH im Jahr 1994[262] entschieden, dass eine Nutzung zu eigenen Wohnzwecken auch dann gegeben ist, wenn der Immobilieneigentümer die Immobilie – ohne sie selbst zu bewohnen – seinen unterhaltsberechtigten Kindern (und der sie betreuenden Mutter) überlässt. Diese Auslegung kann auf § 23 EStG übertragen werden.[263]

c) Übernahme durch einen Miteigentümer zum Alleineigentum

125 Eine abschließende Regelung hinsichtlich der gemeinsamen Immobilie kann auch dadurch erfolgen, dass einer der beiden Partner den Anteil des anderen übernimmt. Bestehende **Zugewinnausgleichsansprüche** können bei dieser Lösung mit abgegolten werden, wenn der Ausgleichsberechtigte den Anteil des anderen Partners übernimmt. Bei beabsichtigter Übernahme durch den finanzschwächeren Unterhaltsberechtigten, ist bei der nicht selten intendierten Verknüpfung dieser Übernahme (auch) mit einem Unterhaltsverzicht allerdings Zurückhaltung geboten, da dann zwar dem Übernehmer und gegebenenfalls auch den Kindern das Familienheim erhalten wird, jedoch möglicherweise keine hinreichenden liquiden Mittel zur Verfügung stehen, um das Objekt langfristig zu halten.[264]

---

261 Zu Strategien zur Vermeidung dieser vgl. statt vieler *Karasek* FamRZ 2002, 590 sowie *Schröder* FamRZ 2002, 1010; zu steuerrechtlichen Fragen vgl. auch *Kogel* FamRZ 2003, 808.
262 NJW 1994, 2502.
263 *Haußleiter/Schulz* Kap. 1 Rdnr. 375h m.w.N.
264 Zu beachten ist in diesem Zusammenhang auch, dass ein Verzicht auf Kindes- und Trennungsunterhalt (Ehegatten- wie Lebenspartnerunterhalt) wegen Verstoß gegen ein gesetzliches Verbot nichtig ist (§§ 134, 1361 Abs. 4, 1360a Abs. 3, 1614 Abs. 1 BGB, § 12 LPartG).

Natürlich ist auch die Übernahme durch den nicht in der Wohnung Verbleibenden denkbar, der ein **Mietverhältnis** mit dem Verbleibenden begründet.[265] Im Hinblick auf das bei jedem Mietverhältnis bestehende Risiko umfassender Streitigkeiten, etwa im Rahmen der jährlich fälligen Nebenkostenabrechnung, ist von einer derartigen Regelung nach Scheitern einer Partnerschaft jedoch eher abzuraten.[266]

Auch die Übertragung eines Hälfteanteils – selbst wenn sie zur Erfüllung von Zugewinnausgleichsansprüchen erfolgt – stellt ein privates Veräußerungsgeschäft im Sinne von § 23 Abs. 1 S. 1 Nr. 1 EStG dar, so dass auch in diesem Fall der Gewinn gemäß §§ 2 Abs. 1 S. 1 Nr. 7, 22 Nr. 2 EStG der Einkommensteuer (Spekulationssteuer) unterliegt.[267] Das insoweit zum freihändigen Verkauf Ausgeführte gilt daher entsprechend.[268]

3. Teilungsversteigerung

Können sich Miteigentümer nicht über die Übernahme der ihnen gemeinsam gehörenden Immobilie durch einen von ihnen oder einen Verkauf an Dritte einigen, lässt sich die Auseinandersetzung der Miteigentümergemeinschaft nur über eine Teilungsversteigerung erreichen.

126

Nach § 749 Abs. 1 BGB kann ein Miteigentümer die Aufhebung der Gemeinschaft verlangen. Dieser schuldrechtliche Anspruch kann jederzeit und ohne besondere Voraussetzungen geltend gemacht werden, es sei denn, es liegen gesetzliche oder rechtsgeschäftliche Beschränkungen vor. Nach § 753 Abs. 1 S. 1 BGB erfolgt die Aufhebung der Gemeinschaft bei Grundstücken durch **Zwangsversteigerung und Teilung des Erlöses**. Eines Titels bedarf es in diesem Fall nicht, wenn der Antragsteller als Miteigentümer im Grundbuch eingetragen ist (§ 181 ZVG). Der **Gläubiger eines Miteigentümers** kann dessen Anspruch auf Aufhebung der Gemeinschaft sowie auf Teilung und Auszahlung des Erlöses gemäß §§ 857, 829 ZPO pfänden und sich nach § 835 ZPO zur Einziehung überweisen lassen.[269] Der Schuldner selbst kann dann keinen Antrag auf Teilungsversteigerung mehr stellen.

---

265 *Krause* § 7 Rdnr. 17.
266 Die Mitautorin hatte als Mietrichterin am Amtsgericht München über einen Fall zu befinden, in dem ein früheres Paar, dessen Beziehung sich auf ein Mietverhältnis reduziert hatte, (jährlich wiederkehrend) zum 10. Mal über die Nebenkostenabrechnung stritt.
267 Zu Strategien zur Vermeidung dieser vgl. statt vieler *Karasek* FamRZ 2002, 590 sowie *Schröder* FamRZ 2002, 1010; zu steuerrechtlichen Fragen vgl. auch *Kogel* FamRZ 2003, 808.
268 Vgl. dazu Rdnr. 124.
269 BGH FamRZ 2006, 410.

Im Hinblick auf den im Gesetz vorgesehenen jederzeitigen Anspruch auf Aufhebung der Gemeinschaft ist ein Miteigentümer dem anderen verpflichtet, in die Löschung einer Eigentümergrundschuld einzuwilligen, um eine Teilungsversteigerung zu ermöglichen.[270]

a) Antrag

127 Eine Teilungsversteigerung wird nur auf Antrag angeordnet (§ 15 ZVG).[271]

aa) Form und Inhalt

Der Antrag kann schriftlich oder zu Protokoll der Geschäftsstelle bei dem Gericht, in dessen Bezirk das Grundstück gelegen ist, gestellt werden (§ 35 ZVG). Antragsteller und Antragsgegner müssen im Grundbuch eingetragen oder Erbe des eingetragenen Eigentümers sein (§§ 17 Abs. 1, 180 Abs. 2 S. 1 ZVG). Der Antrag muss die Namen und Anschriften der Miteigentümer, die vollständige Bezeichnung des Grundstücks und die Art der Beteiligung des Antragstellers an der Gemeinschaft enthalten, wobei eine beglaubigte Abschrift des Grundbuchblatts oder ein Zeugnis des Grundbuchamtes nach § 17 Abs. 2 ZVG beizufügen ist, es sei denn, das Grundbuch wird – wie im Regelfall – bei dem Amtsgericht geführt, das zugleich Vollstreckungsgericht ist. Einer **Begründung des Antrags** auf Anordnung der Teilungsversteigerung bedarf es nicht. Der Antragsteller übernimmt die Rolle des Gläubigers, der Miteigentümer diejenige des Schuldners.

bb) Antragsberechtigung

128 Das Recht, nach § 749 Abs. 1 BGB jederzeit die Aufhebung der Gemeinschaft zu verlangen, ist **abdingbar** und kann vertraglich auf Zeit oder sogar für immer ausgeschlossen werden (§ 751 BGB). Diese Vereinbarung ist ausdrücklich, aber auch ein stillschweigend möglich.[272] Die Beweislast für das Vorliegen der Tatsachen, aus denen sich der Ausschluss ergibt, trägt dabei stets derjenige, der sich darauf beruft.[273] Wird in einer Vereinbarung geregelt, dass der gemeinsame Grundbesitz verkauft werden

---

270 LG Stuttgart FamRZ 2007, 1034 (für geschiedene Eheleute).
271 § 180 Abs. 1 ZVG verweist für die Teilungsversteigerung auf die Vorschriften des ersten und zweiten Abschnitts des ZVG; vgl. LG Gießen FamRZ 2008, 1090 zur Prozesskostenhilfe.
272 Palandt/*Sprau* § 749 BGB Rdnr. 5.
273 BGH NJW-RR 1991, 946.

soll, ist das Betreiben der Teilungsversteigerung durch einen Partner unzulässig.[274]

Aber auch ein vertraglicher Ausschluss steht nach § 749 Abs. 2 S. 1 BGB einem Aufhebungsverlangen nicht entgegen, wenn ein **wichtiger Grund** hierfür vorliegt. Die in § 749 Abs. 2 BGB enthaltene Garantie der Aufhebung der Gemeinschaft aus wichtigem Grund ist **unabdingbar** (§ 749 Abs. 3 BGB). Ein wichtiger Grund ist anzunehmen, wenn einem Teilhaber das Verbleiben in der Gemeinschaft unter Berücksichtigung aller Umstände des Einzelfalls und Abwägung der beiderseitigen Interessen nicht zumutbar ist[275] oder wenn ihm der ihm zustehende Gebrauch des gemeinsamen Grundstücks unmöglich gemacht wird.[276] An das Vorliegen des wichtigen Grundes ist ein strenger Maßstab anzulegen, so dass er erst dann angenommen werden kann, wenn eine ordnungsgemäße gemeinschaftliche Nutzung und Verwaltung bei Abwägung aller Umstände nicht mehr möglich ist. Bloße Uneinigkeit und Schikane allein genügen nicht. Lässt sich das gemeinsame Eigentum jedoch wegen einer grundlegenden Zerstörung des Vertrauensverhältnisses der Miteigentümer nicht mehr verwalten und nutzen, ist von einem wichtigen Grund im Sinne dieser Vorschrift auszugehen. Bei Scheitern einer Partnerschaft ist dies regelmäßig der Fall.[277] Grundsätzlich ist ein vollstreckbarer Titel zur Antragstellung nicht erforderlich (§ 181 Abs. 1 ZVG). Ist die Teilungsversteigerung auf Zeit oder auf Dauer ausgeschlossen, bedarf es eines **Duldungstitels**, durch den der Miteigentümer zur Duldung der Teilungsversteigerung verurteilt wird.[278]

Ein vereinbarter Ausschluss des Rechts auf Aufhebung der Gemeinschaft steht weder einer Pfändung noch dem Antrag des Gläubigers auf Teilungsversteigerung entgegen, sobald dessen Titel rechtskräftig ist (§ 751 S. 2 BGB).

cc) § 1365 BGB

Leben Eheleute oder Lebenspartner im Güterstand der Zugewinngemeinschaft, muss der Antragsgegner **bereits dem Antrag** auf Teilungsversteigerung des Partners zustimmen, wenn dessen Anteil am Familienwohnheim nahezu sein gesamtes Vermögen darstellt (§ 1365 Abs. 1 BGB

---

274 OLG Brandenburg Urteil vom 25.1.2007, 9 U 4/05 (für Scheidungsvereinbarung von Eheleuten, sofern kein wichtiger Grund vorliegt).
275 BGH WM 1984, 873.
276 BGH WM 1962, 464.
277 Palandt/*Sprau* § 749 BGB Rdnr. 6 a.E.
278 Schröder/Bergschneider/*Hintzen* Rdnr. 10.60; *Gottwald* ZFE 2007, 64 (65).

analog).²⁷⁹ Die Zustimmungsbedürftigkeit entfällt mit Rechtskraft der Scheidung bzw. Aufhebung der Lebenspartnerschaft. Danach kann das Verfügungsverbot des § 1365 BGB, § 6 S. 2 LPartG allerdings noch geltend gemacht werden, wenn im Scheidungs- bzw. Aufhebungsverfahren der Zugewinnausgleich abgetrennt wurde. Solange hierüber nicht entschieden ist, wird die Vorschrift analog angewendet.²⁸⁰ Dies muss auch im Rahmen der Teilungsversteigerung gelten. Die Zustimmung ist gegenüber dem Vollstreckungsgericht zu erklären. Sie kann nach § 1365 Abs. 2 BGB, § 6 S. 2 LPartG vom **Vormundschaftsgericht ersetzt** werden, das dabei in umfassender Interessenabwägung zu prüfen hat, ob die Teilungsversteigerung den Grundsätzen einer ordnungsgemäßen Wirtschaft entspricht. Die Höhe eines zu erwartenden Veräußerungserlöses ist hierbei nicht der allein entscheidende Gesichtspunkt, vielmehr ist die gesamte familiäre Situation unter vernünftigen wirtschaftlichen Erwägungen einschließlich der aus dem Grundbesitz resultierenden laufenden Belastungen in Betracht zu ziehen.²⁸¹

§ 1365 BGB, § 6 S. 2 LPartG hindert die **Gläubiger** eines Ehe- oder Lebenspartners freilich nicht, auf dessen Vermögen zuzugreifen. Die Vorschrift gibt dem anderen Ehegatten nach h.M. – nach Pfändung und Überweisung des Anspruchs auf Aufhebung der Gemeinschaft und Teilung und Auszahlung des Erlöses – kein Recht, sich der Zwangsvollstreckung zu widersetzen, auch wenn es sich bei der Immobilie um das ganze oder nahezu ganze Vermögen des Ehepartners handelt.²⁸²

130 Die Zustimmung muss eindeutig erklärt und dem Vollstreckungsgericht gegenüber schriftlich nachgewiesen oder zu Protokoll erklärt werden. Sie (oder ihre Ersetzung durch das Vormundschaftsgericht nach § 1365 Abs. 2 BGB) muss bereits **zum Zeitpunkt der Entscheidung über den Antrag** erteilt sein.

Ob die Voraussetzungen des § 1365 BGB vorliegen, muss vom Vollstreckungsgericht nicht von Amts wegen ermittelt werden. Ergeben sich aber besondere Anhaltspunkte für eine Zustimmungsbedürftigkeit, darf das Vollstreckungsgericht dem Antrag nicht entsprechen. Den Einwand der fehlenden Zustimmung kann der nicht zustimmende Ehegatte als materiellen Einwand mit einer **Drittwiderspruchsklage nach § 771 ZPO**

---

279 BGH FamRZ 2007, 1634.
280 OLG Celle FamRZ 2004, 625 m. abl. Anm. *Janke*; OLG Hamm NJW-Spezial 2006, 491.
281 OLG Köln FamRZ 2007, 1343.
282 BGH FamRZ 2006, 410; vgl. auch BGH FamRZ 2006, 856; OLG Karlsruhe FamRZ 2004, 629; a.A. *Stöber* Rdnr. 700b; *Gottwald* FamRZ 2006, 1075 (1078/1079).

geltend machen.[283] Hätte das Vollstreckungsgericht das Fehlen der Einwilligung bereits als Antragsmangel berücksichtigen müssen, kommt **Vollstreckungserinnerung** in Betracht, da nach § 28 Abs. 2 ZVG das Vollstreckungsgericht auch der Zwangsversteigerung entgegenstehende, nicht aus dem Grundbuch ersichtliche Verfügungsbeschränkungen von Amts wegen zu berücksichtigen hat, wenn sie ihm bekannt geworden sind. Deshalb kann mit der Erinnerung nach § 766 ZPO gerügt werden, dass das Vollstreckungsgericht unter Verletzung des § 28 Abs. 2 ZVG eine ihm bekannte Verfügungsbeschränkung unberücksichtigt gelassen hat. Dies gilt selbst dann, wenn die Einwendung nach § 1365 Abs. 1 BGB zwar nicht bei Anordnung der Teilungsversteigerung offenkundig war, im weiteren Verlauf des Verfahrens jedoch unstreitig wird.[284]

b) Verfahren

Die Anordnung des Teilungsversteigerungsverfahrens erfolgt durch Beschluss (§ 15 ZVG), wobei eine vorherige **Anhörung des Antragsgegners** nicht erforderlich ist.[285] Durch die Anordnung erfolgt die Beschlagnahme gemäß § 20 Abs. 1 ZVG, die jedoch bei der Teilungsversteigerung nicht zu einer Verfügungsbeschränkung der Eigentümer führt. Ein eventueller Erwerber des Immobilienanteils tritt in das Verfahren ein und übernimmt es in dem Stand, in dem es sich gerade befindet (§ 26 ZVG).[286]

Dem Vollstreckungsgericht obliegt es zunächst, den **objektiven Wert** des Grundstücks festzustellen (§ 85a ZVG). Hierzu wird der Wert in der Regel mit einem Sachverständigengutachten ermittelt, für das der Antragsteller vorschusspflichtig ist.[287] Nach Anhörung der Beteiligten setzt das Vollstreckungsgericht den Wert durch Beschluss fest (§ 74a Abs. 5 S. 1 ZVG). Gegen den Beschluss steht den Beteiligten die sofortige Beschwerde zu (§ 74 Abs. 5 S. 3 ZVG).

131

---

283 OLG Köln FamRZ 2000, 1167; OLG München FamRZ 2000, 365; OLG Naumburg FPR 2000, 221; LG Bielefeld FamRZ 2006, 1047; a.A. OLG Stuttgart FamRZ 2007, 1830: Drittwiderspruchsklage fehlt das Rechtsschutzbedürfnis, da Vollstreckungserinnerung der einfachere, kostengünstigere und schnellere Weg.
284 BGH FamRZ 2007, 1634; vgl. aber OLG Stuttgart FamRZ 2007, 1830: Schutzzweck des § 1365 BGB hindert nicht eine Teilungsversteigerung ohne Zustimmung des anderen Ehegatten, da sich Miteigentum am Versteigerungserlös fortsetzt; vgl. auch *Zimmer/Pieper* NJW 2007, 3104 (3106).
285 LG Frankenthal Rpfleger 1985, 250; Schröder/Bergschneider/*Hintzen* Rdnr. 10.63 (str.).
286 Zur Verpflichtung, Bietinteressenten Zutritt zur Wohnung zu gestatten vgl. AG Aachen FamRZ 1999, 848 m. Anm. *Kogel*.
287 Da die Verfahrenskosten später dem Erlös entnommen werden, tragen die Kosten im Ergebnis aber die Miteigentümer gemeinsam.

Der Ablauf des Versteigerungstermins selbst ist in §§ 66ff ZVG geregelt. Das geringste Gebot wird im Versteigerungstermin nach § 66 Abs. 1 ZVG förmlich festgestellt; es umfasst nach §§ 49 Abs. 1, 182 ZVG das Bargebot und die gemäß § 52 ZVG bestehen bleibenden Rechte.[288]

132 Der Zuschlag ist von Amts wegen zu **versagen**, wenn einer der Gründe des § 83 Nr. 1 bis 8 ZVG vorliegt. Dabei sind die Gründe in Nr. 1 bis 5 gemäß § 84 Abs. 1 ZVG heilbar. Nach § 85a ZVG ist der Zuschlag auch dann zu versagen, wenn das Meistgebot einschließlich des Kapitalwerts der bestehen bleibenden Rechte 5/10 des Verkehrswerts nicht erreicht. Dieser Schutz besteht **nur im ersten Termin**; in dem nachfolgenden von Amts wegen festzusetzenden neuen Versteigerungstermin kann der Zuschlag ohne Rücksicht auf diese Wertgrenze erfolgen. Der Zuschlag ist außerdem nach § 74a Abs. 1 ZVG auf Antrag des Gläubigers, dessen Anspruch durch das Meistgebot nicht gedeckt ist, zu versagen, wenn dieses einschließlich des Kapitalwerts bestehen bleibender Rechte 7/10 des festgesetzen Grundstückswerts nicht erreicht. In einem neuen Versteigerungstermin ist jedoch auch diese Grenze ohne Belang (§ 74 Abs. 4 ZVG).

Der Zuschlag kann sofort im Termin oder in einem besonderen Verkündungstermin erteilt werden (§ 87 Abs. 1 ZVG). Gemäß § 87 Ab. 2 ZVG soll der Verkündungstermin spätestens eine Woche nach dem Versteigerungstermin angesetzt werden.

Die Erlösverteilung erfolgt gleichfalls in einem nach Erteilung des Zuschlags von Amts wegen anzuberaumenden Termin. Dabei erfolgt die Verteilung nach Maßgabe des § 109 ZVG, so dass aus dem Erlös vorweg die Kosten des Verfahrens entnommen werden (§ 109 Abs. 2 ZVG). Der Überschuss wird auf die Rechte verteilt, die nach Maßgabe des § 10 ZVG zu befriedigen und durch Zahlung zu decken sind.[289]

c) Unzulässigkeit des Verfahrens

aa) Gebot der Rücksichtnahme

133 Eine Beschränkung des Aufhebungs- und Teilungsrechts kann sich bei Eheleuten und Lebenspartnern aus § 1353 BGB bzw. § 2 LPartG ergeben. Das aus diesen Vorschriften hergeleitete Gebot zur **gegenseitigen Rücksichtnahme** kann dazu führen, dass ein Ehegatte den Antrag auf eine Tei-

---

[288] Näheres zum geringsten Gebot bei *Stöber* Rdnr. 731ff; ausführlich auch Schröder/Bergschneider/*Hintzen* Rdnr. 10.141ff.

[289] Zur Berücksichtigung einer nicht mehr valutierten Grundschuld OLG Frankfurt/M. FamRZ 2007, 1667; zur Erlösverteilung im Einzelnen vgl. Schröder/Bergschneider/*Hintzen* Rdnr. 10.269ff.

lungsversteigerung zurückstellen muss.[290] Dies gilt insbesondere während der Zeit des Zusammenlebens, es sei denn, besonders gewichtige ökonomische Interessen des Antragstellers rechtfertigen die Aufhebung der häuslichen Gemeinschaft auch gegen den Willen des anderen Partners.[291] In jedem Fall sind die **beiderseitigen Interessen** – auch unter Einbeziehung der Belange der im Haus lebenden Kinder – abzuwägen. Nach der Trennung des Paares gilt dies nicht mehr in gleichem Maße, wobei hier – neben wirtschaftlichen Erwägungen – unter anderem das Vorhandensein einer angemessenen Ersatzwohnung, eventuelle Erkrankungen des Ehepartners, die Dauer des Zusammenlebens in der Wohnung und der Trennung eine Rolle spielen können. Zu berücksichtigen ist auch die dann bestehende Möglichkeit eines Wohnungszuweisungsverfahrens (und im Rahmen dessen die Begründung eines temporären Mietverhältnisses). Nach der Scheidung bzw. Aufhebung der Lebenspartnerschaft kommt eine Einschränkung des Rechts auf Aufhebung der Gemeinschaft durch Teilungsversteigerung **nur bei Rechtsmissbrauch** in Betracht.[292]

bb) Unzulässige Rechtsausübung

Das Verlangen einer Teilungsversteigerung kann sich als eine unzulässige Rechtsausübung erweisen, wenn sie für den anderen Teil **schlechthin unzumutbar** wäre.[293] Dem Aufhebungsverlangen eines Miteigentümers kann der andere dabei nur solche Gegenrechte entgegenhalten, die in der Gemeinschaft selbst wurzeln.[294] Dies kommt bei Eheleuten und Lebenspartnern etwa dann in Betracht, wenn der Miteigentumsanteil nach den Grundsätzen der ehe-/partnerbedingten Zuwendung ausnahmsweise an den anderen Partner übertragen werden müsste.[295]

134

Kann ein Ehe- oder Lebenspartner die Teilungsversteigerung verhindern, weil eine vorzeitige Teilung für ihn zu schlechthin unzumutbaren Ergebnissen führen würde und überträgt der andere in dieser Situation seinen Miteigentumsanteil an den neuen Lebensgefährten, um damit die Teilungsversteigerung zu ermöglichen, sind das obligatorische und das dingliche Grundstücksgeschäft **wegen Sittenwidrigkeit nichtig.**[296]

---

290 AG Hannover FamRZ 2003, 938; *Brudermüller* FamRZ 1996, 1516 (1521f); *Weinreich* FuR 2006, 403 (405).
291 Einen allgemeinen Ausschluss jeder Gemeinschaftsaufhebung aufgrund § 1353 Abs. 1 BGB erkennt die Rechtsprechung jedoch nicht an, vgl. BGHZ 37, 38.
292 BGH FamRZ 1972, 363 (vor der Trennung); OLG München NJW-RR 1989, 715 (nach Scheidung nur bei Rechtsmissbrauch); LG Köln FamRZ 1970, 407.
293 Palandt/*Sprau* § 749 BGB Rdnr. 4; *Brudermüller* FamRZ 1996, 1516 (1520).
294 BGH NJW-RR 1990, 133; BGHZ 63, 348.
295 OLG München FamRZ 2002, 393; OLG Celle FamRZ 2000, 668; LG Aachen FamRZ 2000, 669.
296 OLG Schleswig FamRZ 1995, 735.

cc) Vorrang Gewaltschutzgesetz – Gerichtliches Verbot der Teilungsversteigerung bei Wohnungszuweisung

135 Nach der Begründung des Gewaltschutzgesetzes geht der Anspruch auf Wohnungsüberlassung nach § 2 GewSchG nicht nur § 745 Abs. 2 BGB vor, sondern verdrängt auch das jederzeitige Aufhebungsrecht, wobei diese Überlagerung nicht auf Dauer eintreten soll, sondern nur innerhalb der vom Gericht für die Zuweisung bestimmten Zeiträume. Erst danach soll eine Auseinandersetzung im Wege der Teilungsversteigerung über § 180 ZVG erfolgen können.[297]

Nach der hier vertretenen Ansicht kommt dagegen weder ein Verbot der Teilungsversteigerung im Rahmen eines Wohnungszuweisungsverfahrens in Betracht noch folgt ein solches aus einer Zuweisung nach § 2 GewSchG. Möglich ist vielmehr lediglich die **Begründung eines Mietverhältnisses** zwischen den Eigentümern, durch das der in der Wohnung Verbleibende jedoch hinreichend geschützt ist, da der Ersteher der Immobilie im Fall der Teilungsversteigerung – im Gegensatz zur Vollstreckungsversteigerung – **kein Ausnahmekündigungsrecht** nach §§ 57a bis 57d ZVG hat und daher nur im Fall des Vorliegens eines gesetzlichen Kündigungsgrundes kündigen kann.[298]

d) Einstellung des Verfahrens

aa) Einstellung aufgrund Bewilligung des Antragstellers

136 Das Verfahren auf Teilungsversteigerung kann für die Dauer von höchstens sechs Monaten vorläufig eingestellt werden, wenn der Antragsteller dies bewilligt. In der Folge wird das Verfahren **nur auf Antrag** fortgesetzt. Wird dieser nicht innerhalb der sechs Monate gestellt, ist das Verfahren aufzuheben (§ 31 Abs. 1 ZVG). Eine einmalige Wiederholung der Einstellungsbewilligung ist möglich, während eine dritte Bewilligung als Antragsrücknahme gewertet wird (§ 30 Abs. 1 ZVG).

bb) § 180 Abs. 2 ZVG

137 Gemäß § 180 Abs. 2 ZVG ist das Verfahren auf Antrag des anderen Miteigentümers für längstens sechs Monate einzustellen, wenn dies bei Abwägung der widerstreitenden Interessen der mehreren Miteigentümer angemessen erscheint. Nach § 30b Abs. 1 S. 1 ZVG muss diese einstwei-

---

297 BT-Drs. 14/5429 S. 30; so auch Hoppenz/*Müller* § 2 GewSchG Rdnr. 27.
298 Vgl. dazu im Einzelnen Rdnr. 319f.

lige Einstellung der Teilungsversteigerung binnen einer Notfrist von zwei Wochen beantragt werden. Die Frist beginnt mit der Zustellung der Belehrung über das Recht, die Einstellung zu beantragen, den Fristbeginn und die Rechtsfolgen der Versäumung (§ 30b Abs. 1 S. 2 ZVG), die mit dem Anordnungs- oder Beitrittsbeschluss[299] dem Antragsgegner gegenüber erfolgt. Auch hier ist eine einmalige Wiederholung möglich und das Verfahren wird nach der Einstellung nur auf Antrag fortgesetzt (§ 31 Abs. 1 ZVG). Als Einstellungsgrund kommt eine schlechte Situation auf dem Immobilienmarkt in Betracht, wenn eine Besserung in naher Zukunft absehbar ist oder die Erhaltung der Immobilie für den Antragsgegner, der die notwendigen Mittel zum Erwerb noch beschaffen muss. Mit der Einstellung soll durch **Abwägung widerstreitender Interessen** verhindert werden, dass der wirtschaftlich stärkere Partner unter Ausnutzung vorübergehender Umstände den wirtschaftlich schwächeren zu ungünstigen Bedingungen zur Unzeit aus dem Grundstück drängt.[300] Ist mit einer Änderung der Umstände zu rechnen, ist ein befristeter Aufschub angemessen.

cc) § 180 Abs. 3 ZVG

Die einstweilige Einstellung nach § 180 Abs. 3 ZVG setzt voraus, dass der Gemeinschaft außer dem Antragsteller nur sein Ehegatte oder früherer Ehegatte angehört und eine **ernsthafte Gefährdung des Wohls eines gemeinschaftlichen Kindes** gegeben ist. Das Vollstreckungsgericht prüft dabei nicht, ob das Kindeswohl eine Zuweisung der Wohnung an den Ehegatten gebietet. § 180 Abs. 3 ZVG ist von der Wohnungszuweisung völlig abgekoppelt und die Voraussetzungen der Einstellung sind deutlich strenger als bei der Wohnungszuweisung aus Kindeswohlgründen. Das Kindschaftsverhältnis kann nach näherer Maßgabe der §§ 1591 bis 1593 BGB durch Geburt oder nach § 1754 Abs. 1 BGB durch gemeinsame Annahme als Kind entstanden sein. Auch volljährige Kinder sind von der Vorschrift umfasst.[301] Auf Pflegekinder ist § 180 Abs. 3 ZVG hingegen nicht anwendbar.[302] Eine Gefährdung des Kindeswohls ist nur dann anzunehmen, wenn eine erhebliche Beeinträchtigung der Entwicklung des Kindes droht, also letztlich die gegenwärtige Besorgnis der Gefährdung des körperlichen, geistigen und seelischen Kindeswohls besteht. Die mit jedem Wohnungswechsel verbundenen Unzuträglichkeiten und

138

---

299 Der Antragsgegner kann nach § 27 ZVG dem Verfahren beitreten; vgl. dazu und zu den daraus resultierenden Vorteilen Schröder/Bergschneider/*Hintzen* Rdnr. 10.69.
300 BGH NJW 2004, 3635.
301 LG Berlin FamRZ 1987, 1067.
302 BGH FamRZ 2007, 1010; vgl. aber zu deren Berücksichtigung bei § 765 ZPO Rdnr. 141.

der Verlust der vertrauten Umgebung genügen insoweit nicht.[303] In Betracht kommen gesundheitliche Probleme des Kindes, wenn ein ursächlicher Zusammenhang mit der Teilungsversteigerung und einer möglichen Räumung besteht,[304] oder dass bei einem bereits verhaltensauffälligen Kind mit einer Verschlimmerung des Zustands oder sogar Suizid zu rechnen ist.[305] Auch der drohende massive Rückgang schulischer Leistungen kann darunter fallen.[306]

139 Da Maßstab allein das Kindeswohl ist, werden wirtschaftliche Interessen des Antragstellers **nicht** berücksichtigt. Eine Interessenabwägung findet daher nicht statt. Die vorläufige Einstellung ist nur so zu bemessen, wie zur Abwehr der Kindeswohlgefährdung erforderlich. Sie kann nach § 180 Abs. 3 S. 2 ZVG zwar mehrmals wiederholt werden, darf jedoch insgesamt die Dauer von 5 Jahren gemäß § 180 Abs. 4 ZVG nicht übersteigen. Im Hinblick auf den auf das Kindesinteresse ausgerichteten Schutzzweck der Vorschrift kann auch der Ehegatte den Antrag auf einstweilige Einstellung der Zwangsvollstreckung stellen, dessen Pfändungspfandgläubiger das Verfahren betreibt.[307]

140 Teilweise wird eine analoge Anwendung des § 180 Abs. 3 ZVG auf **nichteheliche Partnerschaften** – obwohl die Vorschrift dem Wortlaut nach auf Eheleute zugeschnitten ist – mit dem Argument bejaht, dass allein die Gefährdung des Kindeswohls entscheidend sei, es aber nicht auf den Schutz des Ehegatten ankomme.[308] Eine analoge Anwendung der Vorschrift kommt jedoch – ähnlich wie bei den für Eheleute bestehenden Wohnungszuweisungsvorschriften – trotz des berechtigten Interesses, auch das Wohl von Kindern zu schützen, deren Eltern nicht verheiratet sind, nicht in Betracht. Hier ist der Gesetzgeber gefordert, eine entsprechende Regelung zu schaffen.[309]

dd) § 765a ZPO

141 Ob diese Vorschrift im Rahmen der Teilungsversteigerung überhaupt Anwendung findet, war in der obergerichtlichen Rechtsprechung um-

---

303 LG Offenburg FamRZ 1994, 1274; LG Heidelberg FamRZ 1991, 588; LG Berlin FamRZ 1987, 1066.
304 LG Konstanz Rpfleger 2002, 219.
305 LG Offenburg FamRZ 1994, 1274.
306 LG Limburg FamRZ 1987, 1065.
307 Wie hier *Stöber* Rdnr. 721a; a.A. LG Berlin Rpfleger 1991, 107.
308 So etwa *Grziwotz* § 21 Rdnr. 34.
309 Vgl. Ausblick Rdnr. 457.

stritten.³¹⁰ Der BGH³¹¹ hat die analoge Anwendung nun **bejaht**, da die wesentliche Aussage des § 180 Abs. 1 ZVG darin bestehe, dass er das Zwangsversteigerungsverfahren als Verfahren zur Aufhebung einer Gemeinschaft bestimme. Wesentliche Regelungen des Zwangsversteigerungsverfahrens seien deshalb auch dann anzuwenden, wenn sie in anderen als den ausdrücklich genannten Abschnitten des ZVG enthalten sind. Zu diesen Regelungen gehört nach Ansicht des BGH – jedenfalls im Lichte des Art. 14 GG – der Schuldnerschutz, auf den der Antragsgegner eines Teilungsversteigerungsverfahrens ebenfalls zurückgreifen können muss. Zu den im Rahmen des § 765a ZPO zu berücksichtigenden Härten gehört auch die Beeinträchtigung des Wohls von gemeinsamen oder nicht gemeinsamen **Pflegekindern**. Gleiches muss für **Stiefkinder** gelten.

Nach § 765a ZPO kann das Vollstreckungsgericht die Zwangsversteigerung ganz oder teilweise aufheben, untersagen oder einstweilen einstellen, wenn die Maßnahme unter Würdigung des Schutzbedürfnisses des Gläubigers wegen besonderer Umstände eine Härte bedeutet, die mit den guten Sitten nicht vereinbar ist. Letzteres kann etwa bei einem krassen Missverhältnis zwischen Versteigerungserlös und tatsächlichem Grundstückswert bejaht werden,³¹² sofern Umstände vorliegen, die im neuen Termin ein wesentlich höheres Gebot erwarten lassen.³¹³ Auch eine mit der Teilungsversteigerung verbundene unmittelbare Gesundheitsgefährdung des Antragsgegners kommt als Einstellungsgrund in Betracht, grundsätzlich aber nicht die Belange dritter Personen. Dabei kann die **ernsthafte Gefahr einer Selbsttötung** auch dann noch zu einer einstweiligen Einstellung des Zwangsversteigerungsverfahrens führen, wenn sie erstmals nach der Erteilung des Zuschlags mit der dagegen gerichteten sofortigen Beschwerde geltend gemacht wird. Voraussetzung hierfür ist allerdings, dass gerade der Eigentumsverlust durch den Zuschlag Grund für die Suizidgefahr ist.³¹⁴

142

---

310 Dafür: KG NJW-RR 1999, 434; OLG Karlsruhe Rpfleger 1993, 413; OLG Köln NJW-RR 1992, 126; LG Stuttgart MDR 1993, 83; dagegen: OLG München NJW 1961, 787; OLG Koblenz NJW 1960, 828.
311 FamRZ 2007, 1010 (1012); vgl. aber auch LG Frankfurt/Oder FamRZ 2008, 293 (keine Einstellung nach § 765a ZPO, wenn Antragsgegner geltend macht, zur Befriedigung seines Anspruchs auf Zugewinnausgleich einen Anspruch auf Übertragung des Miteigentumsanteils der Antragstellerin an dem zu versteigernden Grundstück zu haben).
312 Da eine Verschleuderung durch § 85a ZVG nur im ersten Versteigerungstermin verhindert werden kann; vgl. dazu Rdnr. 132.
313 BGH FamRZ 2006, 697.
314 BVerfG FamRZ 2007, 1717; zu den verfassungsrechtlichen Anforderungen an eine Räumungsvollstreckung bei Suizidandrohung vgl. auch BVerfG FamRZ 2007, 107; BVerfG FamRZ 2005, 1972; BGH FamRZ 2008, 260; BGH NJW 2007, 3719; BGH NJW 2006, 508; BGH FamRZ 2006, 265.

Praxistipp: Der Antragsgegner muss bei jedem Einstellungsantrag die Gründe hierfür substantiiert darlegen und glaubhaft machen.

e) Erlösverteilung

143 Am Erlösüberschuss setzt sich die vormalige Berechtigung der Miteigentümer am Grundstück fort, d.h. der Erlös aus der Teilungsversteigerung tritt im Wege der **dinglichen Surrogation** an die Stelle des gemeinsamen Gegenstandes. Die Aufteilung des Reinerlöses unter den Miteigentümern entsprechend ihren Anteilen (§ 742 BGB) nach Abzug der Kosten[315] und Bereinigung der Gesamtschuld (§§ 748, 755 BGB) ist Sache der Auseinandersetzung der bisherigen Teilhaber außerhalb des Versteigerungsverfahrens, wobei allerdings eine einvernehmliche Verteilung im Verteilungsverfahren möglich ist. Können sich die Miteigentümer hierüber **nicht einigen**, darf nur an alle Miteigentümer gemeinsam oder nach deren gemeinsamer Anweisung ausgezahlt werden. Besteht auch insoweit keine Einigkeit, wird das Geld **hinterlegt** (§ 117 Abs. 2 S. 3 ZVG) und es bedarf eines weiteren Prozesses, in dem der Partner auf Einwilligung zur Auszahlung verklagt werden muss. Gegenüber dem Anspruch auf Zustimmung zur Auskehrung eines hinterlegten Erlöses kann aber wiederum ein Zurückbehaltungsrecht im Hinblick auf eine fällige Zugewinnausgleichsforderung einredeweise geltend gemacht werden (§ 242 BGB).[316]

4. Verbindlichkeiten – Ausgleichsansprüche

144 Haben sich die Miteigentümer bei der Finanzierung der gemeinsamen Immobilie durch Darlehensvertrag gemeinschaftlich verpflichtet, so haften sie für die Darlehensrückzahlung im Zweifel als Gesamtschuldner.[317] Gemäß § 421 BGB bedeutet dies, dass der Gläubiger die Leistung nach seinem Belieben von jedem Schuldner ganz oder zum Teil, jedoch insgesamt nur einmal verlangen kann. Nach § 426 Abs. 2 S. 1 BGB geht der Anspruch des Gläubigers auf den Gesamtschuldner über, der den Gläubiger befriedigt hat, jedoch nur in der Höhe seines Ausgleichsanspruchs

---

315 Zu Kosten und Anwaltsgebühren im Verfahren der Teilungsversteigerung vgl. *Gottwald* ZFE 2007, 101 (105).
316 BGH FamRZ 2000, 355; krit. *Gruber* FamRZ 2000, 399 (401/402); vgl. auch BGH FamRZ 2008, 767 sowie Palandt/*Brudermüller* § 1378 BGB Rdnr. 5; *Haußleiter/Schulz* Kap. 5 Rdnr. 71ff.
317 Zu den Folgen bei krasser finanzieller Überforderung vgl. BGH FamRZ 2001, 1286; in Fällen, in denen die Mitverpflichtung des nicht verdienenden Ehegatten sich als Verstoß gegen die guten Sitten darstellt und damit nichtig ist, findet auch kein Gesamtschuldnerausgleich statt, vgl. MAH-Familienrecht/*Maurer-Wildermann* § 21 Rdnr. 44.

nach § 426 Abs. 1 S. 1 BGB. Gesamtschuldner haften zu gleichen Anteilen, soweit keine anderweitige Vereinbarung getroffen ist.

a) Vor der Trennung

Werden in einer Alleinverdienerehe bzw. -lebenspartnerschaft die Zins- und Tilgungsleistungen für die gemeinsame Immobilie ausschließlich vom Alleinverdiener zurückgeführt, ist für die Zeit des Bestehens der ehe- bzw. lebenspartnerschaftlichen Lebensgemeinschaft **kein Ausgleichsanspruch** gegen den Partner gegeben, obwohl auch dieser Eigentum an der Immobilie erwirbt und durch die Nutzung weitere Vorteile aus ihr zieht. Der Grund liegt darin, dass die Haushaltsführung einen gleichwertigen Beitrag zur ehelichen oder lebenspartnerschaftlichen Lebensgemeinschaft darstellt.[318]

145

Bei der Doppelverdienerehe und -lebenspartnerschaft wird ein Ausgleichsanspruch des Ehegatten oder Lebenspartners, der Schulden allein bedient hat, für möglich gehalten, da es den Umständen der Ehe bzw. Lebenspartnerschaft entsprechen kann, dass beide im Verhältnis ihrer Einkünfte die zum Erwerb der Immobilie aufgenommenen Schulden auch für die Zeit vor der Trennung zu tragen haben. Als Indiz hierfür wird gewertet, wenn ein gemeinsames Darlehen über ein gemeinsames Konto getilgt wird.[319] Entscheidend ist die **tatsächliche Handhabung im Einzelfall**. Kommt ein Ausgleichsanspruch im Einzelfall in Betracht, richtet sich die anteilige Haftung nach der Höhe der beiderseitigen Einkünfte[320] und dem Vermögen.[321]

Für Lebensgefährten gilt insoweit nichts anderes, auch hier findet nach der Trennung grundsätzlich keine Abrechnung der beiderseitigen, während des Zusammenlebens erbrachten Leistungen statt, sofern die Partner im Einzelfall nichts anderes vereinbart haben oder die Schuldenrückführung konkret anders gehandhabt wurde.

b) Nach der Trennung

Erbringt ein Ehe- oder Lebenspartner oder Lebensgefährte auch nach der Trennung die Zins- und Tilgungsleistungen für das gemeinsame Heim

146

---

318 BGH FamRZ 1995, 216 (217).
319 BGH FamRZ 2001, 1442 (1443); BGH FamRZ 1988, 264 (betraf einmalige sehr hohe Zahlung vor der Trennung); BGH FamRZ 1987, 1239 (1241); a.A. OLG Bremen FamRZ 2000, 1152; *Wever* Rdnr. 287; *Schulz* FPR 2006, 472 (473).
320 BGH FamRZ 2001, 1442.
321 BGH NJW-RR 1988, 259.

in vollem Umfang weiter, so führt dies nicht zur Annahme der Übernahme der Alleinhaftung. Nach der Trennung erfolgt grundsätzlich wieder ein **hälftiger Ausgleich**, da die innerhalb der bestehenden Gemeinschaft erbrachten Leistungen als Ausgleich für die Zahlung nur durch einen Partner mit der Trennung entfallen.[322] Eine anderweitige Regelung im Sinne von § 426 Abs. 1 S. 1 BGB kann sich jedoch aus der Alleinnutzung der Immobilie durch nur einen Partner ergeben. Trägt ausschließlich der Alleinnutzende die Immobilienlasten, findet ein Gesamtschuldnerausgleich grundsätzlich nicht statt bzw. der Partner kann diesem seinen Anspruch auf Zahlung einer Nutzungsentschädigung entgegenhalten.[323]

147   Auch wenn die Gesamtschuld bei Ehe- und Lebenspartnern bei der **Unterhaltsberechnung** berücksichtigt wird, findet ein Gesamtschuldnerausgleich nicht statt. Dies gilt ebenso bei Lebensgefährten, sofern ein Unterhaltsanspruch nach § 1615l BGB oder aufgrund einer Vereinbarung besteht. Die Einstellung der Zins- und Tilgungslasten in die Unterhaltsberechnung führt dazu, dass Zins- und Tilgungslasten je hälftig auferlegt werden und insoweit von einer „anderweitigen Bestimmung" im Sinne von § 426 Abs. 1 BGB auszugehen ist, die einen Gesamtschuldnerausgleich ausschließt.[324] Dies gilt auch dann, wenn vereinbart wurde, dass einem Partner Unterhalt gerade deshalb nicht zusteht, weil der andere gemeinsame Schulden abträgt.[325] Streitig ist, ob ein **Restausgleich** erfolgt, wenn die Unterhaltsberechnung in diesem Fall dazu führt, dass der Unterhaltsberechtigte begünstigt ist.[326] Entschieden ist dagegen die Streitfrage, ob ein Ausschluss des Gesamtschuldnerausgleichs auch dann anzunehmen ist, wenn die Schuld nur bei der **Bemessung des Kindesunterhalts** berücksichtigt wurde.[327] Der BGH[328] hat letzteres nun zu Recht mit der Begründung abgelehnt, dass die Berücksichtigung beim Kindesunterhalt zu keiner hälftigen Aufteilung der Schuldentilgung wie bei der Berücksichtigung beim Partnerunterhalt führt.

---

322 OLG München FamRZ 2007, 1174; vgl. auch OLG Köln FamRZ 2006, 1123 (Beibehaltung der während der intakten Ehe gegen die Ausgleichspflicht sprechenden Aufgabenteilung nach Scheitern der Ehe).
323 Vgl. dazu im Einzelnen Rdnr. 299.
324 BGH FamRZ 2005, 1236; OLG Frankfurt/M. FamRZ 2007, 1169; OLG Zweibrücken FamRZ 2002, 1341; OLG Bremen FamRZ 2007, 47; NJW-Spezial 2008, 293.
325 BGH FamRZ 2005, 1236; OLG Bremen FamRZ 2007, 47; OLG München FamRZ 2006, 208.
326 Dafür OLG Köln FamRZ 1991, 1192; LG Arnsberg FamRZ 2001, 1072; dagegen Schröder/Bergschneider/*Wever* Rdnr. 5.259; krit. auch *Finke* FPR 2008, 94 (97).
327 Dafür OLG Celle FamRZ 2001, 1071; LG Oldenburg FamRZ 2003, 1191; dagegen OLG Köln FamRZ 1999, 1501; *Wever* Rdnr. 333.
328 FamRZ 2007, 1975; bestätigt von BGH FamRZ 2008, 602.

III. Sonstige dingliche Berechtigung

Auch der Inhaber eines dinglichen Wohnrechts ist nach § 1093 Abs. 2 BGB befugt, seine Familie aufzunehmen.[329] Der BGH[330] hat diese Vorschrift auf die nichteheliche Lebensgemeinschaft analog angewandt, wobei Voraussetzung ist, dass das Verhältnis auf Dauer angelegt ist.

Besteht hinsichtlich eines dinglichen Wohnrechts eine **Mitberechtigung der Partner** oder auch ein gemeinsamer Grundstücksnießbrauch, ist für ihre Ansprüche auf Nutzungsentschädigung § 745 Abs. 2 BGB heranzuziehen, wobei auch hier eine Überlagerung durch die familienrechtlichen Wohnungszuweisungsvorschriften stattfindet.[331] Das beim Wohnungseigentum Ausgeführte gilt daher entsprechend.[332] Der BGH[333] lehnt eine Nutzungsentschädigung analog § 745 Abs. 2 BGB jedoch ab, wenn ein dingliches Wohnrecht als Altenteilsleistung besteht und ein Ehegatte ausgezogen ist, da diese Altenteilsleistungen der persönlichen Versorgung dienen und dem in der Wohnung Verbliebenen kein rechtlicher oder wirtschaftlicher Vorteil aus dem Auszug des anderen erwächst. Streitig ist die analoge Anwendung des § 745 Abs. 2 BGB auch bei einem Zusammentreffen von Alleineigentum mit einem dinglichen Wohnrecht ohne Ausschluss des Mitbenutzungsrechts des Eigentümers (beschränkte persönliche Dienstbarkeit im Sinne von § 1090 BGB).[334]

148

---

329 FAKomm-FamR/*Weinreich*, Nichteheliche Lebensgemeinschaft, Rdnr. 67.
330 FamRZ 1982, 774.
331 BGH FamRZ 1996, 931 (932); Schröder/Bergschneider/*Wever* Rdnr. 5.78.
332 Vgl. dazu Rdnr. 120f.
333 FamRZ 1996, 931, vgl. dazu auch OLG Hamm FamRZ 2008, 1072; OLG Oldenburg FamRZ 2008, 1073.
334 Dafür OLG Koblenz FamRZ 2001, 225; dagegen OLG Bamberg FamRZ 1996, 1085.

C. Schutz des räumlich-gegenständlichen Bereichs der gemeinsamen Wohnung

I. Ehepaare

149 Aus § 1353 Abs. 1 S. 2 BGB ergibt sich die Pflicht, dem Ehepartner die Wohnungsmitbenutzung zu gestatten. Dieser hat ein Besitzrecht an der ehelichen Wohnung, unabhängig von den der Nutzung zugrundeliegenden Rechtsverhältnissen. Da dieses Besitzrecht ein **absolutes Recht** im Sinne von §§ 823, 1004 BGB darstellt, besteht auch ein Anspruch auf Schutz des räumlich-gegenständlichen Bereichs der Ehe. Ein Angriff auf diesen räumlich-gegenständlichen Bereich kann mit der Ehestörungsklage aus §§ 823, 1004 BGB bzw. aus § 1353 BGB abgewehrt werden, mit der sowohl die Entfernung eines ehebrecherischen Dritten aus der Wohnung als auch – vom Ehepartner und vom Dritten – die künftige Unterlassung derartiger Störungen verlangt werden kann.[335] Dieser Anspruch besteht jedoch nicht nach einvernehmlich praktiziertem Partnertausch in der Ehewohnung[336] und es kann auch nicht verhindert werden, dass der Ehepartner mit einem neuen Partner eine andere Wohnung eines Mehrfamilienhauses bezieht.[337]

II. Eingetragene Lebenspartner

150 Ob auch die lebenspartnerschaftliche Lebenssphäre den Schutz des räumlich-gegenständlichen Bereichs genießt, ist **streitig**.[338] Ein räumlich-gegenständlicher Schutz der Partnerschaftswohnung scheidet aus, wenn die konkrete Lebenspartnerschaft als „offene Beziehung"[339] ohne Treuepflicht gelebt wird. Im anderen Fall kann der Lebenspartner jedoch – wie ein Ehepartner – von seinem Partner, aber auch von dem Dritten verlangen, Störungen durch Treuebrüche im Bereich der gemeinsamen Wohnung zu unterlassen.

---

335 BGHZ 34, 80; BGHZ 6, 360 (365).
336 OLG Zweibrücken FamRZ 1989, 55.
337 OLG Düsseldorf FamRZ 1991, 705.
338 Dafür: Hk-LPartR/*Kemper* § 2 LPartG Rdr. 20; *Muscheler* Rdnr. 342; differenzierend *Wellenhofer-Klein* Rdnr. 113 und *Grziwotz* § 13 Rdnr. 4.
339 *Grziwotz* § 13 Rdnr. 4.

III. Nichteheliche Lebensgemeinschaften

Bei einer nichtehelichen Lebensgemeinschaft besteht **kein** räumlich-geschützter Bereich bezüglich der gemeinsamen Wohnung, so dass sich der Lebensgefährte grundsätzlich nicht dagegen wehren kann, wenn der Partner Dritte in die Wohnung mitbringt und sogar intime Beziehungen zu ihnen unterhält. Insbesondere nach der Trennung kann kein Partner dem anderen verbieten, einen neuen Partner in die gemeinsam gemietete Wohnung aufzunehmen, da die nichteheliche Lebensgemeinschaft unmittelbar mit der Trennung endet, es sei denn, die Nutzung der Wohnung wird beeinträchtigt.[340]

Ob beim nichtehelichen bzw. nicht eingetragenen Zusammenleben, das anders als die Ehe und die Lebenspartnerschaft keinen absoluten Schutz genießt, **vertraglich** sichergestellt werden kann, dass die Aufnahme dritter Personen nur im beiderseitigen Einvernehmen erfolgen darf, ist streitig.[341]

---

340 AG Offenbach FamRZ 1992, 1427 (Tür schließen, um vor Störungen verschont zu werden).
341 Vgl. *Grziwotz* § 13 Rdnr. 6.

D. Kinder

152 Kinder und Stiefkinder[342] können ohne Erlaubnis des Vermieters in die Wohnung aufgenommen werden (§§ 540, 553 BGB). Ihre Aufnahme gehört zum **vertragsgemäßen Mietgebrauch**.[343] Insoweit gilt das für Ehe- und Lebenspartner Ausgeführte entsprechend.[344] Dabei kommt es bei der Frage der Genehmigungspflicht weder auf deren Minderjährigkeit oder Erziehungsbedürftigkeit oder wirtschaftliche Unselbständigkeit an.[345] Allerdings darf es nicht zu Überbelegungen, Störungen oder einem vollständigen Nutzerwechsel kommen.

153 Kinder haben **keinen eigenständigen Mitbesitz** an der Wohnung. Dies gilt ohne Einschränkung für die Zeit der Minderjährigkeit. Vereinzelt wird vertreten, dass das Kind nach Eintritt der Volljährigkeit selbständigen Besitz erlange.[346] In der älteren Rechtsprechung wird dies jedoch verneint, jedenfalls so lange das Kind sich noch in der Ausbildung befindet und wirtschaftlich unselbständig ist. Erst wenn das Kind nach Abschluss der Ausbildung und trotz wirtschaftlicher Selbständigkeit weiterhin in der elterlichen Wohnung bleibt, wird von einem eigenständigen Besitz ausgegangen.[347]

Dies hat Konsequenzen für Besitzschutzansprüche des Kindes und die Räumungsvollstreckung: Solange ein eigenständiger Besitz der Kinder verneint wird, bedarf es keines Räumungstitels auch gegen sie (§ 750 ZPO). Sie müssen gemeinsam mit den Eltern räumen, einer gegen sie erhobenen Räumungsklage fehlt das Rechtsschutzbedürfnis.[348]

Auch wenn das Kind gegenüber seinen Eltern einen Unterhaltsanspruch und damit einen Anspruch auf eine angemessene Unterkunft hat

---

342 Gilt nicht für Pflegekinder, da auf die enge verwandtschaftliche Beziehung abgestellt wird.
343 BayObLG GE 1997, 1463; OLG Hamm WuM 1997, 364; AG Tiergarten WuM 1985, 88.
344 Vgl. dazu Rdnr. 2ff.
345 OLG Hamm WuM 1997, 364; Schmidt-Futterer/*Blank* § 540 Rdnr. 23.
346 BGH FamRZ 2008, 1174; für Mitbesitz nach Volljährigkeit dagegen AG Berlin-Lichtenberg NZM 2006, 120.
347 Schmidt-Futterer/*Blank* vor § 535 BGB Rdnr. 264.
348 BGH FamRZ 2008, 1174; OLG Hamburg NJW-RR 1991, 909 (für noch in der Ausbildung befindlichen Volljährigen); LG Lüneburg NZM 1998, 232.

und die Eltern während der Minderjährigkeit zu dessen Pflege und Erziehung verpflichtet sind, so besteht, da sie keinen eigenständigen Besitz haben, den Eltern gegenüber grundsätzlich kein possessorischer Besitzschutz; aufgrund des **Gebots der Rücksichtnahme** in § 1618a BGB wird allerdings eine angemessene Räumungsfrist zu gewähren sein.[349]

FamFG:

Ansprüche, die das absolute Recht zur ehelichen Lebensgemeinschaft verwirklichen, wie Abwehr- und Unterlassungsansprüche gegen Störungen des räumlich-gegenständlichen Bereichs der Ehe gegenüber dem anderen Ehegatten oder Dritten (sog. Ehestörungsklagen) sowie Verfahren wegen Auseinandersetzung einer Miteigentümergemeinschaft, Gesamtschuldnerausgleich oder wegen der Rückabwicklung von Zuwendungen, die derzeit nicht zu den Familiensachen nach § 23b Abs. 1 GVG, § 621 Abs. 1 ZPO gehören und für die daher die allgemeinen Zivilgerichte zuständig sind, unterfallen nach §§ 111 Nr. 10, 266 Abs. 1 Nr. 2 und 3 FamFG-E künftig der Zuständigkeit der Familiengerichte (sog. „großes Familiengericht"). Gleiches gilt für Lebenspartner nach § 269 Abs. 2 Nr. 2 und 3 FamFG-E.

---

349 AG Moers FamRZ 1992, 103 (allenfalls mittelbarer Besitz); AG Gladbeck FamRZ 1991, 980 (nur Besitzdiener, aber Wiederzutritt muss für etwa 2 ½ Wochen gewährt werden).

Teil 2: Gerichtliche Regelung der Alleinnutzung einer Wohnung im Konfliktfall – die Wohnungszuweisung durch das Familiengericht

A. Einführung

I. Nutzungsregelungen im Überblick

Das Familiengericht verfügt heute über verschiedene Möglichkeiten, die Alleinnutzung einer gemeinsamen Wohnung zu regeln, die sich jedoch in Voraussetzungen und Rechtsfolgen je nach den davon betroffenen Personen und deren Status – zum Teil erheblich – voneinander unterscheiden.

154

Personenkreis	Situation	Vorschrift
Eheleute	Leben getrennt oder wollen getrennt leben	§ 1361b BGB
Eheleute	Zeit nach Rechtskraft der Scheidung	HausratsVO
Lebenspartner	Leben getrennt oder wollen getrennt leben	§ 14 LPartG
Lebenspartner	Zeit nach rechtskräftiger Aufhebung der Lebenspartnerschaft	§§ 17, 18 LPartG (iVm HausratsVO)
Personen, die einen auf Dauer angelegten gemeinsamen Haushalt führen	Vorgefallene oder angedrohte Gewalt	§ 2 GewSchG
Person, die im Haushalt eines Kindes oder in einer Nachbarwohnung wohnt	Gefährdung des Kindeswohls	§§ 1666, 1666a BGB

Lebt ein Ehepaar getrennt oder will zumindest ein Ehepartner getrennt leben, richtet sich die Wohnungszuweisung nach § 1361b BGB. Die Wohnung kann nach dieser Vorschrift einem Ehegatten vorläufig zugewiesen werden, wenn dies notwendig ist, um eine „unbillige Härte" zu vermeiden. § 1361b BGB wurde durch das UÄndG vom 20.2.1986 eingeführt. Bis zu diesem Zeitpunkt war eine Wohnungszuweisung nur für die Zeit nach Rechtskraft der Scheidung bzw. während eines laufenden Scheidungsverfahrens möglich, so dass ein Scheidungsantrag gestellt werden musste, wenn ein gemeinsames Wohnen, aber auch eine einvernehmliche Regelung der Wohnsituation nicht möglich war.[350] Die zunächst erforderliche Vermeidung einer „schweren Härte" als Voraussetzung einer Wohnungszuweisung für die Zeit der Trennung wurde durch das Gesetz zur Verbesserung des zivilrechtlichen Schutzes bei Gewalttaten und Nachstellungen sowie zur Erleichterung der Überlassung der Ehewohnung bei der Trennung – kurz Gewaltschutzgesetz – vom 11.12.2001, das am 1.1.2002 in Kraft trat, auf eine nurmehr „unbillige Härte" abgesenkt. Am 1.8.2001 ist das Gesetz über die eingetragene Lebenspartnerschaft vom 16.2.2001, das als Artikel 1 des Gesetzes zur Beendigung der Diskriminierung gleichgeschlechtlicher Gemeinschaften verkündet wurde, in Kraft getreten. Dieses Gesetz enthält in § 14 die Parallelregelung zu § 1361b BGB, also die Regelung der Wohnungsnutzung während der Trennungszeit für gleichgeschlechtliche Partner einer eingetragenen Lebenspartnerschaft.

Für die Zeit nach Scheidung einer Ehe ist die Zuweisung der Ehewohnung in der Hausratsverordnung (HausratsVO) geregelt. Im Rahmen der Regelung der Scheidungsfolgen erfolgt nunmehr auch eine endgültige Auseinandersetzung der Eheleute hinsichtlich der Rechtsverhältnisse an der Ehewohnung. Hier werden umfassend und möglichst abschließend nicht nur Regelungen im Innenverhältnis über die Wohnungsnutzung, sondern auch im Außenverhältnis zu Dritten – etwa dem Vermieter – getroffen, um dieses Rechtsverhältnis der tatsächlichen Nutzung anzupassen. Die entsprechenden Vorschriften für Lebenspartner nach Aufhebung der Lebenspartnerschaft finden sich in §§ 17, 18 LPartG.

Personen, die einen auf Dauer angelegten gemeinsamen Haushalt führen – der klassische Fall ist die nichteheliche oder nicht „verpartnerte" Lebensgemeinschaft hetero- oder homosexueller Paare – können die Überlassung einer gemeinsam genutzten Wohnung unter den Voraussetzungen des § 2 Gewaltschutzgesetz (GewSchG) verlangen.

Von dem Sonderfall der sog. „go-order" nach §§ 1666, 1666a BGB betroffen sind schließlich Eltern oder Dritte, die mit einem Kind eine Wohnung bewohnen oder in der Nachbarschaft leben und das Wohl des Kin-

---

350 Kritisch dazu bereits *Brudermüller* NJW 1984, 2560.

des gefährden. Diese Vorschrift wurde durch das Gesetz zur weiteren Verbesserung der Kinderrechte vom 9.4.2002 in das BGB aufgenommen.

II. Rechtsverhältnis an der Wohnung

Bei allen Vorschriften, die eine Regelung der Wohnungsnutzung durch das Familiengericht ermöglichen, ist es **grundsätzlich ohne Bedeutung** auf welchem **Rechtsverhältnis** das Nutzungsrecht an der Wohnung beruht, ob also einer der Bewohner oder beide Eigentümer oder Mieter der Wohnung sind. Auch wenn das Nutzungsrecht an der Wohnung aufgrund einer Zuweisung zur Vermeidung von Obdachlosigkeit auf einem Verwaltungsakt beruht, kommt eine Nutzungsregelung durch das Familiengericht in Betracht.[351] Das Gleiche gilt für Dienst- oder Werkwohnungen oder Wohnungen, deren Nutzung an die Mitgliedschaft in einem Wohnungsbauverein oder einer Genossenschaft gebunden ist.[352] Das Gericht kann jedoch in den zuletzt genannten Fällen stets **nur die Nutzung** der Wohnung regeln, nicht aber in Vereins- oder Genossenschaftsrechte eingreifen. Insbesondere können derartige Rechte nicht auf den anderen Ehegatten übertragen oder für ihn begründet werden.

Allerdings sind die Rechtsverhältnisse, auf denen die Wohnungsnutzung beruht, zum einen bei der Frage, wem die Wohnung zuzuweisen ist, zum anderen bei der Festlegung der Nutzungsdauer zu berücksichtigen, auch wenn das Gesetz eine derartige zeitliche Begrenzung nur in § 2 Abs. 2 GewSchG ausdrücklich vorsieht. Dies gilt im Hinblick auf Art. 14 GG insbesondere bei dinglicher Berechtigung desjenigen, der die Wohnung verlassen muss.

III. Folgen der Zuweisung für Mietverhältnis und Eigentum

1. Mietwohnungen

Muss ein Allein- oder Mitmieter aufgrund einer Zuweisung der Wohnung an den anderen Teil die Wohnung verlassen, bleiben seine mietvertraglichen Pflichten hiervon **unberührt**, es sei denn, das Mietverhältnis wird vom Familiengericht umgestaltet, was nur bei der endgültigen Wohnungszuweisung für die Zeit nach Rechtskraft der Scheidung einer Ehe oder Aufhebung einer Lebenspartnerschaft möglich ist.[353]

---

351 OLG Stuttgart FamRZ 1990, 1354.
352 OLG München FamRZ 1991, 1452.
353 Vgl. dazu Rdnr. 331ff.

Nach § 537 Abs. 1 S. 1 BGB wird der Mieter von der Entrichtung der Miete nicht dadurch befreit, dass er durch einen aus seinem Risikobereich stammenden Grund an der Ausübung seines Gebrauchsrechts gehindert ist. Durch die Überlassung einer gebrauchstauglichen Wohnung hat der Vermieter die ihm obliegende Pflicht erfüllt. Danach trägt der Mieter das **Risiko der nutzbringenden Verwendung** der Mietsache.[354] Damit bleibt der Allein- oder Mitmieter auch im Fall einer Wohnungszuweisung an den Nicht- oder Mitmieter zur Zahlung des Mietzinses verpflichtet, denn die Mietzinszahlungspflicht besteht ohne Rücksicht darauf, ob der Mieter den Mietgebrauch ausübt oder nicht. Dies gilt auch dann, wenn er **ohne sein Verschulden** am Gebrauch gehindert ist.[355]

157   Auch alle anderen mietvertraglichen Pflichten bleiben bestehen und zwar selbst dann, wenn – etwa in einem Gewaltfall – gleichzeitig ein Betretungsverbot angeordnet wurde, der Mieter die Wohnung also gar nicht mehr betreten darf. Wird im Rahmen einer „go-order" ein Nachbar des gefährdeten Kindes aus der Wohnung gewiesen und lebt er dort allein, muss er in geeigneter Weise dafür Sorge tragen, dass ein Dritter seine mit der Wohnung zusammenhängenden mietvertraglichen Pflichten **übernimmt**.[356] Eine problematische Situation entsteht jedoch auch immer dann, wenn der Nichtmieter in der Wohnung verbleibt und der Mieter sie verlassen muss, denn die Verpflichtung zum sorgsamen Umgang mit der Mietsache kann nur der unmittelbare Wohnungsnutzer erfüllen und auch die unverzügliche Anzeige eines Mangels nach § 536c BGB setzt dessen Mitwirkung voraus. Der Nichtmieter wird hinsichtlich bestimmter sich aus dem Mietverhältnis ergebender Pflichten, wie etwa der Obhutspflicht, als **Erfüllungsgehilfe** des Mieters betrachtet, mit der Konsequenz, dass der Mieter für dessen Verschulden einzustehen hat (§ 540 Abs. 2 BGB).[357] Diese mietrechtliche Ausgangslage vereinfacht die Situation im Fall einer mit einem Partnerkonflikt verbundenen Wohnungszuweisung nicht.

2. Eigentumswohnungen

158   In **Eigentumsverhältnisse** kann im Zusammenhang mit einer Wohnungszuweisung **nie eingegriffen werden**. Der aus der Wohnung gewie-

---

354 Vgl. dazu auch *Blank* FPR 1997, 119.
355 Palandt/*Weidenkaff* § 537 BGB Rdnr. 4; AG Ludwigsburg NZM 2005, 302 für polizeiliche Wegweisung.
356 Vgl. auch *Brudermüller* in Festschrift Blank S. 109 (117), der eine Klarstellung des Fortbestands der mietvertraglichen Pflichten durch einen amtlichen Hinweis befürwortet.
357 Schmidt-Futterer/*Blank* vor § 535 BGB Rdnr. 263 a.E. für Eheleute; vgl. dazu auch Rdnr. 44f.

sene (Mit-)Eigentümer trägt weiterhin alle Pflichten, die sich aus dem Eigentum ergeben, sowie damit zusammenhängende Darlehensverbindlichkeiten.

B. Voraussetzungen der einzelnen Zuweisungsregelungen

I. Wohnungszuweisung für die Trennungszeit bei Eheleuten nach § 1361b BGB

159 Nach § 1361b Abs. 1 S. 1 BGB kann ein Ehepartner verlangen, dass ihm der andere die Ehewohnung oder einen Teil zur alleinigen Benutzung überlässt, wenn die Eheleute getrennt leben oder einer getrennt leben will, und dies auch unter Berücksichtigung der Belange des anderen Ehepartners notwendig ist, um eine unbillige Härte zu vermeiden.

Fall 1:

Herr und Frau Glücklich sind seit 8 Jahren verheiratet. Herr Glücklich praktiziert als Arzt in der linken Hälfte des von ihm allein angemieteten Doppelhauses Pacellistraße 5 in München, die rechte Hälfte – Pacellistraße 7 – wird von der Familie bewohnt. Frau Glücklich ist nicht berufstätig und betreut die gemeinsamen Kinder im Alter von 7, 5 und 2 Jahren. Ihren Kindern ist sie eine fürsorgliche und liebevolle Mutter. Mit im Haus lebt die pflegebedürftige Mutter von Frau Glücklich, über deren Aufnahme sich die Eheleute einig waren. Die Ehe hält seit einiger Zeit nicht mehr das, was der Name verspricht. Herr Glücklich hat ein Verhältnis mit seiner zierlichen Sprechstundenhilfe, was seine ihn nicht nur um einen Kopf überragende, sondern auch körperlich stark überlegene Ehefrau bereits mehrfach veranlasst hat, ihn massiv zu beschimpfen und ihm sogar mit der Verabreichung von Schlägen zu drohen. Die Kinder leiden sehr unter den Streitigkeiten der Eltern. Als Herr Glücklich wieder einmal erst um Mitternacht aus der Praxis kommt, stellt Frau Glücklich ihn zur Rede. Er beginnt, sie zu verhöhnen. Nun bleibt es nicht mehr bei Drohungen, Frau Glücklich schlägt ihren Mann krankenhausreif. Tags darauf teilt ein Rechtsanwalt Frau Glücklich mit, dass ihr Mann sich von ihr trennt und stellt zugleich beim Amtsgericht München einen Antrag auf Zuweisung der Ehewohnung an Herrn Glücklich zur Alleinnutzung. Frau Glücklich möchte sich mit ihrem Mann versöhnen und die Ehe fortsetzen, stellt jedoch auf Anraten einer Freundin einen Gegenantrag.

1. Vorläufige Benutzungsregelung

§ 1361b BGB ermöglicht die vorläufige Regelung der Wohnungsnutzung (maximal) für die Dauer der gesamten Trennungszeit bis zum Zeitpunkt der Rechtskraft der Scheidung oder einer Versöhnung der Eheleute. Geregelt werden kann im Hinblick auf diese Vorläufigkeit stets **nur das Innenverhältnis** zwischen den Eheleuten. Eine Umgestaltung des der Wohnungsnutzung zugrunde liegenden Mietverhältnisses mit einem Dritten ist nicht möglich. Dies gilt auch für den Fall, dass sich die Eheleute über eine Mietvertragsänderung einig sind oder diese sogar wünschen, weil einer der beiden bereits jetzt endgültig kein Interesse mehr an der Wohnung hat.[358]

160

In der Praxis kommt die vorläufige Zuweisung nach § 1361b BGB nicht selten faktisch einer endgültigen Regelung der Nutzungsverhältnisse gleich. Die weit überwiegende Zahl der gerichtlichen Verfahren betrifft die Zuweisung der Wohnung für die Zeit der Trennung, denn der Streit um die Wohnung entsteht in der Regel mit der Verschärfung der Ehekrise. Wird die Wohnungsnutzung zu diesem Zeitpunkt gerichtlich geregelt, muss sich der aus der Wohnung Gewiesene neuen Wohnraum suchen. Bis zum Ablauf des Trennungsjahres[359] hat er sich diesen längst verschafft und eingerichtet, so dass dann regelmäßig kein Interesse an einer Rückkehr in die frühere Ehewohnung mehr besteht.[360] Das Verfahren nach der HausratsVO dient in dieser Situation oftmals nur noch der Anpassung des Mietverhältnisses an die tatsächliche Nutzungssituation, wenn der Vermieter sich weigert, den aus der Wohnung ausgezogenen Ehegatten aus dem Mietverhältnis zu entlassen bzw. mit dem in der Wohnung Verbliebenen einen neuen Mietvertrag zu schließen.

2. Wirksame Ehe

Voraussetzung der Wohnungszuweisung ist eine wirksame Ehe. Diese besteht, selbst wenn Eheaufhebungsgründe vorliegen sollten – wie etwa bei einer Scheinehe gemäß § 1314 Abs. 2 Nr. 5 BGB – bis zur Rechtskraft

161

---

358 OLG Hamm FamRZ 2000, 1102; OLG München FamRZ 1996, 302; OLG Köln FamRZ 1994, 632; OLG Zweibrücken FamRZ 1990, 55; AG Warendorf FamRZ 2002, 1716; AG Detmold FamRZ 1997, 380; a.A. AG Herne-Wanne FamRZ 1990, 530 (§ 5 HausratsVO schon in der Trennungszeit anwendbar)
359 Und damit dem frühest möglichen Zeitpunkt für eine Scheidung, sofern keine Härtegründe im Sinne von § 1565 Abs. 2 BGB vorliegen.
360 Es sei denn, der aus der Wohnung gewiesene ist Eigentümer der Wohnung. Zu der Befristung der Zuweisung in diesem Fall vgl. Rdnr. 250ff.

der Scheidung oder Aufhebungsentscheidung, so dass eine Wohnungszuweisung bei Eheleuten auch in diesem Fall möglich ist.[361]

3. Trennung

162 § 1361b BGB setzt voraus, dass die Eheleute getrennt leben oder einer von ihnen getrennt leben will. Der Begriff des Getrenntlebens entspricht dem des § 1567 BGB. Objektive Voraussetzung ist somit, dass die **häusliche Gemeinschaft nicht mehr besteht**. An der Aufhebung der häuslichen Gemeinschaft ändern auch gelegentliche Zusammentreffen in der ehelichen Wohnung nichts, vor allem dann nicht, wenn diese primär der Pflege der Beziehungen zu den gemeinsamen Kindern dienen.[362] Streitig ist, ob in subjektiver Hinsicht im Rahmen des § 1361b BGB die Ablehnung der häuslichen Gemeinschaft genügt[363] oder ob sich diese Ablehnung auf die eheliche Lebensgemeinschaft insgesamt beziehen muss.[364] Lässt man bereits die Ablehnung der häuslichen Gemeinschaft für die Trennung im Sinne von § 1361b BGB ausreichen, ist auch in diesem Fall eine Zuweisung nach dieser Vorschrift möglich und einer Nutzungsregelung nach § 2 GewSchG vorrangig,[365] für die dann bei Eheleuten kein Raum mehr bleibt, da ein Antrag auf Zuweisung zur Alleinnutzung zwangsläufig mit dem Wunsch nach zumindest räumlicher Trennung korrespondiert.[366] Ausgehend davon, dass eine Trennung im Sinne von § 1361b BGB entsprechend § 1567 BGB auch die **Ablehnung der ehelichen Lebensgemeinschaft** erfordert, liegt die für § 1361b BGB erforderliche Trennung jedoch nicht vor, wenn ein Ehepartner in einer Konfliktsituation zwar eine vorübergehende Alleinnutzung der Wohnung wünscht und damit die häusliche Gemeinschaft – wenn auch nur vorübergehend – ablehnt, nicht jedoch bereits die eheliche Lebensgemeinschaft als solche. Eine Nutzungsregelung kann dann nur unter den (engeren) Voraussetzungen des § 2 GewSchG erfolgen. Für eine gleichläufige Definition des Trennungsbegriffs in § 1361b BGB und § 1567 BGB spricht auch, dass es andernfalls zu der völlig unpraktikablen Situation kommen kann, dass eine Regelung der Wohnungsnutzung für die Zeit des „Getrenntlebens" erfolgt, diese

---

361 Anders bei der eingetragenen Lebenspartnerschaft, vgl. dazu Rdnr. 192.
362 Vgl. auch OLG Köln FamRZ 2002, 239; Johannsen/Henrich/*Jaeger* § 1567 BGB Rdnr. 23.
363 So noch Johannsen/Henrich/*Brudermüller* § 1361b BGB Rdnr. 7; zustimmend weiterhin Bamberger/Roth/*Neumann* § 1361b BGB Rdnr. 4.
364 So nun Palandt/*Brudermüller* § 1361b BGB Rdnr. 7; Hoppenz/*Müller* § 1361b BGB Rdnr. 20; AnwK-BGB-BGB/*Boden* § 1361b BGB Rdnr. 7; Soergel/*Lange* § 1361b BGB Rdnr. 3.
365 Vgl. zu den Konkurrenzen Rdnr. 259.
366 So auch *Haußleiter/Schulz* Kap. 10 Rdnr. 46, allerdings ohne Differenzierung hinsichtlich der subjektiven Voraussetzungen der Trennung im Sinne von § 1361b BGB.

Trennungszeit aber für das Trennungsjahr nicht maßgeblich ist. In der Praxis ist diese Unterscheidung keineswegs ohne Belang, da gelegentlich durchaus Anträge auf Alleinnutzung einer Wohnung durch einen Ehepartner nach einem Gewaltvorfall gestellt werden, dieser jedoch – zumindest auf Nachfrage des Gerichts nach der Trennungsabsicht – angibt, zwar die eheliche Lebensgemeinschaft (jedenfalls derzeit noch) nicht abzulehnen, aber zunächst eine vorläufige Alleinnutzung der Wohnung zur Beruhigung der Situation zu wünschen, sei es zur Klärung, ob eine endgültige Trennung erfolgen soll, sei es – wenn auch in der Regel unausgesprochen – zur „Bestrafung" des anderen Teils. In der Folge kann die nur räumliche Trennung zu einer solchen im Sinne von § 1567 BGB führen, ohne es aber von vorneherein zu sein. Ein Verfahren nach § 2 GewSchG wäre dann in ein solches nach § 1361b BGB überzuführen, eine nach § 2 Abs. 2 GewSchG befristet erfolgte Zuweisung als Zuweisung für die Dauer der Trennungszeit aufrecht zu erhalten.[367]

Bereits die **ernsthafte Absicht** zur Trennung genügt für eine Wohnungszuweisung nach § 1361b BGB. Scheidungsabsicht ist demgegenüber nicht erforderlich.[368] Daher kann auch der Ehegatte, der die Trennung nicht wünscht und die Ehe aufrechterhalten will, die Zuweisung der Wohnung nach § 1361b BGB an sich verlangen. 163

Zum Fall 1 (Rdnr. 159):

Der Wohnungszuweisungsantrag von Frau Glücklich scheitert nicht bereits daran, dass sie selbst weder Trennung noch Scheidung wünscht. Die von Herrn Glücklich erstrebte Trennung reicht aus.

In diesem Zusammenhang wird immer wieder darauf hingewiesen, dass es im Rahmen des § 1361b BGB auf die Berechtigung zum Getrenntleben nicht ankommt. Gemäß § 1353 Abs. 2 BGB kann das Verlangen eines Ehegatten auf Herstellung der ehelichen Lebensgemeinschaft abgelehnt werden, wenn das Verlangen rechtsmissbräuchlich oder die Ehe gescheitert ist. Diese Vorschrift ist nach der Neufassung der Scheidungsvorschriften in der Praxis jedoch letztlich obsolet geworden.[369] Einer aus- 164

---

367 Zu den Voraussetzungen des § 2 GewSchG vgl. Rdnr. 215ff.
368 OLG Naumburg FamRZ 2003, 1748; *Haußleiter/Schulz* Kap. 4 Rdnr. 47 mwN; a.A. OLG Bamberg FamRZ 1992, 1299.
369 OLG Saarbrücken FamRZ 2007, 402: Kein Feststellungsinteresse für Klage auf Getrenntleben, da Trennung eine tatsächliche Handlung ist und vom Ehegatten einseitig herbeigeführt werden kann; OLG Karlsruhe FamRZ 1989, 79: Kein Rechtsschutzbedürfnis für eine Klage auf Feststellung des Rechts zum Getrenntleben, wenn der andere Ehegatte dieses

drücklichen Erörterung dieses Punktes bedarf es im Rahmen eines Wohnungszuweisungsantrages daher nicht.

4. Ehewohnung

165   Nach ganz herrschender Meinung ist der Begriff der Ehewohnung **weit auszulegen**. Er umfasst jeden Raum, den die Ehegatten während der Ehe nach ihren tatsächlichen Verhältnissen gemeinsam zu Wohnzwecken benutzt haben oder der nach den gesamten Umständen und den gemeinsamen Plänen der Eheleute zumindest dazu bestimmt war.[370] Ehewohnung im Sinne des § 1361b BGB kann deshalb auch eine Wohnung sein, in der die Eheleute noch gar nie gemeinsam gewohnt haben.[371]

Mit zur Ehewohnung gehören alle **gemeinsam genutzten Nebenräume** wie Speicher, Keller (oder Kelleranteil), Garage, Sport- und Fitnessräume[372] oder ein zugehöriger Garten. Gerade an Nebenräumen entzündet sich allerdings auch noch nach einer Zuweisung oftmals Streit, wenn der aus der Wohnung Gewiesene dort gelagerte persönliche Gegenstände in der Folgezeit nicht abholt.[373]

Auch ein einzelner Raum, ein Gartenhäuschen oder eine Wohnlaube[374] können Ehewohnung sein. Das gleiche gilt für ein Hausboot, die Kajüte eines Binnenschiffers, einen Wohnwagen oder ein Wohnmobil, wenn diese zum regelmäßigen Wohnen und nicht nur in der Freizeit genutzt werden,[375] und sogar für ein Zelt oder eine Baracke,[376] selbst wenn es sich dabei nur um Behelfsbehausungen handelt.

Demgegenüber gehören Räume, die ausschließlich **beruflich oder gewerblich** genutzt werden, auch dann nicht zur Ehewohnung, wenn sie neben der Ehewohnung liegen oder sogar von ihr gar nicht abgetrennt sind und vor der Trennung von den Eheleuten gemeinsam genutzt wurden.[377] Wird eine Wohnung teils beruflich teils zu Wohnzwecken genutzt,

---

Recht nie bestritten hat und keine Anhaltspunkte vorliegen, dass mit einer Klage auf Herstellung des ehelichen Lebens zu rechnen ist.
370   BGH FamRZ 1990, 987 (988).
371   OLG München FamRZ 1986, 1019 (1020).
372   OLG Jena FamRZ 2004, 877 (Lse).
373   Vgl. hierzu Vollstreckung Rdnr. 396.
374   BGH FamRZ 1990, 987; OLG Naumburg FamRZ 2005, 1269 m. abl. Anm. *Gottwald*, das allerdings zu Unrecht auf die öffentlich-rechtliche Zulässigkeit der Nutzung zu Wohnzwecken abstellt.
375   *Haußleiter/Schulz* Kap. 4 Rdnr.10.
376   OLG Schleswig FamRZ 1955, 139.
377   OLG Koblenz OLGR 1997, 129.

kann sie nicht einheitlich zugewiesen werden, da nur der zum Wohnen bestimmte Teil § 1361b BGB unterfällt. Bei Mischnutzung einzelner Räume kommt es auf überwiegende Nutzungsart an.[378]

Zum Fall 1 (Rdnr. 159):
Selbst wenn Herr und Frau Glücklich gemeinsam als Ärzte in der benachbarten Haushälfte praktiziert hätten, könnte sich das Wohnungszuweisungsverfahren nicht (auch) auf die als Arztpraxis benutzte Doppelhaushälfte, sondern nur auf den zu Wohnzwecken benutzten Teil beziehen.

Nach wie vor streitig ist, ob Eheleute **mehrere Ehewohnungen** haben können[379] oder ob auf den räumlichen Mittelpunkt des ehelichen Zusammenlebens abzustellen ist, so dass nur eine Wohnung Ehewohnung sein kann.[380] Der BGH hat diese Frage bislang nicht entschieden. Haben Eheleute jedoch mehrere Wohnungen zur Verfügung und diese regelmäßig gemeinsam genutzt, ist nach richtiger Ansicht von mehreren Ehewohnungen auszugehen. Das Gesetz erfordert weder einen bestimmten Nutzungsumfang noch, dass die Wohnung den ausschließlichen oder auch nur überwiegenden Lebensmittelpunkt bildet. Maßgebend ist vielmehr die individuelle Gestaltung des ehelichen Lebens. Deshalb kann selbst eine Wohnung, die nur begrenzte Zeit im Jahr genutzt wird, wie etwa eine Ferien- oder Wochenendwohnung, als Ehewohnung anzusehen sein, wenn die Eheleute dort jedenfalls auch einen Schwerpunkt ihres familiären Zusammenlebens hatten. Diese Ansicht entspricht im Übrigen einem praktischen Bedürfnis,[381] da danach bei einem Streit um die Nutzung mehrerer (Ehe-)Wohnungen diese in einem Verfahren zugewiesen werden können und parallele Prozesse vor dem Familiengericht (um die Ehewohnung) und dem Zivilgericht (um die andere Wohnung) vermieden werden.

166

Praxistipp: Wird in einem Zuweisungsantrag von mehreren Ehewohnungen ausgegangen, ist das Gericht nach § 139 ZPO grundsätzlich zu einem rechtlichen Hinweis verpflichtet, wenn es selbst davon ausgeht, dass nur ein räumlicher Mit-

---

378 *Kemper* Rdnr. 140.
379 OLG Brandenburg Beschluss vom 17.01.2008, Az.: 10 WF 311/07 und 10 WF 2/08; OLG Frankfurt/M. FamRZ 1982, 398.
380 OLG Bamberg FamRZ 2001, 1316 (1317); OLG München FamRZ 1994, 1331; KG FamRZ 1986, 1010.
381 So zu Recht *Haußleiter/Schulz* Kap. 4 Rdnr. 10.

telpunkt des ehelichen Zusammenlebens und damit eine Ehewohnung möglich ist. Gleichwohl ist es zweckmäßig, für diesen Fall einen gerichtlichen Hinweis im Antragsschriftsatz ausdrücklich zu erbitten.

167 Auf welcher rechtlichen Grundlage die Nutzung der Wohnung beruht – Miete, Eigentum, sonstige dingliche Berechtigung –, ist für die Charakterisierung als Ehewohnung ohne Belang. Auch kommt es auf die öffentliche Zulässigkeit der Nutzung zu Wohnzwecken nicht an, wenn die Eheleute die fraglichen Räume tatsächlich als Ehewohnung genutzt haben.[382]

Haben sich die Parteien über die freihändige Veräußerung des Anwesens geeinigt und ziehen aus, entfällt die Widmung als Ehewohnung. Das Anwesen soll dann nicht mehr Wohnzwecken dienen, sondern veräußert werden.[383]

5. Zuweisung zum Zweck der Veräußerung, Vermietung oder Kündigung?

168 § 1361b BGB sieht eine vorläufige Alleinnutzung **zu Wohnzwecken** vor. Im Hinblick darauf lehnt die herrschende Meinung zu Recht einen Anspruch des dinglich berechtigten Ehegatten auf Wohnungszuweisung dann ab, wenn dieser die Wohnung nicht selbst nutzen, sondern lediglich vermieten oder verkaufen will.[384] Die Wohnungszuweisung während der Trennungszeit hat auch nicht den Zweck, den ausziehenden Mieter-Ehegatten von seiner Mietzinsverpflichtung zu befreien.[385]

6. Unbillige Härte

169 In der Neufassung des § 1361b BGB durch das Gewaltschutzgesetz vom 11.12.2001 wurde die Voraussetzung für eine Wohnungszuweisung von der Vermeidung einer vormals „schweren Härte" in eine „unbillige Härte" abgesenkt. Dadurch sollte insbesondere bei Gewalttaten unter Eheleuten die Schwelle zum Eingriff für eine Nutzungsregelung bezüglich

---

382 A.A. OLG Naumburg FamRZ 2005, 1269 m. abl. Anm. *Gottwald*; wie hier *Weinreich* FuR 2007, 145 (145/146).
383 OLG München FamRZ 2007, 836: Streit über Zugang zu dieser Immobilie ist als allgemeine Zivilsache nicht vor dem Familiengericht auszutragen.
384 OLG Frankfurt/M. FamRZ 2004, 875; OLG Karlsruhe FamRZ 1999, 1087; OLG Köln FamRZ 1997, 943; a.A. OLG Hamburg FamRZ 1992, 1298; AG Weilburg FamRZ 2000, 361.
385 OLG München FamRZ 1996, 674 LS = NJW-RR 1995, 1474.

der ehelichen Wohnung herabgesetzt werden.³⁸⁶ Nach wie vor definiert das Gesetz den Begriff „unbillige Härte" jedoch nicht, gibt aber jetzt zwei Fälle vor, in denen die unbillige Härte gegeben sein kann, nämlich bei Beeinträchtigung des Kindeswohls und in Fällen ausgeübter oder angedrohter Gewalt.

Eine schwere Härte wurde bejaht, wenn ein Ehegatte dem anderen in rücksichtsloser Weise durch erhebliche Belästigungen das gemeinsame Wohnen nahezu unerträglich machte.³⁸⁷ Alle Fälle, in denen nach alter Rechtslage eine schwere Härte bejaht wurde, rechtfertigen nach neuem Recht eine Nutzungsregelung nach § 1361b BGB erst recht. In Fällen, in denen eine schwere Härte nach § 1361b BGB a.F. verneint wurde, hängt es dagegen vom Einzelfall ab, ob nach jetzt geltendem Recht eine Wohnungszuweisung zur Vermeidung einer unbilligen Härte in Betracht kommt. Die Rechtsprechung zum alten Recht kann daher nicht in jedem Fall unbesehen übernommen werden.

a) Einzelfälle

Auch nach dem Herabsetzen der Eingriffsschwelle für eine Wohnungszuweisung genügen **trennungsbedingte Unannehmlichkeiten** allein hierfür nicht.³⁸⁸ Streitigkeiten, auch Beschimpfungen und Belästigungen, wie sie bei einer Trennung immer wieder auftreten und sich selbst bei besonnenem Verhalten der Beteiligten letztlich nie völlig vermeiden lassen, reichen daher nicht aus.

170

Ein Anspruch auf Wohnungszuweisung zur Alleinnutzung wurde jedoch unter anderem bejaht bei

- schweren Störungen des Familienlebens aufgrund Alkohol- oder Drogenmissbrauchs,³⁸⁹
- Aufnahme des neuen Lebensgefährten in die Wohnung,³⁹⁰
- erheblichen Belästigungen, die das Wohnen in rücksichtsloser Weise unerträglich machen (etwa bei unbeherrschtem und unberechenbarem Verhalten und Zerstörung der Wohnungseinrichtung),³⁹¹
- häufigen und auf Dauer angelegten ehezerstörerischen Vorkommnissen erheblicher Art,³⁹²

---

386 BT-Drs. 14/5429 S. 33.
387 Vgl. OLG Brandenburg FamRZ 1996, 743; OLG Karlsruhe FamRZ 1991, 1440.
388 OLG Jena FamRZ 2004, 877 (Lse).
389 OLG Celle 1992, 676.
390 OLG Hamm FamRZ 1993, 1442.
391 OLG Jena FPR 2004, 254; OLG Köln FamRZ 2001, 761.
392 AG Tempelhof-Kreuzberg FamRZ 2003, 532; AG Saarbrücken FamRZ 2003, 530.

- massiven Beschimpfungen und Beleidigungen,[393]
- ständigem Randalieren, insbesondere nachts,[394]
- Terrorisierung der Familie aufgrund psychischer Erkrankung,[395]
- verbotener Eigenmacht gegenüber dem kranken Ehegatten.[396]

b) Kindeswohl

171   Eine Beeinträchtigung des Kindeswohls wurde auch vor der Änderung des § 1361b BGB im Rahmen von Wohnungszuweisungsentscheidungen bereits maßgeblich berücksichtigt, obwohl dieses Kriterium im Gesetz selbst nicht erwähnt war. Allerdings ließ es die Rechtsprechung für eine „schwere Härte" oftmals nicht genügen, wenn Kinder (nur) unter den andauernden Spannungen und Streitigkeiten der Eltern litten, sondern setzte die Gefahr einer schweren Gesundheitsgefährdung voraus.[397]

Durch die ausdrückliche Aufnahme des Kriteriums „Kindeswohl" in den Gesetzeswortlaut wurde die ihm zukommende Priorität betont. Unbestreitbar ist, dass Gewaltanwendungen unter Eltern regelmäßig seelische Schäden bei den Kindern, die diese Gewalt miterleben, nach sich ziehen, auch wenn die Gewalt sich nicht unmittelbar gegen sie selbst richtet.[398] Aber selbst ohne Tätlichkeiten zwischen den Eltern ist bei ständigen Streitigkeiten und Spannungen ein erträgliches Zusammenleben der Familie unter einem Dach kaum möglich. Das Interesse des Kindes an einer entspannten familiären Situation hat hier Vorrang vor dem Interesse des Elternteils an der Nutzung der Wohnung, wobei das Kindeswohl die Wohnungszuweisung nicht erst dann rechtfertigt, wenn die ständigen Auseinandersetzungen der Eltern eine schwere Gesundheitsgefährdung des Kindes befürchten lassen, sondern es genügt, wenn das Kind unter der von Aversionen und Auseinandersetzungen der Eltern geprägten Atmosphäre **erheblich leidet**.[399]

Kinder im Sinne des § 1361b BGB sind nicht nur gemeinschaftliche minderjährige Kinder der Eheleute, sondern **auch Stief- oder Pflegekin-**

---

393 OLG Karlsruhe FamRZ 1991, 1440.
394 AG Tempelhof-Kreuzberg FamRZ 2003, 532.
395 OLG Hamm FamRZ 1997, 301.
396 OLG Hamm FamRZ 1993, 1441.
397 OLG Celle FamRZ 1992, 676 (677); OLG Düsseldorf FamRZ 1988, 1058; vgl. dazu auch *Brudermüller* FamRZ 2003, 1705 (1707).
398 BT-Drs. 14/5429 S. 24; vgl. zu den Auswirkungen des Miterlebens von Partnerschaftsgewalt durch Kinder auch Kindler u.a. FamRZ 2004, 1241ff.
399 AG Tempelhof-Kreuzberg FamRZ 2003, 532.

der.⁴⁰⁰ Auch das Wohl volljähriger Kinder, die bis zum Abschluss ihrer Ausbildung im elterlichen Haushalt leben, ist zu berücksichtigen. Entsprechendes ist für volljährige behinderte Kinder anzunehmen.⁴⁰¹

Da einem Kind, das durch die Trennung der Eltern bereits belastet ist, nicht zusätzlich der Verlust der vertrauten Umgebung und seiner sozialen Kontakte, ein Wechsel der Schule oder des Kindergartens zugemutet werden soll, wird die Berücksichtigung des Kindeswohls bei der Entscheidung über die Alleinnutzung einer Wohnung in der Regel dazu führen, dass das Kind in der Wohnung bleibt und mit ihm der Elternteil, der es bislang versorgt hat bzw. besser versorgen kann. Dass diese Lösung die Gefahr birgt, dass der bisher nicht betreuende Elternteil sich – mit Blick auf die Wohnung – plötzlich zur Betreuung berufen fühlt und daher ein Streit um das Aufenthaltsbestimmungsrecht für die Kinder entsteht, wird allseits gesehen und deshalb vor einem entsprechenden Automatismus gewarnt.⁴⁰² Oftmals gibt in der Praxis jedoch die bis zur Trennung praktizierte Betreuungssituation hinreichenden Aufschluss.

172

Praxistipp: Die Darstellung der bis zur Trennung praktizierten Betreuungssituation wird – da für den Betreuenden regelmäßig eindeutig – häufig sehr knapp gefasst, zumal mit Einwänden der Gegenseite nicht gerechnet wird. Die Praxis zeigt jedoch, dass gerade auch dieser Punkt in Streit geraten kann, so dass auf den Sachvortrag insoweit und die Benennung etwaiger Beweisangebote von Anfang an besonderer Wert gelegt werden sollte.

Auch wenn das Kindeswohl nicht von vorneherein die Wohnungszuweisung an den das Kind betreuenden Elternteil erfordert, so gibt es doch **in Zweifelsfällen** den entscheidenden Ausschlag. Es ist selbst bei der Eigentümerstellung eines Ehegatten vorrangig zu berücksichtigen.⁴⁰³ Dabei sind Fälle denkbar, in denen das Kindeswohl gerade nicht die Zuweisung der ganzen Wohnung an einen Elternteil, sondern eine Aufteilung der Wohnung unter den Ehegatten erfordert.⁴⁰⁴ Kann eine Gewaltanwendung nicht nachgewiesen werden, ist eine Zuweisung der Ehewohnung allein

173

---

400 OLG Schleswig FamRZ 1991, 1301.
401 Zur Berücksichtigung anderer Angehöriger vgl. Rdnr. 181.
402 Vgl. Johannsen/Henrich/*Brudermüller* § 1361b BGB Rdnr. 15; *Haußleiter/Schulz* Kap. 4 Rdnr. 19.
403 OLG Stuttgart FamRZ 2004, 876.
404 AG Saarbrücken FamRZ 2003, 530; zur Aufteilung generell vgl. Rdnr. 247f.

aus Gründen des Kindeswohls an den die Kinder betreuenden Ehegatten möglich.[405]

c) Ausgeübte oder angedrohte Gewalt, § 1361b Abs. 2 BGB

aa) Verletzungshandlung

174   Gewalt ist ein umfassender Begriff. Man versteht darunter nicht nur körperliche Misshandlung, sondern jede direkte und indirekte physische oder psychische Aggression gegen eine andere Person. Sie äußert sich auch in Erniedrigung, Anschreien, Mundtotmachen, Psychoterror oder häuslichem Vandalismus. Gewalt in jeder dieser Erscheinungsformen kann eine Wohnungszuweisung zur Vermeidung einer unbilligen Härte nach § 1361b Abs. 1 BGB rechtfertigen.

Die Zuweisung nach § 1361b Abs. 2 BGB setzt jedoch eine bestimmte Form der Gewalt voraus, nämlich eine vorsätzliche widerrechtliche Körper-, Gesundheits- und Freiheitsverletzung oder die Drohung damit oder mit der Verletzung des Lebens. Diese führen dazu, dass dem Opfer in der Regel die ganze Wohnung zur alleinigen Benutzung zu überlassen ist. Im Gegensatz zur früheren Rechtslage ist dabei unerheblich, ob die Drohung objektiv ernst zu nehmen ist oder der Täter selbst sie ernst gemeint hat. Maßgeblich ist allein, **wie der andere Ehegatte die Drohung verstand**, ob sie ihn also subjektiv so belastet, dass ihm eine Fortsetzung der häuslichen Gemeinschaft mit dem Drohenden nicht zugemutet werden kann.[406] Dabei ist jedoch ein objektivierender Maßstab insoweit anzulegen, als nicht jede völlig unerhebliche Verhaltensweise als Drohung mit Gewalt eingestuft werden kann, selbst wenn ein besonders sensibler Antragsteller sie so verstanden haben mag.[407]

175   Körperverletzung ist jeder Eingriff in die körperliche Integrität.[408] Verletzung der Gesundheit bedeutet eine Störung der körperlichen, geistigen oder seelischen Lebensvorgänge, jedes Hervorrufen oder Steigern eines von den normalen körperlichen Funktionen nachteilig abweichenden Zustands unabhängig davon, ob Schmerzen oder eine tief greifende Veränderung der Befindlichkeit auftreten.[409] Beide Tatbestände gehen ineinander über. Eine Verletzung der Freiheit ist gegeben, wenn die körperliche Bewegungsfreiheit entzogen wird, also bei einem Einsperren, nicht aber, wenn ein Ehe-

---

405   OLG Celle FamRZ 2006, 1143.
406   OLG Köln FamRZ 2006, 126; Hoppenz/*Müller* § 1361b BGB Rdnr. 46.
407   *Kemper* Rdnr 212.
408   Palandt/*Sprau* § 823 BGB Rdnr. 4.
409   Palandt/*Sprau* § 823 BGB Rdnr. 4.

gatte aus der Wohnung ausgesperrt und ihm der Zutritt verwehrt wird.[410] Eine Verletzung der in § 1361b BGB genannten Rechtsgüter kann nur unter den Voraussetzungen angenommen werden, die auch für § 823 Abs. 1 BGB gelten. Eine Freiheitsverletzung nach § 823 Abs. 1 BGB ist aber wiederum in demselben Sinne zu verstehen wie die in § 239 StGB unter Strafe gestellte Freiheitsberaubung. Darunter aber fallen nach allgemeiner Meinung nur Vorgänge, die dem Opfer die Möglichkeit nehmen, einen bestimmten Ort zu verlassen, nicht aber ihn zu betreten.[411]

Eine Wohnungszuweisung zwischen Eheleuten aufgrund ausgeübter Gewalt nach § 1361b Abs. 2 BGB setzt **Gewalt zwischen den Erwachsenen** voraus. Wird die Gewalt im Rahmen des eskalierenden Konflikts zwischen dem Paar gegen ein Kind ausgeübt, ist diese Beeinträchtigung des Kindeswohls im Rahmen der unbilligen Härte bei der Wohnungszuweisung zu berücksichtigen.

bb) Vollendetes Delikt

§ 1361b Abs. 2 BGB setzt vollendete Delikte voraus. Da es bei der Wohnungszuweisung nach § 1361b BGB auf die Vermeidung einer unbilligen Härte ankommt, wird vertreten, dass eine Wohnungszuweisung nach § 1361b Abs. 1 BGB zur Vermeidung einer unbilligen Härte auch zu bejahen ist, wenn zwar kein vollendetes Delikt vorliegt, sondern lediglich ein Versuch. Allerdings müsse es sich hierbei um eine **schwere Beeinträchtigung** handeln, wie etwa den Versuch der Tötung, einer schweren Körperverletzung oder einer Vergewaltigung.[412] Da § 1361b Abs. 2 BGB die Wohnungszuweisung jedoch nicht nur bei erfolgter Rechtsgutverletzung, sondern auch bei Drohung mit einer solchen vorsieht, liegt es – im Hinblick auf den Schutzzweck der Norm – nahe, den Versuch als besonders **intensive Form der Drohung** zu werten.

176

cc) Rechtswidrigkeit und Schuld

Die Gewalttat muss rechtswidrig und schuldhaft begangen werden, um den Tatbestand des § 1361b Abs. 2 BGB zu erfüllen. Zwar können im Rahmen der Billigkeitsabwägung nach § 1361b Abs. 1 BGB auch rechtmäßige Verhaltensweisen einbezogen werden, jedoch werden diese regelmäßig keine unbillige Härte begründen. Im Übrigen wird die Rechts-

177

---

410 So Palandt/*Brudermüller* § 1 GewSchG Rdnr. 6; Scholz/Stein/*Eckebrecht* Teil D Rdnr. 9c; a.A. *Grziwotz* NJW 2002, 872 (873); offen OLG Köln FamRZ 2003, 1281.
411 10-minütiges Einsperren genügt, OLG Brandenburg NJW-RR 2006, 220.
412 So auch *Kemper* Rdnr. 212.

widrigkeit der Rechtsverletzung **widerleglich vermutet**, die Darlegung von Rechtfertigungsgründen obliegt dem Täter.[413]

Anders bei fehlender Schuld: Hier kann die Unbilligkeit bejaht werden, insbesondere dann, wenn die fehlende Schuld auf **Alkohol- oder Drogenkonsum** zurückgeht. § 1361b Abs. 2 BGB enthält zwar keine dem § 1 Abs. 3 GewSchG entsprechende Regelung, die selbst herbeigeführte Schuldunfähigkeit kann jedoch in den Gewaltfällen nicht zur Verneinung des Anspruchs auf Wohnungszuweisung führen, da dann bei den sehr häufig alkoholbedingten Gewalttaten eine Zuweisung an den misshandelten Ehegatten nicht befürchtet werden müsste. Dadurch bliebe der Schutzstandard des § 1361b BGB in nicht zu rechtfertigender Weise hinter § 2 GewSchG zurück.[414]

dd) § 1361b Abs. 2 BGB und Kindeswohl

178 Auch im Rahmen des § 1361b Abs. 2 BGB kann das Kindeswohl vorrangig zu berücksichtigen sein. Zwar geht die Wertung des § 1361b Abs. 2 BGB grundsätzlich dahin, dass der Täter die Wohnung verlässt und das Opfer bleibt, jedoch ist auch hier eine Gesamtabwägung vorzunehmen und nicht davon auszugehen, dass die vorrangige Berücksichtigung des Kindeswohls § 1361b Abs. 2 BGB nicht sperren könne.[415] In aller Regel ist es in den in der Praxis ganz überwiegend vorkommenden Fällen gerade nicht der betreuende Elternteil, von dem die Gewalt ausgeht; ist dies jedoch einmal der Fall, kann im Einzelfall die Berücksichtigung des Kindeswohls dazu führen, dass die Wohnung dem Ehegatten zugewiesen wird, von dem die Gewalt ausging. Dies wird jedoch nur in ganz besonderen Ausnahmesituationen in Betracht kommen.

d) Gesamtabwägung

179 Bei der Zuweisungsentscheidung sind im Rahmen einer Gesamtabwägung die **Belange beider Ehegatten** zu berücksichtigen. Es ist dabei zu prüfen, wer eher auf die Wohnung angewiesen ist bzw. leichter Ersatzwohnraum findet. Dabei spielen Alter und Gesundheitszustand der Eheleute, aber auch ihre Einkommens- und Vermögensverhältnisse eine Rolle. Die besondere Lage oder Ausstattung einer Wohnung, etwa bei einer Behinderung,[416] kann ebenso wie die Tatsache, dass die Wohnung von einem

---

413 Scholz/Stein/*Eckebrecht* Teil D Rdnr. 9c.
414 *Kemper* Rdnr. 152.
415 So aber Scholz/Stein/*Eckebrecht* Teil D Rdnr. 13d.
416 OLG Hamm FamRZ 1993, 1441.

Ehepartner schon vor der Heirat bewohnt worden war oder erhebliche Investitionen in den Ausbau der Wohnung getätigt wurden,[417] Berücksichtigung finden.

Bei einer Verbindung von Wohn- und Geschäftsräumen ist zu prüfen, inwieweit die Berufsausübung von der Wohnungsnutzung abhängt. Handelt es sich um eine Werkdienst- oder Werkmietwohnung wird diese – entsprechend dem Rechtsgedanken in § 4 HausratsVO[418] – primär dem Ehegatten verbleiben, mit dem das Dienst- oder Arbeitsverhältnis besteht, es sei denn, besondere Billigkeitsgründe rechtfertigen eine Zuweisung an den anderen.

Ein maßgebender, vom Gesetz in § 1361b Abs. 1 S. 3 BGB selbst herausgestellter Gesichtspunkt ist die **dingliche Berechtigung** eines Ehegatten an der Wohnung, die bei einer Zuweisung an den nicht dinglich berechtigten Ehegatten höhere Anforderungen an die unbillige Härte stellt.[419] Im Verhältnis zu einer Beeinträchtigung des Kindeswohls tritt die dingliche Berechtigung jedoch in der Regel zurück. Sind die Eheleute gleichermaßen an der Wohnung dinglich berechtigt, also etwa Miteigentümer, führt dieser Gesichtspunkt nicht weiter, vielmehr ist dann wieder auf die allgemeinen Kriterien abzustellen.

180

Interessen dritter Personen spielen lediglich ausnahmsweise eine Rolle. So kann die Pflegebedürftigkeit naher Verwandter, die aufgrund gemeinsamer Entscheidung der Eheleute in die Wohnung aufgenommen wurden, Berücksichtigung finden, nicht aber Belange eines neuen Partners.[420] Auch die Interessen des Vermieters oder des Sozialamts an einer Wohnungszuweisung zur Vermeidung der Obdachlosigkeit sind nach richtiger Ansicht nicht von Belang.[421]

181

Hat ein Ehegatte durch sein **rücksichtsloses Verhalten** einen so unerträglichen Zustand verursacht, dass ein gemeinsames Wohnen nicht mehr zumutbar ist, wird die Wohnung regelmäßig nicht ihm, sondern dem anderen Ehegatten zugewiesen werden.[422] Eine Wohnungszuweisung erfordert jedoch nicht, dass das Fehlverhalten nur von einem Ehepartner ausgeht. Gerade in der Trennungssituation stehen sich beide Eheleute hier

182

---

417 KG FamRZ 1988, 182.
418 Einzelheiten hierzu Rdnr. 209.
419 Zur Nutzungsentschädigung in diesem Fall vgl. 270ff; zum Ausschluss der Zuweisung bei Ersteigerung der Wohnung durch einen der vormaligen Miteigentümer vgl. Rdnr. 208.
420 KG FamRZ 1991, 467.
421 Vgl. aber OLG Koblenz FamRZ 1987, 406 (407) m. Anm. *Gottwald* zum Vermieter und AG Warendorf FamRZ 2002, 1716 zum Sozialamt; wie hier Johannsen/Henrich/*Brudermüller* § 1361b BGB Rdnr. 27.
422 AG Tempelhof-Kreuzberg FamRZ 2003, 532 (533).

oftmals in nichts nach. Sind die „Tatbeiträge" beider im Hinblick auf die Unzumutbarkeit eines weiteren Zusammenlebens etwa gleich gewichtig, ist für den Anspruch auf Überlassung der Wohnung zur alleinigen Nutzung auf die allgemeinen Kriterien zurückzugreifen. Wieder anders kann die Situation jedoch zu beurteilen sein, wenn eine Beeinträchtigung des Kindeswohls mit zu berücksichtigen ist. Hier kann die Wohnung dem die Kinder betreuenden Elternteil zuzuweisen sein, selbst wenn er durch sein Verhalten die unerträgliche Wohnsituation verursacht hat.[423]

Die Gründe der Trennung bleiben grundsätzlich unberücksichtigt, es sei denn, es handelt sich um ein so schwerwiegendes Fehlverhalten, dass dessen Nichtberücksichtigung zu einem nicht mehr nachvollziehbaren Ergebnis führen würde. Auch das Verhalten eines Ehegatten dem anderen gegenüber bei Durchsetzung vermeintlicher Rechte kann in die Gesamtabwägung einzustellen sein, wie etwa eine erfolgte Entziehung des Mitbesitzes durch verbotene Eigenmacht[424] oder die ständige und schwerwiegende Hinwegsetzung über eine vereinbarte Wohnungsaufteilung.[425]

183   Je länger die Trennung der Eheleute bereits andauert, desto geringer werden die Anforderungen für eine Zuweisung zur Alleinnutzung an den in der Wohnung verbliebenen Ehegatten,[426] soweit wegen fehlender Anzeige der Absicht der Rückkehr durch den anderen nach § 1361b Abs. 4 BGB nicht ohnehin vermutet wird, dass ihm die Wohnung zur alleinigen Nutzung überlassen wurde. Auch die Tatsache, dass der andere Ehegatte die Wohnung **freiwillig verlassen hat**, kann ein in die Gesamtabwägung einzustellendes Kriterium sein.[427]

184   Liegt keine unbillige Härte vor und ist eine Trennung innerhalb der Wohnung nicht möglich (§ 1567 Abs. 1 S. 2 BGB), bleibt dem trennungswilligen Ehegatten nur der Auszug, sofern der andere die Wohnung nicht freiwillig verlässt.

Zum Fall 1 (Rdnr. 159):
Zugunsten von Herrn Glücklich spricht, dass seine Frau ihn vorsätzlich und erheblich körperlich verletzt hat. Nach § 1361b Abs. 2 BGB wäre daher ihm die Wohnung zuzuweisen. Auch die Tatsache, dass die

---

423 OLG Bamberg FamRZ 1995, 560: Aufnahme einer außerehelichen Beziehung durch die kinderbetreuende Ehefrau; vgl. auch OLG München FamRZ 1996, 730: Ablehnung der Zuweisung, da bei Rechtsanwälten im Regelfall nicht davon ausgegangen werden kann, dass sie zu Gewalttätigkeiten neigen.
424 OLG Hamm FamRZ 1993, 1441.
425 OLG Braunschweig NJW-RR 1996, 578.
426 OLG Köln FamRZ 1996, 547; OLG Köln FamRZ 1987, 77.
427 OLG Hamm FamRZ 1998, 1172.

von ihm betriebene Praxis direkt neben der Ehewohnung liegt, stellt ein Argument für eine Wohnungszuweisung an ihn dar. Andererseits hat er seine Frau nicht nur durch die Aufnahme der außerehelichen Beziehung direkt unter ihren Augen erheblich provoziert, sondern auch durch die der Tat unmittelbar vorangegangenen massiven beleidigenden Äußerungen. Für Frau Glücklich spricht außerdem der Umstand, dass sie die minderjährigen Kinder betreut, denen ein Zusammenleben mit beiden Eltern im Hinblick auf deren fortgesetzte, nun immer heftigeren Streitigkeiten nicht mehr zuzumuten ist, aber andererseits auch die vertraute Umgebung erhalten werden soll. Hinzu kommt, dass ihre pflegebedürftige Mutter im ehelichen Haushalt lebt. Das Kindeswohl gibt bei dieser Sachlage den entscheidenden Ausschlag, zumal es Herrn Glücklich als allein stehender Person mit regelmäßigen Einkünften leichter fallen wird, für angemessenen Ersatzwohnraum zu sorgen, als Frau Glücklich mit den drei noch jungen Kindern und ohne regelmäßiges Einkommen (von Unterhaltsansprüchen einmal abgesehen).

Der Antrag des Herrn Glücklich bleibt demnach erfolglos, während auf den Gegenantrag von Frau Glücklich folgende Entscheidung erginge:

Beschluss:

Der Antragsgegnerin wird die in der Pacellistraße 7 in München gelegene Ehewohnung, bestehend aus ... Zimmern, Küche, Bad, ... Toiletten, ... Kellerräumen, Garage und Garten für die Zeit der Trennung zur alleinigen Nutzung zugewiesen.

7. Ausschluss der Wohnungszuweisung

a) Fehlende Wiederholungsgefahr

Trotz des Vorliegens vollendeter oder auch nur angedrohter Gewalt nach § 1361b Abs. 2 BGB scheidet eine Wohnungszuweisung nach § 1361b Abs. 2 S. 2 BGB aus, wenn weitere Verletzungen oder Drohungen nicht zu befürchten sind. § 1361b Abs. 2 S. 2 BGB beinhaltet eine **Umkehr der Beweislast**: Bei begangener Gewaltanwendung oder Drohung wird vermutet, dass diese sich wiederholen. Es obliegt dem Täter, die Vermutung zu widerlegen; an diesen Nachweis werden strenge Anforderungen gestellt.[428] So genügt insbesondere nicht eine vom Täter angebotene (auch strafbewehrte) Unterlassungserklärung, insbesondere wenn

185

---

428 OLG Brandenburg NJW-RR 2006, 220.

verbale Auseinandersetzungen schon in der Vergangenheit mehrfach zu kritischen Situationen geführt haben.[429] Aber selbst wenn dem Täter der – schwer zu führende – Beweis der fehlenden Wiederholungsgefahr gelingen sollte, wird die Wohnung dem Opfer zugewiesen, wenn diesem wegen der Schwere der Tat ein weiteres Zusammenleben mit dem Täter nicht zuzumuten ist (§ 1361b Abs. 2 S. 2, 2. Hs. BGB). Davon wird bei besonders schweren Delikten, wie etwa einer Vergewaltigung, einer versuchten Tötung oder einer schweren Körperverletzung in der Regel auszugehen sein. Die Unzumutbarkeitsklausel gilt nicht nur bei der Anwendung von Gewalt, sondern auch bei deren Androhung.

Praxistipp: Trotz der den Täter treffenden Beweislast für das Fehlen einer Wiederholungsgefahr ist es zweckmäßig, alle für eine Wiederholungsgefahr sprechenden Umstände bereits in der Antragsschrift darzulegen, wie etwa gleichartige frühere Verfahren, Vorstrafen, die Androhung der Wiederholung, wobei diese substantiiert geschildert werden muss und möglichst auch sogleich unter Beweis gestellt werden sollte.[430]

b) Einigung

186 Zwar verliert eine Wohnung durch den bloßen Auszug eines Ehegatten nicht sogleich den Charakter als Ehewohnung,[431] selbst bei nachfolgender langjähriger Nutzung nur durch einen Ehegatten.[432] Dies ist jedoch dann der Fall, wenn sich die Ehegatten nach räumlicher Trennung über die Weiterbenutzung der Wohnung nur durch einen von ihnen **eindeutig und endgültig geeinigt** haben.[433] Eine Wohnungszuweisung nach § 1361b BGB scheidet dann aus. Ob ein endgültiger Auszug in Verbindung mit einer derartigen, auch schlüssig möglichen Einigung der Eheleute vorliegt, bedarf einer genauen Prüfung im Einzelfall. Die bloße Nutzungsüberlassung genügt hierfür jedenfalls nicht, insbesondere dann, wenn die Wohnung wegen bestehender Spannungen verlassen wurde.[434] Etwas anderes kann aber dann angenommen werden, wenn der andere

---

429 OLG Stuttgart FamRZ 2007, 829 (830).
430 Zu weiteren Anforderungen hinsichtlich des Antrags vgl. Rdnr. 356f und 359.
431 OLG Jena FamRZ 2004, 877 (Lse.); OLG Karlsruhe FamRZ 1999, 1087; OLG Celle FamRZ 1992, 676; OLG Hamm FamRZ 1989, 739.
432 OLG Köln FamRZ 1994, 632: 5 Jahre; OLG München FamRZ 1986, 1019: 13 Jahre.
433 OLG Frankfurt/M. FamRZ 2004, 875; OLG Karlsruhe FamRZ 1999, 1087.
434 OLG Jena FamRZ 2004, 877 (Lse.); KG FamRZ 1991, 467 (468).

Ehepartner bereits einen **neuen Lebensmittelpunkt** in einer anderen Wohnung begründet hat.[435]

Zu Unrecht wurde deshalb ein Regelungsbedürfnis nach § 1361b BGB sowie eine unbillige Härte bei Einigkeit der Eheleute über die Überlassung der von einem Ehemann allein angemieteten Wohnung an seine Frau bejaht, nachdem der Vermieter, der diese Überlassung für rechtswidrig hielt, fristlos kündigte und mit Räumung drohte.[436] Das Rechtsschutzbedürfnis für eine Wohnungszuweisung fehlt bei vorliegendem Einvernehmen der Eheleute auch dann, wenn nach fristloser Kündigung der Wohnung das Sozialamt die Übernahme der Mietrückstände sowie der künftigen Miete von einer Wohnungszuweisung abhängig macht.[437]

c) Kündigung

Eine Wohnungszuweisung nach § 1361b BGB scheidet aus, wenn das Mietverhältnis **wirksam gekündigt** ist und fest steht, dass beide Eheleute die Wohnung räumen müssen, da im Rahmen der Zuweisung für die Trennungszeit dem Familiengericht rechtsgestaltende Maßnahmen gegenüber dem Vermieter nicht möglich sind.[438] Die Kündigung des Alleinmieters ist im Verhältnis zum Vermieter auch nicht wegen des Verstoßes gegen die eheliche Loyalitätspflicht nach § 1353 BGB, sondern nur im Ausnahmefall wegen Rechtsmissbräuchlichkeit unwirksam.[439]

187

d) Überlassungsvermutung des § 1361b Abs. 4 BGB

Nach § 1361b Abs. 4 BGB wird bei Auszug eines Ehegatten nach der Trennung unwiderleglich vermutet, dass er dem in der Wohnung verbliebenen anderen Ehegatten das alleinige Nutzungsrecht überlassen hat, wenn er diesem gegenüber nicht **binnen sechs Monaten** nach dem Auszug eine **ernstliche Rückkehrabsicht** bekundet.

188

---

435 OLG Koblenz FamRZ 2006, 1207.
436 AG Karlsruhe Beschluss vom 14.6.2005, 4 F 22/05; zustimmend *Schneider* FamRZ 2006, 10 (11), allerdings unter dem Aspekt, dass die Entscheidung „praxis- und zielorientiert" sei.
437 Anders AG Warendorf FamRZ 2002, 1716
438 Kündigung durch den ausgezogenen Ehegatten: OLG Köln FamRZ 2005, 1993 (1994); Kündigung durch den Vermieter: OLG Oldenburg FamRZ 1993, 1342; vgl. aber auch BVerfG FamRZ 2006, 1596: Ein bereits anhängiges Räumungsverfahren muss bei einem parallelen Wohnungszuweisungsverfahren ausgesetzt werden werden (zu Einzelheiten vgl. Fn. 85).
439 So aber *Schneider* FamRZ 2006, 10 (11); vgl. dazu Rdnr. 47.

Die Frist beginnt mit dem Auszug, also dem tatsächlichen Verlassen der Wohnung und der Begründung eines anderen Lebensmittelpunkts,[440] wobei die gesetzliche Vermutung nur im Fall des **freiwilligen Auszugs** eingreift.[441]

Die einschränkende Auslegung, die Frist beginne erst mit Vorliegen einer unbilligen Härte, wenn eine solche zum Zeitpunkt der Trennung und des Auszugs nicht vorlag,[442] ist mit dem Wortlaut des Gesetzes nicht zu vereinbaren, der nur auf den Auszug nach Trennung abstellt. Bei der Neufassung der Vorschrift im Zusammenhang mit dem Gewaltschutzgesetz wurde auch der Anspruch auf Nutzungsentschädigung in § 1361b Abs. 3 BGB so gefasst, dass er weder von einer gerichtlichen Wohnungszuweisung noch dem Vorliegen von Gründen, die eine solche Zuweisung rechtfertigen würden, abhängig ist. Dem Gesetzgeber war also offensichtlich daran gelegen, eine Regelung zu schaffen, die die mit der Alleinnutzung einer Wohnung zusammenhängenden Probleme möglichst umfassend erfassen und unabhängig vom Vorliegen der Zuweisungsvoraussetzungen der Zuständigkeit des Familiengerichts unterstellen soll. In diese Richtung weisen auch neuere Entscheidungen zu § 1361b BGB a.F.[443] Das Motiv, den Fristbeginn des § 1361b Abs. 4 BGB hinauszuschieben, ist im Hinblick auf die Unwiderleglichkeit der Überlassungsvermutung durchaus nachvollziehbar, gleichwohl lässt die geltende Fassung des Gesetzes (die allerdings überdacht werden sollte) für eine derart einschränkende Auslegung – abgesehen davon, dass der Zeitpunkt des Eintritts der unbilligen Härte und damit des Fristbeginns in der Praxis häufig nur schwer feststellbar und umstritten sein dürften – keinen Raum.

Ohne Belang ist, von wem die Trennung ausgeht und ob die Wohnung – bei Rückkehrabsicht – wieder zusammen mit dem dort verbliebenen Ehegatten oder vom Rückkehrenden allein bewohnt werden soll. Allerdings darf die Rückkehrabsicht **nicht nur vorgeschoben** sein, sondern muss tatsächlich bestehen.

Ein besonderes Formerfordernis für die Bekanntgabe der Rückkehrabsicht, wie sie in § 2 Abs. 3 Nr. 2 GewSchG enthalten ist, ist in § 1361b Abs. 4 BGB nicht vorgesehen.

189   Da die in § 1361b Abs. 4 BGB statuierte Vermutung **unwiderleglich** ist, ist gemäß § 292 ZPO der Beweis des Gegenteils ausgeschlossen. Dies

---

440   OLG Koblenz FamRZ 2006, 1207.
441   AnwK-BGB/*Boden* § 1361b BGB Rdnr. 37; Erman/*Heckelmann* § 1361b Rdnr. 18; FA-FamR/*Klein* 8. Kap. Rdnr. 82h.
442   So OLG Hamburg OLGR 2003, 272.
443   BGH FamRZ 2006, 930 m. Anm. *Brudermüller*.

führt dazu, dass nach Auszug eine Rückkehr in die Wohnung nicht möglich ist, wenn die Rückkehrabsicht nicht fristgerecht erklärt wird oder wenn die Erklärung und deren Zugang nicht nachgewiesen werden können. Der in der Wohnung Verbliebene hat in diesem Fall ein **dauerhaftes alleiniges Nutzungsrecht** selbst dann, wenn der andere Alleineigentümer der Wohnung ist. Im Hinblick auf die systematische Stellung der Vorschrift gilt diese in § 1361b Abs. 4 BGB angeordnete Rechtsfolge jedoch **nur für die Trennungszeit**, so dass eine Zuweisung nach der HausratsVO für die Zeit nach Rechtskraft der Scheidung dadurch nicht ausgeschlossen wird.[444]

Die Vorschrift des § 1361 Abs. 4 BGB greift nach ihrem Sinn und Zweck nicht ein, wenn ein Ehegatte aus der ihm zugewiesenen Ehewohnung auszieht, damit das Anwesen veräußert werden kann.[445]

Praxistipp: Will der aus der Wohnung ausziehende Ehegatte die Nutzungsverhältnisse an der Wohnung noch in einem Wohnungszuweisungsverfahren klären lassen, ist ihm dringend zu raten, den Willen zur Rückkehr zu erklären und den Zugang dieser Erklärung in nachweisbarer Form sicherzustellen. Um Zweifel an der Ernstlichkeit des Rückkehrwillens auszuschließen, sollte der Rückkehrwille zugleich begründet werden.

II. Wohnungszuweisung für die Trennungszeit bei Lebenspartnern nach § 14 LPartG

Nach § 14 Abs. 1 S. 1 LPartG kann ein Lebenspartner – wenn die Lebenspartner getrennt leben oder einer getrennt leben will – verlangen, dass ihm der andere die gemeinsame Wohnung oder einen Teil davon zur alleinigen Benutzung überlässt, soweit dies auch unter Berücksichtigung der Belange des anderen Lebenspartners notwendig ist, um eine unbillige Härte zu vermeiden.

190

Fall 2:
Bei einem Auslandsurlaub lernt Helmut Turgut kennen und freundet sich mit ihm an. Turgut möchte gerne in Deutschland leben. Die beiden kommen überein, eine Lebenspartnerschaft eintragen zu lassen,

---

444 Palandt/*Brudermüller* § 1361b BGB Rdnr. 25; Hoppenz/*Müller* § 1361b BGB Rdnr. 15f.
445 OLG München FamRZ 2007, 836.

ohne dass sich daraus allerdings wechselseitige Verpflichtungen ergeben, sondern nur zu dem Zweck, Turgut zu einer dauerhaften Aufenthaltserlaubnis zu verhelfen. Hierfür bezahlt Turgut 10.000,- €. Nach der Eintragung der Lebenspartnerschaft zieht Turgut mit in Helmuts Eigentumswohnung in Rosenheim, um den Schein zu wahren. Entgegen der vorherigen Planung kommen sich die beiden in der Folgezeit doch näher, nehmen eine intime Beziehung auf und gestalten ihr Leben mit diesem einen Hausstand gemeinsam. Nach einem dreiviertel Jahr wirft Turgut jedoch ein Auge auf die Tochter eines ansässigen Wirts, was zu heftigen Auseinandersetzungen, wechselseitigen Beleidigungen und hasserfüllten Beschimpfungen zwischen den beiden Männern führt. Nachdem Turgut nicht freiwillig auszieht, erklärt ihm Helmut, dass er sich von ihm trennt und stellt beim Amtsgericht – Familiengericht – Rosenheim einen Antrag auf Wohnungszuweisung.

§ 14 LPartG ist das Äquivalent zu § 1361b BGB im Lebenspartnerschaftsrecht und regelt die vorläufige Wohnungszuweisung für die Trennungszeit eingetragener Lebenspartner. Die Vorschrift stimmt inhaltlich mit § 1361b BGB völlig überein, die Voraussetzungen für eine Wohnungszuweisung unter Lebenspartnern sind daher mit denen bei Eheleuten identisch. Deshalb kann insoweit auf die Ausführungen zu § 1361b BGB Bezug genommen werden, wobei jedoch nachfolgende Besonderheiten bei der Lebenspartnerschaft zu beachten sind:

1. Gemeinsame Wohnung

191   Eine Wohnungszuweisung nach § 14 LPartG setzt eine „gemeinsame Wohnung" der Lebenspartner voraus. Weitere Anforderungen als das gemeinsame Leben in einer Wohnung bestehen nicht, so dass es grundsätzlich unerheblich ist, auf welchem Rechtsverhältnis die Wohnungsnutzung beruht und ob es sich nur um einen Raum oder sogar eine Behelfsunterkunft handelt.[446]

Diese gemeinsame Wohnung ist im Gegensatz zur Ehewohnung nicht selbstverständlich, da § 2 LPartG – im Gegensatz zu § 1353 BGB – nicht die Verpflichtung zu einer partnerschaftlichen Lebensgemeinschaft im Sinne einer (auch) häuslichen Gemeinschaft enthält.[447] Da demnach **keine**

---

446 Vgl. Hk-LPartR/*Kemper* § 14 LPartG Rdnr. 4 und die Ausführungen zur Ehewohnung Rdnr. 165 und 167.
447 *Wellenhofer-Klein* Rdnr. 109.

Verpflichtung zu einem gemeinsamen Hausstand besteht, kann eine Lebenspartnerschaft auch unter Beibehaltung von getrennten Wohnungen geführt werden. Ein Bedürfnis für eine Wohnungszuweisung besteht in diesem Fall nicht.

Anders stellt sich die Sachlage hingegen dar, wenn zwei von den Lebenspartnern zunächst allein bewohnte Wohnungen im Laufe der Zeit nur noch gemeinsam genutzt werden, etwa die eine Wohnung, da in der Stadt zentral gelegen, während die Partner ihrer Berufstätigkeit nachgehen, die andere, weiter entfernte, nur an Wochenenden oder im Urlaub, letztlich also wie eine Ferienwohnung. In diesem Fall ist nach der hier vertretenen Ansicht von zwei gemeinsamen Wohnungen auszugehen, die im Konfliktfall in einem Wohnungszuweisungsverfahren zugeteilt werden können. Ebenso wie es nach richtiger Ansicht nicht nur eine Ehewohnung gibt, kann auch bei Lebenspartnern nicht nur eine (Haupt-)Wohnung „gemeinsame Wohnung" sein.[448]

2. Wirksame Lebenspartnerschaft

Wie bei § 1361b BGB eine wirksam geschlossene Ehe Voraussetzung einer Wohnungszuweisung ist, so bedarf es bei § 14 LPartG einer wirksamen Lebenspartnerschaft. 192

Die Voraussetzungen einer wirksamen Lebenspartnerschaft sind in § 1 LPartG enthalten. Nach § 1 Abs. 2 LPartG kann eine wirksame Lebenspartnerschaft nicht begründet werden, wenn

- ein Lebenspartner minderjährig oder verheiratet ist oder bereits eine Lebenspartnerschaft führt (Nr. 1),
- die Partner in gerader Linie miteinander verwandt sind (Nr. 2),
- es sich um voll- oder halbbürtige Geschwister handelt (Nr. 3) oder
- die Partner sich bei Begründung der Partnerschaft darüber einig sind, keine Verpflichtungen gemäß § 2 LPartG begründen zu wollen, die Partnerschaft also nur zum Schein eingehen.

Anders als im Eherecht, das bei den meisten Begründungsmängeln eine wirksame Ehe zustande kommen lässt, aber die Möglichkeit der Aufhebung vorsieht, führt im Lebenspartnerschaftsrecht ein Verstoß gegen die in § 1 Abs. 2 LPartG aufgeführten Wirksamkeitsvoraussetzungen dazu, dass keine wirksame Lebenspartnerschaft entsteht. Diese Fehler bewirken 193

---

448 So aber Hk-LPartR/*Kemper* § 17 LPartG Rdnr. 8; vgl. zum gleich gelagerten Problem bei der Ehewohnung Rdnr. 166.

also die **Nichtigkeit der Lebenspartnerschaft** von Anfang an, auf die sich jeder, auch noch nach Jahren, berufen kann.[449] Auch die im Eherecht vorgesehenen Heilungsmöglichkeiten (§ 1315 BGB) sind dem Lebenspartnerschaftsrecht fremd, es bleibt bei der Nichtigkeit.[450] Zwar wird in diesem Zusammenhang diskutiert, ob es im Verhältnis der Partner zueinander rechtsmissbräuchlich ist, sich nachträglich auf das Wirksamkeitshindernis zu berufen.[451] Aber selbst bei Bejahung dessen gilt dies nicht für das Außenverhältnis, hier bleibt es bei der Nichtigkeit, die auch in einem anderen Verfahren inzident festgestellt werden kann.

Zum Fall 2 (Rdnr. 190):

Zwischen Helmut und Turgut ist eine wirksame Lebenspartnerschaft nicht entstanden, da sie zunächst nur zu dem Zweck, Turgut eine Aufenthaltserlaubnis zu verschaffen, geschlossen wurde. Dass sich in der Folgezeit zwischen beiden eine Partnerschaft entwickelt hat, heilt diesen Mangel nicht. Der Antrag auf Zuweisung der Wohnung zur Alleinnutzung nach § 14 LPartG muss mangels wirksamer Lebenspartnerschaft zurückgewiesen werden. Helmut bleibt nur ein Herausgabeverlangen nach allgemeinen zivilrechtlichen Vorschriften. Eine Eilanordnung scheidet aus, da die Voraussetzungen des § 940a ZPO nicht vorliegen, Helmut muss Turgut also bis zum Abschluss des Räumungsverfahrens (und Ablauf einer Räumungsfrist) in seiner Wohnung dulden.

3. Ausschluss der Zuweisung

194 Im Falle angedrohter oder ausgeübter Gewalt ist ein Anspruch auf Wohnungsüberlassung nach § 14 Abs. 2 S. 2 LPartG ausgeschlossen, wenn **keine Wiederholungsgefahr** besteht. Die Beweislast hierfür trägt jedoch der Täter, und selbst wenn ihm dieser Beweis gelingen sollte, bleibt es bei dem Anspruch auf Überlassung der Wohnung zur Alleinnutzung, wenn dem Opfer wegen der Schwere der Tat ein weiteres Zusammenleben mit dem Täter nicht zuzumuten ist.

Eine Wohnungszuweisung nach § 14 LPartG kommt – ebenso wie eine solche nach § 1361b BGB – nicht in Betracht, wenn sich die Lebenspartner nach räumlicher Trennung eindeutig und endgültig über die Weiter-

---

449 *Muscheler* Rdnr. 189; *Wellenhofer-Klein* Rdnr. 81.
450 Palandt/*Brudermüller* § 1 LPartG Rdnr. 6; FA-FamR/*Weinreich* 11. Kap. Rdnr. 213; AnwK-BGB/*Ring*/*Olsen-Ring* § 1 LPartG Rdnr. 24; *Kemper* Rdnr. 194.
451 *Wellenhofer-Klein* Rdnr. 57.

benutzung der Wohnung nur durch einen von ihnen **geeinigt** haben. Ein Zuweisungsverfahren scheidet hier auch dann aus, wenn sich die gefundene Lösung im Nachhinein als unpraktikabel erweist.[452]

Eine Wohnungszuweisung nach § 14 LPartG ist schließlich ausgeschlossen, wenn das Mietverhältnis über die fragliche Wohnung **gekündigt** ist und die Lebenspartner die Wohnung räumen müssen[453] oder die **Überlassungsvermutung** nach § 14 Abs. 4 LPartG eingreift, die wiederum derjenigen des § 1361b Abs. 4 BGB entspricht, so dass auch insoweit auf die Ausführungen zu § 1361b BGB Bezug genommen werden kann.[454]

III. HausratsVO

Nach Rechtskraft der Scheidung sollen die Wohnverhältnisse der Parteien endgültig geklärt werden. Die Hausratsverordnung lässt aus diesem Grund nicht nur Nutzungsregelungen im Innenverhältnis der Parteien, sondern auch rechtsgestaltende Maßnahmen gegenüber Dritten zu. Sie ist gemäß § 25 HausratsVO bei Aufhebung einer Ehe entsprechend anwendbar.

195

Die §§ 1 und 2 HausratsVO enthalten allgemein geltende Vorschriften, die §§ 3 bis 7 HausratsVO Sonderregelungen für die Zuweisung der Ehewohnung.

In der Praxis sind Wohnungszuweisungsfälle für die Zeit nach Rechtskraft der Scheidung deutlich seltener als diejenigen für die Trennungszeit, denn der Streit um die Wohnung entbrennt in der Regel schon bei der Trennung. Bis zum Ablauf des Trennungsjahres und damit bis zur Scheidung sind die Wohnverhältnisse in aller Regel längst geklärt. Für die Zeit nach Rechtskraft der Scheidung erlangt jedoch die Notwendigkeit einer Änderung des Mietvertrags Bedeutung, wenn der Vermieter mit dieser nicht einverstanden ist, weil er fürchtet, einen oder den solventen Schuldner zu verlieren. Das Zuweisungsverfahren wird dann häufig lediglich mit dem Ziel betrieben, die Vertragsbeziehungen der Eheleute mit dem Vermieter der tatsächlichen Nutzungssituation, über die Einigkeit besteht, anzupassen.

---

452 Missverständlich insoweit Hk-LPartR/*Kemper* § 14 Rdnr. 5: Wohnungszuweisungsverfahren nach „vollzogener Trennung".
453 Für Eheleute: OLG Köln FamRZ 2005, 1993 (1994); OLG Oldenburg FamRZ 1993, 1342.
454 Vgl. dazu Rdnr. 188f.

Fortsetzung Fall 1 (Rdnr. 159):
Herr Glücklich hat die Scheidung eingereicht. Während das Scheidungsverfahren anhängig ist, erbt Frau Glücklich in der Prielmayerstraße 5 in München, die von der Ehewohnung in der Pacellistraße 7 fünf Gehminuten entfernt liegt, ein Mehrfamilienhaus mit einer 5-Zimmer-Wohnung im Erdgeschoss, zu der auch ein großer Garten gehört. Sie widersetzt sich jedoch dem Anliegen ihres Mannes, den Mietern wegen Eigenbedarfs zu kündigen, da sie ihm durch ihre stete Präsenz sein neues Glück herzlich vergällen möchte. Herr Glücklich stellt erneut einen Antrag auf Wohnungszuweisung, nunmehr für die Zeit ab Rechtskraft der Scheidung.

1. Ehewohnung

196   Eine Wohnung verliert durch die Trennung der Eheleute, verbunden mit dem Auszug eines Ehepartners oder die vorläufige gerichtliche Zuweisung der Wohnung für die Trennungszeit nach § 1361b BGB, noch **nicht den Charakter der Ehewohnung.**[455] Dies gilt auch bei einer nach § 1361b Abs. 4 BGB unwiderleglich zu vermutenden Nutzungsüberlassung, die lediglich für die Zeit der Trennung wirkt, so dass eine Wohnungszuweisung für die Zeit nach Rechtskraft der Scheidung nach den Vorschriften der HausratsVO dadurch nicht ausgeschlossen ist.[456]

Selbst nach der Scheidung kann eine Wohnung ihren Charakter als Ehewohnung noch behalten, so etwa wenn die gemeinsam dinglich berechtigten Eheleute das Objekt weiter bewohnen.[457] Im Übrigen ist der Begriff der Ehewohnung ebenso wie bei § 1361b BGB weit auszulegen und umfasst – unabhängig von den zugrunde liegenden Rechtsverhältnissen – alle Räume, in denen die Ehegatten gewohnt haben oder bestimmungsgemäß wohnen wollten.[458]

2. § 1 HausratsVO – fehlende Einigung der Parteien

197   Eine Regelung der Rechtsverhältnisse an der Ehewohnung erfolgt nach § 1 HausratsVO nur, soweit sich die Ehegatten anlässlich der Scheidung nicht darüber einigen können, wer von ihnen die Ehewohnung künftig be-

---

455 OLG Jena FamRZ 2004, 877 (Lse.); OLG Karlsruhe FamRZ 1999, 1087; OLG Celle FamRZ 1992, 676; OLG Hamm FamRZ 1989, 739.
456 Vgl. dazu oben Rdnr. 189.
457 BGH FamRZ 1994, 98 (101).
458 Zu Einzelheiten insoweit vgl. Rdnr. 165ff.

wohnen soll. Dieses Regelungsbedürfnis entfällt im Fall einer **vorbehaltslosen, wirksamen und umfassenden Einigung** der Ehegatten.[459]

Dabei schadet auch eine Anfechtbarkeit der Einigung nicht, so lange die Anfechtung nicht erklärt wurde. Im Hinblick auf das Wirksamkeitserfordernis muss eine aufschiebende Bedingung eingetreten sein, eine auflösende hingegen nicht. Formerfordernisse für die Einigung bestehen nicht; sie kann schriftlich, mündlich und sogar durch schlüssiges Verhalten erfolgen, wobei an letzteres ein strenger Maßstab anzulegen ist. Wenn ein Ehegatte die Wohnung auf Druck des anderen wegen erheblicher Spannungen oder gar im Hinblick auf erlittene Gewalt verlässt, kann nicht davon ausgegangen werden, dass dieser die Ehewohnung bereits auf Dauer aufgibt.[460] Eine dauerhafte Aufgabe der Ehewohnung kann jedoch angenommen werden, wenn ein Ehepartner einen anderen Lebensmittelpunkt begründet, insbesondere also eine neue Wohnung anmietet, einrichtet und bezieht.[461]

Das Erfordernis einer umfassenden Einigung der Eheleute ist nicht erfüllt, wenn deren Regelung über die Weiternutzung der (Miet-)Wohnung nicht vertraglich umgesetzt werden kann, weil der Vermieter nicht bereit ist, einen der beiden aus dem Mietvertrag zu entlassen oder – falls der Mietvertrag nur mit dem die Wohnung nicht mehr nutzenden Ehepartner geschlossen wurde – diesen aus dem Vertrag zu entlassen und mit dem anderen einen Vertrag zu schließen. Von einer Eingung im Sinne von § 1 HausratsVO ist also nur auszugehen, wenn sie **in jeder Hinsicht** eine richterliche Regelung entbehrlich macht.[462] An einer umfassenden Einigung fehlt es in gleichem Maße, wenn sich die Eheleute zwar über die Nutzung der Wohnung, nicht aber über die Nutzungsentschädigung einig sind.[463] Beide Fälle betreffen zwar nicht die unmittelbare Nutzung der Wohnung, jedoch ist diese nicht abschließend geklärt, solange die vertragliche Grundlage dieser Nutzung oder ein hierfür zu zahlendes Entgelt im Streit sind. Im ersteren Fall besteht im Falle der Alleinmiete die Gefahr, dass der Vermieter nach der Scheidung, wenn die Wohnung den Charakter der Ehewohnung verloren hat, den Mietvertrag kündigt, da es zwar zum vertragsgemäßen Mietgebrauch gehört, seinen Ehepartner in die angemietete Wohnung aufzunehmen, diese ihm jedoch nicht allein und zur

198

---

459 Vgl. Johannsen/Henrich/*Brudermüller* § 1 HausratsVO Rdnr. 7 m.w.N.
460 OLG Jena FamRZ 2004, 877 (Lse); KG FamRZ 1991, 467 (468).
461 Vgl. auch OLG Koblenz FamRZ 2006, 1207.
462 OLG Celle FamRZ 2002, 340; OLG Celle FamRZ 1998, 1530; OLG Karlsruhe FamRZ 1995, 45.
463 So OLG München FamRZ 2007, 1655 m. abl. Anm. *Wever*; Hoppenz/*Müller* § 1 HausratsVO Rdnr. 7.

ausschließlichen Nutzung überlassen werden darf. Selbst bei Einigkeit der Eheleute kann daher die Nutzung gefährdet sein. Dies gilt allerdings nicht bei Mitmietern. Dennoch besteht auch hier Einigkeit, dass die fehlende Vermieterzustimmung das Verfahren nach der HausratsVO eröffnet. Die Nutzung selbst ist in diesem Fall jedoch nicht im Streit, es geht ausschließlich um die Änderung des Vertrags. Bei einem Streit um die Nutzungsentschädigung bei Einigkeit über die Nutzung selbst muss Entsprechendes gelten, zumal eine einvernehmliche Nutzung in diesem Fall dauerhaft keinen Bestand haben wird. Ist der Anspruchsinhaber Allein- oder Miteigentümer, wird er dann vielmehr über kurz oder lang die Wohnung verkaufen oder die Teilungsversteigerung beantragen.

199 Haben die Eheleute eine Vereinbarung getroffen, ist nach herrschender Meinung ein Streit **über Wirksamkeit und Inhalt** dieser Einigung als Vorfrage im Wohnungszuweisungsverfahren vom Familiengericht zu klären.[464] Der Streit über die **Durchsetzung bzw. Erfüllung der Vereinbarung** ist hingegen vor den allgemeinen Zivilgerichten auszutragen.[465]

Uneinheitlich beantwortet wird dabei die Frage, ob die Einigung nicht nur inhaltlich erschöpfend, sondern auch vollzugsfähig sein muss, um ein Verfahrenshindernis im Sinne des § 1 HausratsVO darzustellen. Nach einer Meinung stellt eine Einigung nur dann ein Hindernis für ein Verfahren nach der HausratsVO dar, wenn diese Einigung bereits vollzogen ist oder als vollstreckbarer Titel vorliegt. Bis dahin könne das Familiengericht angerufen werden, das Art und Umfang der Einigung von Amts wegen zu erforschen und eine als wirksam festgestellte Einigung im Hausratsverfahren durch bindenden und vollstreckbaren Beschluss zu bestätigen habe, wobei der Beschluss durch Neben- und Zusatzanordnungen, im Rahmen derer auch Maßnahmen zur Durchführung und Vollstreckung getroffen werden könnten, ergänzt werden könne.[466] Der BGH hat hingegen bereits die privatschriftliche Vereinbarung, so sie umfassend und wirksam

---

464 OLG Frankfurt/M. FamRZ 1991, 1327; vgl. auch OLG Zweibrücken FamRZ 1993, 82 (83): Die Nichtaufklärung einer behaupteten Einigung kann einen schweren Verfahrensverstoß darstellen, der die Aufhebung und Zurückverweisung begründet; a.A. OLG Karlsruhe FamRB 2007, 238: Allgemeines Zivilgericht ist zuständig, wenn ein Ehegatte mit der Behauptung, man habe sich geeinigt, gegen seinen Ehepartner auf Zahlung eines Ausgleichsbetrages klagt; ob Einigung unstreitig oder erst zu beweisen ist, ist für die Zuständigkeitsfrage nicht entscheidend.
465 BGH FamRZ 1980, 46; OLG Karlsruhe FamRZ 2003, 621; OLG Dresden FamRZ 2001, 173; Thomas/Putzo/*Hüßtege* § 621 ZPO Rdnr. 32.
466 Hoppenz/*Müller* § 1 HausratsVO Rdnr. 14; AnwK-BGB/*Boden* § 1 HausratsVO Rdnr. 13.

ist, als Hindernis für ein Verfahren nach der Hausratsverordnung angesehen.[467]

Die Meinung des BGH ist vorzuziehen, da es schwer nachvollziehbar ist, dass die Einigung einerseits an keinerlei Formerfordernis gebunden wird und sogar ein schlüssiges Zustandekommen nach ganz herrschender Meinung ausreichen soll, dann aber nur eine titulierte Einigung als Verfahrenshindernis in Betracht kommt. Konsequenter erscheint es hingegen, die Einigung, wurde sie denn erzielt, mit dem BGH als Verfahrenshindernis zu werten. Das entspricht auch dem Wortlaut des Gesetzes.

Besteht tatsächlich Einigkeit der Parteien, entfällt daher das Rechtsschutzbedürfnis für ein Verfahren nach der HausratsVO. Diese Einigkeit besteht jedoch nicht, solange und soweit Ansprüche aus der Vereinbarung im Streit sind. Sie liegt vielmehr erst dann vor, wenn **jegliche richterliche Regelung entbehrlich** ist. Damit korrespondiert, dass nach der obergerichtlichen Rechtsprechung auch Ansprüche aus anderen Verträgen, durch die Familiensachen inhaltlich näher ausgestaltet werden, zur Zuständigkeit der Familiengerichte gehören.[468] So wird insbesondere im Unterhaltsrecht davon ausgegangen, dass eine Familiensache im Sinne von §§ 23b Abs. 1 Nr. 5 und 6 GVG, 621 Abs. 1 Nr. 4 und 5 ZPO – obschon die Vorschriften auf die *gesetzliche* Unterhaltspflicht abstellen – auch dann gegeben ist, wenn eine vertragliche Regelung vorliegt, sofern diese die gesetzliche Unterhaltspflicht betrifft. Nur bei rein vertraglich begründeten Unterhaltsansprüchen fehlt es an den Voraussetzungen für eine Familiensache. Übertragen auf die Regelung der Nutzung der Ehewohnung führt dies dazu, dass auch Ansprüche aus einer Vereinbarung der Parteien über die Nutzung der Ehewohnung als Familiensache nach §§ 23b Abs. 1 Nr. 8 GVG, 621 Abs. 1 Nr. 7 ZPO einzuordnen sind, solange die Vereinbarung **die in der Hausratsverordnung**[469] **vorgesehene Nutzungsregelung** betrifft. Wenn und soweit die Vereinbarung jedoch Regelungen enthält, die nach der HausratsVO nicht vorgesehen oder nicht möglich sind (wie etwa die Zahlung einer Abfindung für die Trennung[470]), unterfällt der Anspruch aus der Vereinbarung bei Streit hierüber der Zuständigkeit der Zivilge-

200

---

467 BGH FamRZ 1980, 46 (47); OLG Karlsruhe FamRZ 2003, 621; OLG Zweibrücken FamRZ 1993, 82.
468 BGH NJWE-FER 1998, 63 (Vereinbarung über Scheidungsverfahrenskosten); BGH FamRZ 1979, 907; BayObLG FamRZ 1983, 1246 (Unterhaltsvereinbarung); OLG Zweibrücken FamRZ 2000, 497 (Schadensersatz bei Freistellungsvereinbarung); OLG Zweibrücken FamRZ 1997, 32 (Regelung der Transportkosten in Umgangsvereinbarung); vgl. auch Zöller/*Philippi* § 621 ZPO Rdnr. 53.
469 Bzw. in § 1361b BGB und den entsprechenden Vorschriften des Lebenspartnerschaftsrechts.
470 Richtig daher OLG Karlsruhe FamRZ 2003, 621.

richte. Diese Lösung hat den Vorteil, dass die Zuständigkeit des Familiengerichts am sachlichen Kriterium des materiellen Rechts und nicht der – eher zufälligen – Qualität der Vereinbarung angekoppelt ist.[471]

FamFG-E:

Nach § 111 Nr. 5 FamFG-E sollen Wohnungszuweisungssachen weiterhin zu den Familiensachen gehören, nach § 200 Abs. 1 FamFG-E sind dies die Verfahren nach § 1361b BGB und §§ 2 bis 6 HausratsVO. § 203 Abs. 1 FamFG-E bestimmt, dass das Zuweisungsverfahren auf Antrag eines Ehegatten eingeleitet wird und entspricht damit insoweit § 1 HausratsVO, jedoch wird die Einigung nicht mehr als besonderes Verfahrenshindernis erwähnt. Dies ist nach der Begründung des Gesetzesentwurfs nicht erforderlich, weil bei einer Einigung das Regelungsinteresse für ein gerichtliches Verfahren grundsätzlich entfällt, ohne dass es der Erwähnung dessen im Normtext bedürfe.[472]

3. Zuweisungskriterien

a) Billiges Ermessen, § 2 HausratsVO

201 Die allgemeinen Grundsätze für die Entscheidung des Gerichts sind in § 2 HausratsVO enthalten: Danach trifft der Richter seine Entscheidung nach „billigem Ermessen", wobei er **alle Umstände des Einzelfalls** zu berücksichtigen hat. Zwei konkrete Anhaltspunkte für die Ausübung des Ermessens sind im Gesetz genannt, nämlich das auch hier vorrangig zu berücksichtigende „Wohl der Kinder" und die „Erfordernisse des Gemeinschaftslebens".

202 Hier gilt zunächst das schon bei der Wohnungszuweisung nach § 1361b BGB Ausgeführte:[473] Trennung und Scheidung der Eltern belasten Kinder erheblich. Deshalb soll ihnen in dieser Situation ein sie zusätzlich belastender Wohnungs- und Umgebungswechsel erspart werden, sie sollen nach Möglichkeit in ihrer vertrauten Umgebung bleiben. Die

---

471 Eine andere Ansicht kommt zur Zuständigkeit des Familiengerichts auch bei einer Vereinbarung, sofern der fragliche Titel vor dem Familiengericht errichtet wurde, da für Klagen auf Leistung des Interesses an Stelle des titulierten Anspruchs gemäß §§ 893 Abs. 2, 802 ZPO das Prozessgericht der ersten Rechtszugs ausschließlich zuständig ist. Ist die Vollstreckung aus einem vor dem Familiengericht geschaffenen Titel erfolglos und wird statt dessen Schadensersatz verlangt, führe dies zur ausschließlichen Zuständigkeit des Familiengerichts; vgl. OLG Schleswig FamRZ 2003, 1199 (zum Hausrat); FA-FamR/*Klein* 8. Kap. Rdnr. 36f.
472 BT-Drs. 16/6308 S. 249.
473 Vgl. dazu 171ff.

Berücksichtigung des Kindeswohls führt daher auch bei der endgültigen Wohnungszuweisung regelmäßig dazu, dass die Wohnung dem Elternteil zuzuweisen ist, der die elterliche Sorge für die Kinder hat oder bei dem sich die Kinder bei gemeinsamer Sorge mit Einwilligung des anderen Elternteils aufhalten oder der besser für sie sorgen kann. Auch volljährige Kinder, soweit sie sich noch in Ausbildung befinden, sowie nicht gemeinsame Kinder und Pflegekinder werden berücksichtigt.[474]

Zu den „Erfordernissen des Gemeinschaftslebens" wird vertreten, dass – da die Hausratsverordnung aus dem Jahr 1944 stammt – diese allein auf der nationalsozialistischen Ideologie der „Volksgemeinschaft" beruhen und dieses Kriterium deshalb heute nicht mehr fort gelte. Richtiger erscheint demgegenüber eine zeitgemäße Interpretation.[475] Danach kann im Rahmen der „Erfordernisse des Gemeinschaftslebens" etwa berücksichtigt werden, welcher Ehegatte sich besser in die Hausgemeinschaft einfügt, ob es durch einen Ehepartner zu erheblichen Vertragsverletzungen gekommen und wie sein Verhältnis zu Hauseigentümer bzw. Vermieter ist. Der Stellungnahme des zu beteiligenden[476] Eigentümers oder Vermieters im Verfahren kommt hier ein besonderes Gewicht zu. 203

Die Entscheidung im Rahmen des § 2 HausratsVO erfordert über die Berücksichtigung des Kindeswohls sowie der Erfordernisse des Gemeinschaftslebens hinaus die Gesamtwürdigung aller Umstände des Einzelfalls und damit auch **allgemeiner Kriterien**, wie Alter der Parteien, Gesundheitszustand, finanzielle Verhältnisse, der Umstand, dass ein Ehepartner die Wohnung schon vor Eheschließung bewohnte, sowie die Nähe zum Arbeitsplatz oder zu anderen (etwa pflegebedürftigen) Angehörigen. Zu berücksichtigen ist darüber hinaus, welcher Ehepartner über die bessere Möglichkeit verfügt, sich angemessenen Ersatzwohnraum zu verschaffen. 204

Zur Fortsetzung Fall 1 (Rdnr. 195):
Für die Zeit nach Rechtskraft der Scheidung schlägt das Pendel zugunsten von Herrn Glücklich aus: Seine Praxis befindet sich neben der vormaligen Ehewohnung und Frau Glücklich kann sich durch eine Eigenbedarfskündigung eine geeignete, auch die Interessen der Kinder in jeder Hinsicht wahrende, nahe gelegene angemessene Ersatzwohnung beschaffen. Der Räumungsfrist für die Mieter kann durch eine entsprechende Räumungsfrist[477] für Frau Glücklich im Zuweisungsverfahren Rechnung getragen werden.

---

474 OLG Brandenburg OLGR 2001, 166; OLG Brandenburg FamRZ 2001, 636.
475 Vgl. Johannsen/Henrich/*Brudermüller* § 2 HausratsVO Rdnr. 6.
476 Vgl. dazu Rdnr. 364.
477 Zur Räumungsfrist und deren Verlängerung vgl. Rdnr. 312.

b) Dingliche Rechtspositionen, § 3 HausratsVO

205 Gerade bei endgültigen Wohnungszuweisungen für die Zeit nach Rechtskraft der Scheidung kommt dinglichen Rechtpositionen ein besonderes Gewicht zu. Hier findet sich zugleich die stärkste Einschränkung der sich an den Kriterien des § 2 HausratsVO orientierenden Ermessensentscheidung des Gerichts. Ist ein Ehegatte allein oder gemeinsam mit einem Dritten Eigentümer der Ehewohnung oder in sonstiger Weise dinglich berechtigt, darf der Richter gemäß § 3 HausratsVO die Wohnung dem anderen Ehegatten nur zuweisen, wenn dies notwendig ist, um eine **unbillige Härte** zu vermeiden.[478] Das bedeutet, dass die Ehewohnung grundsätzlich beim dinglich berechtigten Ehegatten verbleibt. Der durch eine Zuweisung an den anderen gegebene Eingriff in die verfassungsrechtlich geschützte Rechtsposition „Eigentum" erfordert also einen **besonderen Härtefall** und muss – auch wegen des Ausnahmecharakters der Vorschrift – **so eingeschränkt wie möglich** erfolgen, das heißt, die Zuweisungsdauer ist unter Festsetzung eines Nutzungsentgelts oder Begründung eines Mietvertrags zeitlich zu begrenzen.[479]

Eigentumsverhältnisse und andere dingliche Berechtigungen hat das Familiengericht von Amts wegen zu ermitteln (§ 13 Abs. 1 HausratsVO in Verbindung mit § 12 FGG). In Fällen unterschiedlich starker dinglicher Rechte gehen die den Besitz ausschließenden Rechte vor (z.B Nießbrauch, Erbbaurecht, dingliches Wohnrecht nach § 1093 BGB).[480]

206 An die Voraussetzungen einer „unbilligen Härte" sind strenge Anforderungen zu stellen.[481] Sie setzt eine ungewöhnlich schwere Beeinträchtigung des anderen Ehegatten bei Zuweisung an den dinglich Berechtigten voraus, so dass diese unbillig hart erscheint.[482]

Denkbare Fälle sind wieder **Belange des Kindeswohls**, etwa wenn der Nichteigentümer keine angemessene Ersatzwohnung für sich und die von ihm betreuten Kinder finden kann[483] oder wenn deren Betreuung auf-

---

478 OLG Hamm FamRZ 2004, 888; OLG Naumburg FamRZ 2002, 672.
479 Vgl. BVerfG FamRZ 2002, 451: Beabsichtigt das Gericht, zu Lasten des Grundstückseigentümers ein unbefristetes unentgeltliches Nutzungsverhältnis an der bisherigen Ehewohnung zu begründen, muss es den Eigentümer auf diese nicht vorhersehbare Möglichkeit zuvor hinweisen, andernfalls verletzt es seinen Anspruch auf rechtliches Gehör.
480 OLG Stuttgart FamRZ 1990, 1260; a. A. OLG Naumburg FamRZ 1998, 1529.
481 OLG Hamm FamRZ 2004, 888; OLG Naumburg FamRZ 2002, 672.
482 OLG Hamm FamRZ 2004, 888; OLG Naumburg FamRZ 2002, 672; OLG Oldenburg FamRZ 1998, 571; OLG München FamRZ 1995, 1205.
483 OLG Naumburg FamRZ 2002, 672; OLG Köln FamRZ 1996, 492; OLG Celle FamRZ 1992, 465.

grund des Umzugs nicht mehr gesichert wäre, aber auch die Notwendigkeit der Wohnung für das Erwerbsleben oder aufgrund einer Behinderung des Nichteigentümers. Keinesfalls genügen die mit jedem Wohnungswechsel einhergehenden Unannehmlichkeiten, übliche Schwierigkeiten bei der Beschaffung von Ersatzwohnraum, finanzielle Belastungen aufgrund des Auszugs oder die Tatsache, dass der Umzug erhebliche Unbequemlichkeiten für das gemeinsame Kind mit sich bringt.[484] Vor allem fehlende oder unzureichende Unterhaltsleistungen können wegen des Ausnahmecharakters von § 3 HausratsVO allein nicht dazu führen, dass die Wohnung dem unterhaltsberechtigten Nichteigentümer zugewiesen wird, da die Wohnungszuweisung **nicht der Beschaffung von Naturalunterhalt** dient.[485] Im Rahmen der endgültigen Wohnungszuweisung ist auch das Interesse des Wohnungseigentümers an einer Veräußerung des Objekts im Hinblick auf die bestehende Verschuldung zu berücksichtigen.[486] Ist der Weichende nicht Allein-, sondern gemeinsam mit einem Dritten Miteigentümer, wird auch in dessen grundrechtlich geschützte Rechtsposition eingegriffen, so dass ein besonders strenger Prüfungsmaßstab anzulegen ist.[487]

§ 3 HausratsVO gilt nicht bei Miteigentum der Eheleute. Die Zuweisung erfolgt in diesem Fall nach billigem Ermessen gemäß § 2 HausratsVO und richtet sich nach allgemeinen Kriterien. Ein unterschiedlich hoher Miteigentumsanteil bleibt unberücksichtigt. 207

Eine Zuweisung an den Nichteigentümer kommt nicht in Betracht, wenn die Partner zunächst Miteigentümer waren und einer der beiden die Immobilie **im Rahmen der Teilungsversteigerung** ersteigert hat. Die Regelungen für die Teilungsversteigerung im ZVG – wozu auch die Rechtsstellung des Erstehers gehört – können nur unter den besonderen Voraussetzungen des § 180 Abs. 2 und 3 ZVG eingeschränkt werden. Eine Zuweisung der vormals gemeinsamen Wohnung an den Nichteigentümer scheidet daher in diesem Fall aus.[488] Eine **Einschränkung ist jedoch für Gewaltfälle** zu machen. Sinn und Zweck der durch das Gewaltschutzgesetz erfolgten Neuregelungen in § 1361b Abs. 2 BGB, § 14 Abs. 2 LPartG und § 2 GewSchG gebieten eine Wohnungszuweisung im Fall von 208

---

484 OLG München FamRZ 1995, 1205 (1206).
485 OLG Hamm FamRZ 2004, 888 (889); *Brudermüller* FamRZ 2006, 1157 (1160).
486 BayObLG FamRZ 1977, 467; vgl. auch OLG München FamRZ 1995, 1205 (1207) zur Berücksichtigung dieses Interesses bei der Bemessung der Räumungsfrist.
487 Vgl. dazu auch *Kemper* Rdnr. 273.
488 OLG Hamm FamRZ 1998, 181; Johannsen/Henrich/*Brudermüller* § 3 HausratsVO Rdnr. 15; Stein/Scholz/*Eckebrecht* Teil D Rdnr. 36; a.A. MünchKomm/*Müller-Gindulis* § 3 HausratsVO Rdnr. 5.

Gewalt auch dann, wenn der Täter die Wohnung im Zwangsversteigerungsverfahren ersteigert hat, insbesondere, da nach neuester Rechtsprechung des BGH eine einstweilige Einstellung des Teilungsversteigerungsverfahrens nicht nur nach § 180 Abs. 2, 3 ZVG, sondern auch analog § 765a ZPO in Betracht kommt, wenn die Zwangsversteigerung unter Würdigung des Schutzbedürfnisses des Partners wegen besonderer Umstände ein Härte bedeutet, die mit den guten Sitten nicht vereinbar ist.[489]

c) Dienst- und Werkwohnungen, § 4 HausratsVO

209   Für Dienst- oder Werkwohnungen enthält § 4 HausratsVO eine Sondervorschrift. Unter einer Werkmietwohnung versteht man nach § 576 BGB eine Wohnung, die mit Rücksicht auf das Bestehen eines Dienst- oder Arbeitsverhältnisses vermietet ist, während es sich bei einer Werkdienstwohnung nach § 576b BGB um eine Wohnung handelt, bei der die Überlassung der Wohnung das Entgelt oder Teil des Entgelts für die Dienstleistungen darstellt. § 4 HausratsVO sieht vor, dass diese Wohnungen dem Ehegatten verbleiben sollen, **mit dem das Dienst- oder Arbeitsverhältnis** besteht. Besteht es – wie bei einem Hausmeisterehepaar – mit beiden Eheleuten, ist die Wohnung demjenigen zu belassen, der das Arbeitsverhältnis fortsetzt.

Nicht anwendbar ist § 4 HausratsVO hingegen auf Wohnungen, die lediglich in engem räumlichem Zusammenhang mit dem Arbeitsplatz stehen. Das gleiche gilt, wenn Vermieter und Arbeitgeber zwar identisch sind, es sich aber nicht um eine Dienst- oder Werkwohnung handelt. Allerdings kann die Nähe zum Arbeitsplatz Kriterium im Rahmen der Abwägung nach § 2 HausratsVO sein.

Bei einer Dienst- oder Werkwohnung soll die Zuweisung an den anderen Ehegatten, mit dem das Dienst- oder Arbeitsverhältnis nicht besteht, nur erfolgen, wenn der Dienstberechtigte oder Arbeitgeber **zustimmt**. Zwar kann auch bei verweigerter Zustimmung die Wohnung dem anderen Ehegatten zugeteilt werden, jedoch nur, wenn dies zur **Vermeidung einer unbilligen Härte** notwendig ist.

210   Das Bestehen eines Dienst- oder Arbeitsverhältnisses im Sinne von § 4 HausratsVO hat derjenige Ehegatte zu beweisen, der sich darauf beruft. Soll die Wohnung dem anderen Ehegatten zur Vermeidung einer unbilli-

---

[489] BGH FamRZ 2007, 1010 (1012); jedoch kein Ausschluss des Antrags auf Teilungsversteigerung durch ein Verfahren nach dem GewSchG, vgl. dazu Rdnr. 135.

gen Härte überlassen werden, muss dieser die rechtfertigenden Umstände beweisen.[490]

Keine Sonderregelung findet sich in der Hausratsverordnung für **Genossenschaftswohnungen** oder **Wohnungsbauvereine**, bei denen die Nutzung an eine Mitgliedschaft gebunden ist. Sie werden deshalb wie Mietwohnungen im Allgemeinen behandelt. Das bedeutet, dass sie auch dem Ehegatten zugewiesen werden können, der nicht Genosse oder Vereinsmitglied ist, wenn etwa Gründe des Kindeswohls dies erfordern. Vereins- oder Genossenschaftsrechte können freilich nicht übertragen oder begründet werden. Durch die Zuweisung der Wohnung und die Begründung eines Mietvertrags mit einem Nichtmitglied nach § 5 HausratsVO werden Verein oder Genossenschaft nicht in ihren aus Art. 9 Abs. 1 und 14 Abs. 1 GG resultierenden Rechten in verfassungswidriger Weise verletzt.[491] Gerade in diesen Fällen sollte zur Vermeidung einer nachfolgenden Kündigung jedoch besonderer Wert auf einvernehmliche Lösungen gelegt werden.

Gesetz zur Änderung des Zugewinnausgleichs- und Vormundschaftsrechts:

Im Entwurf des Gesetzes zur Änderung des Zugewinnausgleichs- und Vormundschaftsrechts ist die Aufhebung der §§ 1 bis 10 und 25 der HausratsVO und die Regelung der Wohnungszuweisung (und Hausratsteilung) für die Zeit nach Rechtskraft der Scheidung im Scheidungsfolgenrecht des BGB vorgesehen. Die Zuweisung der Ehewohnung und die Umgestaltung des Mietverhältnisses regelt danach § 1586a BGB-E. Dessen Abs. 1 enthält – entsprechend § 1361b Abs. 1 BGB – einen Anspruch auf Wohnungsüberlassung und verdeutlicht damit, dass der Richter nicht nach „billigem Ermessen", sondern an Hand von Anspruchsgrundlagen entscheidet, wobei die Anspruchsvoraussetzungen den Grundsätzen entsprechen, die sich bei der Anwendung des § 2 HausratsVO herausgebildet haben. Abs. 2 übernimmt den Regelungsgehalt von § 3 HausratsVO und klärt in S. 2 die Anwendbarkeit auch auf Wohnungseigentum und Dauerwohnrecht „nunmehr systemgerecht"[492] im BGB. Eine Neuregelung findet sich in Abs. 3, wonach der Eintritt in ein vom Ehegatten begründetes Mietverhältnis oder die Fortsetzung eines gemeinsamen Mietverhältnisses nur durch einen Ehepartner nicht mehr (nur) mit

---

490 FA-FamR/*Klein* 8. Kap. Rdnr. 156.
491 BVerfG FamRZ 1991, 1413.
492 So Entwurfsbegründung S. 41.

Rechtskraft einer dementsprechenden Änderungsentscheidung des Familiengerichts (bislang § 5 HausratsVO), sondern auch mit Zugang einer an den Vermieter gerichteten Mitteilung über die Überlassung erfolgen soll, dem dann wiederum ein Sonderkündigungsrecht entsprechend § 563 Abs. 4 BGB zusteht. Diese Regelung erscheint nicht unproblematisch.[493] Abs. 4 ersetzt § 4 HausratsVO, sieht jedoch im Gegensatz zu diesem bei Zuweisung an den Ehepartner, mit dem das Dienst- oder Arbeitsverhältnis nicht besteht, (ausnahmslos) die Begründung eines Mietverhältnisses vor. Abs. 5 schließlich ersetzt § 5 Abs. 2 HausratsVO. Er ist als Verlangen auf Begründung eines Mietverhältnisses von der zur Vermietung berechtigten Person ausgestaltet, wobei diese unter den Voraussetzungen des § 575 Abs. 1 BGB eine angemessene Befristung des Mietverhältnisses fordern kann. Die nach § 5 Abs. 2 HausratsVO für den Richter bestehende Möglichkeit der Begründung eines Mietverhältnisses nur zur vorübergehenden Nutzung erscheint nach dem Wortlaut der Vorschrift hingegen ausgeschlossen.[494] Abs. 6 schließlich hat den gleichen Regelungsgehalt wie § 12 HausratsVO. Die Sicherungsanordnungen zugunsten des Vermieters finden sich in § 209 Abs. 1 S. 2 und 3 FamFG-E.

IV. §§ 17, 18 LPartG

211 § 17 S. 1 und 2 LPartG sind §§ 1 und 2 S. 1 und 2 HausratsVO nachgebildet. Sie enthalten im Gegensatz zu § 2 HausratsVO jedoch keinen Bezug auf das Kindeswohl und lassen die in § 2 HausratsVO enthaltenen Erfordernisse des Gemeinschaftslebens unerwähnt. Auch hier handelt es sich um eine gerichtliche Ermessensentscheidung, die alle Umstände des Einzelfalls zu berücksichtigen hat. Wie bei der HausratsVO kommt eine Umgestaltung des Mietverhältnisses nach § 18 Abs. 1 LPartG auch dann in Betracht, wenn sich zwar die Lebenspartner untereinander einig sind, der Vermieter sich einer Änderung des Mietvertrags aber widersetzt.[495]

§ 18 Abs. 3 LPartG ordnet an, dass §§ 3 bis 7 HausratsVO und § 60 Wohnungseigentumsgesetz entsprechend gelten, letzteres, da die HausratsVO das Wohnungseigentum nicht kennt. Damit wird klar gestellt, dass auch das Wohnungseigentum der HausratsVO unterfällt. Durch die Verweisung auf die HausratsVO finden sich jedoch zum Teil „doppelte" Regelungen, wobei deren Verhältnis nicht völlig klar ist. So ist die Zuweisung bei dinglicher Berechtigung eines Lebenspartners an der Woh-

---

493 Vgl. dazu Ausblick Rdnr. 457.
494 Vgl. auch dazu Ausblick Rdnr. 457.
495 *Wellenhofer-Klein* Rdnr. 307.

nung in § 18 Abs. 2 LPartG geregelt, jedoch wird in § 18 Abs. 3 LPartG auch auf § 3 HausratsVO, die Parallelvorschrift für Ehegatten, verwiesen, die diesen Sachverhalt aber in leicht modifizierter Form regelt.

> **Gesetz zur Änderung des Zugewinnausgleichs- und Vormundschaftsrechts:**
>
> Dieses Problem löst sich künftig, da im Entwurf des Gesetzes zur Änderung des Zugewinnausgleichs- und Vormundschaftsrechts die Aufhebung des § 18 LPartG (und des § 19 LPartG) vorgesehen ist. § 17 LPartG-E verweist – ohne eigenen sachlichen Regelungsgehalt – nur noch auf die BGB-Vorschriften.

Im Hinblick auf die Nachbildung der Vorschriften der HausratsVO bzw. der Verweisung auf diese in §§ 17, 18 LPartG kann auf die Ausführungen zu den Voraussetzungen einer Wohnungszuweisung nach der HausratsVO[496] Bezug genommen werden, allerdings ergeben sich nachfolgende Besonderheiten:

1. Wirksame Lebenspartnerschaft und Partnerschaftswohnung

Ist eine Lebenspartnerschaft wegen Vorliegens eines Partnerschaftsverbots oder eines sonstigen Begründungsmangels im Sinne von § 1 Abs. 2 LPartG nicht wirksam zustande gekommen, so vor allem in Fällen einer **Scheinpartnerschaft**, scheidet eine Regelung der Wohnungsnutzung nach §§ 17, 18 LPartG aus. Bei der Wohnung muss es sich im Zeitpunkt der Entscheidung noch um die lebenspartnerschaftliche Wohnung handeln, also um die – zumindest ursprünglich – von den Lebenspartnern gemeinsam genutzte Wohnung.[497]

212

2. Kindeswohl

Auch wenn das Kindeswohl in § 17 LPartG nicht gesondert erwähnt und § 2 HausratsVO von der Verweisungsvorschrift des § 18 Abs. 3 LPartG nicht umfasst ist, müssen die **Interessen von im Haushalt der Lebenspartner lebenden Kindern** im Rahmen des billigen Ermessens nach § 17 LPartG bei der Abwägung mit berücksichtigt werden.[498]

213

---

496 Vgl. dazu Rdnr. 191ff.
497 *Kemper* Rdnr. 309.
498 *Muscheler* Rdnr. 615, der allerdings die Ansicht vertritt, dass Kindern, die aufgrund gemeinsamen Entschlusses der Lebenspartner zur Welt kamen oder in die Lebenspartnerschaft

3. Dingliche Berechtigung, § 18 Abs. 2 LPartG

214 Nach § 18 Abs. 2 LPartG kann das Gericht für einen Lebenspartner ein Mietverhältnis an der gemeinsamen Wohnung, die im Eigentum des anderen Lebenspartners steht, begründen, wenn der Verlust der Wohnung für ihn eine unbillige Härte wäre.[499]

Eine unbillige Härte liegt – wie bei § 3 HausratsVO – jedoch nur vor, wenn die Zuweisung an den Nichteigentümer **aufgrund außerordentlicher Umstände dringend erforderlich** ist, weil die Aufgabe der bisherigen Wohnung eine unerträgliche Belastung für ihn bedeuten würde.[500] Dies kann dann der Fall sein, wenn das Wohl von Kindern betroffen ist, die in der Lebenspartnerschaft gelebt haben oder auch, wenn Geschäfts- oder Praxisräume des nicht dinglich Berechtigten im Haus des dinglich berechtigten Partners liegen, diese nur unter großen Schwierigkeiten verlegt werden können und eine angemessene Ersatzwohnung in der Nähe nicht zur Verfügung steht.

§ 18 Abs. 2 LPartG sieht in diesem Fall die Begründung eines Mietverhältnisses vor, das allerdings **befristet** werden muss.[501] Der Richter muss dabei den Mietzins festsetzen, wobei sich die Miete zwar zunächst am ortsüblichen Marktpreis, aber auch an den Einkommens- und Vermögensverhältnissen der Lebenspartner orientiert. Sie kann deshalb im Ausnahmefall unter dem Marktpreis liegen.[502]

§ 18 Abs. 2 LPartG gilt nicht bei Miteigentum der Lebenspartner,[503] sondern nur dann, wenn ein Lebenspartner an der Wohnung kein dingliches Recht besitzt.[504] Sind beide Lebenspartner dinglich berechtigt, muss für die Zuweisung auf die allgemeinen Kriterien zurückgegriffen werden.

V. Überlassung einer gemeinsam genutzten Wohnung zur Alleinnutzung nach § 2 GewSchG

215 Das am 1.1.2002 in Kraft getretene Gesetz zur Verbesserung des zivilgerichtlichen Schutzes bei Gewalttaten und Nachstellungen sowie zur

---

aufgenommen wurden, bei der Ermessensentscheidung ein größeres Gewicht zukomme als Kindern aus einer früheren Beziehung des Elternteils.
499 Zum Ausschluss der Zuweisung bei Ersteigerung der Wohnung durch einen vormaligen Miteigentümer vgl. Rdnr. 208.
500 OLG Hamm FamRZ 2004, 888; OLG Naumburg FamRZ 2002, 672.
501 Anders Hk-LPartR/*Kemper* § 18 LPartG Rdnr. 8: Es *kann* befristet werden; allerdings kann nach *Kemper* eine Kündigung nur zeitweise ausgeschlossen werden.
502 Hk-LPartR/*Kemper* § 18 LPartG Rdnr. 9.
503 So aber *Muscheler* Rdnr. 616.
504 Palandt/*Brudermüller* § 18 LPartG Rdnr. 3.

Erleichterung der Überlassung der Ehewohnung bei Trennung beinhaltet in seinem Artikel 1 das Gewaltschutzgesetz im engeren Sinne, das aus lediglich vier Vorschriften besteht: § 1 GewSchG normiert die gerichtliche Befugnis zu Schutzanordnungen bei Unterlassungsansprüchen aus §§ 823, 1004 BGB,[505] § 2 GewSchG ist Anspruchsgrundlage für die Überlassung einer gemeinsamen Wohnung zur Alleinnutzung, § 3 GewSchG bestimmt den Geltungsbereich des Gesetzes und regelt Konkurrenzen und § 4 GewSchG stellt den Verstoß gegen Anordnungen nach § 1 GewSchG unter Strafe. Der durch das Gewaltschutzgesetz gewährte zivilrechtliche Schutz wird durch spezielle Eingriffsbefugnisse der Polizei ergänzt.[506] Allerdings darf die Polizei bei häuslicher Gewalt zum Schutz des Opfers grundsätzlich nur kurzfristig einen Wohnungsverweis gegenüber dem Täter aussprechen, so dass das Opfer Gelegenheit hat, Maßnahmen nach dem GewSchG beim Amtsgericht zu beantragen.[507] Am 31.3.2007 trat das Gesetz zum strafrechtlichen Schutz von Stalking-Opfern in Kraft,[508] das neben dem neuen Straftatbestand des § 238 StGB auch den Haftgrund der Wiederholungsgefahr des § 112a StPO dahingehend ergänzt, dass in schwerwiegenden Fällen gegen gefährliche Stalking-Täter die Untersuchungshaft angeordnet werden kann, wenn schwere Straftaten gegen Leib und Leben zu befürchten sind.[509]

Gewalt im häuslichen Nahbereich stellt die am häufigsten auftretende Form von Gewalt dar. Opfer sind in der weit überwiegenden Zahl der Fälle Frauen und Kinder. Anträge nach dem GewSchG beruhen in 69% der Fälle auf physischer und in 65% auf psychischer Gewalt, die oftmals in Verbindung miteinander vorkommen. Es folgen Nachstellungen in 27% der Fälle und in 22% Gewalt gegen Sachen. In 43% aller Fälle dauerten die den Antrag begründenden Handlungen monate- und in 45% aller Fälle sogar jahrelang und hier im Mittel viereinhalb Jahre.[510]

---

505 Vgl. BT-Drs. 14/5429 S. 17, 28.
506 Übersicht über die diesbezüglichen Rechtsgrundlagen der Bundesländer bei *Kay* FPR 2005, 28.
507 Zur Unzulässigkeit einer Verlängerung des polizeilichen Wohnungsverweises vgl. VG Karlsruhe FF 2008, 123 m. Anm. *Müller*.
508 Gesetz zur Strafbarkeit beharrlicher Nachstellungen, BGBl. 2007 I S. 354.
509 Deeskalationshaft; vgl. dazu *Löhnig* FamRZ 2007, 518.
510 *Rupp*, Die Evaluation des Gewaltschutzgesetzes, Kurzzusammenfassung, http://www.bmj.bund.de/media/archive/987.pdf; Überblick über die (uneinheitliche) Rechtsprechung bei *Will* FPR 2004, 233.

Fall 3:

Herr Huber und Frau Reich leben seit 8 Jahren in nichtehelicher Lebensgemeinschaft in einer gemeinsam angemieteten Wohnung. In der Beziehung kriselt es seit zwei Jahren. Frau Reich droht nach heftigen Streitigkeiten immer wieder, Herrn Huber zu verlassen und auch ihr zu seinen Gunsten lautendes Testament zu ändern. Herr Huber hängt nicht mehr sonderlich an Frau Reich, hat er doch bereits eine neue Freundin, die nur halb so alt, aber nicht einmal halb so vermögend ist, wie Frau Reich. An einem Abend kommt es wiederum zu einem heftigen Streit, Herr Huber hat dem Alkohol bereits erheblich zugesprochen. Im Verlaufe der bis dahin verbalen Auseinandersetzung packt er Frau Reich plötzlich und würgt sie, bis sie ohnmächtig wird. Danach verlässt er fluchtartig die Wohnung.

Nach einem guten Vierteljahr taucht Herr Huber wieder auf, hofft, dass Gras über die Sache gewachsen ist und möchte zu Frau Reich und in die Wohnung zurück.

1. Grundsätze

Die Überlassung einer gemeinsamen Wohnung zur Alleinnutzung nach § 2 GewSchG setzt voraus, dass

- Gewalt im Sinne von § 1 Abs. 1 S. 1 GewSchG
- vorsätzlich, rechtswidrig und schuldhaft ausgeübt oder angedroht wurde und im Falle der Drohung die Wohnungsüberlassung zusätzlich zur Vermeidung einer unbilligen Härte erforderlich ist,
- die Beteiligten einen auf Dauer angelegten gemeinsamen Haushalt führen,
- Wiederholungsgefahr besteht,
- die Überlassung rechtzeitig verlangt wird und
- nicht ausnahmsweise schwerwiegende Belange des Täters der Zuweisung entgegenstehen.

Auch wenn das Opfer die gemeinsame Wohnung **zunächst verlassen hat** und vorübergehend zu Verwandten oder in ein Frauenhaus gezogen ist, aber zurückkehren möchte, kommt eine Wohnungszuweisung nach § 2 GewSchG in Betracht. Dasselbe gilt, wenn der Täter die Wohnung verlassen hat oder von der Polizei durch Platzverweis vorläufig weggewiesen wurde, er seine Rückkehr jedoch ankündigt oder ungewiss ist, ob er in die Wohnung zurückkehren wird. Das Opfer muss auch hier die

Möglichkeit haben, die Rückkehr des Täters in die Wohnung durch einen Antrag auf Wohnungsüberlassung zu verhindern.[511]

2. Wohnung

Der Begriff der Wohnung im Sinne von § 2 GewSchG ist nach herrschender Meinung **weit auszulegen** und daher identisch mit dem Begriff der Ehewohnung in § 1361b BGB oder der HausratsVO. Er umfasst jede Räumlichkeit, die von Täter und Opfer zumindest überwiegend zu Wohnzwecken benutzt wird, wobei alle Räume, auch Nebenräume erfasst werden. Die Rechtsverhältnisse, die der Nutzung der Wohnung zu Grunde liegen, sind grundsätzlich ohne Bedeutung. Sie müssen nach § 2 Abs. 2 GewSchG allerdings bei der Frage der Nutzungsdauer berücksichtigt werden.[512]

217

3. Voraussetzungen für eine Überlassung der Wohnung zur Alleinnutzung

a) Verletzung von Rechtsgütern gemäß § 1 Abs. 1 S. 1 GewSchG oder Drohung

§ 2 GewSchG setzt eine Tat nach § 1 Abs. 1 S. 1 GewSchG voraus, d.h. eine vollendete, vorsätzliche und widerrechtliche Verletzung des Körpers, der Gesundheit oder der Freiheit. Sofern Täter und Opfer einen auf Dauer angelegten gemeinsamen Haushalt führen, besteht in diesem Fall ohne weitere Voraussetzungen der Anspruch auf Überlassung der Wohnung an das Opfer zur alleinigen Nutzung.

218

Der Begriff der **Rechtsgutverletzungen** entspricht demjenigen in § 823 Abs. 1 BGB. Körperverletzung bedeutet daher Eingriff in die körperliche Integrität. Wirkt sich psychische Gewalt bei Opfern körperlich aus, stellt sie gleichfalls eine Körperverletzung dar.[513] Unter Gesundheitsverletzung ist eine Störung der körperlichen, geistigen und seelischen Lebensvorgänge zu verstehen, jedes Hervorrufen oder Steigern eines von den normalen körperlichen Funktionen nachteilig abweichenden Zustands unabhängig davon, ob Schmerzen oder eine tief greifende Veränderung der Befindlichkeit auftreten. Dabei umfasst die Gesundheit auch die psychische Gesundheit, so dass medizinisch feststellbare psychische Gesundheitsschäden, jedenfalls bei einer erheblichen Beeinträchtigung, als

---

511 MAH-Familienrecht/*Müller* § 17 Rdnr. 51.
512 Zur Nutzungsdauer vgl. Rdnr. 254 und 256.
513 Typisches Beispiel: Schlafstörungen, vgl. BT-Drs. 14/5429 S. 19.

Gesundheitsverletzung zu werten sind.[514] Körper- und Gesundheitsverletzung gehen ineinander über.[515] Freiheitsverletzung setzt eine nicht nur unerhebliche Beeinträchtigung der körperlichen Bewegungsfreiheit gegen den Willen des Betroffenen voraus. Das bloße Aussperren aus der Wohnung genügt insoweit ebenso wenig[516] wie eine bloße Beeinträchtigung der allgemeinen Handlungs- und Entschlussfreiheit.[517]

219 Im Falle einer **Drohung** nach § 1 Abs. 2 S. 1 Nr. 1 GewSchG mit einer Verletzung von Leben, Körper, Gesundheit oder Freiheit setzt der Anspruch auf Überlassung der Wohnung zur Alleinnutzung nach § 2 Abs. 6 GewSchG zusätzlich voraus, dass diese erforderlich ist, um eine **unbillige Härte für das Opfer zu vermeiden**. Eine Drohung liegt vor, wenn die genannte Verletzung in Aussicht gestellt wird, wobei dies nicht ausdrücklich geschehen muss. Die Drohung kann auch durch schlüssiges Handeln erfolgen, sofern die Verletzung, mit der gedroht wird, dadurch ausreichend erkennbar wird. Ebenso wie bei § 1361b BGB kommt es auch im Rahmen des Gewaltschutzgesetzes lediglich darauf an, ob das Opfer die Drohung aus seiner Sicht ernst nehmen durfte.

Praxistipp: Wird der Antrag auf Überlassung der Wohnung zur Alleinnutzung auf eine Drohung gestützt, sind auch die Voraussetzungen der unbilligen Härte konkret darzulegen.

220 Gemäß § 2 Abs. 6 S. 2 GewSchG kann eine unbillige Härte dann gegeben sein, wenn das **Wohl von im Haushalt lebenden Kindern beeinträchtigt ist**. Zu beachten ist aber, dass die Kindeswohlbeeinträchtigung allein für eine Überlassung der Wohnung zur Alleinnutzung nach § 2 GewSchG nicht genügt. Auch wenn bei Partnern einer nichtehelichen Lebensgemeinschaft ein Kind deren ständigen, heftigen Streitigkeiten ausgesetzt ist, so dass ein erträgliches Auskommen unter einem Dach nicht mehr möglich ist, reicht dies – im Gegensatz zu einer Wohnungszuweisung bei Eheleuten oder Lebenspartnern nach § 1361b BGB, der HausratsVO und §§ 14, 17, 18 LPartG – für eine Wohnungszuweisung nach § 2 GewSchG nicht aus.

---

514 Gewalt gegen Sachen genügt grundsätzlich nicht; führt diese jedoch zu einer erheblichen psychischen Beeinträchtigung des Opfers, kann wiederum eine tatbestandsmäßige Körper- oder Gesundheitsverletzung vorliegen.
515 Palandt/*Sprau* § 823 BGB Rdnr. 4.
516 Palandt/*Brudermüller* § 1 GewSchG Rdnr. 5; FA-FamR/*Weinreich* 8. Kap. Rdnr. 323; weitergehend *Grziwotz* NJW 2002, 872 (873); offen OLG Köln FamRZ 2003, 1281.
517 Palandt/*Sprau* § 823 BGB Rdnr. 6; Hoppenz/*Müller* § 1 GewSchG Rdnr. 9; *Schumacher* FamRZ 2002, 645 (648); vgl. auch OLG Rostock FamRZ 2007, 921 mit zu Recht abl. Anm. *Nagel*; zustimmend dagegen *Müller* FamRB 2007, 334.

Von einer unbilligen Härte ist im Übrigen dann auszugehen, wenn aufgrund der Drohung anzunehmen ist, dass eine **Gewalttat bevorsteht**, wenn diese also auch objektiv ernst zu nehmen ist.[518] Im Übrigen entspricht der Begriff der unbilligen Härte demjenigen in § 1361b BGB.[519] Die Ursachen der Konflikte sind auch hier grundsätzlich unbeachtlich.[520]

Zum Fall 3 (Rdnr. 215):

Das Würgen von Frau Reich, das zur Ohnmacht führte, stellt eine Gesundheitsverletzung dar, die vorsätzlich und rechtswidrig begangen wurde.

§ 1 Abs. 1 S. 1 GewSchG setzt eine vollendete Gewalttat voraus. Problematisch sind daher Fälle, in denen die Tat im Versuchsstadium stecken bleibt, aber keine Drohung ausgesprochen wurde und der Versuch auch nicht – wie im Beispielsfall – die Voraussetzungen anderer Verletzungstatbestände erfüllt.

221

Variante Fall 3:

Herr Huber würgt Frau Reich nicht, sondern versucht, sie zu vergiften. Sie riecht das Gift und schüttet das damit versehene Getränk Herrn Huber ins Gesicht, der daraufhin die Wohnung verlässt.

Der Versuch der Tötung wiegt weit schwerer als eine nur mündlich ausgesprochene Drohung. Es widerspräche den Zielen des Gewaltschutzgesetzes völlig, in diesem Fall das Opfer schutzlos zu stellen. Der Versuch der Tat ist daher als **schlüssige, besonders deutliche Art der Drohung** zu werten, so dass eine Zuweisung der Wohnung zur Alleinnutzung auch beim Versuch der Verletzung der genannten Rechtsgüter in Betracht kommt, wenn sie erforderlich ist, um eine unbillige Härte zu vermeiden.

Ohne Bedeutung ist, wo die Gewalttat erfolgt ist, ob in der Wohnung, in ihrer Nähe oder an einem ganz anderen Ort. Die Tat muss keinen Bezug zur Wohnung haben, da das Gewaltschutzgesetz den generellen Schutz des Opfers vor Gewalt bezweckt und nicht nur den häuslichen Nahebereich von Gewalt frei halten will.

---

518 Palandt/*Brudermüller* § 2 GewSchG Rdnr. 14.
519 Vgl. zur unbilligen Härte bei § 1361b BGB Rdnr. 169ff.
520 OLG Schleswig FPR 2004, 266.

b) „Auf Dauer angelegter gemeinsamer Haushalt"

222   Zu der Gewalttat oder Drohung hinzukommen muss, dass die Parteien einen auf Dauer angelegten gemeinsamen Haushalt führen. Anders als bei § 1 GewSchG, bei dem es nicht darauf ankommt, ob zwischen den Parteien eine Beziehung oder auch nur Bekanntschaft besteht oder einmal bestand, setzt die Überlassung der Wohnung zur Alleinnutzung ein **tatsächliches Näheverhältnis** voraus. Der Begriff „auf Dauer angelegter gemeinsamer Haushalt" umfasst – wie in der mietrechtlichen Vorschrift des § 563 Abs. 2 S. 4 BGB – auf Dauer angelegte Lebensgemeinschaften, die über reine Wohn- und Wirtschaftsgemeinschaften hinausgehen, innere Bindungen aufweisen und weitere Beziehungen gleicher Art nicht zulassen, ohne dass es auf geschlechtliche Beziehungen zwischen den Partnern ankommt. Der Begriff entspricht damit den Kriterien der Rechtsprechung zur „eheähnlichen Gemeinschaft".[521] Erfasst werden Eheleute und eingetragene Lebenspartner,[522] Partner nichtehelicher Lebensgemeinschaften und nicht eingetragene homosexuelle Lebenspartner, darüber hinaus aber auch andere Personen in so genannten „**Verantwortungsgemeinschaften**", so dass Geschwister oder dauerhaft zusammenlebende alte Menschen vom Schutzzweck des § 2 GewSchG umfasst werden, wenn sie „gegenseitig füreinander einstehen"; dies muss nachweisbar sein, etwa in Form einer Dokumentation durch gegenseitige Vollmachten.[523]

Nach dem Willen und der Vorstellung der Parteien muss der gemeinsame Haushalt **auf Dauer angelegt** sein. Dieser Wille kann anfänglich fehlen und sich erst im Laufe des Zusammenlebens entwickeln, muss aber jedenfalls zum Zeitpunkt der Tat noch vorhanden (gewesen) sein. Diese Voraussetzung kann auch bei einem bereits geschiedenen Ehepaar vorliegen, das aus finanzieller Not weiterhin gemeinsam in der Wohnung bleibt, wobei es sich hier jedoch regelmäßig um ein bloßes Nebeneinander ohne weitere Verantwortungsgemeinschaft handeln wird.[524]

223   Nicht in den Schutz des Gesetzes einbezogen sind Verbindungen von Personen, die ohne innere Bindung zueinander lediglich den Wunsch haben, gemeinsam billiger zu wohnen. Steht fest, dass die Bewohner nur für einige Monate oder bis zu einem bestimmten Zeitpunkt zusammenle-

---

521   BT-Drs. 14/5429 S. 30.
522   Zum Konkurrenzverhältnis der Zuweisungsvorschriften vgl. Rdnr. 259.
523   Ein gemeinsamer Haushalt kann auch von mehr als zwei Personen geführt werden. Den Überlassungsanspruch haben in diesem Fall die verletzte Person bzw. die verletzten Personen gegen den oder die Täter, vgl. dazu *Schumacher* FamRZ 2002, 645 (651).
524   *Brudermüller* in Festschrift für Blank S. 109 (113).

ben, liegt kein auf Dauer angelegter gemeinsamer Haushalt vor.[525] Deshalb fallen **reine Wohngemeinschaften** nicht unter diesen Begriff.[526] Selbst wenn gewisse Elemente für einen gemeinsamen Haushalt sprechen mögen, handelt es sich in diesen Fällen um ein bloßes Nebeneinander in einer gemeinsam genutzten Wohnung ohne Übernahme von Verantwortung füreinander.

Das „Führen" eines gemeinsamen Haushalts verlangt schließlich mehr als bloßes miteinander Wohnen. Der Begriff intendiert vielmehr, dass **Verantwortung für anfallende finanzielle, rechtliche und tatsächliche Angelegenheiten** übernommen wird.[527] In Folge dessen wird davon ausgegangen, dass erwachsene Kinder, die sich in Ausbildung befinden und zu Hause leben, keinen gemeinsamen Haushalt mit ihren Eltern führen.[528] Auch pflegebedürftige Angehörige sollen aus diesem Grund von dem Begriff nicht umfasst sein.[529] Diese Einschränkung wird im Hinblick auf den Schutzzweck der Norm jedoch zu Recht kritisiert.[530] Sie führt nämlich zum einen dazu, dass ein Täter, der jede Mithilfe im Haushalt ablehnt oder sich an den Kosten der Lebensführung nicht beteiligt, sich also völlig verantwortungslos verhält, im Falle von Gewaltanwendung einen Antrag nach § 2 GewSchG nicht fürchten müsste. Gewaltstrukturen im sozialen Nahbereich gehen jedoch oftmals mit einem derartig verantwortlosen Verhalten des Täters einher.[531] Zum anderen könnte bei einer derartigen Interpretation dieses Tatbestandsmerkmals bei Gewalt gegen besonders schutzbedürftige Personen, wie pflegebedürftige Angehörige, keine Wegweisung des Täters erreicht werden, da es für diesen Personenkreis auch an einer Parallelvorschrift wie in §§ 1666, 1666a BGB für minderjährige Kinder fehlt. Deshalb muss § 2 GewSchG insoweit **einschränkend ausgelegt** werden, da nicht angenommen werden kann, dass der Gesetzgeber gerade hier den Schutz versagen wollte.[532]

224

---

525 A.A. Schwab/*Motzer* VIII Rdnr. 58, der ein geplantes oder bereits erfolgtes gemeinsames Wohnen von sechs Monaten bereits genügen lassen will; *Schumacher* FamRZ 2002, 645 (651).
526 Palandt/*Brudermüller* § 2 GewSchG Rdnr. 2; ebenso *Haußleiter/Schulz* Kap. 10 Rdnr. 23.
527 Hoppenz/*Müller* § 2 GewSchG Rdnr. 13; *Schumacher* FamRZ 2002, 645 (650/651).
528 So auch *Haußleiter/Schulz* Kap. 10 Rdnr. 22; vgl. aber AG Hamburg-Barmbek FamRZ 2004, 473: Ohne anderslautenden Vortrag kann im Zweifel von einem gemeinsamen Haushalt ausgegangen werden.
529 FA-FamR/*Weinreich* 8. Kap. Rdnr. 351.
530 Vgl. AG Hamburg-Barmbek FamRZ 2004, 473.
531 *Brudermüller* in Festschrift für Blank S. 109 (113/114).
532 Vgl. auch BT-Drs. 14/5429 S. 32; AG Hamburg-Barmbek FamRZ 2004, 473 (zu volljährigem Schüler).

c) Ausschluss der Wohnungszuweisung

aa) Fehlender Vorsatz

225 Das Gewaltschutzgesetz erfordert eine Vorsatztat, da eine „willentliche Schädigung" das typische Merkmal von Gewalttaten ist.[533] Dolus eventualis genügt und damit, dass der Täter die Folgen seines Verhaltens erkennt und diese (zumindest) billigend in Kauf nimmt. **Fahrlässige Verhaltensweisen** – in jedem Grad der Fahrlässigkeit – sind demgegenüber **ausgeschlossen**.[534] Eine Wohnungszuweisung nach § 2 GewSchG scheidet in diesem Fall aus.

226 Soweit argumentiert wird, bei Fahrlässigkeit könne – wie auch bei den Schutzanordnungen des § 1 GewSchG – ergänzend auf § 1004 BGB zurückgegriffen werden, ist dies zumindest missverständlich.[535] Gemäß §§ 823, 1004 BGB besteht ein Anspruch auf Unterlassung von Verletzungen des Körpers, der Gesundheit, der Freiheit und des allgemeinen Persönlichkeitsrechts. Gestützt auf diesen Unterlassungsanspruch haben Gerichte bereits vor Erlass des Gewaltschutzgesetzes (ergänzende) Schutzanordnungen in Form von Misshandlungs-, Belästigungs-, Näherungs- und Kontaktverboten ausgesprochen.[536] Dieser von der Rechtsprechung entwickelte Unterlassungsanspruch nach §§ 823, 1004 BGB besteht nach wie vor und wird, wie sich aus § 3 Abs. 2 GewSchG ergibt, von den Vorschriften des Gewaltschutzgesetzes auch nicht berührt. Fahrlässige Körper- und Gesundheitsverletzungen können daher Unterlassungsansprüche nach diesen allgemeinen Regeln begründen,[537] die – wie auch vor Erlass des Gewaltschutzgesetzes – auf dem Zivilrechtsweg durchgesetzt und mit Zusatzanordnungen versehen werden können. Maßnahmen nach dem GewSchG setzen jedoch eine vorsätzliche und – mit Ausnahme des § 1 Abs. 3 GewSchG – auch schuldhafte Gewalttat voraus. Dies gilt nicht nur für Anordnungen nach § 1 GewSchG, sondern erst recht für die Wohnungszuweisung nach § 2 GewSchG.

bb) Fehlende Widerrechtlichkeit

227 Die Tatbestandsmäßigkeit der Verletzungshandlung **indiziert deren Widerrechtlichkeit**. Sie entfällt, wenn Notwehr oder Nothilfe diese

---

533 BT-Drs. 14/5429 S. 18.
534 Palandt/*Brudermüller* § 1 GewSchG Rdnr. 6; Hoppenz/*Müller* § 1 GewSchG Rdnr. 11; FA-FamR/*Weinreich* 8. Kap. Rdnr. 329: Hier nur Schadensersatzansprüche nach den allgemeinen Regeln.
535 So *Machulla-Nothoff* ZFE 2007, 55 (59).
536 Allerdings nur vereinzelt, vgl. etwa OLG Oldenburg NJW 1996, 62.
537 Palandt/*Brudermüller* § 1 GewSchG Rdnr. 6.

Handlung rechtfertigen.⁵³⁸ Dabei obliegt es dem Täter, die Vermutung zu widerlegen, insbesondere einen Rechtfertigungsgrund darzulegen.⁵³⁹

Problematisch ist die – allerdings typische – Streitsituation, dass wechselseitig der Vorwurf eines Angriffs erhoben wird und beide Partner sich auf Notwehr berufen. Die Beweislast für das Bestehen einer Notwehrlage trägt stets derjenige, der sich auf sie beruft.

Praxistipp: Um einen entsprechenden Einwand des Täters auszuschließen, sollte der Antrag auf Wohnungszuweisung den zugrunde liegenden Sachverhalt so umfassend schildern, dass auch das Verhalten des Opfers dargestellt wird.

cc) Fehlendes Verschulden

Nach § 1 Abs. 3 GewSchG ist es bei der Anordnung von Maßnahmen nach § 1 GewSchG unschädlich, wenn die Tat in einem die freie Willensbestimmung ausschließenden Zustand krankhafter Störung der Geistestätigkeit begangen wurde, in den sich der Täter durch geistige Getränke oder ähnliche Mittel vorübergehend versetzt hat. Durch die Verweisung in § 2 Abs. 1 GewSchG auf § 1 Abs. 3 GewSchG ist ausdrücklich klargestellt, dass auch der Anspruch auf Wohnungszuweisung besteht, wenn der Täter die Tat in einem **vorübergehenden Zustand der Unzurechnungsfähigkeit** begangen hat, es sich also z.B. – wie nicht selten – um eine Trunkenheitstat handelt. Eine Zuweisung der Wohnung zur Alleinnutzung ist demnach nicht ausgeschlossen, wenn der Täter zum Zeitpunkt der Tat aufgrund Alkohols und Drogen in einem vorübergehend nicht zurechnungsfähigen Zustand war und zwar auch dann nicht, wenn sich der Täter vorsätzlich in diesen Zustand versetzt hat, um die Tat dann zu begehen (actio libera in causa).

228

Zu Fall 3 (Rdnr. 215):
Ob Herr Huber bereits so viel Alkohol getrunken hat, dass er sich im Zustand vorübergehender Unzurechnungsfähigkeit befand, ist daher unerheblich. Selbst wenn dies der Fall gewesen wäre, bestünde der Anspruch auf Zuweisung der Wohnung zur Alleinnutzung nach § 2 GewSchG.

---

538 Der auch bestehende Rechtfertigungsgrund einer Einwilligung ist in den hier maßgeblichen Fällen kaum denkbar.
539 OLG Brandenburg NJW-RR 2006, 220.

Den Fall einer **andauernden, etwa krankheitsbedingten Schuldunfähigkeit** des Täters umfasst § 1 Abs. 3 GewSchG nach seinem eindeutigen Wortlaut hingegen nicht.[540] In diesem Fall bleibt daher nur der Rückgriff auf §§ 823, 1004 BGB, die zwar Unterlassungsansprüche begründen, nicht aber eine Wohnungsüberlassung rechtfertigen.[541]

dd) Fehlende Wiederholungsgefahr, § 2 Abs. 3 Nr. 1 GewSchG

229 Der Anspruch auf Wohnungsüberlassung ist nach § 2 Abs. 3 Nr. 1 GewSchG ausgeschlossen, wenn weitere Verletzungen nicht zu besorgen sind. Dabei spricht sowohl bei ausgeübter als auch bei angedrohter Gewalt zunächst eine tatsächliche Vermutung dafür, dass weitere Beeinträchtigungen zu befürchten sind. Der Täter muss also beweisen, dass diese **Wiederholungsgefahr nicht besteht**. An diesen Nachweis werden hohe Anforderungen gestellt.[542]

Praxistipp: Trotz der den Täter treffenden Beweislast für das Fehlen einer Wiederholungsgefahr ist es zweckmäßig, alle für eine Wiederholungsgefahr sprechenden Umstände bereits in der Antragsschrift darzulegen, wie etwa gleichartige frühere Verfahren, Vorstrafen, die Androhung der Wiederholung, wobei diese substantiiert geschildert werden muss und möglichst auch sogleich unter Beweis gestellt werden sollte.[543]

Selbst wenn dem Täter der schwierige Beweis, dass keine Wiederholungsgefahr besteht, gelingt, ist die gesamte Wohnung gemäß § 2 Abs. 3 Nr. 1, 2. Hs. GewSchG trotzdem dem Opfer zuzuweisen, wenn diesem ein weiteres Zusammenleben mit dem Täter **wegen der Schwere der Tat nicht zuzumuten ist**. Davon ist bei besonders schwerwiegenden Straftaten, wie etwa schwerer Körperverletzung, Vergewaltigung oder versuchter Tötung, auszugehen.[544]

---

540 AG Wiesbaden FamRZ 2006, 1145 m. Anm. *Nagel*; Palandt/*Brudermüller* § 1 GewSchG Rdnr. 6; AnwK-BGB/*Heinke* § 1 GewSchG Rdnr. 11; a.A. *Schumacher* FamRZ 2002, 645 (649).
541 Palandt/*Brudermüller* § 1 GewSchG Rdnr. 6; FA-FamR/*Weinreich* 8. Kap. Rdnr. 329; a.A. *Schumacher* FamRZ 2002, 645 (649) und wohl auch *Machulla-Nothoff* ZFE 2007, 55ff (59).
542 BayObLG NJW-RR 1987, 463 (zu § 1004 BGB); OLG Brandenburg NJW-RR 2006, 220.
543 Zu weiteren Anforderungen hinsichtlich des Antrags vgl. Rdnr. 356f und 359.
544 BT-Drs. 14/5429 S. 31.

Zu Fall 3 (Rdnr. 215):

Im Hinblick auf den Tötungsversuch kann Frau Reich ein weiteres Zusammenleben mit Herrn Huber nicht zugemutet werden, selbst wenn ihm der Nachweis einer fehlenden Wiederholungsgefahr gelänge.

Ob in die diesbezügliche Abwägung auch die Belange von im Haushalt lebenden Kindern einzubeziehen sind, ist streitig. Ihr Wohl ist in jedem Fall beeinträchtigt, wenn sie die Gewalt miterleben mussten. Zum Teil wird die Berücksichtigung von Kindesbelangen im Rahmen der Prüfung der Unzumutbarkeit eines weiteren Zusammenlebens mit dem Täter jedoch abgelehnt, da die Vorschrift nur auf die Unzumutbarkeit für die verletzte Person abstelle.[545] Diese Ansicht berücksichtigt jedoch nicht, dass nach § 2 Abs. 6 GewSchG die Kindesbelange bei Prüfung einer unbilligen Härte im Falle einer Drohung ausdrücklich erwähnt werden. Wenn sie jedoch im Rahmen dieser Billigkeitsprüfung Berücksichtigung finden, dann muss dies nach richtiger Ansicht ebenso im Rahmen der Zumutbarkeitsprüfung gelten.[546]

230

ee) Nicht fristgerechtes schriftliches Überlassungsverlangen, § 2 Abs. 3 Nr. 2 GewSchG

Der Anspruch auf Überlassung der Wohnung zur Alleinnutzung ist ausgeschlossen, wenn das Opfer sie nicht **binnen einer Frist von drei Monaten** nach der Gewalttat oder Drohung vom Täter **schriftlich** verlangt hat. Sinn dieser Regelung ist – entsprechend der Regelung in § 1361b Abs. 4 BGB –, innerhalb einer angemessenen Frist Klarheit über die Nutzungsbefugnis zu schaffen. Die Frist beginnt mit dem Ende der Tat. Den Zugang des fristgerechten Verlangens auf Alleinnutzung der Wohnung muss im Streitfall der Antragsteller beweisen.

231

Das Verlangen muss nach dem Gesetzeswortlaut schriftlich erfolgen, das heißt, die Erfordernisse des § 126 BGB für die Schriftform müssen eingehalten und das Verlangen handschriftlich unterzeichnet werden. Eine E-Mail genügt diesen Anforderungen nur dann, wenn sie mit einer qualifizierten elektronischen Signatur versehen ist (§ 126a BGB). Völlig unzureichend ist ein Verlangen via sms.

---

545 Schwab/*Motzer* VIII Rdnr. 66.
546 *Brudermüller* in Festschrift für Blank S. 109 (118); Hoppenz/*Müller* § 2 GewSchG Rdnr. 29; FA-FamR/*Weinreich* 8. Kap. Rdnr. 354.

232 Gerade nach erfolgter Gewaltausübung kann das Opfer jedoch aufgrund der erlittenen Verletzungen, aber auch aufgrund einer sonstigen Erkrankung unter Umständen nicht in der Lage sein, den Überlassungsanspruch schriftlich anzumelden. Hier wird vorgeschlagen, dem Opfer auf Antrag oder von Amts wegen gemäß § 1896 Abs. 1 BGB einen Betreuer zu bestellen. Bis zu seiner Bestellung habe das Vormundschaftsgericht die notwendigen Maßnahmen zu treffen.[547] Diese Lösung erscheint jedoch unpraktikabel.

Ein vergleichbares Problem stellt sich, wenn das Opfer zwar in der Wohnung verbleiben konnte, jedoch der Aufenthalt des Täters unbekannt ist. Und selbst wenn es gelingt, die Anschrift für eine schriftliche Mitteilung ausfindig zu machen, besteht – bei nicht nachweisbarer Zustellung – die Gefahr, dass der Täter den Zugang oder den Zeitpunkt der Tat oder der ausgesprochenen Drohung bestreitet und in Folge dessen die Einhaltung der Drei-Monats-Frist nicht bewiesen werden kann.

Das Ziel des Gewaltschutzgesetzes wäre völlig konterkariert, müsste das Opfer vom Täter erst schriftlich die Überlassung der Wohnung verlangen, bevor es beim Familiengericht einen Antrag auf Überlassung zur alleinigen Benutzung stellen kann. Das Opfer muss gerade in Fällen massiver körperlicher und sexueller Gewalt, die zu erheblichen Verletzungen führte, schnell und ohne besondere Hürden eine gerichtliche Entscheidung erreichen können. Die Vorschrift ist daher auslegungsbedürftig: Stellt das Opfer innerhalb der drei Monate bei Gericht einen Antrag auf Wohnungsüberlassung, ist die **gerichtliche Zustellung des Antrags** an den Täter die „**stärkste Form**" der schriftlichen Mitteilung im Sinne des § 2 Abs. 3 Nr. 2 GewSchG und „ersetzt" diese.[548]

> Praxistipp: Wurde vom Opfer innerhalb von drei Monaten nach der Tat kein Antrag beim Familiengericht gestellt und will es erst dann die Überlassung der Wohnung zur Alleinnutzung erreichen, muss nachgewiesen werden, dass innerhalb des Dreimonatszeitraums die Wohnungsüberlassung vom Täter in der gesetzlich vorgeschriebenen Form verlangt worden war.

233 Andererseits muss das Opfer auch nach Ablauf von drei Monaten noch einen Antrag auf Überlassung der Wohnung zur Alleinnutzung stellen können, wenn der Täter unbekannten Aufenthalts war und erst nach drei

---

547 So *Schumacher/Janzen* Rdnr. 47; Scholz/Stein/*Eckebrecht* Teil D Rdnr. 9g; *Löhnig* FPR 2005, 36 (38).
548 So auch *Haußleiter/Schulz* Kap. 10 Rdnr. 37.

Monaten wieder auftaucht und in die Wohnung will. Das Gleiche gilt für den Fall, dass der Täter die Wohnung nach der Tat verlassen und erklärt hat, nicht zurück zu kommen, nach Ablauf von drei Monaten aber entgegen seiner früheren Bekundung die Wohnung wieder mitbenutzen will. Die Vorschrift des § 2 Abs. 3 Nr. 2 GewSchG muss daher dahingehend ausgelegt werden, dass der Anspruch ausgeschlossen ist, wenn die verletzte Person nicht innerhalb von drei Monaten nach der Tat die Überlassung schriftlich vom Täter verlangt hat, **soweit ihr ein solches Verlangen im Einzelfall möglich und zumutbar ist.**[549]

Zum Fall 3 (Rdnr. 215):

Auch wenn Herr Huber erst nach Ablauf der Dreimonatsfrist wieder Zutritt zur Wohnung möchte, ist es Frau Reich noch möglich, von ihm die Überlassung der Wohnung zur Alleinnutzung zu verlangen, sei es durch schriftliche Mitteilung, sei es in Form eines beim Familiengericht gestellten Antrags nach dem Gewaltschutzgesetz, in dem die Gründe für die erst nach Ablauf von drei Monaten erfolgte Antragstellung ohne vorheriges Überlassungsverlangen zur Vermeidung einer Antragsabweisung jedoch sogleich dargestellt werden müssen.

Unterbleibt ein fristgerechtes Überlassungsverlangen des Opfers aus Unkenntnis der Rechtslage, ist der Anspruch auf Wohnungsüberlassung hingegen ausgeschlossen.[550]

ff) Täterbelange, § 2 Abs. 3 Nr. 3 GewSchG

Der Anspruch auf Wohnungsüberlassung ist nach § 2 Abs. 3 Nr. 3 GewSchG ausgeschlossen, wenn besonders schwerwiegende Belange des Täters entgegenstehen. Dies kann der Fall sein, wenn der Täter wegen einer Behinderung oder einer schweren Erkrankung auf die entsprechend ausgebaute Wohnung angewiesen und ihm die schwierige Beschaffung einer Ersatzwohnung nicht zuzumuten ist. Hier kann entweder die Wohnung dem Opfer – unabhängig von Absatz 2 – nur für eine begrenzte Übergangszeit allein zugewiesen oder ausnahmsweise auch aufgeteilt werden, wenn es die räumlichen Verhältnisse zulassen. Denkbare Ausnahmesituation ist des Weiteren, dass der Täter mit seinen Kindern, die aber nicht zugleich Kinder des Opfers sind, in der Wohnung wohnt, so dass auch die Kinder von einer Wegweisung betroffen wären.[551]

---

549 *Brudermüller* in Festschrift für Blank S. 109 (120).
550 Vgl. hierzu auch MAH-Familienrecht/*Müller* § 17 Rdnr. 61.
551 *Schumacher* FamRZ 2002, 645 (652).

An das Vorliegen der Härteklausel sind **sehr strenge Anforderungen** zu stellen. Die Interessen des Täters müssen die des Opfers weit übersteigen, um durchzugreifen. Dabei **trägt der Täter die Darlegungs- und Beweislast** für seine besonders schwerwiegenden Belange. Insoweit verbleibende Zweifel gehen zu seinen Lasten.

VI. Die „go-order" nach §§ 1666, 1666a BGB

235 Wird das körperliche, geistige oder seelische Wohl eines Kindes durch missbräuchliche Ausübung der elterlichen Sorge, durch Vernachlässigung des Kindes, durch unverschuldetes Versagen der Eltern oder durch das Verhalten eines Dritten gefährdet und sind die Eltern nicht gewillt oder nicht in der Lage, die Gefahr abzuwenden, muss das Familiengericht nach § 1666 BGB die zur Abwendung der Gefahr notwendigen Maßnahmen treffen. Zu diesem Zweck kann das Gericht einen Elternteil und – da nach § 1666 Abs. 4 BGB Maßnahmen mit Wirkung gegen einen Dritten getroffen werden können – auch dessen Partner oder sogar einen in der Nachbarschaft lebenden Dritten zum Schutz eines Kindes aus der Wohnung weisen. Die Neufassung des § 1666a BGB durch das Kinderrechteverbesserungsgesetz vom 9.4.2002[552] stellt diese nach altem Recht streitige Frage dahingehend klar, dass bei einer nicht anders abzuwendenden Kindeswohlgefährdung die Wegweisung der Person, von der diese Gefahr ausgeht, möglich ist.

Dass die „go-order" bisher nicht zu den gängigen Maßnahmen gehört[553] und das Kind häufiger von der Familie getrennt als der Täter weg gewiesen wird, beruht oftmals darauf, dass der Schutz des Kindes durch die Wegweisung des gefährdenden Elternteils oder des Dritten **nicht ausreichend gewährleistet** ist, wenn dieser eine noch (hinlänglich) intakte Partnerschaft mit dem anderen Elternteil führt und daher nicht sichergestellt ist, dass die das Kind gefährdende Person auch tatsächlich nicht in die Wohnung zurückkehrt. Kann hingegen mit der Unterstützung des anderen Elternteils gerechnet werden, etwa weil die Bereitschaft zur Trennung besteht, sollte der Wegweisung, die dem Kind die Trennung auch vom anderen Elternteil erspart, der Vorzug gegeben werden.

Fall 4:

Frau Müller ist mit ihren beiden Töchtern vor einem Jahr zu ihrem neuen Lebensgefährten, Herrn Schmidt, in die von diesem allein angemietete Wohnung gezogen. Herr Schmidt ist seit einiger Zeit

---

552 BGBl. 2002 I S. 1239; vgl. dazu auch *Schweikert/Baer* Rdnr. 147.
553 *Janzen* FamRZ 2002, 785 (787).

äußerst gewalttätig gegenüber den Kindern. Frau Müller vermag dem nicht Einhalt zu gebieten, da sie sich selbst sehr vor ihm ängstigt. Sie möchte sich eigentlich von ihm trennen, weiß aber nicht wohin. Die Lehrerin wird aufmerksam und informiert das Jugendamt, das – nachdem die Familie völlig abblockt und weder Gesprächs- noch Hilfsangebote annimmt und zulässt – den Sachverhalt dem Familiengericht mitteilt.

1. Kindeswohlgefährdung

Der unbestimmte Rechtsbegriff „Kindeswohl" umfasst nicht nur die Gesundheit und körperliche Unversehrtheit eines Kindes, sondern auch dessen Wohlbefinden sowie die Chance, zu einer selbständigen, verantwortungsbewussten und gemeinschaftsfähigen Person heranzuwachsen. Stabilität und Kontinuität der Erziehungsverhältnisse gehören ebenso dazu wie der – mit zunehmendem Alter immer bedeutsamere – Kindeswille.[554] Eine Gefährdung des Kindeswohls ist nach der Rechtsprechung jedoch nur dann gegeben, wenn eine gegenwärtige in einem solchen Maß vorhandene Gefahr vorliegt, dass sich bei weiterer Entwicklung **eine erhebliche Schädigung mit ziemlicher Sicherheit voraussehen lässt**.[555] Diese Gefährdung muss nachhaltig und schwerwiegend sein. Die bloße Besorgnis aufgrund einzelner Vorfälle, das Kind könnte Schaden erleiden oder seine Fähigkeiten würden nicht bestmöglich gefördert, genügen demgegenüber nicht.[556]

Misshandlung oder sexueller Missbrauch sind die massivsten Fälle der Kindeswohlgefährdung. Diese kommt zwar grundsätzlich auch bei schweren Ernährungs- und Hygienemängeln, gesundheitlichen Gefährdungen, Abhalten vom Schulbesuch oder auch Duldung des Schulschwänzens in Betracht, jedoch dient die Wegweisung aus der Wohnung **dem Schutz des Kindes vor Gewalt**.[557] Daher stellt sie regelmäßig auch nur in diesem Fall eine zur Abwendung der Gefahr erforderliche und verhältnismäßige Maßnahme im Sinne der §§ 1666, 1666a BGB dar.

Als Ursachen der Gefährdung nennt das Gesetz den Missbrauch der elterlichen Sorge, die Vernachlässigung des Kindes oder ein unverschuldetes Versagen der Eltern, aber auch das Verhalten eines Dritten.

---

554 Vgl. dazu KG FamRZ 2004, 483; OLG Frankfurt/M. FamRZ 2002, 1277.
555 BGH FamRZ 1956, 350 (351); BayObLG FamRZ 1977, 473 (474); OLG Köln FamRZ 2000, 1109.
556 Johannsen/Henrich/*Büte* § 1666 BGB Rdnr. 24.
557 BT-Drs. 14/8131 S. 8.

2. Fehlende Gefahrenabwehr durch die Eltern

237 Weitere Voraussetzung für ein Eingreifen des Familiengerichts nach § 1666 BGB ist, dass die Eltern **nicht bereit oder nicht fähig sind**, die Gefahren für ihr Kind – sei es, dass sie von ihnen selbst, sei es, dass sie von Dritten ausgehen – abzuwenden. Geht die Gefährdung von einem Dritten aus, muss daher geprüft werden, ob die Eltern selbst in der Lage sind, den Einfluss dieses Dritten in effektiver Weise einzudämmen.[558] Wird ein Fehlverhalten des Lebensgefährten oder eines sonstigen Dritten geduldet, kann darin bei Wiederholungsgefahr ein unverschuldetes Versagen des Elternteils liegen, das auch ihm gegenüber Eingriffe nach § 1666 BGB rechtfertigt, sofern nicht (vorrangige) Maßnahmen gegen den Dritten in Betracht kommen, die die Kindeswohlgefährdung beseitigen.

3. Maßnahmen gegen Dritte

238 Maßnahmen gegen Dritte sind in § 1666 Abs. 4 BGB ausdrücklich vorgesehen. Dabei sind Dritte nicht nur völlig Außenstehende, sondern auch Geschwister, Großeltern, der Lebensgefährte des Elternteils. Auch Eltern, denen das Sorgerecht bereits entzogen wurde, sind Dritte im Sinne von § 1666 Abs. 4 BGB. Wird das Wohl des Kindes durch ein noch nicht volljähriges Geschwisterkind gefährdet, ist zunächst zu prüfen, ob ein Aufenthaltswechsel dieses Kindes durch sorgerechtliche Maßnahmen möglich ist. Wirkt der Sorgeberechtigte daran nicht mit, muss für eine Wegweisung bzw. Fremdunterbringung auch das Sorgerecht für dieses Kind eingeschränkt werden.

4. „Go-order"

239 Durch das Kinderrechteverbesserungsgesetz vom 9.4.2002[559] wurde § 1666a BGB in Abs. 1 S. 2 und 3 um die sog. „go-order" dahingehend ergänzt, dass die Nutzung der Wohnung unter den Voraussetzungen des § 1666 BGB sowohl einem Elternteil als auch einem Dritten untersagt werden kann. Damit wurde eine klare Rechtsgrundlage für die vorher streitige Frage geschaffen, ob bei einer Kindeswohlgefährdung auch eine Wegweisung eines gewalttätigen Elternteils oder seines Partners oder nur die Herausnahme des Kindes aus der Wohnung und die Fremdunterbringung in einem Heim oder bei Pflegeeltern möglich ist. Aufgrund § 1666a Abs. 1 S. 2 und 3 BGB steht nunmehr fest, dass die Wegweisung eines mit dem Kind zusammenlebenden Elternteils oder eines Dritten zulässig ist.

---

558 OLG Düsseldorf FamRZ 1995, 950.
559 BGBl. 2002 I S. 1239; vgl. dazu bereits oben Rdnr. 235.

Durch die Neuformulierung wird außerdem klargestellt, dass nicht nur der mit dem Kind zusammenlebende Dritte, sondern auch ein in der Nachbarschaft lebender Dritter, der das Wohl des Kindes gefährdet, weg gewiesen werden kann.

Bei der Wegweisung ist der **Grundsatz der Verhältnismäßigkeit** zu beachten. Das heißt, sie ist nur zulässig, wenn mildere Mittel nicht ausreichen, um die Gefahr abzuwenden. Hilfemöglichkeiten nach dem SGB VIII, die ein weiteres Zusammenleben von Eltern und Kind ermöglichen, haben stets Vorrang. Dem liegt die Erkenntnis zugrunde, dass dem Kind am Besten durch Hilfe in der Familie gedient wird. Werden Maßnahmen nach dem SGB VIII jedoch abgelehnt,[560] bleiben sie erfolglos[561] oder ist die Gefahr für das Wohl des Kindes so massiv, dass Maßnahmen nach dem SGB VIII von vorneherein unzureichend sind, kann eine „go-order" nach §§ 1666, 1666a BGB angemessen und notwendig sein. Hinzukommen muss, dass die Gefährdung des Kindeswohls durch die Wegweisung auch tatsächlich abgewendet werden kann.

240

Zu Fall 4 (Rdnr. 235):
In diesem Fall erginge folgender

Beschluss:

(1)

Dem Beteiligten Schmidt wird die Nutzung der in ... gelegenen Wohnung für die Dauer von[562] ... untersagt.

5. Amtsverfahren

Im Gegensatz zu den anderen Wohnungszuweisungsvorschriften ist bei § 1666a BGB kein „Antrag" auf Zuweisung der Wohnung nötig. Es handelt sich hier vielmehr um ein **„Amtsverfahren"**, d.h. das Familiengericht muss von sich aus tätig werden, sobald es von einem dementsprechenden Sachverhalt Kenntnis erlangt. Dem Jugendamt obliegt nach § 8a Abs. 3 S. 1 SGB VIII eine Anzeigepflicht, aber auch Schulen, Kindergärten, Ärzte, Eltern oder Kinder selbst können sich an das Familiengericht wenden.

241

---

560 BayObLG FamRZ 1994, 975.
561 BayObLG FamRZ 1999, 318 (320).
562 Zur Dauer der Wegweisung vgl. Rdnr. 255f.

6. Überprüfungspflicht

242   Das Gericht hat nach § 1696 Abs. 2 und 3 BGB **in regelmäßigen Abständen** zu überprüfen, ob die Maßnahme der Wegweisung, so sie nicht befristet ausgesprochen wurde, aufrechterhalten werden muss, ob also noch eine Kindeswohlgefährdung vorliegt. Hat der weg gewiesene Elternteil zum Beispiel therapeutische Hilfe in Anspruch genommen und besteht deshalb eine hinreichende Aussicht auf nachhaltige Besserung der familiären Situation, muss die Rückkehr des Kindes wieder zugelassen werden.

> **§ 1666 BGB-E:**
>
> Der Entwurf eines Gesetzes zur Erleichterung familiengerichtlicher Maßnahmen bei Gefährdung des Kindeswohls sieht eine ersatzlose Streichung des „elterlichen Fehlverhaltens" in § 1666 BGB vor. Die „Gefährdung des Kindeswohls" und die „mangelnde Fähigkeit" bzw. „mangelnde Bereitschaft der Eltern" zur Gefahrenabwehr bleiben als Eingriffsvoraussetzungen hingegen erhalten. Die Eingriffschwelle der Kindeswohlgefährdung wird dadurch nicht abgesenkt, die Streichung soll nach der Entwurfsbegründung lediglich praktische Schwierigkeiten bei der Feststellung eines für die Kindeswohlgefährdung ursächlichen Fehlverhaltens der Eltern beseitigen. Gleichwohl muss im Hinblick auf Art. 6 Abs. 3 GG auch künftig bei einer Trennung des Kindes von den Eltern ein elterliches Versagen oder eine Verwahrlosung des Kindes aus sonstigen Gründen vorliegen. Absatz 3 der geplanten Neuregelung des § 1666 BGB konkretisiert die möglichen Maßnahmen und zählt beispielhaft verschiedene Schutzmöglichkeiten auf, wobei Ziffer 3 das Verbot enthält, vorübergehend oder auf unbestimmte Zeit die Familienwohnung oder eine andere Wohnung zu nutzen, so dass die „go-order" künftig bereits in § 1666 BGB konkret genannt ist.

VII. Wohnungszuweisung bei nichtehelicher Lebensgemeinschaft

243   Auf nichtehelich zusammenlebende oder nicht „verpartnerte" homosexuelle Lebensgefährten finden nach ganz herrschender Meinung die für Eheleute oder eingetragene Lebenspartner vorgesehenen Wohnungszuweisungsvorschriften der § 1361b BGB, §§ 14, 17, 18 LPartG und der HausratsVO keine entsprechende Anwendung.[563]

---

[563] OLG Hamm FamRZ 2005, 2085; Palandt/*Brudermüller* 1361b BGB Rdnr. 5 m.w.N.; FA-Komm-FamR/*Klein* § 1361b Rdnr. 7; AnwK-BGB/*Boden* § 1 HausratsVO Rdnr. 3; Hoppenz/*Müller* § 1361b BGB Rdnr. 2; a.A LG München I NJW-RR 1991, 834.

Die Zuweisung einer gemeinsam genutzten Wohnung an einen Partner kommt nur unter den Voraussetzungen des § 2 GewSchG oder im Wege einer Wegweisung nach §§ 1666, 1666a BGB bei Kindeswohlgefährdung in Betracht. § 2 GewSchG erfordert jedoch ausgeübte oder angedrohte Gewalt gegenüber dem anderen Partner (oder dem Kind, wenn der Täter eine nicht sorgeberechtigte Person ist[564]), die „go-order" nach §§ 1666, 1666a BGB Gewalt gegenüber dem Kind.

Zwar ist das Kindeswohl in § 2 Abs. 6 S. 2 GewSchG als Kriterium ausdrücklich erwähnt, jedoch nur insoweit, als es bei einer Drohung mit Gewalt die für eine Wohnungszuweisung zur Alleinnutzung zusätzlich erforderliche unbillige Härte begründen kann. Auch wenn ein Kind den ständigen, sogar besonders heftigen Streitigkeiten von Lebensgefährten ausgesetzt ist, so dass ein erträgliches Auskommen unter einem Dach nicht mehr möglich und das Kindeswohl massiv beeinträchtigt ist, reicht dies – im Gegensatz zu einer Wohnungszuweisung bei Eheleuten oder Lebenspartnern nach den vorgenannten Vorschriften – für eine Wohnungszuweisung bei nichtehelichen Lebensgefährten nicht aus.

244

§ 940a ZPO, der durch das Gewaltschutzgesetz dahingehend geändert wurde, dass die Räumung einer Wohnung durch einstweilige Verfügung auch bei einer Gefahr für Leib und Leben des Antragstellers möglich ist,[565] gewährt keinen weitergehenden Schutz. Die Räumung darf nur bei einer konkreten Gefahr für Leib oder Leben angeordnet werden, also unter noch engeren Voraussetzungen als die Zuweisung zur Alleinnutzung nach § 2 GewSchG, der als spezialgesetzliche Regelung mit Zuständigkeit des Familiengerichts im Übrigen vorrangig ist.[566]

245

Nicht zu Unrecht wird daher dazu geraten, die vorübergehende Weiterbenutzung einer gemeinsamen Wohnung für den Fall der Trennung einschließlich der Zimmeraufteilung, der Dauer dieser Übergangslösung sowie der Kostenbeteiligung vertraglich zu regeln.[567]

---

564 Zum Konkurrenzverhältnis von § 2 GewSchG und §§ 1666, 1666a BGB vgl. Rdnr. 260.
565 Vgl. etwa LG Freiburg FamRZ 2002, 405.
566 Zur Zuständigkeit vgl. Rdnr. 346 und zum Konkurrenzverhältnis von § 2 GewSchG und § 940a ZPO vgl. Rdnr. 266.
567 *Grziwotz* § 13 Rdnr. 11f mit Musterformulierung.

C. Grundsatz der Verhältnismäßigkeit

246 Aus dem Grundsatz der Verhältnismäßigkeit folgt, dass die Zuweisung der gesamten Wohnung an einen Partner unzulässig ist, wenn die **Aufteilung der Wohnung** als milderes Mittel in Betracht kommt.[568] Wird durch die Zuweisung einer gemeinsam genutzten Wohnung zur Alleinnutzung in dingliche oder schuldrechtliche Rechtspositionen des Weichenden eingegriffen, so kann diese Maßnahme – gleichfalls aus Gründen der Verhältnismäßigkeit – zu **befristen** sein.

I. Wohnungsteilung

1. Grundsätze

247 § 1361b Abs. 1 S. 1 BGB sieht vor, dass bei Vorliegen der sonstigen Tatbestandsmerkmale ein Anspruch auf Überlassung der Ehewohnung oder *eines Teils* von ihr zur alleinigen Benutzung besteht. Dem entspricht die Regelung in § 14 Abs. 1 S. 1 LPartG. Nach § 6 HausratsVO, auf den § 18 Abs. 3 LPartG verweist, kommt im Rahmen der endgültigen Wohnungszuweisung die Anordnung einer Wohnungsteilung in Betracht, wenn eine solche möglich und zweckmäßig ist, wobei im Hinblick auf die hier intendierte Endgültigkeit der Regelung eine Wohnungsteilung auf Ausnahmefälle beschränkt ist. Kommt eine Wohnungsteilung in Betracht, darf – als weniger einschneidende Maßnahme – auch nur ein Teil der Wohnung zur alleinigen Nutzung zugewiesen werden.

Notwendig ist hierfür jedoch

- eine Wohnungsgröße, die ein ständiges Zusammentreffen der Mitbewohner ausschließt, wozu in der Regel auch getrennte Bäder, Toiletten und Kochstellen gehören,[569]
- dass ein erträgliches Nebeneinander der Eheleute oder Lebenspartner überhaupt noch möglich ist[570]

---

568 OLG Frankfurt/M. FamRZ 1996, 289 (290); OLG Düsseldorf FamRZ 1988, 1058 (1059); OLG Zweibrücken FamRZ 1987, 508.
569 OLG Frankfurt/M. FamRZ 1996, 289.
570 OLG Hamm FamRZ 1989, 739.

- oder dass es ausnahmsweise im Interesse der gemeinsamen Kinder liegt, beide Elternteile in unmittelbarer Nähe zu haben und im Hinblick darauf bei diesen die Bereitschaft zu einem Mindestmaß an Rücksicht besteht.[571]

Praxistipp: Sofern eine Aufteilung der Wohnung erfolgt, sollte im gerichtlichen Beschluss unbedingt zugleich die Nutzung von weiterhin gemeinsamen Räumen (Küche, Bad) geregelt werden.[572]

2. Besonderheiten in Gewaltfällen

Rechtstatsächliche Untersuchungen ergaben, dass in Fällen häuslicher Gewalt eine nur teilweise Wohnungsüberlassung zur Alleinnutzung das Opfer vor weiteren Taten nicht ausreichend schützt. Aufgrund der in diesem Fall nach wie vor bestehenden Nähe ergeben sich neue Konflikte, die in weitere körperliche Misshandlungen münden.[573] Deshalb ist sowohl in § 1361b Abs. 2 BGB als auch in § 14 Abs. 2 LPartG vorgesehen, dass in Gewaltfällen **in der Regel die gesamte Wohnung** zur Benutzung zu überlassen ist; eine Wohnungsaufteilung scheidet hier grundsätzlich aus und kann nur in ganz besonderen Ausnahmefällen erwogen werden. Das Gleiche gilt erst recht für die endgültige Wohnungszuweisung nach der HausratsVO bzw. §§ 17, 18 LPartG. Dementsprechend ist eine nur teilweise Überlassung zur Alleinnutzung im Gewaltschutzgesetz explizit gar nicht vorgesehen. Auch im Rahmen der §§ 1666, 1666a BGB ist eine Teilung der Wohnung grundsätzlich keine angemessene Maßnahme zur Abwendung der Kindeswohlgefährdung. Dem Verhältnismäßigkeitsgrundsatz wird in diesen Fällen einerseits durch eine Befristung der Nutzungsregelung Rechnung getragen, andererseits dadurch, dass eine Wegweisung nach §§ 1666, 1666a BGB ohnehin erst dann angeordnet werden darf, wenn der Gefahr nicht mehr auf andere Weise, insbesondere durch öffentliche Hilfen, begegnet werden kann.[574]

248

II. Befristung der Zuweisung zur Alleinnutzung

Ist der in der Wohnung verbleibende Partner allein oder gemeinsam mit Dritten an der Wohnung dinglich oder schuldrechtlich berechtigt,

249

---

571 AG Saarbrücken FamRZ 2003, 530.
572 Zu Zusatzanordnungen im Einzelnen vgl. Rdnr. 301ff.
573 BT-Drs. 14/5429 S. 21.
574 Vgl. dazu Rdnr. 240.

bedarf es keiner Befristung der Zuweisung. Anderes gilt, wenn durch die Zuweisung in Rechte, insbesondere dingliche Rechte, des aus der Wohnung gewiesenen Partners eingegriffen wird.

1. Erforderlichkeit der Befristung innerhalb der einzelnen Zuweisungstatbestände

a) Wohnungszuweisung für die Zeit des Getrenntlebens, § 1361b BGB, § 14 LPartG

250 Die Bestimmungen in § 1361b BGB und § 14 LPartG ermöglichen von vorneherein nur eine vorläufige Regelung der Nutzung einer Ehe- oder Partnerschaftswohnung. Die Zuweisung zur Alleinnutzung endet mit Wiederaufnahme der ehelichen Lebensgemeinschaft bzw. der Lebenspartnerschaft, also im Fall der Versöhnung, oder mit Rechtskraft der Scheidung oder Aufhebung der eingetragenen Lebenspartnerschaft. Im Hinblick auf diese der Zuweisung für die Trennungszeit immanente Vorläufigkeit bedarf es in der Regel keiner zusätzlichen Befristung.

251 Etwas anderes gilt jedoch dann, wenn die Wohnung – ausnahmsweise – **dem nicht dinglich Berechtigten zugewiesen** wird, der Eigentümer die Wohnung also verlassen muss, weil besondere Belange des Partners oder der Kinder dies im konkreten Einzelfall erfordern. Ist in dieser Situation ein Ende des Getrenntlebens nicht abzusehen, etwa weil ein Scheidungs- bzw. Aufhebungsverfahren mit mehreren Folgesachen und der Notwendigkeit umfangreicher Beweisaufnahmen anhängig gemacht wird, sollte die Zuweisung an den nicht dinglich berechtigten Ehegatten oder Lebenspartner befristet werden.

252 Bei einer **dinglichen Berechtigung beider Eheleute oder Lebenspartner** bedarf es dieser Befristung hingegen nicht. Gleiches gilt für eine **nur schuldrechtliche Berechtigung** des Weichenden, wenn also etwa der Alleinmieter die Wohnung verlassen muss und diese dem Nichtmieter zugewiesen wird. Auch hier erfolgt die Zuweisung deshalb unbefristet. Die weitere Mietzinszahlung durch den Mieter bzw. seine vertragliche Verpflichtung hierzu können durch Anordnung der Zahlung einer Nutzungsentschädigung durch den in der Wohnung verbleibenden Nichtmieter, durch Berücksichtigung dieser Zahlung im Rahmen einer Unterhaltsberechnung oder eine Freistellung im Innenverhältnis ausgeglichen werden.[575]

Handelt es sich bei der zuzuweisenden Wohnung um eine **Werkmiet- oder Werkdienstwohnung**, muss bei der auch hier nur im Ausnahmefall

---

575 Vgl. hierzu im Einzelnen Rdnr. 267ff.

möglichen Zuweisung an den nicht zur Dienst- bzw. Arbeitsleistung Verpflichteten gegen den Willen des Arbeitgebers eine Befristung im Zuweisungsbeschluss erfolgen, wenn ein Ende der Trennungszeit nicht abzusehen ist.[576]

An eine Befristung ist schließlich zu denken, wenn eine Wohnung als Ehewohnung genutzt wurde, deren Nutzung zu Wohnzwecken **nach öffentlichem Recht nicht zulässig** ist und mit einer langen Nutzungsdauer zu rechnen ist.

b) Wohnungszuweisung für die Zeit nach Rechtskraft der Scheidung bzw. Aufhebung der eingetragenen Lebenspartnerschaft nach der HausratsVO und §§ 17, 18 LPartG

Mit dem Ziel der HausratsVO und der §§ 17, 18 LPartG, die Rechtsverhältnisse an der Ehe- bzw. Partnerschaftswohnung endgültig zu regeln, ist die Befristung einer Zuweisung grundsätzlich nicht zu vereinbaren. Dennoch muss eine Befristung auch bei einer Zuweisung für die Zeit nach Scheidung der Ehe bzw. Aufhebung einer eingetragenen Lebenspartnerschaft erfolgen, wenn sie ausnahmsweise **an den nicht dinglich berechtigten** (§ 3 HausratsVO, § 18 Abs. 2 LPartG) oder – gegen den Willen **des Arbeitgebers** – an den nicht dienstverpflichteten (§ 4 HausratsVO, § 18 Abs. 3 LPartG) Partner erfolgt.[577]

253

Keiner Befristung bedarf es hingegen bei einer von der tatsächlichen Nutzung abweichenden mietvertraglichen Regelung, da § 5 HausratsVO, § 18 Abs. 1 LPartG hier die Anpassung des Mietverhältnisses im Wege der Änderung des Mietvertrags durch das Familiengericht vorsehen.[578]

c) Zuweisung zur Alleinnutzung nach § 2 GewSchG

§ 2 Abs. 2 GewSchG enthält als einzige Vorschrift eine **ausdrückliche Regelung der Befristung** der Zuweisung zur Alleinnutzung und zwar in Satz 1 für den Fall der gemeinsamen dinglichen oder schuldrechtlichen Berechtigung von Täter und Opfer und in Satz 2 für den Fall der alleinigen dinglichen oder schuldrechtlichen Berechtigung des Täters oder einer Mitberechtigung gemeinsam mit Dritten.

254

---

576 So auch Soergel/*Lange* § 1361b BGB Rdnr. 5.
577 Johannsen/Henrich/*Brudermüller* § 3 HausratsVO Rdnr. 10; *Haußleiter/Schulz* Kap. 4 Rdnr. 67; *Kemper* Rdnr. 285.
578 Einzelheiten hierzu Rdnr. 331ff.

d) „go-order" nach §§ 1666, 1666a BGB

255   Anders als bei § 2 GewSchG hat der Gesetzgeber auf eine Befristung der "go-order" nach §§ 1666, 1666a BGB verzichtet, allerdings sind dingliche Rechte auch hier besonders zu berücksichtigen (§ 1666a Abs. 1 S. 3 BGB). Der zu beachtende Grundsatz der Verhältnismäßigkeit beeinflusst aber auch die Dauer der Wegweisung. Zwar ist es einem Kind – im Gegensatz zu einem Opfer in einem Wohnungszuweisungverfahren nach § 2 GewSchG – nicht zuzumuten, sich Ersatzwohnraum zu suchen. Dies kann aber die Aufgabe des Elternteils sein, der mit dem Kind in der Wohnung verblieben ist, um so die Gefahr künftig abzuwehren.[579] Bei einer **Wegweisung des Alleineigentümers oder sonst dinglich Berechtigten**[580] aus der gemeinsam mit dem Kind bewohnten Wohnung oder einer Nachbarwohnung kann diese nur befristet erfolgen.[581] Eine Befristung der Wegweisung muss jedoch auch angeordnet werden, wenn **der Weggewiesene allein oder gemeinsam mit Dritten Mieter der Wohnung** ist. Besteht – unabhängig von der dinglichen oder schuldrechtlichen Berechtigung an der Wohnung – nach den Gesamtumständen Aussicht auf eine Normalisierung der Verhältnisse, etwa nach einer Therapie des Täters, ist dem durch die Festsetzung einer entsprechend kurzen Überprüfungsfrist gemäß § 1696 Abs. 2 und 3 BGB Rechnung zu tragen.

2. Dauer der Befristung

256   Bei allen Zuweisungsvorschriften bemisst sich die Dauer einer Befristung grundsätzlich nach dem Zeitraum, den der in der Wohnung verbleibende Partner benötigt, **um angemessenen Ersatzwohnraum zu finden**, wobei alle Umstände des Einzelfalls mit zu berücksichtigen sind. Vor allem die Gegebenheiten des örtlichen Wohnungsmarktes und Kindesbelange sind bei Bemessung der Frist maßgeblich, so dass etwa mit darauf abgestellt werden kann, dass ein Schuljahr noch an der bisherigen Schule abgeschlossen wird.

Für die Zeit des Getrenntlebens der Eheleute oder Lebenspartner kann die Frist im Hinblick auf die noch bestehende Ehe oder eingetragene Lebenspartnerschaft und die daraus resultierende weiter bestehende wechsel-

---

579 *Janzen* FamRZ 2002, 785 (789).
580 Gilt entsprechend bei dinglicher Berechtigung gemeinsam mit Dritten.
581 BT-Drs. 14/8131 S. 9; vgl. zur Befristung auch OLG Celle ZFE 2007, 78; OLG Karlsruhe FamRZ 2005, 1272 (grundsätzlich keine Befristung im Hinblick auf Überprüfungspflicht und Unabsehbarkeit der Dauer der Kindeswohlgefährdung; Entscheidungen betrafen aber Sorgerechtsentzug, nicht Wegweisung).

seitige Verantwortung großzügiger bemessen werden. Während des (ersten) Trennungsjahres kommt eine Befristung nicht in Betracht.

Nach Rechtskraft der Scheidung bzw. Aufhebung der eingetragenen Lebenspartnerschaft ist im Rahmen der Fristbemessung auch das Interesse des Eigentümers an einer Verwertung der Wohnung zu berücksichtigen.[582]

§ 2 GewSchG enthält eine explizite Regelung der Befristung und unterscheidet dabei je nach dinglicher und schuldrechtlicher Berechtigung an der Wohnung: Sind Täter und Opfer Miteigentümer oder Mitmieter der Wohnung, muss die Überlassung der Wohnung zur Alleinnutzung durch das Opfer nach § 2 Abs. 2 S. 1 GewSchG zwar befristet werden, das Gesetz schreibt eine konkrete Frist aber nicht vor. Maßgebend sind deshalb auch hier die jeweiligen Umstände des Einzelfalles, wobei bei Bemessung der Frist die Überlegung einbezogen werden kann, welchen Zeitraum eine Aufhebung der gemeinsamen Berechtigung voraussichtlich erfordert. Ist der Täter Alleineigentümer oder -mieter der Wohnung (oder gemeinsam mit einem Dritten) sieht das Gesetz in § 2 Abs. 2 S. 2 GewSchG zwingend eine Befristung der Alleinnutzung der Wohnung durch das Opfer auf **maximal sechs Monate** vor. Hier ist bei der Bemessung der Frist wiederum der Gedanke leitend, welchen Zeitraum die Beschaffung von Ersatzwohnraum erfordert.

Im Rahmen der §§ 1666, 1666a BGB ist bei der Dauer der Wegweisung zu beachten, dass nur die Maßnahmen gestattet sind, die zur Abwendung der Kindeswohlgefährdung erforderlich sind, und dass Dritte und Eltern (diese im Hinblick auf die sich aus Art. 6 Abs. 2 GG ergebende Verpflichtung) in unterschiedlichem Maße verpflichtet sind, für das Kind Beschränkungen ihrer eigenen Rechte hinzunehmen.

3. Fristverlängerung

Bei der Befristung der Wohnungszuweisung nach § 1361b BGB, § 14 LPartG für die Trennungszeit oder nach der HausratsVO, §§ 17, 18 LPartG für die Zeit nach Rechtskraft der Scheidung oder Aufhebung der eingetragenen Lebenspartnerschaft kommt eine Verlängerung der festgesetzten Frist nur unter den Voraussetzungen des § 17 HausratsVO (in Verbindung mit § 18a HausratsVO für die Trennungszeit bzw. in Verbindung mit §§ 661 Abs. 1 Nr. 5, Abs. 2, 621 Abs. 1 Nr. 7, 621a Abs. 1 ZPO bei Lebenspartnern) in Betracht. Gemäß § 64b Abs. 2 S. 4 FGG findet die Vorschrift auch bei Verfahren nach § 2 GewSchG Anwendung. Neben

257

---

582 OLG München FamRZ 1995, 1205 (1207).

einer **wesentlichen Änderung der tatsächlichen Verhältnisse** muss eine Verlängerung der erfolgten Befristung notwendig sein, um eine **unbillige Härte zu vermeiden**. Bei Miteigentum eines Dritten darf die Befristung der Zuweisung nach § 17 Abs. 1 S. 2 HausratsVO nur mit dessen Einverständnis verlängert werden. Diese Einschränkung gilt jedoch nicht bei einer Wohnungszuweisung nach dem GewSchG; § 17 Abs. 1 S. 2 HausratsVO ist von der Verweisung in § 64b Abs. 2 S. 4 FGG ausgenommen.

Zu beachten ist, dass nach § 2 Abs. 2 S. 3 GewSchG bei dinglicher oder schuldrechtlicher Alleinberechtigung des Täters[583] eine Verlängerung der Befristung um **maximal weitere sechs Monate** in Betracht kommt, wenn innerhalb des Zeitraums der ersten Befristung eine angemessene Ersatzwohnung nicht gefunden werden konnte und nicht überwiegende Belange des Täters oder eines Dritten entgegenstehen. Die Fristverlängerung ist aber auf besondere Ausnahmefälle beschränkt.[584]

Die Änderung einer Entscheidung über die Dauer einer Wegweisung nach §§ 1666, 1666a BGB erfordert gemäß § 1696 Abs. 1 BGB, dass dies aus triftigen, das Wohl des Kindes nachhaltig berührenden Gründen angezeigt ist und die Kindeswohlgefährdung nach wie vor besteht, erfolgt also gleichfalls nur unter **engen Voraussetzungen**.

Praxistipp: Da dem Gericht im Rahmen eines Antrags auf Verlängerung der Überlassungsfrist gemäß § 17 Abs. 1 HausratsVO oder § 1696 Abs. 1 BGB auch die bis dahin erfolgten Bemühungen des Opfers um eine Ersatzwohnung darzulegen sind, müssen die Schritte, die zur Beschaffung von Ersatzwohnraum unternommen wurden, von Anfang an sorgfältig dokumentiert werden.

---

583 Oder gemeinsamer Berechtigung mit einem Dritten.
584 Palandt/*Brudermüller* § 2 GewSchG Rdnr. 5; MAH-Familienrecht/*Müller* § 17 Rdnr. 48.

D. Konkurrenzen

I. Innerhalb der Zuweisungsvorschriften

§ 1361b BGB und § 14 LPartG beinhalten vorläufige Nutzungsregelungen für eine Wohnung während der Zeit des Getrenntlebens von Eheleuten oder Lebenspartnern, während die Hausratsverordnung und dementsprechend §§ 17, 18 LPartG auf eine endgültige Regelung für die Zeit nach Scheidung der Ehe bzw. Aufhebung der Lebenspartnerschaft abzielen. Ein Konkurrenzverhältnis zwischen diesen Vorschriften kommt mithin nicht in Betracht, sie **lösen einander zeitlich ab**.

Auch ein Konkurrenzverhältnis zwischen einer endgültigen Wohnungszuweisung nach der Hausratsverordnung bzw. §§ 17, 18 LPartG und § 2 GewSchG kommt in den Regelfällen der Scheidung der Ehe und der Aufhebung der Lebenspartnerschaft nach Ablauf des Trennungsjahres nicht in Betracht. Zwar findet die Nutzungsregelung nach § 2 GewschG auch bei Eheleuten und Lebenspartnern Anwendung, jedoch setzt diese voraus, dass die Wohnungsnutzer einen auf Dauer angelegten gemeinsamen Haushalt führen, was nach einer Trennung nach § 1567 BGB oder § 15 Abs. 5 LPartG gerade nicht mehr der Fall ist. Kommt eine Anwendung des § 2 GewSchG bei einer Härtefallscheidung nach § 1565 Abs. 2 BGB[585] (ohne vorhergehende Trennung) in Betracht, **geht die endgültige Nutzungsregelung** nach der Hausratsverordnung der nur vorläufigen nach dem Gewaltschutzgesetz **vor**.

Umstritten ist das Verhältnis zwischen § 1361b BGB bzw. § 14 LPartG und § 2 GewSchG. Nach der herrschenden Meinung findet § 2 GewSchG bei Eheleuten und Lebenspartnern nur Anwendung, wenn diese nicht getrennt leben.[586] Im Fall der – auch nur beabsichtigten – **Trennung** sind § 1361b bzw. § 14 LPartG **leges speciales**.[587] Diese Frage hat durch-

258

259

---

585 Bzw. der dementsprechenden Aufhebung der Lebenspartnerschaft nach § 15 Abs. 1 S. 1 Nr. 3 LPartG.
586 Zur Trennung im Einzelnen vgl. Rdnr. 162.
587 BT-Drs. 14/5429 S. 21; Johannsen/Henrich/*Brudermüller* § 1361b BGB Rdnr. 3; Palandt/*Brudermüller* § 1361b BGB Rdnr. 1 und § 2 GewSchG Rdnr. 2; Hoppenz/*Müller* § 1361b BGB Rdnr. 4; MAH-Familienrecht/*Müller* § 16 Rdnr. 68; AnwK-BGB/*Boden* § 1361b BGB Rdnr. 21; FA-FamR/*Klein* 8. Kap. Rdnr. 56; Scholz/Stein/*Eckebrecht* Teil D Rdnr. 1f; a.A.

aus praktische Bedeutung,[588] da der Schutz nach § 2 GewSchG zwar einerseits in mehrfacher Hinsicht hinter dem nach § 1361b BGB, § 14 LPartG zurückbleibt, andererseits jedoch die Verfahrensvorschriften zu §§ 1 und 2 GewSchG verfahrens- und vollstreckungsrechtliche Erleichterungen vorsehen.[589]

260 Wird Gewalt gegen ein Kind ausgeübt, kommt eine Nutzungsregelung der Wohnung – je nachdem, vom wem die Gewalt ausgeht – nach §§ 1666, 1666a BGB und § 2 GewSchG in Betracht.[590] § 3 Abs. 1 GewSchG nimmt Kinder aus dem Schutzbereich des GewSchG allerdings dann aus, wenn die **Gewalt von einem Sorgeberechtigten ausgeht**, wobei auch das sog. "kleine Sorgerecht" des neuen Ehepartners nach § 1687b BGB und des neuen Lebenspartners nach § 9 LPartG ein Sorgerechtsverhältnis darstellt.[591] In diesem Fall sind §§ 1666, 1666a BGB vorrangig. Der Vorrang der §§ 1666, 1666a BGB gilt jedoch nur im Verhältnis des Kindes zu einem Sorgeberechtigten. Wird Gewalt von einem nichtsorgeberechtigten Dritten (neuer Lebensgefährte, Geschwister, Großeltern, Onkel, Tante) ausgeübt oder angedroht, kann das Kind – unabhängig von einer Kindeswohlgefährdung – den Schutz des GewSchG in Anspruch nehmen, hier besteht also ein zweispuriger gerichtlicher Rechtsschutz.[592] Ein Tätigwerden des Gerichts nach § 2 GewSchG setzt allerdings einen entsprechenden Antrag voraus, während die Wegweisung nach §§ 1666, 1666a Abs. 1 S. 2 und 3 BGB im Rahmen des Amtsverfahrens auch ohne einen solchen ausgesprochen werden kann.

FAKomm-FamR/*Klein* § 1361b BGB Rdnr. 62; Hk-LPartR/*Kemper* Anhang zu § 14 LPartG Rdnr. 15; *Haußleiter/Schulz* Kap. 10 Rdnr. 47, der die maßgeblichen Ausführungen auf S. 21 der Gesetzesbegründung dahingehend interpretiert, dass diese nicht bedeuten, § 1361b BGB sei lex specialis, sondern nur einen Hinweis auf die für Ehegatten günstigere Bestimmung nach § 1361b BGB darstellten. Dies überzeugt deshalb nicht, weil in den Ausführungen zu § 2 GewSchG bei der Frage des Verhältnisses von § 2 GewSchG zu § 1361b BGB (BT-Drs. 14/5429 S. 30) ausdrücklich auf die fragliche Stelle auf S. 21 verwiesen wird, die damit nicht nur einen „Hinweis" darstellt, sondern das Verhältnis zugunsten § 1361b BGB als lex specialis klärt.
588 Anders *Krause* § 3 Rdnr. 44.
589 So auch *Weinreich* FuR 2007, 145.
590 Zur Berücksichtigung der gegen ein Kind ausgeübten Gewalt im Rahmen von § 1361b BGB, § 14 LPartG vgl. Rdnr. 175.
591 *Schumacher/Janzen* Rdnr. 172; *Löhnig* Rdnr. 13.
592 BT-Drs. 14/5429 S. 32.

II. Mit anderen Ansprüchen

1. Verhältnis zu §§ 861ff BGB

a) Bei getrennt lebenden Ehe- und Lebenspartnern

Entzieht ein Ehe- oder Lebenspartner während der Trennungszeit dem anderen den Mitbesitz an der gemeinsamen Wohnung durch verbotene Eigenmacht (§ 858 BGB) und verlangt der andere die Wiedereinräumung des Mitbesitzes, ist das Verhältnis zwischen § 1361b BGB, § 14 LPartG einerseits und den possessorischen Besitzschutzansprüchen nach §§ 861ff BGB andererseits streitig.

261

Die Meinungen reichen hier von einer freien Anspruchskonkurrenz (im Hinblick auf die verschiedenen Rechtsschutzziele der Vorschriften),[593] über den Vorrang der Wohnungszuweisungsvorschriften als leges speciales[594] bis zu einer vermittelnden Lösung, nach der auch im Fall des Geltendmachens possessorischer Ansprüche die Vorschriften der § 1361b BGB, § 14 LPartG in entsprechender Anwendung als Anspruchsgrundlage heranzuziehen sind, wobei allerdings der Regelungsgehalt des possessorischen Besitzschutzes einbezogen werden muss.[595] Die Meinungen haben Auswirkungen auf die gerichtliche Zuständigkeit, da die Wohnungszuweisung nach § 1361b BGB bzw. nach § 14 LPartG der Zuständigkeit der Familiengerichte unterfällt (mit Eilmaßnahme einstweilige Anordnung),[596] während die possessorischen Ansprüche vor dem Zivilgericht (mit Eilmaßnahme einstweilige Verfügung) geltend gemacht werden müssen.

Die Vertreter der freien Anspruchskonkurrenz argumentieren mit der andernfalls bestehenden Gefahr des „Faustrechts", dem der Ausgesperrte nur mit einem Wohnungszuweisungsverfahren begegnen könne: In die-

262

---

593 OLG Koblenz FamRZ 2007, 63 = FF 2007, 271 m. Anm. *Brudermüller* = NJW 2007, 2337 m. Anm. *Caspary*; OLG Düsseldorf FamRZ 1984, 1095 m. Anm. *Luthin* (jeweils zum Hausrat); so wohl auch OLG Brandenburg Beschluss vom 17.1.2008, Az.: 10 WF 311/07 und 10 WF 2/08 (allerdings mit Zuständigkeit Familiengericht und unter Mitberücksichtigung des Regelungsgehalts von § 1361b BGB); OLG Düsseldorf FamRZ 1983, 164; LG Freiburg FamRZ 2005, 1252 (Besitzschutz, wenn Wohnung untervermietet wird); AG Darmstadt FamRZ 1994, 109; vgl. dazu auch *Flatow* S. 190f.
594 OLG Hamm FamRZ 1988, 1303; OLG Hamm FamRZ 1987, 483; OLG Oldenburg FamRZ 1994, 1254; OLG Zweibrücken FamRZ 1987, 1146; OLG Düsseldorf FamRZ 1987, 483; OLG Köln FamRZ 1987, 77.
595 OLG Karlsruhe FamRZ 2007, 59 (zum Hausrat); OLG Karlsruhe FamRZ 2001, 760; OLG Hamm FamRZ 1991, 81; AG Neustadt a. Rbge FamRZ 2005, 1253.
596 Vgl. zur Zuständigkeit Rdnr. 346 und zu Eilmaßnahmen Rdnr. 369ff.

sem Verfahren müsse dann der Ausgesperrte selbst zu den Voraussetzungen einer (auch nur teilweisen) Zuweisung an sich zur Alleinnutzung vortragen. Damit aber würden die Parteirollen umgekehrt, da dieser Vortrag letztlich dem obläge, der – durch Aussperren des Partners – die Wohnung für sich allein beansprucht. Gegen diese Argumentation lässt sich indes einwenden, dass eine schnelle Wiedereinräumung des Mitbesitzes an der Wohnung über § 861 BGB kaum von Bestand sein und in einem nachfolgenden Wohnungszuweisungsverfahren nach § 1361b BGB, § 14 LPartG – zu dem sich der andere Ehegatte bzw. Lebenspartner dann veranlasst sieht – sogleich korrigiert wird. Überflüssige Verfahren wären die Konsequenz. Andererseits fehlt es beim strikten Vorrang der Wohnungszuweisungsverfahren an einem ausreichenden Schutz des von der verbotenen Eigenmacht betroffenen Partners, da § 1361b BGB, § 14 LPartG keinen Anspruch auf Wiedereinräumung der ursprünglichen Besitzverhältnisse gewähren.

Vorzugswürdig erscheint daher die **vermittelnde Lösung**, die zum einen zur Zuständigkeit des Familiengerichts führt, das den familienrechtlichen Problemen besser Rechnung tragen wird, und es zum anderen in dieser Situation des Aussperrens zwar möglicherweise zunächst nur um Wiedereinräumung des Besitzes geht, in der Folge dessen aber regelmäßig auch die künftige Nutzung der Wohnung geregelt werden muss. Die Einbeziehung des Regelungsgehalts der Besitzschutzansprüche führt dazu, dass **die verbotene Eigenmacht im Rahmen der zu treffenden Billigkeitsabwägung** in besonderem Maße zu berücksichtigen ist.

Im Hinblick auf diesen Meinungsstreit kann in der Praxis das missliche Problem entstehen, dass sich bei einem reinen Besitzschutzantrag das jeweils angegangene Gericht für unzuständig hält und an das andere abgibt.[597]

Praxistipp: Zur Vermeidung dieser Verzögerung empfiehlt es sich, in dieser Situation nicht die Wiedereinräumung des Mitbesitzes an der Ehewohnung, sondern ganz konkret ihre teilweise Zuweisung zur Alleinnutzung zu beantragen und die verbotene Eigenmacht als Billigkeitsargument anzuführen. Damit wird eindeutig ein Verfahren nach § 1361b BGB bzw. § 14 LPartG mit Zuständigkeit des Familiengerichts notwendig.

---

597 Nach § 18 Abs. 1 HausratsVO (in Verbindung mit § 18a HausratsVO) bindend.

Mit anderen Ansprüchen 151

b) Ohne vorhergehende Trennung und bei fehlender Trennungsabsicht des Ausgesperrten

Auch hier ist die Zuständigkeit des Familiengerichts streitig. Nach einer Ansicht richtet sich der Anspruch des Ausgesperrten auf Wiedereinräumung des Mitbesitzes in diesem Fall nur nach § 861 BGB, da es bei ihm an der nach § 1361b BGB erforderlichen Trennungsabsicht fehlt.[598] § 1361b BGB, § 14 LPartG verdrängen den possessorischen Besitzschutz nicht. Auch der Einwand des anderen Ehegatten bzw. Lebenspartners, er wolle getrennt leben, sei unbeachtlich, da allein die Begründung des geltend gemachten Anspruchs für die Zuständigkeit entscheidend sei. Stellt der andere aussperrende Ehegatte oder Lebenspartner in dieser Situation einen Antrag auf Zuweisung der gemeinsamen Wohnung zur alleinigen Nutzung, kann es zu widersprechenden Entscheidungen des Familien- und des Zivilgerichts kommen, wenn die betreffenden Verfahren nicht zusammengeführt werden.[599]

263

Nach anderer Ansicht[600] ist in diesem Fall eine Zuständigkeit des Familiengerichts auch für den possessorischen Besitzschutz gegeben, wenn der andere Partner die Aussperrung damit rechtfertigt, sie sei zum Zweck des Getrenntlebens erfolgt. Das beim Zivilgericht anhängige Besitzschutzverfahren müsse dann an das Familiengericht abgegeben werden (§§ 18, 18a HausratsVO).

Für die zuletzt genannte Ansicht spricht – neben der grundsätzlich erwünschten Zuständigkeit des Familiengerichts für alle mit der Ehe- bzw. Partnerschaftswohnung zusammenhängenden Fragen und der Vermeidung einander widersprechender Entscheidungen des Zivil- und des Familiengerichts –, dass die Wiedereinräumung des Mitbesitzes (auch nur für eine Übergangszeit) dem Ehe- bzw. Lebenspartner nicht zuzumuten sein kann und wird, wenn dieser wünscht, getrennt zu leben. Anders als bei der bloßen Zurückschaffung von im Wege verbotener Eigenmacht entfernten Hausrats[601] würde einem trennungswilligen Ehe- oder Lebenspartner die unmittelbare Nähe des anderen aufgedrängt, die er – will er etwa wegen gemeinsamer Kinder, die von ihm betreut werden, die Wohnung nicht verlassen – zunächst erdulden müsste. Da jedoch von einem Besitzschutzverfahren in ein Wohnungszuweisungsverfahren übergewechselt

264

---

598 OLG Düsseldorf FamRZ 1985, 1061; *Haußleiter/Schulz* Kap. 4 Rdnr. 173f.
599 Vgl. hierzu Johannsen/Henrich/*Brudermüller* § 1361b BGB Rdnr. 39 a.E.
600 FA-FamR/*Klein* 8. Kap. Rdnr. 15; FAKomm-FamR/*Klein* § 1361b BGB Rdnr. 61.
601 OLG Koblenz FamRZ 2008, 63 = FF 2007, 271 m. Anm. *Brudermüller* = NJW 2007, 2337 m. Anm. *Caspary* (zum Hausrat).

werden kann,[602] die Trennungsabsicht nur eines Partners bei § 1361b BGB, § 14 LPartG genügt und im Rahmen eines Wohnungszuweisungsverfahrens lediglich ein Verfahrensantrag erforderlich ist,[603] sollte bereits der im Rahmen des Besitzschutzverfahrens erhobene Einwand des anderen Ehe- bzw. Lebenspartners, er wolle getrennt leben, dazu führen, dass das Verfahren **in ein Wohnungszuweisungsverfahren übergeleitet und an das Familiengericht abgegeben wird**.[604] Die verbotene Eigenmacht ist dann wiederum im Rahmen der Billigkeitsprüfung nach § 1361b BGB, § 14 LPartG zu berücksichtigen.

2. Im Verhältnis zu §§ 985, 745 Abs. 2 BGB

265   Im Verhältnis zum Vindikationsanspruch des dinglich Berechtigten nach § 985 BGB[605] und zu den Benutzungsregelungen nach § 745 Abs. 2 BGB[606] sind die Wohnungszuweisungsvorschriften **leges speciales**.[607] Im Übrigen begründet nicht nur die Entscheidung über eine Wohnungszuweisung ein Recht zum Besitz im Sinne des § 986 BGB, sondern auch der sich aus der Verpflichtung zur ehelichen Lebensgemeinschaft gemäß § 1353 Abs. 1 S. 2 BGB bzw. der Verpflichtung der Lebenspartner zu wechselseitiger Fürsorge und Unterstützung gemäß § 2 S. 1 LPartG ergebende Anspruch auf Mitgebrauch einer gemeinsamen Wohnung, der durch das Getrenntleben allein nicht aufgehoben wird.[608]

3. Bei nichtehelicher Lebensgemeinschaft

266   Ein Konkurrenzverhältnis kann bei der nichtehelichen Lebensgemeinschaft im Verhältnis zwischen § 2 GewSchG und den possessorischen Besitzschutzansprüchen sowie Ansprüchen aus § 812 BGB und § 985 BGB bestehen. Auch hier ist – wie bei Eheleuten und Lebenspartnern – davon auszugehen, dass § 2 GewSchG im Verhältnis zu §§ 812, 985 BGB **die speziellere Vorschrift darstellt**, wenn das Opfer Wohnungseigentümer

---

602 Johannsen/Henrich/*Brudermüller* § 1361b BGB Rdnr. 39 a.E.
603 Vgl. OLG München FamRZ 1995, 1205 (1206).
604 Diese Vorgehensweise kommt aber nur so lange in Betracht, als in dem Besitzschutzverfahren noch keine abschließende Entscheidung getroffen ist, vgl. OLG Karlsruhe FamRZ 1995, 1424.
605 OLG Zweibrücken FamRZ 1991, 848.
606 OLG Jena FamRZ 2006, 868; OLG Dresden NJW 2005, 3151.
607 BGH FamRZ 1976, 691: Während des Scheidungsverfahrens ist eine auf § 985 BGB gestützte Herausgabeklage unzulässig.
608 Vgl. auch AG Neustadt a. Rbge FamRZ 2005, 1253: Wiedereinräumung Mitbesitz nach §§ 1011, 985 BGB bei Miteigentum und Verweigerung des Zutritts zur Wohnung, sofern nicht für den anderen Ehegatten die Voraussetzungen des § 1361b BGB vorliegen.

ist und vor der Gewalt aus ihr flüchtet. Das gleiche gilt – wenn der Täter das Opfer aussperren sollte – im Verhältnis zu § 861 BGB, da eine Wiedereinräumung des vorher bestehenden Mitbesitzes und damit eine Wohnungsaufteilung in Gewaltfällen grundsätzlich ausscheidet. Hat hingegen das Opfer nach der Tat die Schlösser austauschen lassen, kann der Täter die Wiedereinräumung seines Mitbesitzes nach § 861 BGB verlangen und damit vor dem Zivilgericht erfolgreich sein, während das Opfer vor dem Familiengericht eine Zuweisung über § 2 GewSchG erreicht. Die Situation ist in diesem Fall mit derjenigen bei Eheleuten bzw. Lebenspartnern vergleichbar.[609]

Der einstweilige Rechtsschutz nach § 940a ZPO ist nach der Begründung des Gewaltschutzgesetzes auf Ansprüche auf Wohnungsüberlassung und Betretensverbote **außerhalb von auf Dauer angelegten Haushalten** beschränkt.[610] Bei auf Dauer angelegten gemeinsamen Haushalten ist eine einstweilige Anordnung nach § 64b Abs. 3 FGG vorrangig.

---

609 Vgl. dazu Rdnr. 263f.
610 BT-Drs. 14/5429 S. 35.

E. Nutzungsentschädigung

I. Einleitung

267 Häufig sind finanzielle Probleme Ursache für Konflikte in einer Partnerschaft. Diese potenzieren sich nach der Trennung allein durch die Notwendigkeit, jetzt zwei Wohnungen unterhalten zu müssen. Die Frage, ob und gegebenenfalls in welcher Höhe eine Nutzungsentschädigung für die frühere gemeinsame – nunmehr von einem Partner allein genutzte – Wohnung zu zahlen ist, ist daher von besonderer Bedeutung.

Wird diese Wohnung einem Partner zur künftigen Alleinnutzung überlassen, kommt nicht in jedem Fall die Zahlung einer Nutzungsvergütung in Betracht. Andererseits besteht der Anspruch auf Nutzungsentschädigung aber auch nicht nur, wenn der Ausziehende Allein- oder Miteigentümer ist,[611] selbst wenn eine Nutzungsentschädigung regelmäßig nur in diesen Fällen geltend gemacht werden mag.

Die Nutzungsvergütung, die ausdrücklich gefordert werden muss, soll den Verlust des Wohnungsbesitzes und die damit einhergehenden wirtschaftlichen Nachteile im Einzelfall und nach Billigkeit kompensieren.[612] Voraussetzung einer Nutzungsentschädigung ist damit letztlich ein Eingriff in Rechtspositionen des Weichenden, die einen Vermögenswert haben.

Diese können sich bei einer Eigentumswohnung daraus ergeben, dass der die Wohnung nicht mehr Nutzende weiterhin einen auf der Immobilie lastenden Kredit bedient oder – bei bereits gegebener Lastenfreiheit – nunmehr Mietaufwendungen für seine neue Wohnung zu tragen hat, während der in der Wohnung Verbliebene mietfrei wohnt. Bei einer Mietwohnung kann der weichende Alleinmieter seiner fortbestehenden Zahlungsverpflichtung nicht die Wohnungszuweisung an den anderen entge-

---

611 Gelegentlich wird so formuliert, dass dieser Eindruck entstehen könnte, vgl. Wendl/*Gerhardt* § 1 Rdnr. 362a; *Haußleiter/Schulz* Kap. 4 Rdnr. 51, der allerdings in der Fußnote daraufhin weist, dass der Anspruch auch bei einem Mietverhältnis bestehen kann; vgl. auch OLG München (16. Zivilsenat) FamRZ 2008, 695, das davon ausgeht, dass der Kreis derer, die eine Nutzungsentschädigung verlangen können, grundsätzlich auf den Kreis der nachweislich dinglich Berechtigten beschränkt sein soll, zugleich aber einräumt, dass sich diese Einschränkung aus dem Wortlaut des § 1361b Abs. 3 S. 2 BGB nicht ergibt.
612 BGH FamRZ 2006, 930 (933) m. Anm. *Brudermüller*.

genhalten, da der Vermieter seine mietvertragliche Verpflichtung durch das zur Verfügung Stellen der Wohnung erfüllt hat und das Risiko nutzbringender Verwendung in der Folgezeit beim Mieter liegt.[613] In dieser Situation, in der Zahlungspflichten für eine Wohnung ent- bzw. fortbestehen, ohne dass ihnen ein Nutzen an der fraglichen Wohnung gegenübersteht, drängt sich die Frage nach einem finanziellen Ausgleich auf. Es handelt sich in allen Fällen um **Billigkeitsregelungen**, die die Rechtsbeeinträchtigung desjenigen, der weichen muss, zumindest „abfedern" sollen.[614]

Davon ausgehend sind grundsätzlich drei Fallgruppen zu unterscheiden:

1. Der künftige Alleinnutzer ist Alleinberechtigter

Ist der in der Wohnung Verbliebene Alleinmieter, Alleineigentümer oder alleinig dinglich Nutzungsberechtigter, kommt eine Nutzungsvergütung **grundsätzlich nicht** in Betracht.[615] Für die Mietzinszahlung hat er in diesem Fall ohnehin allein aufzukommen und in der Regel auch für Verbindlichkeiten aufgrund des Immobilienerwerbs. Hat der andere – obschon er selbst nicht dinglich berechtigt ist – trotzdem die Mithaftung für bestehende Immobilienverbindlichkeiten übernommen, ist der Tatsache, dass die Darlehensrückführung nur einem der beiden Partner zugute kommt, im Rahmen des Gesamtschuldnerausgleichs Rechnung zu tragen.[616]

2. Mitberechtigung beider Wohnungsnutzer

Sind beide Wohnungsnutzer als Mitmieter oder Miteigentümer oder sonst gleichermaßen dinglich an der Wohnung berechtigt, kommt eine Nutzungsentschädigung aus Billigkeitsgründen **nicht** in Betracht, **wenn die Wohnung lediglich aufgeteilt wird**. Das gilt auch dann, wenn einem Nutzer mit Rücksicht auf von ihm betreute Kinder der größere Teil des Hauses oder der Wohnung überlassen wird.

Bei einer **Alleinnutzung** liegt demgegenüber eine Nutzungsentschädigung aus Billigkeitserwägungen nicht nur dann nahe, wenn der Weichende weiterhin die Lasten trägt, also den Mietzins weiter zahlt oder das zum Erwerb der Immobilie aufgenommene Darlehen zurückführt, sondern

---

613 Vgl. dazu auch *Blank* FPR 1997, 119.
614 AnwK-BGB/*Heinke* § 2 GewSchG Rdnr 21.
615 So auch OLG München FamRZ 2008, 695 (für Alleineigentum).
616 Vgl. dazu Rdnr. 104.

auch bei bereits bestehender Lastenfreiheit, da ihm die Nutzungsmöglichkeit hinsichtlich der Wohnung entzogen ist.[617]

3. Alleinberechtigung des Weichenden

270 Erst recht liegt die Nutzungsentschädigung aus Billigkeitsgründen dann nahe, wenn der Weichende alleinberechtigt an der Wohnung ist oder eine Mitberechtigung Dritter besteht.[618]

271 Durch das **Angebot der Wiedereinräumung des Mitbesitzes** kann der Anspruch auf Nutzungsentschädigung abgewendet werden.[619] Auch wenn der geldwerte Wohnvorteil bereits bei der **Unterhaltsbemessung** berücksichtigt wird, ist die Geltendmachung eines Nutzungsentgelts (daneben) nicht möglich.[620]

272 Ein Anspruch auf Nutzungsentschädigung besteht nach ganz überwiegender Auffassung erst **ab einer eindeutigen Zahlungsaufforderung**,[621] damit sich der in der Wohnung verbliebene Partner auf die auf ihn zukommende Belastung einstellen kann. Hintergrund ist der sich aus §§ 1585b, 1613 BGB ergebende Rechtsgedanke, dass niemand für die Vergangenheit mit Ansprüchen konfrontiert werden soll, die er nicht kannte.

II. Ansprüche im Einzelnen

1. § 1361b Abs. 3 S. 2 BGB

273 Nach § 1361b Abs. 3 S. 2 BGB kann der weichende Ehegatte von dem Nutzungsberechtigten, dem die Wohnung ganz oder zum Teil überlassen wurde, eine Vergütung für die Nutzung verlangen, soweit dies der Billigkeit entspricht.

---

617 Zu Unrecht vertritt *Kemper* die Auffassung, dass bei Miteigentum eine Nutzungsentschädigung nicht der Billigkeit entspreche: Hk-LPartR/*Kemper* § 14 LPartG Rdnr. 9.
618 Vgl. OLG Köln FamRZ 1992, 440.
619 KG FamRZ 2001, 368; Staudinger/*Voppel* § 1361b Rdnr. 70; krit. Schröder/Bergschneider/*Wever* Rdnr. 5.89.
620 Vgl. dazu Rdnr. 298.
621 OLG Köln FamRZ 1999, 1272; OLG Köln FamRZ 1992, 440; OLG München FamRZ 1999, 1270; Braunschweig FamRZ 1996, 548; MünchKomm/*Wacke* § 1361b Rdnr. 11; Palandt/*Brudermüller* § 1361b BGB Rdnr. 23; *Haußleiter/Schulz* Kap. 4 Rdnr. 57; a.A. *Erbarth* FamRZ 1998, 1007 (1012).

a) Voraussetzungen

aa) Wohnungszuweisung oder Wohnungsüberlassung

Nach dem Wortlaut des § 1361b Abs. 2 BGB a.F. war Voraussetzung eines Vergütungsanspruchs, dass die Wohnung zur Vermeidung einer schweren Härte zu überlassen war. Allerdings behalf sich die Rechtsprechung bei einem freiwilligen Auszug ohne Vorliegen der Zuweisungsvoraussetzungen mit Analogien.[622] So hat der BGH die analoge Anwendung des § 1361b Abs. 2 BGB a.F. damit begründet, dass sowohl § 1361b BGB als auch die Hausratsverordnung von der Annahme ausgehen, eine Trennung oder Scheidung könne dazu führen, dass die Nutzungsberechtigung an der bisherigen Ehewohnung abweichend von den Eigentumsverhältnissen geregelt werden muss. Gerade in solchen Fällen solle dem Ehegatten, in dessen Eigentum die Wohnung steht, die Möglichkeit eröffnet sein, eine Entschädigung für die ihm sonst mögliche anderweitige Verwertung der Wohnung zu verlangen, wenn und soweit dies der Billigkeit entspricht. Eine Prüfung, ob und inwieweit die Billigkeit eine Nutzungsvergütung erfordert, sei deshalb **in allen Fällen** geboten, in denen ein Ehegatte **die bisherige Ehewohnung freiwillig verlässt**, ohne dass die Ehegatten zuvor eine Übereinkunft über die wesentlichen Modalitäten einer künftigen Alleinnutzung der Wohnung durch den anderen Ehegatten erzielt haben. Ein Entschädigungsanspruch des weichenden Ehegatten biete in solchen Fällen eine angemessene Kompensation für das die Trennung überdauernde Besitzrecht des anderen Ehegatten. Mit dem Kriterium der Billigkeit, an das der Entschädigungsanspruch nach Grund und Höhe anknüpft, könne auch Fällen Rechnung getragen werden, in denen der weichende Ehegatte dem anderen Ehegatten allein durch seinen Auszug eine entgeltliche Alleinnutzung der Wohnung aufdrängt. Die Zuerkennung einer Nutzungsvergütung solle keinen Eingriff in den Besitz an der bisherigen Wohnung rechtfertigen, sondern – im Gegenteil – den Verlust des Wohnungsbesitzes und die damit einhergehenden wirtschaftlichen Nachteile für den weichenden Ehegatten im Einzelfall und nach Billigkeit kompensieren.

Seit der Neufassung des § 1361b BGB durch das Gewaltschutzgesetz zum 1.1.2002 setzt die Nutzungsvergütung **weder eine Wohnungszuweisung** durch das Gericht noch das **Vorliegen eines noch bestehenden Zuweisungsanspruchs** voraus.[623] Eine Nutzungsvergütung kann daher

---

622 BGH FamRZ 2006, 930 m. Anm. *Brudermüller*; OLG Düsseldorf FamRZ 1999, 1271; OLG Braunschweig FamRZ 1996, 548; OLG Frankfurt/M. FamRZ 1992, 677.
623 So aber KG FamRZ 2007, 908; OLG Brandenburg FamRZ 2001, 427; OLG Koblenz FamRZ 2001, 225.

auch der Ehegatte, der die Wohnung freiwillig verlassen hat, verlangen, soweit diese der Billigkeit entspricht, auch wenn die Überlassung der Wohnung gar nicht zur Vermeidung einer unbilligen Härte erforderlich war. Darüber besteht inzwischen weitgehend Einigkeit.[624] Ob der Vergütungsanspruch dabei weiterhin nur in analoger Anwendung oder in extensiver Auslegung[625] oder direkt aus § 1361b Abs. 3 S. 2 BGB[626] herzuleiten ist, ist für die forensische Praxis von untergeordneter Bedeutung.[627]

275 Wird die Überlassung der Wohnung nach § 1361b Abs. 4 BGB unwiderleglich vermutet, erlischt damit zwar das Besitzrecht desjenigen, der die Wohnung verlassen hat, für die Zeit der Trennung,[628] dies **führt aber nicht dazu, dass auch ein Anspruch auf Nutzungsentschädigung entfällt.**[629] Gerade in dieser Situation besteht ein besonderes Bedürfnis, diesen Verlust des Besitzrechts finanziell auszugleichen.

bb) Verhältnis zu § 745 Abs. 2 BGB bei Miteigentum

276 Streitig ist, nach welcher Vorschrift sich der Anspruch auf Nutzungsentschädigung richtet, wenn die Wohnung im Miteigentum der Eheleute steht und von einem der beiden dem anderen freiwillig zur Nutzung überlassen wird – nach § 745 Abs. 2 BGB und damit nach Gemeinschaftsrecht oder nach § 1361b Abs. 3 S. 2 BGB.

Die Entscheidung hat wiederum Konsequenzen für die die gerichtliche Zuständigkeit: Für einen Anspruch aus § 745 Abs. 2 BGB besteht die Zuständigkeit des Zivilgerichts, während für Ansprüche nach § 1361b Abs. 3 S. 2 BGB das Familiengericht gemäß § 23b Abs. 1 S. 2 Nr. 8 GVG, § 621 Abs. 1 Nr. 7 ZPO ausschließlich zuständig ist.

Der BGH[630] hat hierzu bislang entschieden – die Frage zuletzt aber offen gelassen –, dass eine Nutzungsvergütung unter Miteigentümern nur

---

624 Johannsen/Henrich/*Brudermüller* § 1361b BGB Rdnr. 33 a.E.; *Haußleiter/Schulz* Kap. 4 Rdnr. 56; FAKomm-FamR/*Klein* § 1361b BGB Rdnr. 44; *Kemper* Rdnr. 180 (anders Hk-LPartR/*Kemper* § 14 LPartG Rdnr. 9: nur bei Vorliegen der Zuweisungsvoraussetzungen); *Finke* FF 2007, 185 (191); a.A. *Wever* Rdnr. 97; für Wahlrecht AG Ludwigslust FamRZ 2005, 728.
625 BGH FamRZ 2006, 930 „ausdehnende Handhabung".
626 KG NJW-RR 2008, 809; OLG Dresden NJW 2005, 1351.
627 Vgl. dazu *Brudermüller* Anm. zu BGH FamRZ 2006, 930 in FamRZ 2006, 934 (935).
628 Vgl. dazu Rdnr. 189.
629 So aber *Kemper* Rdnr. 164; anders zu Recht MAH-Familienrecht/*Müller* § 16 Rdnr. 61: Nutzungsentschädigung ist ein „schwacher Trost".
630 FamRZ 1996, 931; FamRZ 1995, 216; FamRZ 1994, 822; FamRZ 1983, 795; FamRZ 1982, 355; offen gelassen in FamRZ 2006, 930.

Ansprüche im Einzelnen 159

als Folge einer Neuregelung der Verwaltung und Benutzung durch Beschluss nach § 745 Abs. 2 BGB angeordnet werden kann, wobei die Nutzungsänderung auch einen Anspruch auf Festsetzung der Vergütung beinhaltet.

Demgegenüber wird in Teilen der Rechtsprechung und vor allem in der Literatur die Ansicht vertreten, dass § 1361b Abs. 3 S. 2 BGB innerhalb seines Anwendungsbereichs im Interesse der Konzentration der trennungsbedingten Streitigkeiten beim Familiengericht **lex specialis gegenüber** § 745 Abs. 2 BGB sei.[631] Auch für den Fall des freiwilligen Auszugs bedarf es des Rückgriffs auf § 745 Abs. 2 BGB daher nach dieser Ansicht nicht.

Die letztgenannte Ansicht verdient Zustimmung: Nach der Neufassung des § 1361b BGB durch das Gewaltschutzgesetz vom 11.12.2001 ist es für den Anspruch auf Zahlung einer Nutzungsvergütung unerheblich, ob ein Ehegatte dem anderen die Nutzung der Wohnung überlassen musste oder freiwillig überlassen hat.[632] Wenn aber – nach nunmehr nahezu einhelliger Meinung – § 1361b Abs. 3 Satz 2 BGB auf die Fälle anwendbar ist, in denen ein Ehegatte die in seinem Alleineigentum stehende Wohnung dem anderen freiwillig zur alleinigen Nutzung überlässt und zwar unabhängig davon, ob diese Überlassung zur Vermeidung einer unbilligen Härte erforderlich war oder nicht,[633] muss dies auch für einen freiwilligen Auszug des Miteigentümers gelten, da es nach der Neufassung des § 1361b Abs. 3 BGB nicht mehr auf die Verpflichtung zur Räumung ankommt.[634] Seit der Novellierung ist § 1361b BGB daher lex specialis zu § 745 Abs. 2 BGB.[635]

277

---

631 OLG Hamm Urteil vom 27.2.2008, AZ.: 33 U 29/07; OLG München FamRZ 2007, 1655 m. abl. Anm. *Wever*; OLG Brandenburg FamRZ 2006, 1392; OLG Jena FamRZ 2006, 868; OLG Dresden NJW 2005, 3151; OLG München FamRZ 1999, 1270; offen gelassen in BGH FamRZ 2006, 930 m. Anm. *Brudermüller*; Palandt/*Brudermüller* § 1361b BGB Rdnr. 20; Scholz/Stein/*Eckebrecht* Teil D Rdnr. 21 a.E.; *Haußleiter/Schulz* Kap. 4 Rdnr. 56; a.A. KG FamRZ 2007, 908; OLG München FamRZ 2005, 806; OLG Brandenburg FamRZ 2001, 427; OLG Koblenz FamRZ 2001, 225; KG FamRZ 2000, 304; Erman/*Heckelmann* § 1361b Rdnr. 19; *Wever* Rdnr. 97; Wendl/*Gerhardt* § 1 Rdnr. 364; Hk-LPartR/*Kemper* § 14 LPartG Rdnr. 9.
632 KG NJW-RR 2008, 809; OLG Dresden NJW 2005, 1351; Palandt/*Brudermüller* § 1361b BGB Rdnr. 20.
633 BGH FamRZ 2006, 930 (m. Anm. *Brudermüller*) sogar für § 1361b BGB a.F.
634 Vgl. OLG München FamRZ 2007, 1655 m. abl. Anm. *Wever*.
635 OLG München FamRZ 2007, 1655 m. abl. Anm. *Wever*; OLG Jena FamRZ 2006, 868; OLG Dresden NJW 2005, 3151.

cc) Billigkeitskriterien

278 Neben der Art der Berechtigung des weichenden Ehegatten an der Wohnung sind weitere Billigkeitskriterien **die persönlichen und wirtschaftlichen Verhältnisse der Beteiligten** und hier insbesondere die Leistungsfähigkeit des in der Wohnung verbliebenen Ehepartners. Eine Nutzungsvergütung ist dann unbillig, wenn der in der Wohnung verbliebene und die Kinder betreuende Ehegatte vom anderen keine Unterhaltszahlungen erhält und selbst nicht leistungsfähig ist.[636] Zwar kann eine Wohnungszuweisung nicht mit dem Ziel erfolgen, dem künftigen Alleinnutzer auf diese Weise Naturalunterhalt zu verschaffen. Ist eine Wohnungszuweisung aufgrund der in § 1361b BGB vorgesehenen Voraussetzungen jedoch erfolgt, kann die Frage, ob Unterhaltszahlungen fließen oder nicht, im Rahmen der bei der Nutzungsentschädigung zu treffenden Billigkeitsabwägung durchaus Berücksichtigung finden. Andernfalls wäre der Alleinnutzer mangels liquider Mittel – entgegen der zu seinen Gunsten ergangenen Zuweisung – gezwungen, die Wohnung wieder aufzugeben.

279 Abzustellen ist stets auf die **gesamten Umstände des Einzelfalls**, so dass auch berücksichtigt werden kann, dass ein Ehegatte wegen seines unerträglichen Verhaltens aus der Wohnung gewiesen wurde.[637] Die Tatsache, dass beide über Einkommen verfügen und der weichende Ehegatte die Zuweisung an den anderen weder verschuldet noch auch nur verursacht hat, spricht wiederum für die Billigkeit einer Nutzungsvergütung.[638]

Maßgebliches Kriterium im Rahmen der Billigkeitsprüfung ist des Weiteren die Frage, ob dem Alleinnutzer der Wohnung diese Alleinnutzung **aufgedrängt** wurde. Wäre er in diesem Fall gezwungen, die Wohnung aufzugeben, weil er die wirtschaftliche Gegenleistung nicht tragen kann, kann dies zur Unbilligkeit der Nutzungsvergütung führen.[639]

b) Höhe

280 Auch die Höhe der Nutzungsentschädigung orientiert sich an der Billigkeit,[640] soweit nicht durch das Gericht im Falle einer dinglichen Allein- oder Mitberechtigung ein Mietverhältnis zwischen den Eheleuten begrün-

---

636 OLG Saarbrücken FamRZ 2003, 530 (531); OLG Köln FamRZ 1997, 943.
637 OLG Köln FamRZ 1993, 562.
638 OLG Bamberg FamRZ 2000, 1101 Ls. 3; vgl. aber OLG Köln FamRZ 1993, 562: Höheres Einkommen des in der Wohnung Verbliebenen allein genügt nicht.
639 OLG Hamm FamRZ 1996, 1476; OLG Köln FamRZ 1992, 440.
640 OLG Düsseldorf FamRZ 1999, 1271 (1272); da sich auch die aus § 745 Abs. 2 BGB hergeleitete Nutzungsentschädigung an der Billigkeit orientiert, wird das Ergebnis hinsicht-

det wurde. In diesem Fall besteht der Anspruch auf Zahlung des in diesem Vertrag vom Richter festgesetzten Mietzinses, der allerdings nach den gleichen Kriterien zu bemessen ist.

Ausgangspunkt bei der Höhe der Nutzungsentschädigung ist zunächst die **für die Wohnung zu zahlende Miete** oder aber – bei einer Eigentumswohnung – deren **Marktmiete**, d.h. die für eine vergleichbare Wohnung auf dem freien Wohnungsmarkt zu zahlende Miete, wobei diese die Obergrenze für die Nutzungsentschädigung darstellt.[641]

Vor Ablauf des ersten Trennungsjahres wird jedoch in der Regel nur **ein gekürzter Mietwert** in Höhe der ersparten Miete für eine angemessene (entsprechend kleinere) Ersatzwohnung angesetzt.[642] Bei dieser Herabsetzung ist nicht nur die noch fortbestehende Ehe maßgebend, sondern im Rahmen der Billigkeitsabwägung ist auch zu berücksichtigen, dass der rechnerisch anzusetzende Mietwert den tatsächlichen Wohnbedarf des in der Wohnung verbliebenen Ehepartners übersteigt, so dass eine Herabsetzung der Vergütung insbesondere dann in Betracht kommt, wenn die Alleinnutzung aufgedrängt wurde.[643] Aus Billigkeitsgesichtspunkten kann dem Alleinnutzer nach der Zahlungsaufforderung schließlich eine **Übergangszeit** eingeräumt werden, binnen derer er sich klar werden kann und muss, ob er die Nutzungsvergütung künftig entrichtet oder neuen Wohnraum sucht.[644] Nimmt der in der Wohnung verbliebene Ehegatte allerdings seinen neuen Partner in die Wohnung auf, ist der volle objektive Mietwert auszugleichen.[645]

Nach Ablauf des ersten Trennungsjahres wird in der Regel die **ortsübliche Miete** angesetzt.[646]

Bei Miteigentümern ist Ausgangspunkt der **anteilige, in der Regel hälftige** objektive bzw. angemessene **Mietwert**.[647] Modifizierungen kön-

281

282

---

lich der Höhe kaum differieren, vgl. Schröder/Bergschneider/*Wever* Rdnr. 5.75; zur Frage, ob ein Feststellungsinteresse an einer isolierten Feststellung der Billigkeit einer Nutzungsentschädigung besteht, vgl. OLG Düsseldorf FamRZ 1988, 410 m. Anm. *Gottwald*.

641 OLG Düsseldorf FamRZ 1999, 1271; OLG Braunschweig FamRZ 1996, 548; OLG Frankfurt/M. FamRZ 1992, 677 (679).
642 BGH FamRZ 2000, 351 (zum Wohnwert).
643 BGH NJW 2000, 284; OLG Brandenburg FamRZ 2003, 378; OLG Hamm FamRZ 1996, 1476.
644 Vgl. OLG München FamRZ 2007, 1655 (4 Monate); vgl. auch Palandt/*Brudermüller* § 1361b BGB Rdnr. 23 a.E.
645 Zur vergleichbaren Situation beim Wohnwert OLG Schleswig FamRZ 2003, 603.
646 OLG Bremen OLGR 2005, 315 (317).
647 OLG Düsseldorf FamRZ 2006, 209; vgl. auch OLG München FamRZ 2005, 806 (zu § 745 Abs. 2 BGB): Ohne Bedeutung, wer den Erwerb der Wohnung finanziert hat oder für das Scheitern der Ehe verantwortlich ist.

nen sich im Rahmen der Billigkeitsabwägung auch hier aus den wirtschaftlichen Verhältnissen der Eheleute, ihrer bisherigen Lebensführung, dem tatsächlichen Wohnbedarf und den dafür verfügbaren Mitteln ergeben.[648]

283 Bedient der die Immobilie nutzende Ehegatte die Immobilienkredite, sind die von ihm geleisteten Zahlungen – bei Alleineigentum des anderen in voller Höhe, bei Miteigentum anteilig – **auf die von ihm geschuldete Nutzungsentschädigung anzurechnen**, da der andere Ehegatte in dieser Höhe von seinen Verbindlichkeiten befreit wird und dies als eine andere Form des angemessenen Ausgleichs für die alleinige Nutzung angesehen werden kann.[649] Auch verbrauchsunabhängige Nebenkosten, die der die Wohnung nutzende Ehegatte zahlt, sind von der Nutzungsvergütung in Abzug zu bringen.[650] Letzteres gilt allerdings nur, soweit diese nicht auf einen Mieter umgelegt werden können.[651] Entsprechen die vom Verbliebenen getragenen Kosten des Hauses einschließlich aller Annuitätszahlungen in etwa dem Nutzungsentgelt, besteht also ein ausgewogenes Verhältnis, stellt bereits die Übernahme dieser Zahlungen den angemessenen Ausgleich dar.[652]

Unerheblich ist in diesem Zusammenhang, wer für das Scheitern der Ehe verantwortlich ist.[653]

2. § 14 Abs. 3 S. 2 LPartG

284 § 14 Abs. 3 S. 2 LPartG ist die Parallelregelung zu § 1361b Abs. 3 S. 2 BGB im Lebenspartnerschaftsrecht und entspricht dieser Vorschrift. So kann auch bei einer Wohnungszuweisung unter Lebenspartnern gemäß § 14 Abs. 3 S. 2 LPartG der aus der Wohnung gewiesene Partner vom Nutzungsberechtigten eine Nutzungsentschädigung verlangen, soweit dies der Billigkeit entspricht. Auf die vorstehenden Ausführungen zu § 1316b BGB und das Verhältnis zu § 745 Abs. 2 BGB bei Miteigentum kann daher Bezug genommen werden.[654]

---

648 OLG Köln NJWE-FER 1999, 29; OLG München FamRZ 1990, 530.
649 OLG Düsseldorf FamRZ 1999, 1271 (1272); OLG Braunschweig FamRZ 1996, 548 (549); OLG Celle FamRZ 1992, 465 (466).
650 BGH FamRZ 1994, 822 (zu § 745 Abs. 2 BGB); OLG Düsseldorf FamRZ 1999, 1271; *Wever* Rdnr. 135.
651 OLG Düsseldorf FamRZ 2008, 895; vgl. zum gleichen Problem beim Wohnwert Rdnr. 117.
652 BGH FamRZ 1994, 822; BGH FamRZ 1986, 881.
653 OLG München FamRZ 2005, 806 (807).
654 Eine Nutzungsentschädigung kommt auch bei Miteigentum der eingetragenen Lebenspartner in Betracht; zu Unrecht verneinend Hk-LPartR/*Kemper* § 14 LPartG Rdnr. 9.

Ansprüche im Einzelnen

3. Hausratsverordnung

a) Voraussetzungen

Die Hausratsverordnung enthält **keine Vorschriften über eine Nutzungsentschädigung.** Nach ihrer Intention, das Rechtsverhältnis an der Wohnung für die Zeit nach Rechtskraft der Scheidung endgültig zu klären, bedarf es einer solchen auch nicht, weil die Zuweisung an den Nichteigentümer nach § 3 HausratsVO nur in engen Ausnahmefällen vorgesehen ist und bestehende Mietverhältnisse nach § 5 HausratsVO dem tatsächlichen Nutzungsverhältnis anzupassen sind.

285

Wird von einer Anpassung des Mietverhältnisses jedoch im Einzelfall abgesehen[655] und die Wohnung unter Beibehaltung des gemeinsamen Mietvertrags einem Mieter oder sogar dem Nichtmieter zugewiesen, kann ein Bedürfnis nach einem finanziellen Ausgleich bestehen.

Auch wenn eine Wohnung nach § 3 HausratsVO im Einzelfall zur Vermeidung einer Unbilligkeit dem Nichteigentümer zugewiesen wird, ist der darin liegende Eingriff in das verfassungsrechtlich geschützte Eigentumsrecht nur zu rechtfertigen, wenn die Zuweisung zeitlich befristet und zugleich eine Vergütung für die Nutzung festgesetzt wird.[656]

Dies kann auf zweierlei Weise geschehen:

286

Mit der Zuweisung an den Nichteigentümer kann das Familiengericht entweder gemäß § 5 Abs. 2 HausratsVO ein **Mietverhältnis (zu vorübergehendem Gebrauch)**[657] **zwischen den Eheleuten begründen** und einen zu zahlenden Mietzins festsetzen.

Das Gericht kann es aber auch bei einem bloßen Nutzungsverhältnis belassen und eine **Nutzungsvergütung festsetzen**, auch wenn § 3 HausratsVO eine solche nicht ausdrücklich vorsieht.[658] Die HausratsVO enthält – anders als § 1361b BGB – keine Vorschrift über eine Nutzungsvergütung. Gleichwohl wird bei Zuweisung einer Wohnung an den Nichteigentümer nach § 3 HausratsVO ein Anspruch auf Nutzungsvergütung be-

---

655 Johannsen/Henrich/*Brudermüller* § 5 HausratsVO Rdnr. 3: Nicht sinnvoll, ein Mietverhältnis gegen den Willen des Vermieters zu begründen, wenn damit zu rechnen ist, dass dieser das Mietverhältnis alsbald kündigen wird und die Kündigung nicht aussichtslos erscheint.
656 Johannsen/Henrich/*Brudermüller* § 3 HausratsVO Rdnr. 11.
657 Vgl. dazu Rdnr. 339.
658 OLG Köln FamRZ 2002, 1124; Johannsen/Henrich/*Brudermüller* § 3 HausratsVO Rdnr. 1; Scholz/Stein/*Eckebrecht* Teil D Rdnr. 42; Haußleiter/*Schulz* Kap. 4 Rdnr. 67; anders Schröder/Bergschneider/*Wever* Rdnr. 5.114: Herleitung des Anspruchs aus §§ 2, 5 Abs. 2 HausratsVO; bei freiwilligem Auszug Anspruch aus §§ 987 Abs. 1, 990 Abs. 1, 100 BGB, da Recht zum (Mit-)Besitz mit Scheidung endet.

jaht, da nur bei Festsetzung einer solchen Vergütung (und der zeitlichen Befristung der Zuweisung) der Eingriff in die Eigentümerrechte als verfassungsrechtlich zulässige Begrenzung des Eigentum angesehen werden kann.[659]

b) Verhältnis zu § 745 Abs. 2 BGB bei Miteigentum

287   Bei Miteigentum richtet sich die Wohnungszuweisung nach den allgemeinen Regeln, § 3 HausratsVO ist hierauf nicht anwendbar.

Für die Zeit nach Rechtskraft der Scheidung kann der freiwillig aus der Wohnung ausgezogene Ehegatte vom früheren Partner nach bisher herrschender Meinung in Rechtsprechung und Literatur nur eine Neuregelung der Verwaltung und Benutzung nach § 745 Abs. 2 BGB verlangen.[660] Bei einem Streit darüber, ob und in welcher Höhe der in der Wohnung Verbleibende eine Nutzungsentschädigung zu zahlen hat, bedarf es dann aber keiner Klage auf Zustimmung zu einer angemessenen Neuregelung, vielmehr kann sofort auf Zahlung geklagt werden.[661] Die HausratsVO wird in diesem Fall bislang ganz überwiegend nicht für anwendbar gehalten. Soweit also nicht von einem Ehegatten die Zuweisung der Ehewohnung zur alleinigen Nutzung begehrt und nach § 5 Abs. 2 HausratsVO ein Mietverhältnis begründet wird, müssen nach dieser Ansicht **Ansprüche auf Nutzungsentgelt nach § 745 Abs. 2 BGB vor dem Zivilgericht verfolgt werden.**

288   Dem ist das Oberlandesgericht München[662] nunmehr zu Recht entgegengetreten und hat bei **freiwilligem Auszug eines Miteigentümers** einen Anspruch auf Zahlung der Nutzungsentschädigung **aus einer entsprechenden Anwendung der §§ 2, 3 HausratsVO hergeleitet** und dies im Wesentlichen wie folgt begründet:

- Zwar ist nach § 1 HausratsVO die Entscheidungsbefugnis des Gerichts nicht gegeben, soweit sich die geschiedenen Ehegatten geeinigt haben. Es ist jedoch herrschende Meinung, dass diese Einigung ohne jeden Vorbehalt, umfassend, wirksam und bindend sein muss, so dass sie eine richterliche Regelung in jeder Hinsicht entbehrlich macht. Eine in diesem Sinne umfassende Einigung fehlt bei einem Streit um die Nutzungsentschädigung.

---

659 BayObLG FamRZ 1974, 22; Johannsen/Henrich/*Brudermüller* § 3 HausratsVO Rdnr. 11.
660 BGH FamRZ 1982, 355; vgl. auch OLG München FamRZ 2005, 806; OLG Brandenburg FamRZ 2008, 1444.
661 BGH FamRZ 1994, 822.
662 OLG München FamRZ 2007, 1655 m. abl. Anm. *Wever*.

- Die vom BGH[663] herangezogenen Argumente für eine analoge Anwendung von § 1361b Abs. 2 BGB a.F. bei freiwilligem Auszug des Eigentümers – nämlich insbesondere, dass eine Prüfung, ob und inwieweit die Billigkeit eine Nutzungsvergütung erfordert, in allen Fällen geboten ist, in denen ein Ehegatte die bisherige Ehewohnung freiwillig verlässt, ohne dass die Ehegatten zuvor eine Übereinkunft über die wesentlichen Modalitäten einer künftigen Alleinnutzung der Wohnung durch den anderen Ehegatten erzielt haben –, treffen ebenso für die Zeit nach Rechtskraft der Scheidung zu. Bei Miteigentum der geschiedenen Eheleute an der Wohnung stellt das Rechtsverhältnis der Ehegatten in Bezug auf die Ehewohnung im übrigen nicht nur während der Trennungszeit, sondern auch nach rechtskräftiger Scheidung in der Regel ein nur vorläufiges Nutzungsverhältnis bis zur Entscheidung über das weitere Schicksal dieses gemeinsamen Vermögensgegenstandes dar. Die Interessenlage der Ehegatten in beiden Zeitabschnitten ist demnach die gleiche, nämlich eine Entschädigungsregelung nach Billigkeit – bis zur endgültigen Lösung – herbeizuführen. Dabei kann es ebenso wie bei § 1361b Abs. 3 BGB nicht darauf ankommen, ob eine Wohnungszuweisung erfolgt ist oder die Parteien sich über die Alleinnutzung – mit Ausnahme der Nutzungsentschädigung – geeinigt haben.

- Die Zuständigkeit des Familiengerichts für die Festsetzung der Nutzungsentschädigung nach § 1361b BGB für die Trennungszeit und des allgemeinen Zivilgerichts für die Zeit ab Rechtskraft der Scheidung für eine Nutzungsvergütung nach § 745 Abs. 2 BGB führt zwangsläufig zu Wertungswidersprüchen, die sich nicht ergeben, wenn der Anspruch auf Nutzungsvergütung der HausratsVO unterstellt wird, zumal die Frage einer Nutzungsvergütung vielfach von der unterhaltsrechtlichen Problematik überlagert wird.

Der Anspruch auf Nutzungsentschädigung für die Zeit nach Rechtskraft der Scheidung folgt daher – sofern das Familiengericht kein Mietverhältnis zwischen den Miteigentümern begründet – aus §§ 2, 3 HausratsVO analog.

c) Höhe

Begründet das Familiengericht ein Mietverhältnis zwischen den Eheleuten, besteht ein vertraglicher Anspruch auf **Zahlung des festgelegten Mietzinses** (§ 535 Abs. 2 BGB).

289

---

663 BGH FamRZ 2006, 930 m. Anm. *Brudermüller.*

Festzusetzender Mietzins bzw. Nutzungsvergütung bemessen sich für die Zeit nach Rechtskraft der Scheidung grundsätzlich nach der **Marktmiete**,[664] wobei auch hier alle Umstände des Einzelfalles zu berücksichtigen sind und eine **Billigkeitsabwägung** vorzunehmen ist. Bei eingeschränkter bzw. fehlender Leistungsfähigkeit des Nutzungsberechtigten kommt deshalb ein Nutzungsentgelt nicht in Betracht.[665] Auch kann nicht die übliche m²-Miete angesetzt werden, wenn in dem in Frage stehenden Einfamilienhaus den Eltern des aus dem Haus ausgezogenen Ehegatten ein Wohnrecht an einer nicht abgeschlossenen Dachgeschosswohnung zusteht.[666] Die Höhe der Vergütung kann außerdem nach den für die Wohnung aufzubringenden Belastungen bemessen werden, wenn diese die ortübliche Miete nicht deutlich unterschreiten. Abzustellen ist allerdings stets auf die objektive Nutzungsmöglichkeit für den in der Wohnung Verbliebenen, so dass es ohne Belang ist, wenn er einen Teil der Wohnung ungenutzt lässt.[667]

Auf die Vergütung werden **die Zahlungen angerechnet**, die der die Wohnung Nutzende für die Wohnung leistet, insbesondere also Kreditverbindlichkeiten, die von ihm bedient werden. Insoweit gilt das zu § 1361b BGB Ausgeführte entsprechend.[668]

4. §§ 17, 18 LPartG

290 Ebenso wie bei der endgültigen Wohnungszuweisung nach Rechtskraft der Scheidung zielt die endgültige Wohnungszuweisung nach rechtskräftiger Aufhebung einer eingetragenen Lebenspartnerschaft darauf ab, die Rechtsverhältnisse an der vormals gemeinsam genutzten Wohnung nunmehr der tatsächlichen Nutzung anzupassen. Hierzu kann ein mit einem oder beiden Lebenspartnern bestehendes Mietverhältnis nach § 18 Abs. 1 LPartG dahingehend umgestaltet werden, dass es nur noch mit dem in der Wohnung Verbleibenden, war dieser ursprünglich Mitmieter, oder mit dem Verbleibenden statt dem aus der Wohnung gewiesenen bzw. freiwillig aufgezogenen Alleinmieter fortgesetzt wird. Eine Eigentumswohnung soll grundsätzlich künftig vom Eigentümer genutzt werden (§ 18 Abs. 2 LPartG).

Wie auch bei der endgültigen Wohnungszuweisung bei Eheleuten sind Situationen denkbar, in denen eine Umgestaltung des Mietverhält-

---

664 *Haußleiter/Schulz* Kap. 4 Rdnr. 67.
665 AG Saarbrücken FamRZ 2003, 530 (531).
666 OLG Düsseldorf NJW-RR 2005, 1241.
667 OLG München FamRZ 2007, 1655 m. abl. Anm. *Wever.*
668 Vgl. dazu Rdnr. 283.

nisses untunlich ist⁶⁶⁹ oder ausnahmsweise eine Zuweisung an den nicht dinglich berechtigten Partner nach § 18 Abs. 2 LPartG zur Vermeidung einer unbilligen Härte in Betracht kommt.

Im Gegensatz zu § 3 HausratsVO, der die Ausgestaltung dieser Zuweisung an den nicht dinglich berechtigten Ehepartner der Gestaltungsfreiheit des Richters überlässt, schreibt § 18 Abs. 2 LPartG für diesen Fall die Begründung eines Mietverhältnisses vor. Auch wenn das Gesetz selbst keine Einschränkung trifft, kann es sich nur um ein **befristetes Mietverhältnis** handeln, da andernfalls das Eigentumsrecht des dinglich berechtigten Partners übermäßig eingeschränkt würde.⁶⁷⁰

291

Eine Nutzungsentschädigung wird in diesem Fall in Form der richterlich festgesetzten Miete geschuldet, wobei sich diese Miete wiederum an der ortsüblichen Marktmiete orientiert, aber auch Billigkeitsgesichtspunkte berücksichtigen muss, so etwa die Einkommens- und Vermögensverhältnisse der Lebenspartner. Wegen dieser „Doppelorientierung" kann die Miete deshalb auch unter der Marktmiete liegen.⁶⁷¹

Im Fall des Miteigentums besteht ein Anspruch auf Zahlung einer Nutzungsentschädigung nach der herrschenden Meinung aus § 745 Abs. 2 BGB. Nach der oben angeführten neuen Entscheidung des OLG München sind in diesem Fall die Vorschriften über die endgültige Wohnungszuweisung – hier also §§ 17, 18 LPartG – im Wege der Analogie heranzuziehen. Auf das vorstehend zu Eheleuten Ausgeführte kann insoweit verwiesen werden.

5. Gewaltschutzgesetz

a) Voraussetzungen

Nach § 2 Abs. 5 GewSchG kann der aus der Wohnung gewiesene Täter von der verletzten Person eine Vergütung für die Wohnungsnutzung verlangen, soweit dies der Billigkeit entspricht. Die Regelung ist § 1361b Abs. 3 S. 2 BGB nachgebildet.

292

Auch diese Vergütung wird nicht von Amts wegen mit der Nutzungsregelung festgesetzt, sondern muss **ausdrücklich verlangt** werden.

Eine Nutzungsvergütung ist in der Regel zu zahlen, wenn der Täter eine auf Mietvertrag oder einer dinglichen Berechtigung beruhende (Mit-)Nutzungsbefugnis hat, das heißt, wenn er allein, mit Dritten oder

---

669 Vgl. dazu oben 285.
670 Johannsen/Henrich/*Brudermüller* § 3 HausratsVO Rdnr. 11.
671 Hk-LPartR/*Kemper* § 18 LPartG Rdnr. 9.

der verletzten Person an der Wohnung ein dingliches oder schuldrechtliches Nutzungsrecht hat.

b) Verhältnis zu § 745 Abs. 2 BGB bei Miteigentum

293 Auch bei Miteigentum richtet sich die Nutzungsentschädigung nach § 2 Abs. 5 GewSchG. Ein freiwilliger Auszug ändert nach der Formulierung der Vorschrift – wie auch bei § 1361b Abs. 3 S. 2 BGB – daran nichts. Der Anspruch besteht bei freiwilligem Auszug, wie sich aus der Formulierung der Vorschrift ergibt, in diesem Fall jedoch nur, wenn eine Tat vorliegt („Täter" bzw „Opfer"), die eine **Regelung der alleinigen Wohnungsnutzung nach § 2 GewSchG gerechtfertigt hätte**.

c) Höhe

294 Die Höhe der Vergütung hat sich bei dinglicher Berechtigung – also etwa dem Alleineigentum des Täters – an der **ortsüblichen Vergleichsmiete** zu orientieren, im Falle der Vermietung an der Miete.[672]

Wie bei allen anderen Zuweisungstatbeständen muss auch bei § 2 Abs. 5 GewSchG eine **Billigkeitsabwägung** erfolgen, das heißt, die Belastung mit der Nutzungsvergütung muss für die verletzte Person zumutbar sein. In diesem Zusammenhang sind unter anderem die wirtschaftlichen Verhältnisse beider Parteien, aber auch alle anderen Umstände des Einzelfalls zu berücksichtigen. Bei einer großen Wohnung, die sich das Opfer allein nicht würde leisten können, oder bei Leistungsunfähigkeit des Opfers kann die Nutzungsvergütung deshalb auch hier entfallen.[673] Entfällt eine Nutzungsvergütung wegen fehlender finanzieller Mittel des Opfers, wird – sind die Parteien weder verheiratet noch Lebenspartner – damit jedoch mittelbar ein unterhaltsähnlicher Tatbestand geschaffen, der unter dem Gesichtspunkt des Gewaltschutzes allerdings keine Legitimation hat.[674]

6. „go-order" nach §§ 1666, 1666a BGB

295 Das Gesetz enthält im Zusammenhang mit der „go-order" keine Regelung einer Nutzungsvergütung. Eine solche findet in diesem Fall auch **keine Berechtigung**.

---

672 Schwab/*Motzer* VIII Rdnr. 64.
673 AnwK-BGB/*Heinke* § 2 GewSchG Rdnr. 21.
674 *Brudermüller* FF 2000, 156 (157); MAH-Familienrecht/*Müller* § 17 Rdnr. 67.

Bei Ansprüchen des aus der Wohnung Gewiesenen aus § 426 BGB (bei Mitmietern), §§ 987, 990, 100 BGB (bei Alleineigentum) oder § 745 Abs. 2 BGB (bei Miteigentum) ist zu bedenken, dass es sich bei einem Verfahren wegen Kindeswohlgefährdung um ein Verfahren handelt, das von Amts wegen eingeleitet wird. Der Elternteil, der mit dem Kind in der Wohnung bleibt, hat die „go-order" nicht in dem Maße veranlasst, wie bei den anderen Wohnungszuweisungen, bei denen ein Antrag erforderlich ist. Billigt der Elternteil die Maßnahme nicht, besteht die Gefahr des Entzugs auch seines Sorgerechts, wenn etwa zu befürchten ist, dass er dem Täter den Zutritt zur Wohnung wieder gestattet. Es ist daher weder von einer anderweitigen Bestimmung im Sinne des § 426 Abs. 1 S. 1 BGB auszugehen noch fehlt dem Wohnungsnutzer während der Zeit der Wegweisung das Recht zum Besitz. Auch die im Rahmen des § 745 Abs. 2 BGB vorzunehmende Billigkeitsabwägung wird zu seinen Gunsten erfolgen müssen.

Die Kinder – in deren Interesse die „go-order" erlassen wird – kommen als Schuldner einer Nutzungsvergütung nicht in Betracht, zumal diese nach herrschender Meinung keinen selbständigen Besitz an der Wohnung haben.[675]

III. Freistellung statt Nutzungsentschädigung

Ein Anspruch auf Nutzungsvergütung entfällt, wenn der in der Wohnung Verbliebene den anderen **von Ansprüchen des Vermieters oder der Kreditgeber freistellt**. Diese Freistellung kann – über den Wortlaut des Gesetzes hinaus – als „minus" im Verhältnis zu der gesetzlich vorgesehenen Nutzungsvergütung, allerdings beschränkt auf das Innenverhältnis der vormaligen Bewohner der Wohnung, auch durch das Gericht angeordnet werden.[676]

296

Eine über eine derartige Freistellung hinaus gehende Nutzungsentschädigung nach Billigkeitserwägungen dürfte nur in Ausnahmefällen in Betracht kommen, etwa bei einer außerordentlich günstigen Miete oder Zahlungen auf bestehende Kreditverbindlichkeiten, die den objektiven Mietwert deutlich unterschreiten.

IV. Isolierte Nutzungsentschädigung

Eine Nutzungsvergütung kann noch **nach Beendigung oder ohne Anhängigkeit eines Hauptsacheverfahrens** betreffend die Regelung

297

---

675 Vgl. dazu Rdnr. 152f.
676 OLG Naumburg FamRZ 2003, 1748.

der Wohnungsnutzung isoliert als Familiensache geltend gemacht werden.[677] Daher ist ein Antrag auf Zusprechung einer Nutzungsvergütung für die Zeit der Wirksamkeit einer einstweiligen Anordnung auch nach Beendigung des Zuweisungsverfahrens durch Erledigterklärung in der Hauptsache zulässig.[678] Dabei ist es im Rahmen der § 1361b BGB, der HausratsVO sowie der §§ 14, 17, 18 LPartG ohne Belang, ob die Voraussetzungen für eine Wohnungszuweisung überhaupt vorliegen oder vorlagen, wenn zwischen dem Paar Einvernehmen über die Nutzung nach der Trennung, nicht jedoch über die Nutzungsvergütung besteht. Im Fall eines Anspruchs nach § 2 Abs. 5 GewSchG ergibt sich aus dem Wortlaut der Vorschrift demgegenüber das Erfordernis, dass die Voraussetzungen einer Regelung der Wohnungsnutzung vorgelegen haben müssen, auch wenn der Täter die Wohnung freiwillig verlassen hat.

V. Verhältnis zu Unterhaltsansprüchen

298   Soweit Unterhaltsansprüche zwischen den Wohnungsnutzern bestehen, haben **Unterhaltsregelungen grundsätzlich Vorrang** vor einer Nutzungsentschädigung.[679] Fordert der in der Wohnung verbliebene Ehegatte oder Lebenspartner Unterhalt, wird bei der Unterhaltsbemessung die Wohnungsüberlassung bzw. kostenfreie Nutzung in Form des sog. Wohnwerts[680] berücksichtigt und fließt so bereits in die Unterhaltsberechnung ein. Die durch die Nutzung entstehenden Wohnvorteile mindern den Unterhaltsbedarf und senken damit den Unterhaltsanspruch gegen den Ehe- oder Lebenspartner, dem an sich der Anspruch auf Nutzungsvergütung zustünde. Ein zusätzlicher Anspruch auf Nutzungsvergütung scheidet aus.[681] Wird die Wohnung dem Unterhaltspflichtigen überlassen, erhöht der Wohnwert dessen Leistungsfähigkeit.

Haben geschiedene Ehegatten in einem Vergleich über Kindesunterhalt dem Ehegatten, der weiterhin im gemeinsamen Haus wohnt, hierfür einen Wohnwert als Einkommen zugerechnet, so schließt dies einen Anspruch des aus der Wohnung ausgezogenen Ehegatten auf Nutzungsent-

---

677 OLG Hamm FamRZ 2006, 50; OLG Jena FamRZ 2006, 868 (Familiensache entsprechend § 621 Abs. 1 Nr. 7 ZPO); OLG Dresden NJW 2005, 3151; Scholz/Stein/*Eckebrecht* Teil D Rdnr. 23b; rückwirkend kann die Nutzungsvergütung allerdings nur verlangt werden, wenn der Nutzer der Wohnung vorher rechtzeitig in Verzug gesetzt wurde.
678 OLG Hamm FamRZ 2006, 50.
679 Palandt/*Brudermüller* § 1361b BGB Rdnr. 20.
680 Vgl. zu diesem Rdnr. 113ff.
681 BGH FamRZ 1997, 484; BGH FamRZ 1994, 1100; BGH FamRZ 1986, 436; Wendl/*Gerhardt* § 1 Rdnr. 364; *Wever* Rdnr. 146; zu Ausnahmefall OLG Köln FamRZ 2005, 639.

schädigung jedenfalls dann nicht aus, wenn der andere Ehegatte seinen Lebensgefährten in das Haus aufnimmt.⁶⁸²

Bei nichtehelichen Lebensgefährten kommt eine einer Nutzungsentschädigung nach § 2 GewSchG vorrangige Unterhaltsregelung im Falle des Betreuungsunterhalts nach § 1615l BGB oder bei Unterhaltsvereinbarungen in Betracht.

VI. Verhältnis zu § 426 BGB

Zahlt der Alleinnutzer die gesamte Miete bzw. bei Immobilieneigentum die darauf ruhenden Darlehensverbindlichkeiten und wird im Hinblick darauf eine Nutzungsentschädigung nicht gefordert, findet **ein Gesamtschuldnerausgleich insoweit nicht statt.**⁶⁸³ Auch hier liegt eine anderweitige Bestimmung im Sinne von § 426 Abs. 1 S. 1 BGB vor, die den Ausgleichsanspruch des die Lasten tragenden Partners von vorneherein beschränkt. Je nach dem Verhältnis von Nutzungswert einerseits und Höhe der Lasten und Kosten andererseits, kann sich ein Restausgleich ergeben oder aber völlig ausscheiden. Dadurch wird der Weichende so gestellt, als ob er einen rückwirkenden Anspruch auf Nutzungsentschädigung dem Ausgleichsanspruch aus § 426 BGB im Wege der Einwendung entgegenhalten würde.⁶⁸⁴ Da der Anspruch auf Nutzungsentschädigung erst entsteht, wenn er hinreichend deutlich verlangt wird, der Ausgleichsanspruch aus § 426 BGB aber für die Vergangenheit geltend gemacht werden kann, hilft die Aufrechnung allein dem Ausgleichspflichtigen in dieser Situation nur bedingt.⁶⁸⁵

299

VII. Zusätzliche Ausgleichszahlung

Für sonstige Ausgleichszahlungen, insbesondere Abstandszahlungen des verbleibenden Partners, bieten § 1361b Abs. 3 S. 2 BGB, § 14 Abs. 3 S. 2 LPartG, § 2 Abs. 5 GewSchG nach richtiger Ansicht keine Anspruchsgrundlage.⁶⁸⁶ Streitig ist auch, ob im Rahmen einer endgültigen Wohnungszuweisung eine Ausgleichszahlung, wie sie in § 8 Abs. 3 S. 2

300

---

682 OLG Karlsruhe NJW-RR 2005, 1240; vgl. dazu auch Rdnr. 147.
683 BGH FamRZ 1993, 676.
684 So BGH FamRZ 1993, 676.
685 Für Aufrechnung aber Wendl/*Gerhardt* § 1 Rdnr. 364 unter Bezugnahme auf BGH FamRZ 1993, 676.
686 So OLG Hamm FamRZ 1993, 1462; OLG Hamburg FamRZ 1988, 80; Scholz/Stein/*Eckebrecht* Teil D Rdnr. 24c; *Brudermüller* FamRZ 1989, 7 (16); *Finger* FuR 2006, 241 (246); so auch Prütting/Wegen/Weinreich/*Weinreich* § 1361b Rdnr. 26; str.

HausratsVO für den Hausrat vorgesehen ist, in Betracht kommt. Nach überwiegender Ansicht wird sie aus Billigkeits- oder wirtschaftlichen Gründen zugunsten des die Wohnung verlassenden Ehegatten zugelassen, wenn diesem besondere Aufwendungen für Anmietung und Einrichtung einer Ersatzwohnung, Umzug und Kaution, aber auch für den Einsatz von Geldmitteln beim Erwerb und für Arbeitsleistungen beim Ausbau der bisherigen Ehewohnung entstanden sind.[687] Nach richtiger Ansicht ist die Regelung betreffend die Ausgleichszahlung bei der Hausratsverteilung mangels Analogiefähigkeit der Vorschrift jedoch nicht auf die Wohnungszuweisung übertragbar,[688] da anders als bei Hausratsteilung bei Wohnungszuweisung **eine Übertragung von Eigentumsrechten nicht statt findet**. Die Zuweisung erfolgte lediglich zum Gebrauch.

§ 1568a BGB-E:

Die geplante Neuregelung der Wohnungszuweisung für die Zeit nach Rechtskraft der Scheidung sieht (weiterhin) in § 1568a BGB-E (im Gegensatz zu der Hausratsregelung in § 1568b BGB-E) keine Ausgleichszahlung vor. Der Gesetzgeber scheint sich also in Kenntnis des Meinungsstreits bewusst gegen die Ausgleichszahlung im Rahmen der Wohnungszuweisung entscheiden zu wollen.

---

687 Dafür: BayObLG FamRZ 1974, 22; OLG Karlsruhe FamRZ 1981, 1087; OLG Hamm FamRZ 1980, 469; AG Duisburg-Hamborn FamRZ 2002, 1715; Hoppenz/*Müller* § 5 HausratsVO Rdnr. 17; FAKomm-FamR/*Weinreich* § 5 HausratsVO Rdnr.16; *Haußleiter/ Schulz* Kap. 4 Rdnr. 103; Hk-LPartR/*Kemper* § 18 LPartG Rdnr. 21.
688 OLG Hamm FamRZ 1993, 1462; OLG Hamburg FamRZ 1988, 80; ausführlich *Brudermüller* FamRZ 1989, 7 (12ff); ebenso FA-FamR/*Klein* 8. Kap. Rdnr. 135.

F. Schutz- und Zusatzanordnungen

I. Rechtsgrundlagen für Schutz- und Zusatzanordnungen

Mit der bloßen Zuweisung einer Wohnung zur Alleinnutzung oder der Wegweisung des Täters ist es in der Regel nicht getan: Es muss die Möglichkeit geschaffen werden, den Weggewiesenen, wenn er die Wohnung nicht freiwillig verlässt, vom Gerichtsvollzieher aus der Wohnung entfernen zu lassen; ist er Alleinmieter, muss er daran gehindert werden, die Wohnung zu kündigen; ein Gewaltopfer muss davor geschützt werden, dass der Täter zurückkehrt, ihm auflauert oder es belästigt. Bei allen dargestellten Arten der Nutzungsregelung bezüglich einer Wohnung können daher verschiedene Schutz- und Zusatzanordnungen erforderlich sein, die der reinen Wohnungszuweisung letztlich erst zur vollen Wirksamkeit verhelfen.

301

1. Wohlverhaltensgebote

Dementsprechend bestimmt § 1361b Abs. 3 S. 1 BGB (und entsprechend auch § 14 Abs. 3 S. 1 LPartG), dass für den Fall, dass einem Ehegatten die Ehewohnung ganz oder zum Teil überlassen wurde, der andere alles zu unterlassen hat, was geeignet ist, die **Ausübung dieses Nutzungsrechts zu erschweren oder zu vereiteln**. Eine entsprechende Regelung findet sich in § 2 Abs. 4 GewSchG. Aus diesen Wohlverhaltensgeboten wird etwa das an den Alleinmieter gerichtete Verbot, die Wohnung zu kündigen, hergeleitet.

302

2. Richterliche Anordnung zur Durchführung der Zuweisung

Nach § 15 HausratsVO, der über § 18a HausratsVO auch für eine Wohnungszuweisung für die Trennungszeit nach § 1361b BGB, gemäß §§ 661 Abs. 1 Nr. 5, Abs. 2, 621 Abs. 1 Nr. 7, 621a Abs. 1 ZPO auch für eine vorläufige oder endgültige Wohnungszuweisung bei Lebenspartnern und gemäß § 64b Abs. 2 S. 4 FGG für Verfahren nach § 2 GewSchG gilt, soll der Richter in seiner Entscheidung über die Wohnungszuweisung die Anordnungen treffen, die **zu ihrer Durchführung nötig** sind.

303

3. Maßnahmen nach § 1 GewSchG und Strafbarkeit nach § 4 GewSchG

304 In Fällen ausgeübter und angedrohter Gewalt stehen darüber hinaus alle in § 1 GewSchG vorgesehenen Maßnahmen zur Verfügung, die jedoch grundsätzlich auch auf der Basis des § 15 HausratsVO erlassen werden können. Für Maßnahmen nach § 1 GewSchG – auch als Zusatzanordnungen im Zusammenhang mit der Zuweisung einer Wohnung – besteht eine Zuständigkeit des Familiengerichts nach § 23a Nr. 7 GVG jedoch nur, wenn die Parteien einen auf Dauer angelegten gemeinsamen Haushalt führen oder innerhalb von sechs Monaten vor Antragstellung geführt haben.

> **FamFG-E:**
> Nach §§ 111 Nr. 6, 210 FamFG-E soll künftig eine umfassende Zuständigkeit des Familiengerichts für alle Gewaltschutzverfahren nach §§ 1, 2 GewSchG bestehen. Die schon lange kritisierte gespaltene Zuständigkeit zwischen Zivil- und Familiengericht wird aufgegeben.

Ein nachfolgendes Ermittlungsverfahren wegen Strafbarkeit nach § 4 GewSchG kommt nur in Betracht, wenn die Zusatzanordnung auf § 1 GewSchG gestützt wird.

305 Bisweilen wird § 1 GewSchG in den Beschlüssen zwar nicht ausdrücklich erwähnt und stattdessen, manchmal aber auch kumulativ, auf die Strafbarkeit nach § 4 GewSchG hingewiesen und dies wiederum teilweise im Tenor und teilweise in den Gründen der Entscheidung. Ein solcher Hinweis **verhindert eine Einstellung eines Ermittlungsverfahrens** mit dem Argument, der Betroffene habe nicht das hinreichende Bewusstsein gehabt, gegen eine Strafnorm zu verstoßen und sollte daher stets aufgenommen werden.[689]

306 In diesem Zusammenhang wird auch darauf hingewiesen, dass ein Vergleich dem Opfer in der Regel nichts nütze, da ihm damit die Möglichkeit der Strafanzeige nach § 4 GewSchG genommen werde, denn ein **Vergleich** stelle keine gerichtliche Anordnung im Sinne dieser Vorschrift

---

689 Vgl. dazu *von Pechstaedt* NJW 2007, 1233 (1234/1235); vgl. auch BGH FamRZ 2007, 812: Voraussetzung einer Strafbarkeit nach § 4 GewSchG ist die wirksame Zustellung einer im Beschlussweg ergangenen einstweiligen Verfügung nach § 1 GewSchG; dass das Familiengericht bei einer einstweiligen Anordnung deren Vollziehung bereits vor Zustellung anordnen kann – vgl. hierzu Rdnr. 393 –, ändert nichts daran, dass der strafrechtliche Vorsatz Kenntnis des Täters von der Untersagungsverfügung voraussetzt.

dar.⁶⁹⁰ Ein vergleichbares Problem stellt sich bei der Vollstreckung nach § 33 FGG, die eine gerichtliche Entscheidung voraussetzt. Ein Vergleich (etwa über eine Umgangsregelung) kann hier als Grundlage dienen, wenn das Gericht ihn **durch separaten Beschluss billigt** und ihm damit den Charakter einer gerichtlichen Entscheidung verleiht. Können die Parteien in einem Gewaltfall eine einvernehmliche Lösung finden, sollte daher auch hier die Vereinbarung über ein Betretungs-, Kontakt- und Belästigungsverbot oder eine Bannmeile, d.h. über Maßnahmen nach § 1 GewSchG, durch einen gerichtlichen Beschluss genehmigt werden, so dass ein nachfolgender Verstoß § 4 GewSchG unterfällt.

Praxistipp: Der Antragsteller muss darauf achten, dass die Schutzanordnungen – zumindest auch – auf § 1 GewSchG gestützt werden, da § 4 GewSchG nur Verstöße gegen Anordnungen gemäß § 1 GewSchG unter Strafe stellt.

Die Strafbarkeit nach § 4 GewSchG endet nicht erst bei förmlicher Aufhebung des durch das Gericht erlassenen Beschlusses, sondern bereits dann, wenn das Opfer dem Täter erneut **freiwilligen Zutritt** zur Wohnung gewährt.⁶⁹¹

4. Schutz- und Zusatzanordnungen bei einer „go-order"

Auch bei der „go-order" nach §§ 1666, 1666a BGB kommen Schutz- und Zusatzanordnungen in Betracht, da das Familiengericht im Rahmen des § 1666 BGB alle zur Abwendung der Gefahr für das Kindeswohl erforderlichen Maßnahmen zu treffen hat. Allein die Wegweisung nach §§ 1666, 1666a genügt in vielen Fällen nicht. Sie ist daher durch weitere Anordnungen zu ergänzen, etwa die Verhängung einer Bannmeile um die fragliche Wohnung, das Verbot, bestimmte Orte aufzusuchen, an denen sich das Kind üblicherweise aufhält (Schule, Kindergarten, Sportverein), das Verbot, Kontakt zum Kind aufzunehmen (auch nicht telefonisch, via Mail oder sms) oder ein Zusammentreffen mit dem Kind herbeizuführen.⁶⁹² Diese Anordnungen sind alle auf der Grundlage der §§ 1666, 1666a möglich.⁶⁹³ Sollen Zusatzanordnungen auf § 1 GewSchG gestützt werden, ist immer vorab zu prüfen, ob das GewSchG anwendbar ist, was

---

690 *Von Pechstaedt* NJW 2007, 1233 (1236); *Winterer* FPR 2006, 199 (203); dazu auch OLG München ZFE 2008, 234.
691 OLG Hamm ZFE 2004, 282; differenzierter VG Aachen NJW 2004, 1888.
692 BT-Drs. 14/8131 S. 9.
693 *Löhnig* Rdnr. 27.

§ 3 GewSchG im Verhältnis zu sorgeberechtigten Personen ausschließt.[694]

5. Überblick

Zuweisung nach	Wohlverhaltensgebot	Zusatzanordnungen	Schutzanordnungen
§ 1361b BGB	§ 1361b Abs. 3 BGB	§§ 15, 18a HausratsVO	§ 1 GewSchG[695]
§ 14 LPartG	§ 14 Abs. 3 LPartG	§§ 15, 18a HausratsVO iVm §§ 661 Abs. 1 Nr. 5, Abs. 2, 621 Abs. 1 Nr. 7, 621a Abs. 1 ZPO	§ 1 GewSchG
HausratsVO		§ 15 HausratsVO	§ 1 GewSchG
§§ 17, 18 LPartG iVm HausratsVO		§ 15 HausratsVO iVm §§ 661 Abs. 1 Nr. 5, Abs. 2, 621 Abs. 1 Nr. 7, 621a Abs. 1 ZPO	§ 1 GewSchG
§ 2 GewSchG	§ 2 Abs. 4 GewSchG iVm § 15 HausratsVO	§ 64 Abs. 2 S. 4 FGG	§ 1 GewSchG
§§ 1666, 1666a BGB		§§ 1666, 1666a BGB	§ 1 GewSchG[696]

Praxistipp: Auch wenn einzelne Vorschriften keine ausdrücklichen Wohlverhaltensgebote oder Vorschriften über Zusatzanordnungen erhalten, sind letztlich alle nachfolgend dargestellten Zusatzanordnungen aufgrund der jeweils vorhandenen Regelungen möglich und zulässig.

II. Mögliche Schutz- und Zusatzanordnungen

Fall 5:

Die Eheleute Mayer leben in der von Herrn Mayer allein angemieteten Wohnung in der Herrenstraße 45a in Karlsruhe zusammen mit ihren drei 8, 5 und 2 Jahre alten Kindern, die von der nur geringfügig beschäftigten Mutter betreut werden. In der Ehe kriselt es stark. Nachdem er entdeckt hat, dass seine Frau seit kurzem eine Beziehung

---

694 Vgl. dazu Rdnr. 260.
695 Das Konkurrenzverhältnis zwischen § 2 GewSchG und § 1361b BGB spielt hier keine Rolle; vgl. dazu Rdnr. 259.
696 Nur bei Drittem, nicht bei einem Sorgeberechtigten, da das GewSchG hier keine Anwendung findet, vgl. § 3 GewSchG.

zu einem Nachbarn unterhält, eskalieren die Streitigkeiten in der Familie. Herr Mayer befürchtet nach anwaltlicher Beratung, dass er trotz des Verhältnisses seiner Frau in einem Wohnungszuweisungsverfahren den Kürzeren ziehen würde, verlässt daher die Wohnung und zieht zu seinen Eltern. Dabei nimmt er sich jedoch vor, seiner Frau das Leben so schwer wie möglich zu machen, indem er das Mietverhältnis unverzüglich zum nächst möglichen Zeitpunkt kündigt und außerdem täglich auftaucht, um benötigte Kleidung und sonstige persönliche Gegenstände, die sich noch in der Wohnung befinden, zu holen und zwar zu jeder Tages- und Nachtzeit, wobei er sich mit dem einbehaltenen Schlüssel Zutritt verschaffen will.

1. Räumungsanordnung

a) Grundsätze

Die Entscheidung über eine Wohnungsüberlassung an einen Mitbewohner zur Alleinnutzung – gleich nach welcher Zuweisungsvorschrift diese erfolgt – stellt für sich **keinen vollstreckbaren Räumungstitel** dar.[697] Das Gericht muss deshalb denjenigen, der die Wohnung verlassen soll, zusätzlich verpflichten, diese zu räumen und an den anderen herauszugeben.[698] Diese Räumungsverpflichtung ist auch dann erforderlich, wenn der in der Wohnung verbleibende Ehegatte oder Lebenspartner deren Alleinmieter ist, da Ehegatten während bestehender Ehe und Lebenspartner während bestehender Lebenspartnerschaft unabhängig von dem zugrunde liegenden Rechtsverhältnis ein Recht zum Mitbesitz an der Wohnung haben.[699] Auch bei der Überlassung einer Wohnung zur Alleinnutzung im Rahmen einer nichtehelichen Lebensgemeinschaft oder nicht eingetragenen Lebenspartnerschaft bedarf es – unabhängig vom zugrunde liegenden Rechtsverhältnis an der Wohnung – im Hinblick auf § 750 Abs. 1 S. 1 ZPO einer Räumungsverpflichtung des aus der Wohnung gewiesenen, damit sie diesem gegenüber durchgesetzt werden kann.

309

aa) Zuweisung nach § 1361b BGB, § 14 LPartG, der HausratsVO, §§ 17, 18 LPartG und § 2 GewSchG

Nach §§ 16 Abs. 3, 18a HausratsVO (jeweils in Verbindung mit §§ 661 Abs. 1 Nr. 5, Abs. 2, 621 Abs. 1 Nr. 7, 621a Abs. 1 ZPO bei Le-

310

---

697 LG Itzehoe FamRZ 1987, 176; Johannsen/Henrich/*Brudermüller* § 1361b BGB Rdnr. 63; *Haußleiter/Schulz* Kap. 4 Rdnr. 37; Zöller/*Stöber* § 885 ZPO Rdnr. 2.
698 OLG Stuttgart FamRZ 2002, 559.
699 BGH FamRZ 1978, 496 (497).

benspartnern), § 64b Abs. 4 FGG richtet sich die Zwangsvollstreckung nach den Vorschriften der ZPO. Die Räumungsvollstreckung richtet sich nach § 885 ZPO und setzt voraus, dass neben der bloßen Zuweisung der Wohnung zur alleinigen Nutzung **auch die Verpflichtung zur Räumung** tituliert ist.[700]

Praxistipp: Zwar muss die Räumungsverpflichtung im Zuweisungsbeschluss grundsätzlich von Amts wegen mit ausgesprochen werden, dennoch sollte mit dem Zuweisungsantrag zugleich beantragt werden, dem Antragsgegner aufzugeben, die fragliche Wohnung zu räumen und an den antragstellenden Partner herauszugeben. Die Wohnung muss dabei im Antrag und im Beschluss möglichst genau beschrieben werden (... Karlsruhe, Herrenstraße 45a, 3.OG rechts, bestehend aus vier Zimmern, Küche, Bad/Toilette, Kellerabteil Nr. 4). Wird der Ausspruch der Räumungsverpflichtung im Beschluss übersehen, erfolgt die Vollstreckung nicht nach § 885 ZPO, sondern nach § 888 ZPO durch Androhung und Anordnung von Zwangsgeld.

Bei der Räumungsverpflichtung ist die **Anwendung von § 885 Abs. 2 bis 4 ZPO** im Fall einer Wohnungszuweisung durch das Familiengericht **auszuschließen**. Im Normalfall der Räumung einer Wohnung wird nicht nur der Bewohner aus der Wohnung gewiesen, sondern auch das gesamte Mobiliar entfernt. Durch den Ausschluss der sich darauf beziehenden Absätze des § 885 ZPO bei der Räumung im Zusammenhang mit einer Wohnungszuweisung wird klargestellt, dass der Gerichtsvollzieher zwar den Partner, der Kraft richterlicher Anordnung zum Verlassen der Wohnung verpflichtet ist, aus der Wohnung weisen kann, dass eine Räumung in Bezug auf die in der Wohnung befindliche Einrichtung aber unterbleibt.

bb) „go-order" nach §§ 1666, 1666a BGB

311   Die „go-order" nach §§ 1666, 1666a BGB wird nach § 33 FGG durchgesetzt. Als Mittel zur Durchsetzung sind hier **Zwangsgeld und unmittelbarer Zwang** vorgesehen.[701]

---

700 AnwK-BGB/*Boden* § 1361b BGB Rdnr. 39.
701 Zwangshaft kommt bei der Wegweisung nicht in Betracht, sondern nur soweit die durchzusetzende Anordnung die Herausgabe einer Person betrifft.

Praxistipp: Da die Verhängung von Zwangsgeld nach § 33 Abs. 3 S. 1 FGG zwingend dessen vorherige Androhung voraussetzt, sollte neben der Räumungsverpflichtung zugleich ein Zwangsgeld für den Fall angedroht werden, dass sich der Weggewiesene nicht an die Anordnung hält. Soweit zum Schutz des Kindes erforderlich, kann daneben die Anordnung erlassen werden, dass zur Durchsetzung der Wegweisung sowie der Räumungsverpflichtung Gewalt eingesetzt werden darf (§ 33 Abs. 2 FGG). Eine vorherige Androhung dieser Anordnung soll nach § 33 Abs. 3 S. 6 FGG zwar in der Regel erfolgen, ist aber nicht zwingend erforderlich.

b) Räumungsfrist und deren Verlängerung

Im Rahmen der Räumungsanordnung kann eine Räumungsfrist bewilligt werden. 312

In **Gewaltfällen** kommt eine Räumungsfrist allerdings nur in sehr seltenen Ausnahmefällen in Betracht, hier ist grundsätzlich die **sofortige Trennung** des Täters vom Opfer notwendig.[702] Bei einer vorläufigen Wohnungszuweisung zur Vermeidung einer unbilligen Härte nach § 1361b BGB, § 14 LPartG und der endgültigen Wohnungszuweisung nach der HausratsVO bzw. §§ 17, 18 LPartG kann jedoch eine Räumungsfrist gewährt werden. Deren Dauer richtet sich nach billigem Ermessen. Dabei sind die Verhältnisse auf dem örtlichen Wohnungsmarkt, Alter und Gesundheitszustand des zur Räumung verpflichteten Partners und der Umzugsaufwand gegen die Interessen des in der Wohnung Verbleibenden unter besonderer Berücksichtigung auch der Belange der Kinder abzuwägen.[703]

Die Räumungsfrist kann unter den Voraussetzungen des § 17 HausratsVO (gegebenenfalls in Verbindung mit § 18a HausratsVO für die Zuweisung während der Trennungszeit sowie §§ 661 Abs. 1 Nr. 5, Abs. 2, 621 Abs. 1 Nr. 7, 621a Abs. 1 ZPO für die Wohnungszuweisung bei Lebenspartnern bzw. § 64b Abs. 2 S. 4 FGG bei einer Zuweisung nach § 2 GewSchG) auf Antrag verlängert werden, jedoch kommt eine solche Verlängerung nur ausnahmsweise in Betracht. Sie setzt voraus, dass eine so wesentliche Änderung der Verhältnisse eintritt, dass die Räumung nun- 313

---

702 Vgl. zu einem denkbaren Ausnahmefall Rdnr. 234.
703 OLG München FamRZ 1995, 1205 (1206).

mehr für den Betroffenen eine **unbillige Härte** darstellt.[704] Zuständig für die Verlängerung ist das Familiengericht, das die abzuändernde Entscheidung erlassen hat. **§§ 721, 765a ZPO** sind hingegen **nicht anwendbar**.[705]

Praxistipp: In den Beschluss kann klarstellend eine ausdrückliche Ermächtigung zum Austausch der Schlösser nach Ablauf der Räumungsfrist aufgenommen werden, da dieser Austausch erst dann zulässig ist.[706]

2. Die Räumung ergänzende Anordnungen

314   Das Gericht sollte neben der bloßen Räumung auch anordnen, dass die Räumung unter Mitnahme der persönlichen Sachen und gegen Übergabe sämtlicher Haus- und Wohnungsschlüssel[707] zu erfolgen hat, aber auch das Verbot aussprechen, die Wohnung nach der Räumung ohne Zustimmung des anderen Partners nochmals zu betreten und Hausratsgegenstände zu entfernen.

Zu Fall 5 (Rdnr. 308):

Durch solche ergänzenden Anordnungen wird vermieden, dass der aus der Wohnung Gewiesene unter dem Vorwand, persönliche Gegenstände zu benötigen, jeden Tag erneut vor der Türe steht oder sich durch einbehaltene Schlüssel sogar selbst Zutritt verschafft – die Pläne von Herrn Mayer würden damit von Anfang an durchkreuzt.[708]

3. Zusatzanordnungen bei Wohnungsteilung

315   Sollte ausnahmsweise eine Aufteilung der Wohnung in Betracht kommen, sind Zusatzanordnungen in Form einer **Benutzungsregelung für gemeinsam zu benutzende Räume** zweckmäßig. In Betracht kommen Zeitregelungen für die Benutzung gemeinsamer Räume, wie Küche und Bad, aber auch Regelungen über die Art der Nutzung, etwa ein Rauchverbot in den gemeinsam genutzten Räumen.

---

704 OLG Dresden FamRZ 2005, 1581.
705 OLG München NJW 1978, 548; *Brudermüller* FamRZ 1987, 109 (122); zum Vollstreckungsschutz bei Wohnungzuweisung vgl. Rdnr. 390.
706 OLG Karlsruhe FamRZ 1994, 1185.
707 KG FamRZ 1991, 467 (468).
708 Zur Vollstreckung des Gebots der Mitnahme persönlicher Sachen vgl. Rdnr. 396.

4. Verbot der Kündigung oder sonstigen Beendigung des Mietverhältnisses

Besteht die Gefahr, dass der aus der Wohnung Gewiesene das nur mit ihm bestehende Mietverhältnis beendet, kann ihm im Wege einer Zusatzanordnung verboten werden, den Mietvertrag zu kündigen oder in sonstiger Weise zu beenden. Hierfür kann auch bei einer endgültigen Wohnungszuweisung für die Zeit nach Rechtskraft der Scheidung oder Aufhebung der Lebenspartnerschaft ein Bedürfnis bestehen, wenn die Kündigung vor Rechtskraft der Hauptsacheentscheidung – im Rahmen derer nach § 5 Abs. 1 HausratsVO, § 18 Abs. 1 LPartG die Umgestaltung des Mietverhältnisses möglich ist – droht. Das Verbot muss in diesem Fall im Wege der einstweiligen Anordnung nach §§ 621g, 620 Nr. 7 ZPO vorab erfolgen.[709]

316

Dieses Kündigungsverbot begründet jedoch nur ein sog. **relatives Verfügungsverbot** im Sinne von §§ 135, 136 BGB. Das bedeutet, dass eine entgegen diesem Verbot ausgesprochene Kündigung zwar im Verhältnis zu dem in der Wohnung Verbliebenen unwirksam ist, nicht aber im Verhältnis zum Vermieter, es sei denn der Kündigende und der Vermieter wirken kollusiv zum Nachteil des in der Wohnung Verbliebenen zusammen. Vermietet der Vermieter – nach Kündigung durch den Alleinmieter oder Abschluss eines Mietaufhebungsvertrages mit ihm – die Wohnung sogleich weiter, entstehen kaum lösbare mietrechtliche Probleme. Deshalb wird seit längerem gefordert,[710] dass eine gegen ein solches Verbot verstoßende Kündigung absolut unwirksam sein müsse – bislang allerdings ohne Initiative des Gesetzgebers.

Praxistipp: Um Komplikationen zu vermeiden, sollte der in der Wohnung Verbliebene den Vermieter zumindest sofort von dem erwirkten Kündigungsverbot unterrichten, damit dieser nicht weitervermietet oder sich auf einen Aufhebungsvertrag einlässt. Eine Information durch das Gericht erfolgt lediglich in den Fällen, in denen der Vermieter Beteiligter des Verfahrens ist, also nur bei der endgültigen Wohnungszuweisung.

---

709 Zur einstweiligen Anordnung vgl. Rdnr. 369ff.
710 *Brudermüller* FuR 2003, 433 (437).

5. Veräußerungsverbot

317 Die Vorschriften, aufgrund derer dem Alleinmieter die Kündigung der Wohnung verboten werden kann, ermächtigen das Familiengericht nicht zu dem Verbot einer Wohnungsveräußerung durch den weg gewiesenen Alleineigentümer. Das Gericht darf dessen Eigentum sowohl bei einer Entscheidung nach § 1361b BGB als auch nach § 3 HausratsVO (bzw. den entsprechenden Vorschriften im Lebenspartnerschaftsrecht, Gewaltschutzgesetz bzw. §§ 1666, 1666a BGB) zwar durch zeitweilige Nutzungsregelungen einschränken, **nicht** aber eine **Verfügungsbeschränkung über das Eigentum** verhängen, wie ein Veräußerungsverbot sie darstellen würde.[711] Hierfür bedürfte es einer gesonderten materiellen Rechtsgrundlage, die jedoch fehlt.

318 Zum Schutz des Partners, dem die Wohnung zugewiesen wird, kann das Gericht in diesem Fall jedoch ein – befristetes – **Miet- oder Nutzungsverhältnis** zwischen den Parteien begründen (wie § 18 Abs. 2 LPartG es – allerdings ohne Frist – ausdrücklich vorsieht). Veräußert der Alleineigentümer die Ehewohnung, kann sich der in der Wohnung Verbliebene – zumindest für den festgelegten Zeitraum – auf die Rechte aus diesem Vertrag berufen (§ 566 BGB). Zwar kann ein –, auch ein durch den Familienrichter begründetes –, Mietverhältnis über Wohnraum nach § 575 BGB nicht ohne weiteres befristet werden. Zulässig ist dies aber bei Begründung eines Nutzungs- oder Mietverhältnisses **nur zu vorübergehendem Gebrauch**, da hier bestimmte Mieterschutzvorschriften, u.a. § 575 BGB, unanwendbar sind, § 549 Abs. 2 S. 1 BGB. Mietverhältnisse nur zu vorübergehendem Gebrauch sind solche, die aufgrund besonderer Umstände nur von einer relativ kurzen Dauer sein sollen. Der vorübergehende Gebrauch ergibt sich dabei aus der Verknüpfung einer kurzfristigen überschaubaren Vertragsdauer mit einem Vertragszweck, der diese Kurzfristigkeit der Gebrauchsüberlassung sachlich begründet. Dies ist bei einer ausnahmsweise an den Nichteigentümer erfolgenden Wohnungszuweisung durch das Familiengericht der Fall.

6. Verbot der Teilungsversteigerung

319 Teilweise wird als flankierende Anordnung bei Miteigentümern auch das (gegebenenfalls zeitweilige) Verbot einer Teilungsversteigerung befür-

---

711 So Johannsen/Henrich/*Brudermüller* § 1361b BGB Rdnr. 59; MAH-Familienrecht/*Müller* § 16 Rdnr. 73; Scholz/Stein/*Eckebrecht* Teil D Rdnr. 26); a.A. der Gesetzgeber, BT-Drs. 14/5429 S. 47 und 78; *Schumacher* FamRZ 2002, 645 (652); *Grziwotz* NJW 2002, 872 (873).

wortet.[712] Steht die Wohnung im Miteigentum der Partner, die sie gemeinsam bewohnt haben, so kann der aus ihr verwiesene Miteigentümer gemäß § 749 Abs. 1 BGB die Aufhebung der Gemeinschaft nach § 753 Abs. 1 BGB im Wege der Teilungsversteigerung nach den Regeln des ZVG verlangen – und zwar grundsätzlich jederzeit.

Zwar besteht während bestehender Ehe bzw. Lebenspartnerschaft ein Rücksichtnahmegebot zwischen den Eheleuten und Lebenspartnern, das zu der Verpflichtung führen kann, einen Antrag auf Teilungsversteigerung im Gegensatz zu dem in § 749 Abs. 1 BGB vorgesehenen Recht, jederzeit die Aufhebung der Gemeinschaft verlangen zu können, vorläufig zurückzustellen. Andererseits aber erfolgt auch bei einem Verbot der Teilungsversteigerung ein **Eingriff in das Eigentumsrecht**, wie er bei Alleineigentum zu Recht abgelehnt wird. Deshalb erscheint es zumindest fraglich, ob und gegebenenfalls wie lange nach der Trennung der Eheleute bzw. Lebenspartner ein solcher Eingriff noch berechtigt ist. Dabei ist zu bedenken, dass der Antrag auf Teilungsversteigerung zwar keine Verfügung über das Grundstück darstellt, letztlich aber wie eine solche zum Verlust des Grundeigentums führt, so dass es daher geboten ist, diesen Antrag wie eine Grundstücksveräußerung zu behandeln.[713]

Lässt man das Verbot der Teilungsversteigerung im Rahmen einer Wohnungszuweisung zu, käme dieses im Übrigen schon dann in Betracht, wenn Interessen des Kindeswohls eine Wohnungszuweisung an einen Ehe- oder Lebenspartner rechtfertigen. Im Rahmen der Teilungsversteigerung[714] selbst setzt eine zeitweilige Einstellung nach § 180 Abs. 3 ZVG demgegenüber (bei Eheleuten) eine ernsthafte Gefährdung des Wohls eines gemeinschaftlichen Kindes voraus. Ließe man bei der Wohnungszuweisung ein Verbot der Teilungsversteigerung als Zusatzanordnung zu, würde man diese strenge Einstellungsvorschrift des Zwangsvollstreckungsrechts dadurch unterlaufen.

Ein Ausschluss der Teilungsversteigerung kommt auch nicht deshalb in Betracht, weil über das Schicksal des Familienheims erst im Rahmen des Ehescheidungsverfahrens bzw. des Verfahrens auf Aufhebung der Lebenspartnerschaft zu entscheiden wäre.[715] Die Praxis beweist das Gegenteil, sind doch bis zur Scheidung oder Aufhebung der Lebenspartnerschaft

---

712 *Haußleiter/Schulz* Kap. 4 Rdnr. 113a (der allerdings Bedenken gegen ein unbefristetes Mietverhältnis zwischen den Miteigentümern äußert, weil durch dieses in verfassungsrechtlich bedenklicher Weise in das Eigentumsrecht eingegriffen werde, so Kap. 4 Rdnr. 70); *Krause* § 8 Rdnr. 8.
713 BGH FamRZ 2007, 1634 (1635).
714 Vgl. hierzu im Einzelnen Rdnr. 138ff.
715 So AG Hannover FamRZ 2003, 938.

die Nutzungs- und Rechtsverhältnisse an der früheren Familienwohnung häufig bereits geklärt. Das bloße Bestehen von Zuweisungsvorschriften für die Zeit auch nach der Scheidung bzw. Aufhebung der Lebenspartnerschaft – und damit die gesetzlich vorgesehene Möglichkeit einer Wohnungsregelung für diese Zeit – rechtfertigt es nicht, einen Ehe- oder Lebenspartner bei schlechter Vermögenslage weiter an das Objekt zu binden, womöglich über eine mehrjährige Trennungszeit hinweg.

320   Der Inhaber der Wohnung bleibt nicht schutzlos, da – wie bei Alleineigentum des Weggewiesenen – ein **Mietverhältnis** zwischen ihm und dem anderen Miteigentümer begründet werden kann. Dieses schließt zwar die Teilungsversteigerung nicht als solche aus, führt aber dazu, dass der Ersteher gemäß § 57 ZVG mit allen Rechten und Pflichten in das Mietverhältnis eintritt und gemäß § 183 ZVG auch **kein Sonderkündigungsrecht** nach § 57a ZVG besitzt. Dadurch wird die Teilungsversteigerung in jedem Fall erheblich erschwert.

7. Gewaltfälle

321   In Fällen von Gewalt oder Drohung ist häufig nicht nur das Verbot, die Wohnung des Opfers erneut zu betreten, sinnvoll, sondern auch das Verbot, sich in einem bestimmten Umkreis von ihr aufzuhalten („Bannmeile"),[716] bestimmte andere Orte aufzusuchen, an denen sich das Opfer aufhält, das Opfer zu misshandeln, zu bedrohen oder zu belästigen, Verbindungen, auch über Telekommunikation, mit ihm aufzunehmen oder Zusammentreffen mit ihm herbeizuführen. In Großstädten wird für die „Bannmeile" ein Mindestabstand von 200 m für sinnvoll gehalten,[717] jedoch kommt es auch hier immer auf den konkreten Einzelfall an. Kommt es zufällig zu einem Zusammentreffen, muss sich der Täter umgehend entfernen. Die verschiedenen Schutzanordnungen können dabei **miteinander kombiniert** werden.

Diese Maßnahmen dienen neben der Wohnungszuweisung selbst dem präventiven Schutz vor weiteren Gewalttaten und Nachstellungen. Grundgedanke ist hierbei, dass die Schaffung räumlicher Distanz ein wirksames Mittel zur Verhinderung weiterer Gewalt darstellt.

Der Täter hat die sich aus den angeordneten Verboten ergebenden Beschränkungen zu respektieren, soweit nicht etwa ein Kontakt mit dem Opfer zur **Wahrnehmung berechtigter Interessen** – beispielsweise bei Ausübung des Umgangs mit einem gemeinsamen Kind – erforderlich ist

---

716 OLG Stuttgart FamRZ 2004, 876 (100 m Bannmeile); OLG Köln FamRZ 2003, 319.
717 *Von Pechstaedt* NJW 2007, 1233 (1234) mit vielen Einzelnachweisen.

(vgl. § 1 Abs. 1 S. 3, 2. Halbsatz GewSchG). Jedoch muss das Gericht auch in diesem Fall den Schutz des Opfers sicherstellen und darf die Kontaktaufnahme etwa nur über vermittlungsbereite dritte Personen oder an einem für das Opfer sicheren Ort zulassen.[718]

III. Isolierte Schutz- und Zusatzanordnungen

Ein Problem kann sich dann stellen, wenn ein Partner die Wohnung bereits freiwillig verlassen hat, sich aber wegen anhaltender Belästigungen oder einer drohenden Kündigung durch ihn das Bedürfnis nach Schutz- und Zusatzanordnungen stellt, ohne dass eine Wohnungszuweisung notwendig ist.

322

Hierzu wurde im Rahmen des § 1361b BGB a.F. die Ansicht vertreten, dass für den Fall des freiwilligen Auszugs des Mieters keine Möglichkeit für eine Zusatzanordnung in Form eines Kündigungsverbots bestünde. § 1361b BGB sei auf diesen Fall nicht anwendbar, weil die Vorschrift nach ihrer Intention und verfahrensrechtlichen Ausgestaltung voraussetze, dass beide Eheleute die Wohnung zum Zweck des Getrenntlebens für sich beanspruchen.[719]

Nach der Neuregelung des § 1361b Abs. 3 S. 1 BGB durch das Gewaltschutzgesetz mit Wirkung zum 1.1.2002 kommt es jedoch – ebenso wie bei der Anordnung einer Nutzungsentschädigung[720] – nicht mehr darauf an, ob eine Wohnungszuweisung erfolgt ist oder auch nur die Voraussetzungen hierfür vorliegen. **Auch bei freiwilligem Auszug** eines Ehegatten können daher isolierte Schutz- und Zusatzanordnungen erlassen werden, so etwa – wenn es sich bei ihm um den Alleinmieter handelt und eine Kündigung droht – ein (isoliertes) Kündigungsverbot.[721]

Da § 14 Abs. 3 S. 1 LPartG und § 2 Abs. 4 GewSchG identische Vorschriften enthalten, sind auch in diesen Fällen isolierte Anordnungen zulässig, allerdings müssen im Fall des § 2 Abs. 4 GewSchG die Voraussetzungen des § 2 Abs. 1, 6 GewSchG vorliegen bzw. vorgelegen haben („Täter", verletzte Person). Soll dem Täter, der Alleinmieter der Wohnung ist und diese dennoch freiwillig dem Opfer überlassen hat, auf der Basis des § 2 Abs. 4 GewSchG die Kündigung verboten werden, kann dies auch nur unter Berücksichtigung der in § 2 Abs. 2 S. 2 GewSchG für die Wohnungsüberlassung in diesem Fall vorgesehenen maximal sechsmonatigen Frist geschehen.

---

718 *Schweikert/Baer* Rdnr. 64.
719 *Wlecke* S. 199.
720 Vgl. hierzu Rdnr. 274; auch BGH FamRZ 2006, 930 m. Anm. *Brudermüller* zur Zulässigkeit einer isolierten Anordnung der Nutzungsentschädigung nach § 1361b BGB a.F..
721 In diesem Sinne auch *Haußleiter/Schulz* Kap. 4 Rdnr. 43.

323   Problematisch erscheinen isolierte Zusatzanordnungen nach § 15 HausratsVO,[722] da diese nur zur Durchführung der richterlichen Entscheidung vorgesehen sind. Soweit ein Bedürfnis für derartige Anordnungen nach dem freiwilligen Auszug eines Partners besteht, weil andernfalls die – wenn auch freiwillig eingeräumte – Alleinnutzung der Wohnung nicht verwirklicht oder sogar unmöglich gemacht werden könnte, besteht (entsprechend der Situation bei fehlender Zustimmung des Vermieters zur Mietvertragsänderung oder der Zahlung einer Nutzungsentschädigung[723]) jedoch ein Regelungsbedarf nach § 1 HausratsVO, da eine umfassende Einigung über die Nutzung der Wohnung, die nur dann vorliegt, wenn sie in jeder Hinsicht eine richterliche Regelung entbehrlich macht, in solchen Fällen gerade nicht erzielt wurde.[724]

Zu Fall 5 (Rdnr. 308):
Der freiwillige Auszug von Herrn Mayer führt demnach nicht dazu, dass Schutz- und Zusatzanordnungen unmöglich wären. Notwendig im vorliegenden Fall ist es, ihm die Beendigung des Mietverhältnisses über die Ehewohnung zu untersagen, die Abholung seiner persönlichen Gegenstände und die Herausgabe der Wohnungsschlüssel anzuordnen sowie ein Betretungsverbot auszusprechen.

324   §§ 1666, 1666a BGB ermöglichen schließlich jede Regelung, die zur Abwendung der Kindeswohlgefährdung geboten ist und damit sämtliche in Betracht kommenden Schutz- und Zusatzanordnungen unabhängig vom Ausspruch der Wegweisung.

325   Auch **Schutzanordnungen nach § 1 GewSchG** können bei Vorliegen der tatbestandsmäßigen Voraussetzungen immer völlig unabhängig von einer Wohnungszuweisung oder auch freiwilligen Überlassung einer Wohnung verhängt werden. Das Familiengericht ist für Anordnungen nach § 1 GewSchG nach § 23a Nr. 7 GVG jedoch nur dann zuständig, wenn die Parteien einen auf Dauer angelegten gemeinsamen Haushalt führen oder innerhalb von sechs Monaten vor Antragstellung geführt haben.[725]

---

722 In Verbindung mit § 18a HausratsVO, §§ 661 Abs. 1 Nr. 5, Abs. 2, 621 Abs. 1 Nr. 7, 621a Abs. 1 ZPO, § 64b Abs. 2 S. 4 FGG.
723 Vgl. dazu Rdnr. 198.
724 Vgl. zur nachträglichen Bewilligung einer Räumungsfrist Johannsen/Henrich/*Brudermüller* § 15 HausratsVO Rdnr. 2.
725 Zur Neuregelung der Zuständigkeit durch das FamFG vgl. Rdnr. 304.

IV. Befristung der Schutz- und Zusatzanordnungen

Die Zeitdauer von Schutz- und Zusatzanordnungen bemisst sich nach der Dauer der Wohnungszuweisung selbst. Ist diese befristet, enden sie grundsätzlich mit dieser. Anordnungen nach § 1 GewSchG sind gemäß § 1 Abs. 1 S. 2 GewSchG zu befristen und zwar auch dann, wenn sie als Zusatzanordnung zu einer Wohnungszuweisung ergehen.[726] Wird die Anordnung einer Bannmeile auf § 15 HausratsVO[727] gestützt, ist ein Verstoß hiergegen zwar nicht gemäß § 4 GewSchG strafbar, jedoch sieht § 15 HausratsVO – im Gegensatz zu § 1 GewSchG – eine Befristung nicht vor.

V. Tenorierungsbeispiele

1. Räumungsverpflichtung und diese begleitende Anordnungen

Zu Fall 5 (Rdnr. 308):

Beschluss:

(1) ...

(2) Der Antragsgegner ist verpflichtet, die in Ziffer (1) genannte Wohnung, bestehend aus vier Zimmern, Küche, Bad/Toilette und Kellerabteil Nr. 4[728] sofort (bis spätestens ...) zu räumen und an die Antragstellerin herauszugeben. § 885 Abs. 2 bis 4 ZPO sind bei der Räumung nicht anzuwenden.

(3) Dem Antragsgegner wird verboten, die in Ziffer (1) genannte Wohnung nach der Räumung ohne vorherige Zustimmung der Antragstellerin nochmals zu betreten. Auf Aufforderung hat er die Wohnung der Antragstellerin sofort wieder zu überlassen.

(4) Dem Antragsgegner wird aufgegeben, der Antragstellerin sämtliche Haus- und Wohnungsschlüssel auszuhändigen.

(5) Dem Antragsgegner wird aufgegeben, beim Auszug seine persönlichen Sachen, insbesondere ..., mitzunehmen. Hausratsgegenstände darf er aus der Wohnung nicht entfernen.

---

726 Zur Kritik hieran bei sich über einen längeren Zeitraum erstreckendem Stalking: Palandt/*Brudermüller* § 1 GewSchG Rdnr. 7.

727 In Verbindung mit § 18a HausratsVO für die Zeit des Getrenntlebens, mit §§ 661 Abs. 1 Nr. 5, Abs. 2, 621 Abs. 1 Nr. 7, 621a Abs. 1 ZPO bei Lebenspartnern und mit § 64b Abs. 2 S. 4 FGG für Verfahren nach dem GewSchG.

728 Auflistung der einzelnen Räume hier nur notwendig, soweit noch nicht in Ziffer 1 geschehen.

2. Kündigungsverbot

328 *(6) Dem Antragsgegner wird verboten, das Mietverhältnis über die Wohnung Herrenstraße 45a in Karlsruhe zu kündigen oder in sonstiger Weise zu beenden.*

3. Zusatzanordnungen in Gewaltfällen

Zu Fall 4 (Rdnr. 235):

329 *Beschluss:*
(1) ...
(2) Dem Beteiligten Schmidt wird verboten, die Kinder ... und ... zu belästigen, zu bedrohen oder zu misshandeln.
(3) Ihm wird des Weiteren verboten, sich in einem Umkreis von 100 m von der in Ziffer (1) genannten Wohnung und der Schule in der ...straße aufzuhalten.
(4) Dem Beteiligten Schmidt wird schließlich verboten, Zusammentreffen mit den Kindern herbeizuführen und Verbindung mit ihnen aufzunehmen, auch durch Telefonieren oder andere Fernkommunikationsmittel.

4. Hinweis auf Strafbarkeit nach § 4 GewSchG

Zu Fall 3 (Rdnr. 215):

330 *(5) Der Antragsgegner wird darauf hingewiesen, dass eine Zuwiderhandlung gegen die unter Ziffer ... bis ... getroffenen Maßnahmen mit einer Freiheitsstrafe bis zu einem Jahr oder mit Geldstrafe bestraft werden kann, § 4 GewSchG.*

G. Änderung des Mietvertrags durch das Familiengericht

I. Einleitung

Eine Änderung des Mietvertrags durch das Familiengericht kommt nur bei Eheleuten oder Lebenspartnern und auch hier nur im Zusammenhang mit einer endgültigen Regelung der Rechtsverhältnisse an der gemeinsamen Wohnung für die Zeit nach Scheidung der Ehe oder Aufhebung der Lebenspartnerschaft in Betracht. Voraussetzung für eine Rechtsgestaltung nach § 5 HausratsVO bzw. § 18 Abs. 1, 3 LPartG in Verbindung mit der HausratsVO ist, dass ein Ehe- oder Lebenspartner die fragliche Wohnung tatsächlich benutzen möchte.[729] Wollen beide Partner die Mietwohnung verlassen, bleibt ihnen nur die Möglichkeit, das Mietverhältnis gemeinsam zu kündigen. Regelungen nach der HausratsVO oder § 18 Abs. 1 LPartG sind dann unzulässig.

Sowohl die Wohnungszuweisung als auch die Umgestaltung des Mietverhältnisses kann **gegen den Willen des Vermieters** (oder eines sonstigen Drittbeteiligten) erfolgen. § 12 HausratsVO sieht hierfür jedoch eine **Ausschlussfrist** vor: Wird der Antrag auf Auseinandersetzung der Ehewohnung später als ein Jahr nach Rechtskraft des Scheidungsurteils gestellt, darf der Familienrichter in die Rechte Dritter nur eingreifen, wenn diese einverstanden sind. Besteht kein Einverständnis mit der vorgesehenen Vertragsumgestaltung, sind nur Nutzungsregelungen im Innenverhältnis möglich. Das Einverständnis kann gegenüber den geschiedenen Eheleuten oder dem Gericht erklärt werden.

Im **Lebenspartnerschaftsrecht** fehlt eine Parallelregelung zu § 12 HausratsVO. Auch wird auf § 12 HausratsVO in § 18 Abs. 3 LPartG nicht explizit verwiesen. Nach §§ 661 Abs. 1 Nr. 5, Abs. 2, 621 Abs. 1 Nr. 7, 621a Abs. 1 ZPO richtet sich aber auch bei Lebenspartnern das Verfahren nach den Vorschriften der HausratsVO, so dass § 12 HausratsVO bei ihnen gleichermaßen zur Anwendung kommt. Eine andere Sachbehandlung als bei Eheleuten wäre auch nicht vertretbar: Es ist Ausdruck der Sozialbindung des Eigentums, dass ein Vermieter überhaupt eine Rechtsgestaltung gegen seinen Willen im Interesse dritter Personen hinnehmen muss. Diese Beschränkung der Rechte des Vermieters findet ihre

---

[729] Johannsen/Henrich/*Brudermüller* § 5 HausratsVO Rdnr. 8.

Rechtfertigung darin, dass die Wohnung vertragsgemäß einem Ehepaar oder Lebenspartnern als Lebensmittelpunkt gedient hat und jeder Ehe- oder Lebenspartner auch über die Scheidung oder Aufhebung der Lebenspartnerschaft hinaus dem anderen – und insbesondere auch den Kindern – zur Rücksichtnahme verpflichtet ist.[730] An dieser Rechtfertigung fehlt es jedoch, – ebenso wie bei geschiedenen Eheleuten –, wenn Lebenspartner nach Aufhebung ihrer Lebenspartnerschaft noch unverhältnismäßig lange zuwarten, bis sie die weitere Nutzung der Wohnung gerichtlich klären lassen. Auch bei Lebenspartnern muss die Umgestaltung oder Neubegründung eines Mietverhältnisses daher an die Zustimmung des Vermieters gebunden sein, wenn sie später als ein Jahr nach Rechtskraft des Aufhebungsurteils erfolgen soll. Es besteht kein Grund, den Vermieter in diesem Fall schlechter zu behandeln.

II. Möglichkeiten nach § 5 HausratsVO, § 18 LPartG

Fortsetzung Fall 5 (Rdnr. 308):

Das Scheidungsverfahren der Eheleute Mayer ist anhängig. Sie haben sich für die Zeit nach Rechtskraft der Scheidung darauf geeinigt, dass Frau Mayer mit den Kindern in der Wohnung bleibt. Auch soll sie künftig Mieterin der Wohnung sein. Der Vermieter widersetzt sich einer Änderung des Mietvertrags dahingehend, dass statt Herrn Mayer Frau Mayer Mieterin wird und weist darauf hin, dass die Wohnung zwar mit 500,- € eine günstige Nettokaltmiete habe, dass aber Frau Mayer nur 400,- € mit einer geringfügigen Beschäftigung verdiene, während Herr Mayer mit einem Nettoeinkommen von 3.700,- € ein solventer Mieter sei.

Fall 6:

Sonja und Julia sind eingetragene Lebenspartnerinnen. Sie leben mit den beiden Kindern aus Julias 1. Ehe, einem Sohn im Alter von 6 Jahren und einer 8-jährigen Tochter seit vier Jahren in der gemeinsam angemieteten Wohnung in der Hoffstraße 12 in Karlsruhe, seit einem Jahr allerdings in der Wohnung getrennt. Beide Frauen arbeiten. Julia verdient 2.800,- € netto, Sonja 1900,- € netto, die Wohnung kostet brutto-warm 900,- €. Julia möchte in der Wohnung bleiben, da diese sehr günstig zu Schule und Hort der Kinder liegt und diese auch ihre Freunde in der Nähe haben. Sonja möchte die Wohnung gleichfalls behalten, da ihre Arbeitsstelle bei den Karlsruher Justizbehörden von

---

730 BVerfG FamRZ 2006, 1596 (zu Einzelheiten vgl. Fn. 85).

der Wohnung aus sehr gut zu erreichen ist. Der Vermieter hat bereits mitgeteilt, dass es ihm gleichgültig sei, wer in der Wohnung bleibe, da er einer Entlassung der jeweils anderen aus dem Mietverhältnis ohnehin nicht zustimmen werde.

1. Änderung des Mietvertrags, § 5 Abs. 1 S. 1 HausratsVO, § 18 Abs. 1 LPartG

Die Zuweisung der Wohnung an einen Ehe- oder Lebenspartner regelt die Nutzung im Innenverhältnis. Daneben eröffnen § 5 HausratsVO und § 18 LPartG die Möglichkeit, den **Mietvertrag umzugestalten oder ein neues Mietverhältnis zu begründen**. Zwar kann sich der Richter auch für die Zeit nach der Scheidung oder Aufhebung der Lebenspartnerschaft auf eine bloße Nutzungsregelung beschränken. Eine endgültige Regelung hinsichtlich der Rechtsverhältnisse an der gemeinsamen Wohnung und damit die Umgestaltung des Mietvertrags ist einer nur das Innenverhältnis der Eheleute oder Lebenspartner betreffenden Regelung für diesen Zeitraum jedoch grundsätzlich vorzuziehen.

333

Eine Umgestaltung des Mietverhältnisses kommt allerdings nur in Betracht, wenn dieses nicht bereits durch Kündigung des Vermieters wirksam beendet wurde. Sie scheidet daher aus, wenn dessen **Räumungsanspruch rechtskräftig feststeht** und die Wohnung alsbald herausgegeben werden muss. Auch wenn der Vermieter im Vertrauen auf die Wirksamkeit einer Kündigung des Mieters die Wohnung bereits **an einen Dritten weitervermietet** hat, ist die Begründung eines neuen Mietverhältnisses nicht zulässig, da das Familiengericht nicht dazu befugt ist, das Mietverhältnis mit dem Dritten wieder aufzulösen.[731] Dieser Vertrauensschutz des Vermieters besteht allerdings dann nicht, wenn er mit dem Alleinmieter bei der Kündigung zum Nachteil des Nichtmieters kollusiv zusammengewirkt hat oder wenn ihm als Beteiligten nach § 7 HausratsVO bereits ein Antrag auf Wohnungszuweisung zugestellt wurde.[732]

334

Folgende Varianten sind im Rahmen der § 5 Abs. 1 S. 1 HausratsVO, § 18 Abs. 1 LPartG denkbar:

335

Ist der **künftige alleinige Wohnungsnutzer der Alleinmieter**, bedarf es keiner Anpassung des Mietverhältnisses. Zieht der andere Ehe- oder Lebenspartner nicht freiwillig aus, muss die Wohnung dem Alleinmieter lediglich zur alleinigen Nutzung zugewiesen und der andere zur Räumung verpflichtet werden.

---

731 AG Hamburg-Altona FamRZ 1995, 677.
732 Vgl. dazu Rdnr. 364f.

Sind die Ehe- oder Lebenspartner **Mitmieter,** kann der Richter festlegen, dass das Mietverhältnis ab Rechtskraft der Scheidung nur von dem Verbleibenden fortgesetzt wird und der andere aus dem Mietvertrag ausscheidet. Diese Anordnung ist auch dann möglich – obwohl sich das aus dem Wortlaut der Vorschriften nicht eindeutig ergibt –, wenn ein Partner dem vom anderen zunächst allein abgeschlossenen Mietvertrag erst später beigetreten ist.

Zu Fall 6 (Rdnr. 332):
Davon ausgehend, dass ein Wohnungszuweisungsverfahren von Julia anhängig gemacht wurde und die Wohnung mit Rücksicht auf die Interessen der Kinder auch Julia zugewiesen wird, würde die dementsprechende Änderung des Mietvertrags wie folgt lauten:

Beschluss:
(1) ...
(2) Das zwischen den Parteien und dem Vermieter V aufgrund Mietvertrags vom ... bestehende Mietverhältnis über die in Ziffer (1) genannte Partnerschaftswohnung wird ab Rechtskraft der Aufhebung der Lebenspartnerschaft von der Antragstellerin allein fortgesetzt. Die Antragsgegnerin scheidet aus dem Mietverhältnis aus.

Ist der **weichende Partner Alleinmieter,** kann angeordnet werden, dass er aus dem Mietverhältnis ausscheidet und dieses mit dem Partner, der nicht Mieter war, fortgesetzt wird.

Zur Fortsetzung von Fall 5 (Rdnr. 332):

Beschluss:

(1) Die Antragstellerin tritt an Stelle des Antragsgegners in das von diesem mit dem Vermieter V aufgrund Mietvertrags vom .... bestehende Mietverhältnis über die Wohnung in Karlsruhe, Herrenstraße 45a ab Rechtskraft der Scheidung ein. Der Antragsgegner scheidet aus dem Mietverhältnis aus.

Nicht möglich ist dagegen die Anordnung, dass
- der Mietvertrag mit beiden Partnern endet,
- das Mietverhältnis mit dem Alleinmieter endet, ohne dass es gleichzeitig vom Partner fortgeführt wird, oder
- dass es mit einem Dritten fortgesetzt wird.

Die Gestaltungsmöglichkeiten des Familiengerichts beschränken sich auch auf den **Wechsel der Mietpartei.** Im Übrigen bleibt der Mietvertrag unverändert. Eine Änderung der Miethöhe oder der Vertragszeit ist daher nicht oder nur mit Zustimmung aller Beteiligten im Wege der Vereinbarung möglich.   336

Im Fall des § 5 Abs. 1 S. 1 HausratsVO, § 18 Abs. 1 LPartG wird das ursprüngliche Vertragsverhältnis **fortgesetzt.**[733] Der umgestaltete Mietvertrag unterliegt weiterhin den allgemeinen Vorschriften über Wohnraummietverhältnisse. Das Vermieterpfandrecht an den Möbeln des Ausziehenden besteht fort, allerdings nur hinsichtlich **bereits entstandener** Forderungen. Der aus dem Vertrag ausscheidende Partner hat keinen Anspruch auf Auszahlung der hälftigen Kaution, da diese entsprechend der Kautionsabrede erst bei Vertragsende fällig wird.[734]

2. Neubegründung eines Mietverhältnisses, § 5 Abs. 2 HausratsVO, § 18 Abs. 3 LPartG (in Verbindung mit der HausratsVO)

Variante Fall 5 (Rdnr. 332):

Herr Mayer hat die Kündigung der Wohnung nicht angedroht, sondern sie noch vor der Scheidung ausgesprochen, ohne Frau Mayer zu informieren. Diese wohnt mit den Kindern nach wie vor in der bislang nicht weitervermieteten Wohnung.

Hat der Alleinmieter den Mietvertrag bereits durch Kündigung oder Mietaufhebungsvertrag mit dem Vermieter vor einer Wohnungszuweisung beendet und wohnt der andere Ehe- oder Lebenspartner noch in der Wohnung, kann das Familiengericht ein Mietverhältnis mit ihm nach § 5 Abs. 2 HausratsVO, § 18 Abs. 3 LPartG in Verbindung mit § 5 Abs. 2 HausratsVO neu begründen, wenn diese noch nicht weitervermietet ist. Zugleich muss der Familienrichter die **Bedingungen des neuen Mietvertrags** festsetzen. Hierbei kann er entweder den bisherigen Mietvertrag zugrundelegen oder einen Mustermietvertrag verwenden. Trifft er keine Regelung, gelten die gesetzlichen Vorschriften. Nach § 5 Abs. 2 S. 2 HausratsVO muss **in jedem Fall der Mietzins** für das neue Mietverhältnis festgesetzt werden. In der Regel ist dies die ortsübliche Vergleichsmiete, bei preisgebundenem Wohnraum die gesetzlich zulässige Miete. Das neue Mietverhältnis kann dabei rückwirkend auf den Zeitpunkt be-   337

---

[733] Deshalb kann eine verschuldensunabhängige Haftung des Vermieters nach § 536a BGB nicht eintreten, vgl. Johannsen/Henrich/*Brudermüller* § 5 HausratsVO Rdnr. 14.
[734] *Haußleiter/Schulz* Kap. 4 Rdnr. 96 mit weiteren Nachweisen; a.A. LG Mönchengladbach FamRZ 1994, 962.

gründet werden, in dem das alte Mietverhältnis endete, um – auch im Interesse des Vermieters – eine vertragslose Zwischenzeit zu vermeiden.

Zur Variante von Fall 5 (Rdnr. 336):

Beschluss:

(1) Zwischen der Antragstellerin und dem Vermieter V wird ab Rechtskraft der Scheidung (rückwirkend zum ...) ein Mietverhältnis über die Wohnung in Karlsruhe, Herrenstraße 45a zu den Bedingungen des Mietvertrags zwischen dem Antragsgegner und dem Vermieter V vom ... begründet. Die monatliche Miete beträgt ... € netto kalt zuzüglich ...

338 Die Begründung eines neuen Mietverhältnisses ist jedoch nicht mehr möglich, wenn der Vermieter im Vertrauen auf die Wirksamkeit der Kündigung die Wohnung **bereits an einen Dritten weitervermietet** hat.[735] Die Befugnis zur Gestaltung der Rechtsverhältnisse an der Ehe- oder Partnerschaftswohnung nach § 5 HausratsVO, § 18 LPartG reicht nicht so weit, dass der Familienrichter in das Mietverhältnis mit einem Dritten eingreifen und dieses wieder auflösen kann.

Im Fall des § 5 Abs. 2 HausratsVO (in Verbindung mit § 18 Abs. 3 LPartG) handelt es sich um ein **neu begründetes** und nicht um ein fortgesetztes Mietverhältnis, auch wenn die Vertragsbedingungen des alten Vertrags zugrunde gelegt werden.

339 Nach § 5 Abs. 2 HausratsVO kann auch ein Mietverhältnis **nur zu vorübergehendem Gebrauch** begründet werden. Ein nur vorübergehender Gebrauch ergibt sich aus der Verknüpfung einer vertragsgemäß kurzfristigen überschaubaren Vertragsdauer mit einem Vertragszweck, der sachlich die Kurzfristigkeit der Gebrauchsüberlassung rechtfertigt und so das Mietverhältnis in Übereinstimmung mit seiner kurzen Dauer nur als Durchgangsstadium erscheinen lässt. Ein derartiges Mietverhältnis kommt bei dinglicher Berechtigung des die Wohnung nicht nutzenden Partners in Betracht, da in diesem Fall der in der Zuweisung an den Nichteigentümer gemäß § 3 HausratsVO liegende Eingriff in die verfassungsrechtlich geschützte Rechtsposition „Eigentum" nur bei einer Befristung verhältnismäßig ist. Bei einem Mietverhältnis nur zu vorübergehendem Gebrauch sind bestimmte Mieterschutzvorschriften ausgeschlossen, diese Mietverhältnisse können deshalb – ohne weitere Voraussetzungen – befristet werden (§ 549 Abs. 2 S. 1 BGB: § 575 BGB ist ausgeschlossen). Auch wenn § 18 Abs. 2 LPartG eine Frist nicht erwähnt,

---

735 KG KG-Report 1998, 44; AG Hamburg-Altona FamRZ 1995, 677.

muss im Rahmen des Lebenspartnerschaftsrechts bei Zuweisung an den Nichteigentümer insoweit Gleiches gelten.⁷³⁶

III. Sicherung der Ansprüche des Vermieters, § 5 Abs. 1 S. 2 HausratsVO (in Verbindung mit § 18 Abs. 3 LPartG)

Die Grundsätze einer Wohnungszuweisung – Schutz der Kinder, Berücksichtigung von Einkommens- und Vermögensverhältnissen, von Alter und Gesundheitszustand – werden häufig dazu führen, dass der wirtschaftlich Schwächere (und zwar auch gegen den Willen des Vermieters) die Wohnung erhält. Nach § 5 Abs. 1 S. 2 HausratsVO, der über § 18 Abs. 3 LPartG auch im Lebenspartnerschaftrecht gilt, sind die sich aus dem Mietvertrag ergebenden Ansprüche des Vermieters, soweit sie durch den Personenwechsel auf der Mieterseite gefährdet sein können, **von Amts wegen** sicherzustellen.

340

Praxistipp: Auch wenn es eines Antrags auf Anordnungen nach § 5 Abs. 1 S. 2 HausratsVO nicht bedarf, da diese von Amts wegen zu erlassen sind, sollte eine diesbezügliche Anregung durch den zu beteiligenden Vermieter erfolgen.

Das Familiengericht hat dabei kein Ermessen und muss diese Sicherung – soweit sie nach den Verhältnissen der Partner möglich ist – anordnen. Es darf **nur dann davon absehen**, wenn eine Beeinträchtigung der Vermieterrechte durch den Personenwechsel ausscheidet, wenn also an der **Zahlungsfähigkeit des Verbleibenden** keinerlei Zweifel bestehen.⁷³⁷

Ist dies nicht der Fall, muss zur Sicherung des Vermieters eine **Mithaftung des Ausziehenden** für künftige Ansprüche des Vermieters aus dem Mietvertrag angeordnet werden. Streitig ist, ob derartige Sicherungsmaßnahmen nur zulässig sind, wenn der weichende Partner dem anderen gegenüber zu Unterhaltsleistungen verpflichtet ist. Zwar erscheint die materielle Grundlage für die Sicherung des Vermieters fraglich, wenn die Ehe- oder Lebenspartner wechselseitig auf Unterhalt verzichtet haben, andererseits ermächtigt die Auflösung der Ehe bzw. Lebenspartnerschaft mit ihren Folgen die Gerichte nicht zu Lösungen (auch) zu Lasten des Vermieters, der die Ursachen dieser Auseinandersetzung nicht zu vertreten hat. Es wäre deshalb mit einer ausgewogenen allseitigen Interessenabwägung nicht zu vereinbaren, wenn Abreden der Ehe- oder Lebenspartner

341

---

736 Vgl. dazu auch Rdnr. 318.
737 OLG Karlsruhe FamRZ 1995, 45.

untereinander – wie etwa ein Unterhaltsverzicht – die berechtigten Sicherungsansprüche des Dritten vernichten könnten.[738]

342 Als Sicherungsanordnung in Betracht kommt zum einen die Zahlung einer Sicherheitsleistung für vertraglich übernommene Schönheitsreparaturen oder für Schäden, zum anderen die gesamtschuldnerische Mithaftung für Mietzinsen.

Damit der Regelungsgehalt des § 5 Abs. 1 S. 1 HausratsVO nicht ausgehöhlt wird, müssen Dauer und Höhe der Mithaftung für den Mietausfall aber **begrenzt** werden.[739] Die Bemessung von Dauer und Höhe der Mithaftung richtet sich nach den Umständen des Einzelfalls, wobei die Leistungsfähigkeit des künftigen (Allein-)Mieters eine wesentliche Rolle spielt. Maßstab ist letztlich der Mietrückstand, der bei einer fristlosen Kündigung wegen Zahlungsverzugs **bis zum Abschluss des Räumungsprozesses** auflaufen kann.[740]

Zu **Fall 5** (Rdnr. 332):

Beschluss:
(1) ...
(2) Der Antragsgegner übernimmt gegenüber dem Vermieter V die Mithaftung für Mietrückstände der Antragstellerin aus dem Mietverhältnis über die in Ziffer (1) genannte Wohnung. Die Mithaftung wird auf den Betrag von 12 Monatsmieten und auf die Dauer von drei Jahren ab Rechtskraft der Scheidung beschränkt.

Bei Anordnung einer Sicherheitsleistung für vertragliche Schönheitsreparaturen und Schäden gilt zwar die Begrenzung des § 551 BGB auf den Betrag der dreifachen Monatsmiete nicht, da § 5 HausratsVO eine vorrangige Spezialregelung enthält, jedoch kann diese **mietrechtliche Vorschrift als Orientierungshilfe** herangezogen werden.[741] Als Sicherung des Vermieters kommt auch eine Sicherungsübereignung oder Sicherungsabtretung von Vermögenswerten des Ehe- oder Lebenspartners, mit dem das Mietverhältnis fortgesetzt wird, in Betracht, die nicht dem Vermieterpfandrecht unterliegen (etwa eine Zugewinnausgleichsforderung

---

738 FA-FamR/*Klein* 8. Kap. Rdnr. 130.
739 OLG Schleswig WuM 1999, 522; a.A. OLG Hamm FamRZ 1993, 575.
740 OLG Hamm FamRZ 1994, 388: Mithaftung max. fünf Jahre und für Mietrückstand von 18 Monatsmieten; OLG Karlsruhe FamRZ 1999, 301: Zwei Jahre und 10 Monatsmieten; OLG Schleswig WuM 1999, 522: Zwei Jahre zuzüglich Verfahrenskosten; OLG Celle FamRZ 2002, 341: Dreieinhalb Jahre und 18 Monatsmieten.
741 Johannsen/Henrich/*Brudermüller* § 5 HausratsVO Rdnr. 17

oder ein Pkw), wenn der Hausrat des die Wohnung verlassenden Partners, der dem Vermieterpfandrecht für künftige Forderungen nicht mehr unterliegt, von erheblichem Wert war.[742] Die sichernden Anordnungen nach § 5 Abs. 1 S. 2 HausratsVO werden Teil des (ursprünglichen oder neu zu begründenden) Mietvertrags.

Ein auf Dauer zur Zahlung des Mietzinses unfähiger Ehe- oder Lebenspartner ist allerdings ohne Sicherung des Vermieters aus dem Mietverhältnis zu entlassen.[743]

343

> **§ 1568a BGB-E und FamFG-E:**
> Die Sicherungsanordnungen sollen nach der geplanten Neuregelung der Wohnungszuweisung nach Rechtskraft der Scheidung in § 1568a BGB in § 209 Abs. 1 S. 2 und 3 FamFG-E geregelt werden, wobei die Erforderlichkeit einer Befristung der Anordnungen im Gesetz selbst angeordnet wird.

IV. Zuweisung und Änderung des Mietvertrags gegen den Willen des Begünstigten?

Grundsätzlich ist eine Wohnungszuweisung und Änderung des Mietvertrags mit der Folge einer Alleinhaftung für den Mietzins **gegen den ausdrücklich geäußerten Willen eines Ehegatten oder Lebenspartners** unzulässig. Eine solche kommt jedoch mit dem Ziel der Mietvertragsumgestaltung bei Mitmietern dann in Betracht, wenn einer zwar in der Wohnung bleiben möchte, sich aber einer einvernehmlichen Umgestaltung des Mietverhältnisses widersetzt, so dass der Weichende in der Mithaftung bleibt.[744] Selbst bei Zustimmung des Vermieters hat dieser Partner keine Möglichkeit aus dem Mietvertrag auszuscheiden, wenn man einen Anspruch gegen den Mitmieter auf Zustimmung zur Kündigung ablehnt.[745] Er wäre daher gezwungen, die Zuweisung der Wohnung an sich verbunden mit einer entsprechenden Umgestaltung des Mietvertrags zu verlangen, einzig mit dem Ziel, das Mietverhältnis kündigen zu können.[746] In dieser Situation muss daher ein Recht des weichenden Ehe- oder Lebenspartners bestehen, die Fortsetzung des Mietverhältnisses allein mit

344

---

742 Johannsen/Henrich/*Brudermüller* § 5 HausratsVO Rdnr. 18.
743 OLG Köln FamRZ 2007, 1580.
744 KG FamRZ 2002, 1355; Johannsen/Henrich/*Brudermüller* § 5 HausratsVO Rdnr. 9; MAH-Familienrecht/*Müller* § 16 Rdnr. 145; FAKomm-FamR/*Weinreich* § 5 HausratsVO Rdnr. 9.
745 Vgl. dazu Rdnr. 90ff.
746 *Haußleiter/Schulz* Kap. 4 Rdnr. 88.

demjenigen, der weiter in der Wohnung bleiben will, zu beantragen und so zu erreichen, dass er durch die richterliche Vertragsgestaltung nach § 5 Abs. 1 HausratsVO bzw. § 18 Abs. 1 LPartG aus dem Mietverhältnis ausscheidet. Diese Möglichkeit ist einem Verfahren auf Zustimmung zur Kündigung wegen der Zuständigkeit des Familiengerichts, der Flexibilität des Verfahrens der freiwilligen Gerichtsbarkeit und der wesentlich rascheren Lösung vorzuziehen. Für die Zeit nach Rechtskraft der Scheidung bzw. Aufhebung der Lebenspartnerschaft hat daher jeder Ehe- und Lebenspartner die Möglichkeit, die Fortsetzung des Mietvertrags mit dem anderen zu beantragen, wenn dieser in der Wohnung bleiben will, aber der Vertragsänderung nicht zustimmt.

H. Verfahrensrecht

I. Anwendbare Vorschriften

Die Verfahrensvorschriften im Zusammenhang mit der Regelung der Alleinnutzung einer Wohnung sind zum Teil in der ZPO, zum Teil im FGG und zum Teil in der HausratsVO enthalten.

345

Gemäß §§ 621 Abs. 1 Nr. 7, 621a Abs. 1 ZPO finden für Verfahren der endgültigen und vorläufigen Wohnungszuweisung bei Eheleuten nach der HausratsVO bzw. § 1361b BGB (hier über § 18a HausratsVO) sowie der endgültigen und vorläufigen Wohnungszuweisung bei eingetragenen Lebenspartnern (hier in Verbindung mit § 661 Abs.1 Nr. 5, Abs. 2 ZPO bzw. mit § 18a HausratsVO bei Getrenntleben) folgende verfahrensrechtliche Regelungen Anwendung:

- §§ 13 bis 18 HausratsVO,
- subsidiär die Vorschriften des FGG und
- ergänzend die Vorschriften der ZPO, insbesondere nach § 1 Abs. 2 HausratsVO die Vorschriften über das Verfahren in anderen Familiensachen, §§ 621 bis 621g ZPO sowie die Vorschriften über den Scheidungsverbund, §§ 622 bis 630 ZPO.

Bei der Regelung der Alleinnutzung einer Wohnung nach § 2 GewSchG richtet sich das Verfahren gemäß §§ 621 Abs. 1 Nr. 13, 621a Abs. 1 ZPO nach den Vorschriften des FGG, wiederum ergänzt durch diejenigen der ZPO. Das gleiche gilt gemäß §§ 621 Abs. 1 Nr. 1, 621a Abs. 1 ZPO für eine „go-order" nach §§ 1666, 1666a BGB.

> **FamFG-E:**
> Künftig wird das Verfahren vor den Familiengerichten einheitlich vom FamFG geregelt, das allerdings teilweise wieder auf die ZPO verweist. Die in der HausratsVO enthaltenen Verfahrensvorschriften werden aufgehoben und in das FamFG übernommen (dort §§ 200 mit 209 FamFG-E). Gemäß §§ 270 Abs. 1 S. 2, 111 Nr. 5 FamFG-E gelten diese Vorschriften bei Wohnungszuweisungen unter Lebenspartnern entsprechend. Das Verfahren in Gewaltschutzsachen regeln dann die §§ 210 bis 216a FamFG-E, §§ 151 bis 168a FamFG betreffen das Verfahren in Kindschaftssachen, wozu auch ein Verfahren nach

§§ 1666, 1666a BGB zu rechnen ist. Die im FamFG vorgesehene Bildung des „großen Familiengerichts" bringt für den Bereich der Regelung der Nutzung einer gemeinsamen Wohnung keine Änderung (neu ist hingegen, dass Ansprüche aus dem Gesamtschuldnerausgleich oder aus § 745 Abs. 2 BGB künftig als sonstige Familiensachen zur erweiterten Zuständigkeit des Familiengerichts gehören, §§ 111 Nr. 10, 266 FamFG-E). Allerdings beendet die Aufgabe der Unterscheidung bei Maßnahmen nach § 1 GewSchG danach, ob ein auf Dauer angelegter gemeinsamer Haushalt geführt wird oder in den letzten sechs Monaten geführt wurde oder nicht, – und je nachdem die damit verbundene Zuständigkeit entweder der Familien- oder des allgemeinen Zivilgerichts – einen schon lange kritisierten Rechtszustand. Für Maßnahmen nach dem GewSchG ist künftig immer das Familiengericht zuständig (§§ 111 Nr. 6, 210 FamFG-E).

II. Zuständigkeit

346   Für die Zuständigkeit gilt – sofern keine Ehe- oder Lebenspartnerschaftssache anhängig ist – Folgendes

Zuweisungstatbestand	Sachliche Zuständigkeit	Örtliche Zuständigkeit	Familiengericht
§ 1361b BGB	§§ 11 Abs. 1, 18a HausratsVO,	§§ 11 Abs. 2, 18a HausratsVO	§ 23b Abs. 1 S. 2 Nr. 8 GVG; § 621 Abs. 1 Nr. 7 ZPO
HausratsVO	§§ 11 Abs. 1 HausratsVO	§ 11 Abs. 2 HausratsVO	§ 23b Abs. 1 S. 2 Nr. 8 GVG; § 621 Abs. 1 Nr. 7 ZPO
§ 14 LPartG	§§ 661 Abs. 1 Nr. 5, Abs. 2, 621 Abs. 1 Nr. 7, 621a Abs. 1 ZPO, 11 Abs. 1, 18a HausratsVO	§§ 661 Abs. 1 Nr. 5, Abs. 2, 621 Nr. 7, 621a Abs. 1 ZPO, 11 Abs. 2, 18a HausratsVO	§ 23b Abs. 1 S. 2 Nr.15 GVG; § 661 Abs. 1 Nr. 5 ZPO
§§ 17, 18 LPartG	§§ 661 Abs. 1 Nr. 5, Abs. 2, 621 Abs. 1 Nr. 7, 621a Abs. 1 ZPO, 11 Abs. 1 HausratsVO	§§ 661 Abs. 1 Nr. 5, Abs. 2, 621 Abs. 1 Nr. 7, 621a Abs. 1 ZPO, 11Abs. 2 HausratsVO	§ 23b Abs.1 S. 2 Nr.15 GVG, § 661 Abs. 1 Nr. 5 ZPO
§ 2 GewSchG	§§ 23a Nr. 7 GVG	§ 64b Abs. 1 FGG oder § 64b Abs. 1 FGG iVm §§ 12, 13 ZPO oder § 64b Abs. 1 FGG iVm § 32 ZPO	§ 23b Abs. 1 S. 2 Nr. 8a GVG; § 621 Abs. 1 Nr. 13 ZPO
§§ 1666, 1666a BGB	§§ 64 Abs. 1 FGG	§ 621a Abs. 1 ZPO, 64 Abs. 3 S. 1, 43 Abs. 1, 36 Abs. 1 FGG	§ 23b Abs. 1 S. 2 Nr. 2 GVG; § 621 Abs. 1 Nr. 1 ZPO

Ist eine **Ehe- oder Lebenspartnerschaftssache anhängig**, insbesondere also ein Verfahren auf Scheidung der Ehe oder Aufhebung der Lebenspartnerschaft, ist für die örtliche Zuständigkeit § 621 Abs. 2 ZPO (bei Lebenspartnern in Verbindung mit § 661 Abs. 1 Nr. 5, Abs. 2 ZPO) als Sondervorschrift zu beachten. Das Gericht der Ehe- oder Lebenspartnerschaftssache ist während der Anhängigkeit dieses Verfahrens ausschließlich örtlich zuständig, mit der Einschränkung, dass dies für Maßnahmen nach §§ 1666, 1666a BGB nur im Falle eines gemeinsamen Kindes gilt (§ 621 Abs. 2 S. 1, 2. Hs. Nr. 1 ZPO) und im Falle einer Wohnungszuweisung nach dem Gewaltschutzgesetz nur bei Anordnungen gegenüber dem anderen Ehegatten bzw. Lebenspartner (§ 621 Abs. 2 S. 1, 2. Hs. Nr. 5 ZPO).

Ist ein Wohnungszuweisungsverfahren bereits anhängig, wenn eine Ehe- oder Lebenspartnerschaftssache anhängig gemacht wird, ist das Zuweisungsverfahren an das Gericht der Ehe- bzw. Lebenspartnerschaftssache abzugeben (§§ 621 Abs. 3, 661 Abs. 2 ZPO, 11 Abs. 3 HausratsVO).

Praxistipp: Die ausschließliche örtliche Zuständigkeit des Gerichts der Ehe- bzw. Lebenspartnerschaftssache ist völlig unabhängig von der Frage des Verbundverfahrens, so dass dieses Gericht auch für eine – stets nur im isolierten Verfahren mögliche – Wohnungszuweisung für die Zeit der Trennung nach § 1361b BGB, § 14 LPartG ausschließlich zuständig ist.

Gemäß § 23b Abs. 1 S. 2 Nr. 8a GVG ist das Familiengericht für ein Verfahren nach dem Gewaltschutzgesetz nur zuständig, wenn die Beteiligten dieses Verfahrens einen auf Dauer angelegten gemeinsamen Haushalt führen oder innerhalb von sechs Monaten vor der Antragstellung geführt haben.[747] Da das Führen eines auf Dauer angelegten gemeinsamen Haushalts Voraussetzung für die Regelung der Alleinnutzung einer Wohnung nach § 2 GewSchG ist, kann eine solche generell nur durch das Familiengericht erfolgen, während für Maßnahmen nach § 1 GewSchG nach derzeitiger Rechtslage sowohl das Zivilgericht als auch das Familiengericht zuständig sein können. Für Ansprüche auf Schadensersatz und Schmerzensgeld ist demgegenüber stets das Zivilgericht zuständig, auch wenn Maßnahmen nach dem Gewaltschutzgesetz vom Familiengericht getroffen worden sind.[748]

347

---

747 OLG Rostock FamRZ 2007, 742.
748 *Machulla-Nothoff* ZFE 2007, 55 (56).

348 Nach §§ 17, 18 LPartG entscheidet über eine Wohnungszuweisung für den Fall der Aufhebung einer Lebenspartnerschaft – ebenso wie über Maßnahmen bei Kindeswohlgefährdung gemäß § 1666 BGB – „das Familiengericht". In § 14 RPflG ist geregelt, welche Angelegenheiten, die dem Familiengericht übertragen sind, dem Richter vorbehalten bleiben. Hierzu gehören nach § 14 Abs. 1 Nr. 8 RPflG die Maßnahmen nach § 1666 BGB. Hinsichtlich der Wohnungszuweisung bei Aufhebung einer Lebenspartnerschaft enthält das Rechtspflegergesetz demgegenüber keinen Richtervorbehalt. Demnach wäre der Rechtspfleger zuständig. Dies findet jedoch keinerlei sachliche Rechtfertigung, zumal auch die Gesetzesbegründung in diesem Zusammenhang auf die rechtsgestaltende Wirkung des Richterspruchs verweist.[749] Es ist daher – trotz des Fehlens eines ausdrücklichen Vorbehalts – auch hier von der funktionellen Zuständigkeit des Richters auszugehen.

349 Nach Art. 17a EGBGB sind für die Regelung der Nutzungsbefugnis einer **im Inland** gelegenen Ehewohnung – auch wenn die Eheleute Ausländer sind – sowie damit zusammenhängende Betretungs-, Näherungs- und Kontaktverbote die deutschen Vorschriften anzuwenden. Nach Art. 17b Abs. 2 S. 1 EGBGB gilt diese Vorschrift entsprechend für eingetragene Lebenspartnerschaften.

III. Verbundverfahren – Isoliertes Verfahren – Entscheidung

350 Ein Verbundverfahren setzt eine anhängige Ehe- oder Lebenspartnerschaftssache voraus, im Rahmen derer – bei rechtzeitiger Antragstellung vor Schluss der letzten mündlichen Verhandlung erster Instanz (§ 623 Abs. 1 S. 1, Abs. 2 S. 1, Abs. 4 ZPO) – bestimmte andere Familiensachen als **Folgesachen** anhängig gemacht werden können, über die dann durch einheitliche Entscheidung zusammen mit der Scheidung oder der Aufhebung der Lebenspartnerschaft zu entscheiden ist (§ 629 Abs. 1 ZPO).

Gemäß § 623 Abs. 1 ZPO in Verbindung mit § 621 Abs. 1 Nr. 7 ZPO ist ein Verfahren auf Wohnungszuweisung mögliches Verbundverfahren. Als Verfahren, die im Verbund mit einem Verfahren auf Scheidung der Ehe bzw. Aufhebung der Lebenspartnerschaft geführt werden können, kommen jedoch **nur die endgültige Zuweisung** der Ehe- oder Partnerschaftswohnung nach den Vorschriften der HausratsVO bzw. nach §§ 17, 18 LPartG in Betracht, da nur in diesem Fall eine Entscheidung für den Fall der Rechtskraft der Scheidung bzw. Aufhebung der Lebenspartner-

---

749 BT-Drs. 14/3751 S. 42; vgl. auch Palandt/*Brudermüller* § 17 LPartG Rdnr. 2; *Wellenhofer-Klein* Rdnr. 305.

schaft im Sinne von § 623 Abs. 1 ZPO (in Verbindung mit § 621 Abs. 1 Nr. 7 und § 661 Abs. 1 Nr. 5, Abs. 2 ZPO) getroffen wird.

Der Antrag auf endgültige Zuweisung der Ehe- oder Lebenspartnerschaftswohnung kann jedoch **auch in einem isolierten Verfahren** nach Rechtskraft der Scheidung oder Aufhebung der Lebenspartnerschaft gestellt werden, wobei hier § 12 HausratsVO (in Verbindung mit §§ 661 Abs. 1 Nr. 5, Abs. 2, 621 Abs. 1 Nr. 7, 621a Abs. 1 ZPO) zu beachten ist.[750] Wird der Antrag später als ein Jahr nach Rechtskraft der Scheidung bzw. Aufhebung der Lebenspartnerschaft gestellt, darf nach § 12 HausratsVO in die Rechte des Vermieters oder anderer Drittbeteiligter nur noch mit deren Zustimmung eingegriffen werden. Bei fehlender Zustimmung kann lediglich eine Nutzungsregelung im Innenverhältnis erfolgen.

351

Die – immer vorläufige – Regelung der Wohnungszuweisung für die Trennungszeit nach § 1361b BGB und § 14 LPartG sowie die Regelung der Alleinnutzung der Wohnung nach § 2 GewSchG können stets nur in einem isolierten Verfahren verlangt werden. Trotz der Möglichkeit, nach Anhängigkeit einer Ehe- bzw. Lebenspartnerschaftssache in diesen Verfahren eine einstweilige Anordnung nach § 620 Nr. 7 oder 9 ZPO zu beantragen, besteht dennoch ein Rechtsschutzinteresse für ein paralleles selbständiges Hauptsacheverfahren nach den vorgenannten Vorschriften, da die einstweilige Anordnung aufgrund lediglich summarischer Prüfung ergeht und nicht zu einer der materiellen Rechtskraft fähigen Entscheidung führt.[751]

Ein Antrag nach § 1361b BGB, § 14 LPartG kann in einen Antrag auf Regelung der endgültigen Wohnungsnutzung geändert werden, mit der Konsequenz, dass die bisher selbständige Familiensache zur Folgesache im Verbund werden kann. Die materiellen Zuweisungsvoraussetzungen richten sich dann nach der HausratsVO bzw. §§ 17, 18 LPartG statt nach § 1361b BGB, § 14 LPartG.

352

Nach § 623 Abs. 3 ZPO kann auch ein Verfahren nach §§ 1666, 1666a BGB Verbundverfahren sein. In der Praxis werden diese Verfahren jedoch äußerst selten im Verbund geführt.

353

Im Verbundverfahren wird gemäß § 629 Abs. 1 ZPO zusammen mit der Scheidung (bzw. der Aufhebung der Lebenspartnerschaft, §§ 629 Abs. 1, 661 Abs. 2 ZPO) **einheitlich durch Urteil** entschieden, im isolierten Verfahren **durch Beschluss**. Die Entscheidungen sind zu begründen (§§ 624 Abs. 3, 313 Abs. 1 Nr. 5, 6 ZPO). Eine nur floskelhafte Begrün-

354

---

750 Vgl. dazu bereits Rdnr. 332.
751 Zum Vorteil der einstweiligen Anordnung im Scheidungsverfahren in diesem Fall vgl. Rdnr. 382.

dung rechtfertigt auch in isolierten Familiensachen der freiwilligen Gerichtsbarkeit eine Aufhebung und Zurückverweisung an die erste Instanz.[752]

> **FamFG:**
>
> Nach § 38 FamFG-E sollen Entscheidungen künftig generell durch Beschluss ergehen, also auch im Fall einer Verbundentscheidung (§ 137 FamFG-E Verbundprinzip).

IV. FGG-Verfahren: Amtsermittlung und Beweislast, Antrag, Aussetzung, Hauptsacheerledigung

355 Nach § 621a Abs. 1 ZPO, §§ 13, 18a HausratsVO sind alle die Nutzung einer Wohnung betreffenden Verfahren – im weitesten Sinn, damit auch Verfahren um Nutzungsentgelt oder Zusatzanordnungen – solche der freiwilligen Gerichtsbarkeit. Das gleiche gilt für Verfahren, die wie die „go-order" die Regelung der elterlichen Sorge betreffen.

1. Amtsermittlungsgrundsatz

356 Nach § 12 FGG gilt in diesen Verfahren der Grundsatz der Amtsermittlung, die Beteiligten trifft **keine formelle Beweislast**. Das Familiengericht hat vielmehr die zur Regelung der Nutzung der Wohnung erforderlichen Tatsachen von Amts wegen zu ermitteln und die geeignet erscheinenden Beweise aufzunehmen. Es ist dabei weder an das Vorbringen noch an Beweisangebote der Beteiligten gebunden, wobei es in den Antragsverfahren den Beteiligten obliegt, den ihnen bekannten Sachverhalt vorzubringen und die bekannten Beweismittel zu benennen.[753] Die Amtsermittlung entbindet den Antragsteller also nicht davon, den Sachverhalt, auf den er sein Wohnungszuweisungsbegehren stützt, im Einzelnen substantiiert darzulegen und unter Beweis zu stellen. Insoweit trifft die Beteiligten auch im Rahmen des Amtsermittlungsverfahrens **eine materielle Darlegungs- und Beweislast** (Feststellungslast). Reicht das Ergebnis der durchgeführten Ermittlungen für eine Entscheidung des Familiengerichts nicht aus und sind keine Anhaltspunkte für weitere Ermittlungen ersichtlich, geht dies zu Lasten des Beteiligten, der daraus eine für ihn günstige Rechtsfolge herleiten will. Auch wenn es in diesem Sinn im FGG-Verfahren daher doch eine „Feststellungslast" gibt, darf die Entscheidung des Gerichts – im Hinblick auf den geltenden Untersu-

---

752 OLG Jena FamRZ 1997, 758.
753 *Bumiller/Winkler* § 12 FGG Rdnr. 3.

chungsgrundsatz und die fehlende formelle Beweisführungslast – nicht damit begründet werden, ein Verfahrensbeteiligter sei beweisfällig geblieben.[754] Die Verteilung der Feststellungslast richtet sich im Übrigen nicht nach der Verfahrensstellung eines Beteiligten, sondern folgt dem materiellen Recht, so dass der eine Wohnungszuweisung begehrende Antragsteller die Feststellungslast für die seinen Antrag begründenden, der Antragsgegner für die diesem entgegenstehenden rechtshindernden oder rechtsvernichtenden Tatsachen trägt.[755]

Eine **Umkehr der Beweislast** besteht allerdings im Rahmen der Wiederholungsgefahr bei Tätlichkeiten nach § 1361b Abs. 2 BGB, § 14 Abs. 2 LPartG bzw. § 2 Abs. 3 Nr. 1 GewSchG, da hier dem Täter der Nachweis obliegt, dass eine Wiederholungsgefahr nicht besteht.

357

Praxistipp: Unsubstantiiert – und daher trotz Amtsermittlungsprinzip ungenügend – ist der Vortrag, das Opfer sei „wiederholt bedroht, misshandelt und vergewaltigt" worden oder auch „ständig beschimpft und bedroht" worden, es habe „mehrfach Gewalt, insbesondere auch Demütigungen" erfahren, der Ehegatte sei immer wieder betrunken nach Hause gekommen, habe randaliert, seine Frau beleidigt und geschlagen.[756] Notwendig ist vielmehr, Zeit, Ort, Handlung und die sich daraus ergebenden Verletzungen **detailliert darzulegen**, bei mehreren Verletzungen möglichst viele davon und unter Vorlage von Attesten zu belegen. Zeugen sollten benannt, nach Möglichkeit ihre Aussagen sogleich in Form eidesstattlicher Versicherungen eingereicht werden.[757]

Im Verfahren nach §§ 1666, 1666a BGB, das als Amtsverfahren einen Antrag nicht voraussetzt, darf eine „go-order" nur angeordnet werden, wenn die tatsächlichen Voraussetzungen hierfür vorliegen. Gewinnt der Richter die Überzeugung hiervon nicht, muss die „go-order" unterbleiben. Die Feststellungslast liegt hier gleichsam beim Staat.[758]

358

---

754 BayObLG FamRZ 1994, 1137.
755 Keidel/*Schmidt* § 12 Rdnr. 214.
756 OLG Düsseldorf FamRZ 1988, 1058; OLG Brandenburg FamRZ 1996, 743 (für einstweiligen Rechtsschutz); OLG Karlsruhe FamRZ 1991, 1440.
757 Johannsen/Henrich/*Brudermüller* § 1361b BGB Rdnr. 20; FA-FamR/*Klein* 8. Kap. Rdnr. 68.
758 Keidel/*Schmidt* § 12 Rdnr. 214.

> **FamFG-E:**
>
> Der Amtsermittlungsgrundsatz findet sich künftig in § 26 FamFG. Nach § 29 FamFG soll es im Grundsatz beim Freibeweis bleiben.

2. Antrag

359 Die Verfahren auf Regelung der Alleinnutzung einer Wohnung werden bis auf das Verfahren nach §§ 1666, 1666a BGB nur auf Antrag betrieben. Bei diesen Anträgen handelt es sich jedoch nicht um solche nach § 308 ZPO, sondern um **reine Verfahrensanträge**, so dass das Gericht an den Antrag nicht gebunden ist.[759] Dieser stellt lediglich eine Anregung an das Gericht dar. Unbeschadet des bloßen Antrags des Antragsgegners, den Antrag des Antragstellers auf Wohnungszuweisung zurückzuweisen, muss das Gericht deshalb auch prüfen, ob nicht eine Zuweisung der Wohnung an den Antragsgegner in Betracht kommt.[760]

> **Zu Fall 1** (Rdnr. 159):
>
> Des Gegenantrags von Frau Glücklich hätte es also nicht bedurft. Das Familiengericht hätte auch ohne diesen im Rahmen des auf Antrag ihres Mannes eingeleiteten Wohnungszuweisungsverfahrens die Zuweisung der Ehewohnung an sie prüfen müssen.

Das Antragsrecht ist höchstpersönlich, unvererblich und nicht übertragbar. Der **Tod eines Partners** erledigt ein schwebendes Verfahren zur Alleinnutzung einer Wohnung in der Hauptsache. Nur die Kostenentscheidung bleibt Gegenstand des Verfahrens, das insoweit mit den Erben fortgesetzt wird.[761]

> **FamFG-E:**
>
> § 24 FamFG-E sieht die Anregung einer Verfahrenseinleitung bei Amtsverfahren (wie § 1666 BGB) vor, um klarzustellen, dass ein derartiges Verfahren auch auf Initiative eines Dritten eingeleitet werden kann. Bei Bestehen eines berechtigten Interesses ist demjenigen, von dem die Anregung ausging, eine Mitteilung zu machen, wenn das Gericht der Anregung nicht folgt.

---

759 OLG Brandenburg FamRZ 2004, 891.
760 OLG München FamRZ 1995, 1205 (1206).
761 OLG Hamm FamRZ 1969, 102.

3. Mündliche Verhandlung

Im FGG-Verfahren ist dem Gericht die mündliche Verhandlung grundsätzlich freigestellt. Für das Verfahren auf Zuweisung der Ehewohnung schreibt § 13 Abs. 2 HausratsVO jedoch eine mündliche Verhandlung vor, von der **nur aus triftigen Gründen** abgesehen werden darf. Dabei soll der Richter auf eine **gütliche Einigung** der Parteien hinwirken. Die Vorschrift gilt in Verbindung mit § 18a HausratsVO auch für die Trennungszeit und in Verbindung mit §§ 661 Abs. 1 Nr. 5, Abs. 2, 621 Abs. 1 Nr. 7, 621a Abs. 1 ZPO für Lebenspartner, während § 64b Abs. 2 S. 4 FGG § 13 Abs. 2 HausratsVO bei Verfahren nach dem GewSchG von der Verweisung ausnimmt. In Gewaltschutzverfahren ist die mündliche Verhandlung demnach nicht als Regelfall vorgesehen. Das Gericht kann das persönliche Erscheinen der Beteiligten anordnen und über § 33 FGG erzwingen, sofern es zur Tatsachenermittlung angeordnet wurde.[762] Die Verhandlung ist nicht öffentlich (§ 170 S. 1 GVG).

360

FamFG-E:

§ 207 FamFG-E sieht vor, dass das Gericht die Wohnungszuweisung mit den Ehegatten (bzw. den Lebenspartnern nach § 207 FamFG-E in Verbindung mit §§ 270 Abs. 1 S. 2, 111 Nr. 5 FamFG-E) in einem Termin erörtern und das persönliche Erscheinen anordnen soll. Gleiches gilt nach §§ 155, 157 FamFG-E für Verfahren wegen Kindeswohlgefährdung mit Einschränkungen für Gewaltfälle. Entsprechend der derzeitigen Rechtslage sehen §§ 210 bis 216a FamFG-E in Verfahren nach dem Gewaltschutzgesetz eine mündliche Verhandlung nicht als Regelfall vor.

4. Aussetzung des Verfahrens

Obwohl die Aussetzung im Verfahren der freiwilligen Gerichtsbarkeit nicht geregelt ist, kann diese erfolgen, wenn das Gericht nach pflichtgemäßem Ermessen zu dem Ergebnis kommt, dass sie erforderlich und die dadurch bedingte Verzögerung den Beteiligten auch zumutbar ist. Voraussetzung ist jedoch, dass eine in einem anderen Verfahren zu treffende Entscheidung von rechtlich erheblichem Einfluss auf die Entscheidung in

361

---

762 OLG Bremen FamRZ 1989, 306.

dem auszusetzenden Verfahren ist.[763] Bloße Zweckmäßigkeitserwägungen rechtfertigen die Aussetzung nicht.[764] Eine ermessensfehlerhafte Aussetzung kann mit der einfachen Beschwerde nach § 19 Abs. 1 FGG angegriffen werden.[765]

Bei Rechtshängigkeit eines Wohnungszuweisungsverfahrens muss ein Rechtsstreit über eine Räumungsklage durch das Zivilgericht ausgesetzt werden. Geschieht dies nicht, muss das Zivilgericht selbst die von Art. 6 Abs. 1 GG geschützten Belange der familiären Gemeinschaft und des Kindeswohls mit berücksichtigen und in seine Entscheidung einbeziehen. Die diesbezügliche Entscheidung des BVerfG[766] betraf ein Verfahren nach der HausratsVO, muss aber gleichermaßen für eine Zuweisung unter Lebenspartnern Anwendung finden. Nichts anderes kann im Hinblick auf Art. 6 Abs. 1 GG und das Kindeswohl für die Trennungszeit gelten, wobei hier die Problematik besteht, dass das Gesetz in dieser Phase weder eine Umgestaltung des Mietvertrags durch das Familiengericht noch eine Beteiligung des Vermieters vorsieht, dieser vom Wohnungszuweisungsverfahren daher häufig gar keine Kenntnis haben wird. Bei einem Verfahren nach § 2 GewSchG fehlt der Bezug auf Art. 6 GG, wenn es sich um eine nichteheliche Lebensgemeinschaft handelt und kein gemeinsames Kind in der Wohnung lebt.

5. Hauptsacheerledigung

362 Nehmen die Eheleute oder Lebenspartner während eines § 1361b BGB- oder § 14 LPartG-Verfahrens **die häusliche Gemeinschaft wieder auf**, ist das Verfahren erledigt.[767] Das gleiche gilt für nichteheliche Lebensgefährten, die sich während des Gewaltschutzverfahrens versöhnen und wieder zusammenleben. Wird der gestellte Antrag in der Hauptsache für erledigt erklärt, tritt die zuvor erlassene einstweilige Anordnung ab diesem Zeitpunkt außer Kraft.[768] Es besteht ein Anspruch auf Titelherausgabe, da der Inhaber den Titel nicht „auf Vorrat" behalten darf.[769] Bei Un-

---

763 OLG Köln FamRZ 2002, 1124 (zu bejahen bei Klärung der Frage, ob dem auf Nutzungsentschädigung in Anspruch genommenen Partner ein Anspruch auf Aufwendungsersatz gegen den anderen zusteht).
764 OLG Hamm FamRZ 2004, 888.
765 OLG Köln FamRZ 2002, 1124.
766 FamRZ 2006, 1596 (zu Einzelheiten vgl. Fn. 85).
767 OLG Brandenburg FamRZ 2000, 1102 (zu § 1361a BGB); Johannsen/Henrich/*Brudermüller* § 1361b BGB Rdnr. 53; Palandt/*Brudermüller* § 1361b BGB Rdnr. 27; *Haußleiter/Schulz* Kap. 4 Rdnr. 12.
768 Scholz/Stein/*Eckebrecht* Teil D Rdnr. 9j.
769 KG FamRZ 2006, 49.

einigkeit über die Wohnungsnutzung bei erneuter Trennung der Ehe- oder Lebenspartner oder einem erneuten Gewaltvorfall muss ein neuer Antrag auf Wohnungszuweisung gestellt werden, die alte Benutzungsregelung lebt nicht wieder auf.[770]

V. Anwaltszwang

Wird die Wohnungszuweisung **im Verbund** verfolgt, besteht nach § 78 Abs. 2 ZPO **Anwaltszwang**. Die Vollmacht für die Scheidung bzw. Aufhebung der Lebenspartnerschaft erstreckt sich nach § 624 ZPO (in Verbindung mit § 661 Abs. 2 ZPO) auch auf das Verfahren auf (endgültige) Zuweisung der Ehe- bzw. Lebenspartnerschaftswohnung nach der HausratsVO bzw. §§ 17, 18 LPartG. Soweit im Verbund der Erlass einer einstweiligen Anordnung beantragt wird, unterfällt dieser Antrag jedoch nicht dem Anwaltszwang (§§ 620a Abs. 2 S. 2, 78 Abs. 5 ZPO).

Kein Anwaltszwang besteht im **isolierten Verfahren**. Das gilt auch im Beschwerdeverfahren nach § 621e Abs. 1 ZPO (§ 78 Abs. 2, 3 ZPO).[771]

363

VI. Beteiligte

Erfolgt nur eine vorläufige Regelung der Nutzungsverhältnisse an einer Wohnung wie

- bei der Wohnungszuweisung für die Trennungszeit nach § 1361b BGB, § 14 LPartG,
- bei der Nutzungsregelung nach § 2 GewSchG,
- bei der go-order nach §§ 1666, 1666a BGB und
- bei einstweiligen Anordnungen

und kann deshalb in bestehende Mietverhältnisse nicht eingegriffen werden,[772] bedarf es in diesen Verfahren auch nicht der Beteiligung des Vermieters oder anderer Dritter. Deren Rechte werden durch die Entscheidung nicht berührt.[773] Dass – obschon gesetzlich nicht vorgeschrieben – eine Beteiligung, insbesondere des Vermieters, gleichwohl sehr sachdienlich sein kann,[774] sollte dabei allerdings nicht aus dem Auge verloren werden.

364

---

770 Johannsen/Henrich/*Brudermüller* § 1361b BGB Rdnr. 53; *Haußleiter/Schulz* Kap. 4 Rdnr. 12; FA-FamR/*Klein* 8. Kap. Rdnr. 105.
771 Zöller/*Vollkommer* § 78 Rdnr. 37 und 40 ZPO.
772 OLG Hamm FamRZ 2000, 1102.
773 OLG Köln FamRZ 1994, 632; OLG Koblenz FF 2000, 28.
774 Johannsen/Henrich/*Brudermüller* § 7 HausratsVO Rdnr. 3.

Kommen – wie für die Zeit nach Rechtskraft der Scheidung bzw. Aufhebung der Lebenspartnerschaft – endgültige Regelungen nach der HausratsVO bzw. §§ 17, 18 LPartG in Betracht, sind nach § 7 HausratsVO (in Verbindung mit § 18 Abs. 3 LPartG) der Vermieter, der Grundstückseigentümer, der Dienstherr und Personen, mit denen die Ehegatten oder Lebenspartner oder einer von ihnen hinsichtlich der Wohnung in Rechtsgemeinschaft stehen, am Verfahren zu beteiligen. Dazu gehören gegebenenfalls auch nahe Angehörige oder ein neuer Ehe- oder Lebenspartner.

Praxistipp: Das Verfahren verzögernde gerichtliche Zwischenverfügungen werden vermieden, wenn die Anschriften der Beteiligten bereits in der Antragsschrift mitgeteilt werden.

365 Die Beteiligten können, müssen aber nicht am Verfahren mitwirken. Sie haben Anspruch auf **rechtliches Gehör** und daher auch auf Akteneinsicht nach § 34 FGG, auf Teilnahme an der mündlichen Verhandlung und einer Beweisaufnahme und auf Stellungnahme zu dieser. Außer dem Antrag sind ihnen alle sie betreffenden Schriftsätze (vgl. § 624 Abs. 4 ZPO für den Verbund) und die Entscheidung zuzustellen. Soweit sie beschwert sind, haben sie ein **selbständiges Beschwerderecht**.

366 Leben Kinder im Haushalt der Beteiligten, soll das Familiengericht nach § 49a Abs. 2 FGG auch das **Jugendamt** bei einem Verfahren nach § 1361b BGB bzw. § 2 GewSchG anhören, allerdings nur bei einer ablehnenden Entscheidung. Bei einer Wohnungszuweisung nach § 14 LPartG ist die Vorschrift entsprechend anzuwenden, wenn Kinder im Haushalt der Lebenspartner leben.

Nach § 18 Abs. 4 HausratsVO unterrichtet das Familiengericht das Jugendamt über eine Wohnungszuweisung nach §§ 3 bis 7 der HausratsVO, wenn im fraglichen Haushalt Kinder leben. Über die in § 18a HausratsVO, §§ 661 Abs. 1 Nr. 5, Abs. 2, 621 Abs. 1 Nr. 7, 621a Abs. 1 ZPO und § 64b Abs. 2 S. 4 FGG enthaltenen Verweisungen gilt das auch für Entscheidungen nach § 1361b BGB, dem LPartG und § 2 GewSchG. Auf diese Weise erfährt das Jugendamt von der Wohnungszuweisung und kann den Beteiligten Beratung und Unterstützung nach § 18 Abs. 3 SGB VIII, insbesondere bei der Ausübung des Umgangsrechts, anbieten.

Auch in einem Verfahren nach §§ 1666, 1666a BGB ist gemäß § 49a Abs. 1 Nr. 8 FGG das Jugendamt anzuhören. Gleiches gilt hier für die Eltern, unabhängig von deren Sorgeberechtigung, und das Kind (§§ 50a, b FGG). Auch andere Pflegepersonen, etwa Pflegeeltern, sind anzuhören, es sei denn eine Aufklärung kann hiervon nicht erwartet werden (§ 50c

FGG). Gegebenenfalls ist dem Kind ein **Verfahrenspfleger** zu bestellen (§ 50 FGG), wobei die Erforderlichkeit dessen gesetzlich vermutet wird, wenn Gegenstand des Verfahrens Maßnahmen wegen Gefährdung des Kindeswohles sind, mit denen die Trennung des Kindes von seiner Familie oder die Entziehung der gesamten Personensorge verbunden sind (§ 50 Abs. 2 S. 1 Nr. 2 FGG). Soll sich die Maßnahme des § 1666 BGB gegen einen Dritten richten, muss dieser angehört werden. Greift die Wegweisung in die Rechte weiterer Personen ein, sind auch diese zu beteiligen. Dies ist etwa der Fall, wenn der weg gewiesene Nachbar verheiratet ist. Die Wegweisung betrifft dann zugleich das Recht seines Ehepartners auf eheliche Lebensgemeinschaft.

Neuregelungen bei Wohnungszuweisung im FamFG-E:

§ 204 Abs. 1 FamFG-E regelt, wer Beteiligter in einem Wohnungszuweisungsverfahren ist, das die endgültige Nutzung der Ehewohnung nach Rechtskraft der Scheidung regelt. Für die Wohnungszuweisung nach Aufhebung der Lebenspartnerschaft gilt die Vorschrift gemäß §§ 270 Abs. 1 S. 2, 111 Nr. 5 FamFG-E entsprechend. Neben § 204 Abs. 1 FamFG-E kann sich die Beteiligtenstellung auch aus § 7 Abs. 2, 3 FamFG-E (insbesondere aus Abs. 2 Nr. 1) ergeben. Nach § 13 FamFG-E können Beteiligte Akteneinsicht verlangen, sie müssen nach § 30 Abs. 4 FamFG-E Gelegenheit erhalten, zu einer förmlichen Beweisaufnahme Stellung zu nehmen, das Gericht muss ihnen nach § 28 FamFG-E im Rahmen der Verfahrensleitung Hinweise geben und nach § 41 FamFG-E muss ihnen die Entscheidung bekannt gegeben werden. Nach § 27 FamFG-E treffen sie Mitwirkungspflichten und nach § 33 FamFG-E kann ihr persönliches Erscheinen erzwungen werden. Die Anhörung des Jugendamts nach § 205 Abs. 1 FamFG-E ist künftig nur noch abhängig davon, dass Kinder im fraglichen Haushalt leben, nicht mehr jedoch vom Verfahrensausgang. Nach § 204 Abs. 2 FamFG-E ist das Jugendamt auf seinen Antrag hin zu beteiligen. Wird vom Jugendamt kein diesbezüglicher Antrag gestellt, kann das Gericht nach § 7 Abs. 3 FamFG die Hinzuziehung veranlassen, wenn die Beteiligung sachgerecht und verfahrensfördernd ist. Die Verpflichtung, die Entscheidung dem Jugendamt mitzuteilen, ist künftig in § 205 Abs. 2 FamFG-E geregelt. Eine identische Regelung für die Wohnungszuweisung nach dem Gewaltschutzgesetz findet sich in § 213 FamFG-E.

> **Neuregelungen im Zusammenhang mit der „go-order":**
> **Gesetz zur Erleichterung familiengerichtlicher Maßnahmen bei Kindeswohlgefährdung:**
>
> Nach § 50e FGG-E soll in Verfahren wegen Kindeswohlgefährdung künftig spätestens einen Monat nach Verfahrensbeginn ein erster Termin stattfinden. Nach § 50e Abs. 4 FGG-E soll das Gericht in diesen Verfahren auch unverzüglich den Erlass einer einstweiligen Anordnung prüfen.
>
> **FamFG-E:**
>
> § 155 FamFG-E übernimmt dieses Beschleunigungsgebot. Aus dem Verfahrenspfleger wird der Verfahrensbeistand (§ 158 FamFG-E).

VII. Vereinbarungen

367 Soweit im FGG-Verfahren ein gerichtlicher Vergleich zulässig ist, weil das fragliche Rechtsverhältnis **der Dispositionsbefugnis** der Parteien **unterliegt**, muss dieser entsprechend §§ 159ff ZPO protokolliert werden.[775] § 13 Abs. 3 HausratsVO sieht dies ausdrücklich vor. Bis 2001 musste der Vergleich stets in der mündlichen Verhandlung vor Gericht abgeschlossen und gemäß §§ 160 Abs. 3 Nr. 1, 162 ZPO protokolliert werden. Das ZPO-RG und das 1. Justizmodernisierungsgesetz brachten die Vorschrift des § 278 Abs. 6 ZPO, der den Vergleichsabschluss dahingehend erleichterte, dass die Parteien dem Gericht einen schriftlichen Vergleichsvorschlag unterbreiten oder einen schriftlichen Vergleichsvorschlag des Gerichts durch Schriftsatz annehmen und das Gericht das Zustandekommen des Vergleichs durch Beschluss feststellt. Diese Vorschrift kann im FGG-Verfahren, soweit ein Vergleich in Betracht kommt, entsprechend angewandt werden.

> **FamFG-E:**
>
> § 36 FamFG-E legt die grundsätzliche Zulässigkeit eines Vergleichs fest, wenn die Parteien über den Verfahrensgegenstand verfügen können. Nach § 36 Abs. 1 S. 2 FamFG-E soll das Gericht – außer in Gewaltschutzsachen – auf eine Einigung hinwirken. Ein schriftlicher Vergleichsschluss, wie in § 278 Abs. 6 ZPO, ist in § 36 Abs. 3 FamFG-E nunmehr ausdrücklich vorgesehen.

---

775 Keidel/*Meyer-Holz* vor § 8 FGG Rdnr. 25.

VIII. Änderung der Entscheidung (oder Vereinbarung)

Nach § 17 HausratsVO (in Verbindung mit § 18a HausratsVO, §§ 661 Abs. 1 Nr. 5, Abs. 2, 621 Abs. 1 Nr. 7, 621a Abs. 1 ZPO, § 64b Abs. 2 S. 4 FGG) kann der Richter bei einer wesentliche Änderung der tatsächlichen Verhältnisse seine getroffene Entscheidung ändern, wenn diese Abänderung notwendig ist, um eine **unbillige Härte** zu vermeiden.[776] Nach § 17 Abs. 2 HausratsVO ist die Vorschrift sinngemäß auf gerichtliche Vergleiche anzuwenden und sie findet darüber hinaus analoge Anwendung auf außergerichtliche Vereinbarungen.[777] Wesentlich ist eine Änderung der tatsächlichen Verhältnisse dann, wenn das Gericht bei Kenntnis der neuen Umstände **mit großer Wahrscheinlichkeit anders entschieden** hätte.[778] Zum Zeitpunkt der Erstentscheidung bereits absehbare Entwicklungen rechtfertigen eine Abänderung jedoch nicht.[779]

368

§ 17 HausratsVO ist entsprechend anzuwenden, wenn sich die Erstentscheidung nachträglich als unbillig herausstellt, ohne dass sich die tatsächlichen Verhältnisse wesentlich geändert haben, insbesondere, wenn die Entscheidung im ersten Verfahren arglistig herbeigeführt worden ist.[780]

Nach § 17 Abs. 1 S. 2 HausratsVO darf **in die Rechte Dritter** bei der Abänderung nur mit deren Einverständnis eingegriffen werden. Dies gilt jedoch nicht in Verfahren nach dem GewSchG, da § 17 Abs. 1 S. 2 HausratsVO in § 64b Abs. 2 S. 4 FGG von der Verweisung ausgenommen ist.

Eine go-order nach §§ 1666, 1666a BGB ist nach § 1696 Abs. 2 BGB aufzuheben, wenn eine Gefahr für das Kindeswohl nicht mehr besteht.

Einstweilige Anordnungen sind nach § 620b ZPO jederzeit abänderbar, solange das Hauptsacheverfahren nicht rechtskräftig abgeschlossen ist.

---

776 Vgl. OLG Karlsruhe FamRZ 2002, 1716; zur Verlängerung der Räumungsfrist vgl. Rdnr. 312; zur Anwendung von § 17 HausratsVO bei Räumungsschutzanträgen vgl. Rdnr. 390.
777 BGH FamRZ 1994, 98 (101); beinhaltet die Vereinbarung eine Abrede dahingehend, dass die unentgeltliche Nutzung der Wohnung statt Barunterhalt überlassen wird, erfolgt eine Abänderung jedoch nicht über § 17 HausratsVO, sondern im Abänderungsverfahren nach § 323 ZPO, vgl. dazu OLG Karlsruhe FamRZ 1995, 1157.
778 OLG Naumburg FamRB 2004, 316; AG Lemgo FamRZ 2006, 561 (Ehegatte nutzt die ihm zugewiesene Wohnung nicht).
779 AG Neustadt a. Rbge FamRZ 2007, 920.
780 Johannsen/Henrich/*Brudermüller* § 17 HausratsVO Rdnr. 1.

FamFG-E:

Nach § 48 Abs. 1 FamFG-E können Endentscheidungen mit Dauerwirkung abgeändert werden, wenn sich die Sach- und Rechtslage nachträglich wesentlich geändert hat.

I. Eilmaßnahmen

Die Alleinnutzung einer Wohnung muss häufig rasch geregelt werden. Vor allem Fälle häuslicher Gewalt erfordern regelmäßig ein sofortiges Einschreiten. Den ersten Schutz gewährleisten primär polizeiliche Maßnahmen, an die sich gerichtliche Eilmaßnahmen anschließen. Die Eingriffsmöglichkeiten der Polizei unterscheiden sich in den Bundesländern in Einzelheiten, da sie in landesgesetzlichen Polizeigesetzen nicht völlig deckungsgleich geregelt sind. Grundsätzlich kann die Polizei jedoch überall zur Abwehr einer bevorstehenden Gefahr für die öffentliche Sicherheit und Ordnung einen Platzverweis aussprechen. Eine solche Gefahr liegt jedenfalls dann vor, wenn das Leben oder die körperliche Unversehrtheit einer Person bedroht sind. Polizeibeamte können den Täter vorübergehend von einem Ort weg weisen und ihm zugleich – zeitlich eng begrenzt – die Rückkehr verbieten. Durch diese polizeiliche Maßnahme erhält das Opfer im Fall häuslicher Gewalt die notwendige Zeitspanne, die es benötigt, um eine gerichtliche Eilentscheidung herbeizuführen.[781]

369

Als vorläufige Regelung kommen grundsätzlich alle die Nutzung der Wohnung betreffenden Entscheidungen in Betracht, die auch im Rahmen der Hauptsacheentscheidung möglich sind. Dies gilt gleichermaßen für Schutz- und Zusatzanordnungen, denen gerade im Rahmen des vorläufigen Rechtsschutzes häufig große Bedeutung zukommt. Eine Umgestaltung von Rechtverhältnissen ist im Rahmen der einstweiligen Anordnung generell ausgeschlossen.

---

781 Das Ineinandergreifen von Schutzmaßnahmen und damit die Effizienz hängt wesentlich von der Zusammenarbeit und wechselseitigen Information der mit dem Gewaltfall befassten Beteiligten, insbesondere also von Gericht, Polizei und Jugendamt, ab. In München hat sich hierzu folgendes Modell etabliert: Wird von Polizeibeamten im Rahmen eines Einsatzes wegen häuslicher Gewalt ein Platzverweis oder ein Kontaktverbot ausgesprochen oder die vorläufige Festnahme angeordnet, wird von der Opferschutzstelle des Polizeipräsidiums dem Familiengericht einen Kurzbericht „häusliche Gewalt" zugeleitet. Kommt es in der Folge zu einem Wohnungszuweisungsantrag, verfügt der Familienrichter bereits über diesen Bericht und damit ein zusätzliches Mittel der „Glaubhaftmachung" und kann in der Regel die Eilentscheidung ohne vorherige mündliche Verhandlung erlassen. Nachfolgend werden erlassene Schutzanordnungen nach § 1 GewSchG vom Gericht der für den Wohnsitz der gefährdeten Person zuständigen Polizeidienstelle mitgeteilt (Sondervorschriften – I/7 - zu den Mitteilungen in Zivilsachen), so dass die Polizeibeamten Kenntnis von den gerichtlichen Verboten erlangen, um bei gemäß § 4 GewSchG strafbewehrten Verstößen gegen diese wiederum unverzüglich handeln zu können; zur Unzulässigkeit der Verlängerung des polizeilichen Wohnungsverweises vgl. VG Karlsruhe FF 2008, 123 m. Anm. *Müller.*

I. Überblick über die Vorschriften zum Erlass einer einstweiligen Anordnung

370   Im Rahmen der Vorschriften, die eine Nutzungsregelung an einer Wohnung durch das Familiengericht ermöglichen, besteht die umfassende Möglichkeit zum Erlass einstweiliger Anordnungen.

Verfahrenssituation	Maßgebliche Vorschriften	Regelungsgegenstand
Anhängiges Scheidungsverfahren	§ 620 Nr. 7 ZPO	Nutzung Ehewohnung (nach 1361b BGB während der Trennungszeit bis zur Hauptsacheentscheidung)
Anhängiges Scheidungsverfahren	§ 620 Nr. 9 ZPO	Maßnahmen nach §§ 1, 2 GewSchG
Isoliertes Verfahren nach § 1361b BGB	§ 621g ZPO iVm § 620 Nr. 7 ZPO	Nutzung Ehewohnung in Trennungszeit
Isoliertes Verfahren nach der HausratsVO	§ 621g ZPO iVm § 620 Nr. 7 ZPO	Nutzung Ehewohnung für Zeit nach Rechtskraft der Scheidung
Anhängiges Lebenspartnerschaftsverfahren	§§ 661 Abs. 1 Nr. 5, 661 Abs. 2, 620 Nr. 7 ZPO	Nutzung der Partnerschaftswohnung (nach § 14 LPartG während der Trennungszeit bis zur Hauptsacheentscheidung)
Anhängiges Lebenspartnerschaftsverfahren	§§ 661 Abs. 1 Nr. 5, Abs. 2, 620 Nr. 9	Maßnahmen nach §§ 1, 2 GewSchG
Isoliertes Verfahren nach § 14 LPartG	§§ 661 Abs. 1 Nr. 5, Abs. 2, 621g ZPO iVm § 620 Nr. 7 ZPO	Nutzung Partnerschaftswohnung in Trennungszeit
Isoliertes Verfahren nach §§ 17, 18 LPartG (iVm HausratsVO)	§§ 661 Abs. 1 Nr. 5, Abs. 2, 621g ZPO iVm § 620 Nr. 7 ZPO	Nutzung Partnerwohnung nach rechtskräftiger Aufhebung der Lebenspartnerschaft
Isoliertes Verfahren nach § 2 GewSchG	§ 64b Abs. 3 FGG	Alleinnutzung nach § 2 GewSchG
Verfahren nach §§ 1666, 1666a BGB	§ 621g ZPO iVm § 620 Nr. 1 ZPO	„go-order" nach § 1666a Abs. 1 S. 2 BGB

II. Voraussetzungen des Erlasses einer einstweiligen Anordnung

1. Materielle Voraussetzungen

371   Materiell-rechtliche Grundlage der Entscheidung über eine einstweilige Anordnung sind die jeweiligen Vorschriften des BGB, der Hausrats-

VO, des LPartG und des GewSchG, nach denen die Alleinnutzung einer Wohnung geregelt werden kann. An Hand dieser ist zu prüfen, welche Entscheidung nach dem Stand des Verfahrens **mit überwiegender Wahrscheinlichkeit** der endgültigen Regelung entsprechen wird.

2. Prozessuale Voraussetzungen

Sowohl § 621g ZPO als auch § 64b Abs. 3 FGG verweisen auf die §§ 620a ff ZPO, in denen das Verfahren bei einstweiliger Anordnung nach § 620 ZPO näher geregelt ist. Es gibt daher keine verfahrensrechtlichen Unterschiede zwischen den einstweiligen Anordnungen, gleich auf welcher Rechtsgrundlage sie beruhen.

372

a) Anhängiges Hauptsacheverfahren

Eine einstweilige Anordnung ist eine **unselbständige Eilregelung**, die nie isoliert erfolgen kann, sondern stets nur innerhalb eines Hauptsacheverfahrens statthaft ist. Gemäß § 620a Abs. 2 ZPO ist der Antrag auf Erlass einer einstweiligen Anordnung nach § 620 ZPO daher erst statthaft, wenn eine Ehesache (bzw. Lebenspartnerschaftssache, § 661 Abs. 2 ZPO) anhängig oder ein Antrag auf Bewilligung von Prozesskostenhilfe hierfür eingereicht ist. Gleiches gilt für eine einstweilige Anordnung im Rahmen eines isolierten Verfahrens gemäß § 1361b BGB, der Hausrats-VO, §§ 14, 17, 18 LPartG, §§ 1666, 1666a BGB nach § 621g S. 1 ZPO bzw. eines Verfahrens gemäß § 2 GewSchG nach § 64b Abs. 3 S. 1 FGG. Auch hier muss das entsprechende Hauptsacheverfahren zumindest zeitgleich anhängig gemacht oder von Amts wegen eingeleitet oder ein Antrag auf Bewilligung von Prozesskostenhilfe für dieses Verfahren eingereicht werden.

373

Nicht erforderlich ist im Rahmen des Scheidungsverfahrens (bzw. eines Verfahrens auf Aufhebung einer Lebenspartnerschaft) jedoch, dass zusätzlich eine Folgesache Wohnungszuweisung anhängig gemacht wird, damit ein Antrag auf Erlass einer einstweiligen Anordnung Wohnungszuweisung gemäß § 620 Nr. 7 ZPO statthaft ist. Das maßgebliche Hauptsacheverfahren, innerhalb dessen die einstweilige Anordnung erfolgen kann, ist hier bereits das Scheidungsverfahren selbst. Bei einer einstweiligen Anordnung bezüglich Maßnahmen nach dem Gewaltschutzgesetz ist eine dementsprechende Folgesache nach § 623 ZPO ohnehin nicht vorgesehen, hier kommt nur eine einstweilige Anordnung nach § 620 Nr. 9 ZPO im Rahmen des Scheidungsverfahrens in Betracht. Die in § 620 Nr. 9 ZPO enthaltene[782] Einschränkung, dass die Beteiligten einen auf Dauer ange-

---

782 Und mit § 23b GVG korrespondierende.

legten gemeinsamen Haushalt führen oder innerhalb von sechs Monaten vor Antragstellung geführt haben müssen, wird im Regelfall der Scheidung nach Ablauf des Trennungsjahres allerdings dazu führen, dass diese einstweilige Anordnung ausscheidet.[783] Bei einer einstweiligen Anordnung nach § 620 Nr. 7 ZPO aufgrund § 1361b Abs. 2 BGB[784] wegen vollendeter oder angedrohter Gewalt scheiden auch auf § 1 GewSchG gestützte flankierende Schutzanordnungen daher aus, wenn das Paar bereits länger als sechs Monate getrennt lebt.

Praxistipp: Der Antrag auf Erlass einer einstweiligen Anordnung kann nicht vor der Einreichung des Hauptsacheantrags (oder eines darauf bezogenen Prozesskostenhilfeantrags), jedoch zeitgleich mit diesem gestellt werden. Da das Verfahren betreffend die einstweilige Anordnung ein selbständiges Verfahren ist, das in einem gesonderten Unterheft der Akten geführt wird, müssen die Anträge in getrennten Schriftsätzen erfolgen. Sind ein isoliertes Verfahren auf Wohnungszuweisung für die Trennungszeit nach § 1361b BGB oder § 14 LPartG und parallel dazu bereits das Scheidungsverfahren oder das Aufhebungsverfahren anhängig, kann der Antragsteller die einstweilige Anordnung entweder gemäß § 620 Nr. 7 ZPO im Scheidungsverfahren oder gemäß § 621g ZPO im isolierten Verfahren verlangen.[785]

FamFG-E:

Nach § 51 Abs. 3 FamFG-E ist das Verfahren auf Erlass einer einstweiligen Anordnung – im Gegensatz zur derzeitigen Rechtslage – von einem Hauptsacheverfahren unabhängig. Dieses wird nur auf Antrag eines Beteiligten eingeleitet (§ 52 FamFG-E). § 52 Abs. 1 FamFG-E bestimmt insoweit, dass in Verfahren, die von Amts wegen eingeleitet werden, das Gericht auf Antrag eines Beteiligten im einstweiligen Anordnungsverfahren das Hauptsacheverfahren einzuleiten hat, wobei in der einstweiligen Anordnung eine Wartefrist von höchstens drei Monaten bis zur Stellung eines Antrags auf das Hauptsacheverfahren

---

[783] Vgl. dazu AG Biedenkopf FamRZ 2003, 546, das die Vorschrift auch dann anwenden will, wenn ein Ehepaar länger als sechs Monate getrennt lebt, weil die Vorschrift andernfalls keinen relevanten Anwendungsbereich hätte; dagegen zu Recht OLG Hamm FamRZ 2004, 38; Zöller/*Philippi* § 620 ZPO Rdnr. 80a; Thomas/Putzo/*Hüßtege* § 620 ZPO Rdnr. 25.
[784] Bzw. aufgrund § 14 Abs. 2 LPartG (§§ 620 Nr. 7, 661 Abs. 2 ZPO).
[785] Johannsen/Henrich/*Brudermüller* § 1361b BGB Rdnr. 55.

bestimmt werden kann. Über dieses Antragsrecht sind die Beteiligten nach § 39 FamFG-E zu belehren. Nach § 52 Abs. 2 FamFG-E ordnet in Antragsverfahren das Gericht auf Antrag eines Beteiligten, der durch die einstweilige Anordnung in seinen Rechten beeinträchtigt ist, gegenüber demjenigen, der die einstweilige Anordnung erwirkt hat, an, dass dieser binnen bestimmter Frist die Einleitung eines Hauptsacheverfahrens oder die Gewährung von Prozesskostenhilfe hierfür beantragen muss. Geschieht dies entgegen der Anordnung nicht, muss die einstweilige Anordnung aufgehoben werden (§ 52 Abs. 2 S. 3 FamFG-E).

b) Form, Anwaltszwang, Glaubhaftmachung

Gemäß § 620a Abs. 2 S. 2 ZPO kann der Antrag – wenn er nicht schriftlich gestellt wird – **zu Protokoll der Geschäftsstelle** erklärt werden. Dies führt dazu, dass der Antrag auf Erlass einer einstweiligen Anordnung auch im Rahmen eines Scheidungsverfahrens, das gemäß § 78 Abs. 2 ZPO dem Anwaltszwang unterliegt, gemäß § 78 Abs. 5 ZPO dem Anwaltszwang nicht unterfällt.

374

Gemäß § 620a Abs. 2 S. 3 ZPO ist eine Glaubhaftmachung (§ 294 ZPO) nicht zwingend vorgeschrieben, regelmäßig aber geboten, da die Erfolgsaussicht des Antrags wesentlich von dessen Glaubhaftmachung abhängt.[786] Dabei ist im Rahmen der im Eilverfahren ausreichenden Glaubhaftmachung ein festes Beweismaß wie beim Vollbeweis nach § 286 ZPO nicht erforderlich, vielmehr genügt **die überwiegende Wahrscheinlichkeit**, dass sich ein Sachverhalt, wie behauptet, zugetragen hat.[787]

375

Praxistipp: Auch wenn § 620a Abs. 2 S. 3 ZPO die Glaubhaftmachung nicht zwingend vorschreibt, sollte ein Antrag auf Erlass einer einstweiligen Anordnung hinsichtlich der Alleinnutzung einer Wohnung stets die Glaubhaftmachung des vorgetragenen Sachverhalts beinhalten. Damit wird eine gerichtliche Zwischenverfügung mit der Auflage, eine solche Glaubhaftmachung nachzureichen – und damit eine zeitliche Verzögerungen bis zur Entscheidung – vermieden.

---

786 *Giers* FamRB 2005, 303 (304).
787 OLG Stuttgart FamRZ 2007, 829.

c) Regelungsbedürfnis

376 Der Erlass einer einstweiligen Anordnung ist generell nur zulässig, wenn die Regelung der Nutzungsverhältnisse an der fraglichen Wohnung so **dringlich** ist, dass damit nicht bis zur Entscheidung im Hauptsacheverfahren zugewartet werden kann, was jedenfalls in Gewaltfällen regelmäßig der Fall sein wird. Das Regelungsbedürfnis für eine einstweilige Anordnung entfällt, wenn sich die Beteiligten über die vorläufige Nutzung geeinigt haben, es kann jedoch wieder aufleben, wenn Streit über die Wirksamkeit der getroffenen Einigung entsteht.[788]

Praxistipp: Neben den Zuweisungsvoraussetzungen müssen bei einem Antrag auf Erlass einer einstweiligen Anordnung auch die Gründe für das besondere Eilbedürfnis dargetan werden, selbst wenn sie – scheinbar – auf der Hand liegen.[789]

d) Zuständigkeit

377 Die einstweilige Anordnung ist im Katalog der Familiensachen in § 23b Abs. 1 GVG, § 621 Abs. 1 ZPO nicht aufgeführt. Die Zuständigkeit des Familiengerichts ergibt sich hier jedoch aus dem **Sachzusammenhang mit dem Hauptsacheverfahren**, für das das Familiengericht nach § 23b Abs. 1 GVG, § 621 Abs. 1 ZPO zuständig ist.

Im Übrigen richtet sich die Zuständigkeit nach § 620a Abs. 4 S. 1 und 2 ZPO. Nach § 620a Abs. 4 S. 1 ZPO ist bei einer einstweiligen Anordnung im Rahmen eines Scheidungsverfahrens (bzw. eines Verfahrens auf Aufhebung der Lebenspartnerschaft, § 661 Abs. 2 ZPO) grundsätzlich das Familiengericht erster Instanz zuständig, es sei denn, die Ehe-/Lebenspartnerschaftssache ist in der Berufungsinstanz anhängig, dann entscheidet das Berufungsgericht. Dies gilt jedoch erst ab Einlegung der Berufung beim OLG. Ist ein Verfahren auf Erlass einer einstweiligen Anordnung beim Amtsgericht bereits anhängig, bevor das Rechtsmittel gegen das Ersturteil eingelegt wird, verbleibt es bei der Zuständigkeit des Amtsgerichts (§ 261 Abs. 3 Nr. 2 ZPO analog). Ist das OLG mit einem Rechtsmittel hinsichtlich der Folgesache Wohnungszuweisung im Verbund befasst, ist es auch für den Erlass einer mit dieser Folgesache korrespondierenden einstweiligen Anordnung nach § 620a Abs. 4 S. 2 ZPO zuständig.

Entsprechendes gilt für einstweilige Anordnungen in isolierten Verfahren (§ 621g ZPO).

---

788 OLG Frankfurt/M. FamRZ 1991, 1327.
789 OLG Düsseldorf FamRZ 1998, 1171.

e) Mündliche Verhandlung

Da das Gericht gemäß § 620a Abs. 1 ZPO durch Beschluss entscheidet, ist die mündliche Verhandlung **freigestellt** (§ 128 Abs. 4 ZPO). Wird mündlich verhandelt, ist die Anordnung des persönlichen Erscheinens in der Regel angebracht, bei Fällen schwerer Gewalt jedoch auch problematisch, wenn das Opfer so gezwungen wird, relativ zeitnah seinem Peiniger wieder gegenüber zu sitzen.[790] Eine Anhörung in getrennten Terminen ist zwar zeitaufwändiger, mit Rücksicht auf das Opfer jedoch regelmäßig geboten.

Wird nicht mündlich verhandelt, ist dem Antragsgegner grundsätzlich **rechtliches Gehör** in schriftlicher Form zu gewähren. Bei besonderer Eilbedürftigkeit kann jedoch auch dies unterbleiben, da der Beschluss gemäß § 620b Abs. 1 ZPO auf Antrag jederzeit aufgehoben oder geändert und gemäß § 620b Abs. 2 ZPO Antrag auf mündliche Verhandlung gestellt werden kann. Ist die Entscheidung, deren Abänderung beantragt wird, ohne mündliche Verhandlung ergangen, ist eine mündliche Verhandlung auf Antrag zwingend vorgeschrieben. Dabei ist unerheblich, ob es sich bei dieser Entscheidung um eine Erst- oder eine Abänderungsentscheidung handelt.[791]

Bei Verfahren nach § 1666 BGB sollen vor Erlass einer einstweiligen Anordnung **das Kind und das Jugendamt angehört** werden. Die einstweilige Anordnung kann ohne diese Anhörung erlassen werden, wenn ein besonderes Eilbedürfnis besteht, sie muss dann jedoch nachgeholt werden (§ 620a Abs. 3 ZPO).

Da die einstweilige Anordnung immer nur eine vorläufige Nutzungsregelung darstellt, werden mit Dritten bestehende Rechtsverhältnisse davon niemals berührt. Insbesondere kann mit ihr **kein Eingriff in ein bestehendes Mietverhältnis** verbunden werden, wie es bei einer endgültigen Nutzungsregelung nach § 5 HausratsVO oder § 18 Abs. 1 LPartG möglich ist.[792] Einer Beteiligung Dritter, wie sie § 7 HausratsVO für die endgültige Nutzungsregelung vorsieht, bedarf es daher nicht, zumal die Eilbedürftigkeit eine solche regelmäßig auch nicht zulassen wird.

Liegen die Voraussetzungen der einstweiligen Anordnung vor, muss sie erlassen werden und **steht nicht im Ermessen des Gerichts**.[793] Die

---

790 Vgl. zur Ausnahme von der mündlichen Verhandlung im Hauptsacheverfahren in Gewaltschutzfällen auch Rdnr. 360.
791 Thomas/Putzo/*Hüßtege* § 620b ZPO Rdnr. 10.
792 OLG Hamm FamRZ 2000, 1102.
793 Johannsen/Henrich/*Sedemund-Treiber* § 620 ZPO Rdnr. 4.

Entscheidung ergeht durch Beschluss und ist zu begründen (§ 620d S. 2 ZPO). Fehlt eine Voraussetzung, ist der Antrag zurückzuweisen.

III. Geltungsdauer

1. Ohne Befristung

382 Gemäß § 620f ZPO tritt eine einstweilige Anordnung mit einer anderweitigen (rechtskräftigen[794]) Regelung, sei es einer gerichtlichen Entscheidung, sei es einem gerichtlich protokollierten Vergleich von selbst außer Kraft, allerdings nicht rückwirkend, sondern nur **mit Wirkung für die Zukunft**.[795] Das gleiche gilt für den Fall der Rücknahme oder Abweisung des Antrags auf Scheidung oder Aufhebung der Ehe oder der Lebenspartnerschaft oder des Antrags auf Wohnungszuweisung im Hauptsacheverfahren oder der Einstellung eines Verfahrens wegen Kindeswohlgefährdung sowie bei Eintreten der Hauptsacheerledigung.[796]

§ 620f ZPO kann allerdings dazu führen, dass eine vorläufige Nutzungsregelung, die im Rahmen des Scheidungsverfahrens oder des Verfahrens auf Aufhebung einer Lebenspartnerschaft angeordnet wurde, über die Scheidung bzw. die Aufhebung der Lebenspartnerschaft hinaus wirkt, wenn keine Folgesache nach der HausratsVO bzw §§ 17, 18 LPartG anhängig war, deren Entscheidung die einstweilige Anordnung „ablöst".

Praxistipp: Wird die Wohnungszuweisung erst während des laufenden Scheidungsverfahrens notwendig, kann es zweckmäßiger sein – statt zusätzlich ein isoliertes Verfahren auf Zuweisung während der Trennungszeit anhängig zu machen – den Erlass einer dementsprechenden einstweiligen Anordnung im Scheidungsverfahren zu beantragen, die zum einen kostengünstiger ist und zum zweiten, solange sie durch keine anderweitige Regelung abgelöst oder vom Gericht befristet oder „für die Trennungszeit" ausgesprochen wird, den Zeitpunkt der Rechtskraft der Scheidung überdauert, während eine in einem eigenständigen Verfahren nach § 621g ZPO getroffene Entscheidung für die Trennungszeit mit rechtskräftiger Scheidung oder Auflösung der Lebenspartnerschaft ihre Wirksamkeit verliert.[797]

---

794 BGH NJW 2000, 740; OLG Karlsruhe FamRZ 2004, 1045.
795 OLG Hamm FamRZ 2006, 50.
796 OLG Hamm FamRZ 2006, 50; *Brudermüller* in Festschrift für Blank S. 109 (125).
797 *Muscheler* Rdnr. 535; Hk-LPartR/*Kemper* § 14 LPartR Rdnr. 10 geht zu Unrecht davon aus, dass § 620 ZPO nach Anhängigkeit des Aufhebungsverfahrens § 14 LPartG verdrängt; anders zu Recht *Haußleiter/Schulz* (für Scheidung und § 1361b BGB) Kap. 4 Rdnr. 219 m.w.N.

Gemäß § 620f Abs. 1 S. 2 ZPO ist das Außerkrafttreten der einstweiligen Anordnung auf Antrag durch Beschluss auszusprechen. Diese Möglichkeit ist ein einfacherer und billigerer Weg im Verhältnis zu einer andernfalls erforderlichen Feststellungs- oder Vollstreckungsabwehrklage.

2. Mit Befristung

Da in § 2 Abs. 2 GewSchG je nach dinglicher oder schuldrechtlicher Berechtigung des Täters die Befristung der Hauptsacheentscheidung vorgesehen ist, muss auch eine dementsprechende einstweilige Anordnung befristet werden, zumindest dann, wenn der Zeitpunkt einer Endentscheidung **nicht absehbar** ist. Allerdings kommt bei einer zunächst unbefristeten Zuweisung während des noch laufenden Verfahrens gemäß § 620b ZPO auch eine nachträgliche Befristung in Betracht.[798]

383

Wird eine einstweilige Anordnung wegen Eilbedürftigkeit nicht nur ohne mündliche Verhandlung, sondern auch ohne Anhörung des Gegners erlassen, kann eine Befristung bis zum Termin zur mündlichen Verhandlung erfolgen, nach dem sie dann bestätigt, abgeändert oder aufgehoben wird.

IV. Einstweilige Verfügung

Wie dargestellt, besteht bei allen Regelungen einer Wohnungsnutzung, die Möglichkeit zum Erlass einstweiliger Anordnungen. Sie verdrängen die einstweilige Verfügung, die nur noch **sehr eingeschränkt** in Betracht kommt.

384

Bei Ehegatten und Lebenspartnern scheidet ab dem Trennungszeitpunkt eine einstweilige Verfügung sogar dann aus, wenn ein Partner dem anderen gegenüber possessorische Besitzansprüche geltend macht, weil dieser ihm den Besitz an der Wohnung durch verbotene Eigenmacht entzogen hat, da nach richtiger Ansicht auch im Falle des Geltendmachens possessorischer Ansprüche die Vorschriften der § 1361b BGB, § 14 LPartG in entsprechender Anwendung als Anspruchsgrundlage heranzu-

---

798 Vgl. zur Befristung Rdnr. 249ff; vgl. aber auch OLG Celle ZFE 2008, 78: Schutzmaßnahme nach § 1666 BGB im Wege der einstweiligen Anordnung ist im Hinblick auf Überprüfungspflicht gemäß § 1696 Abs. 3 BGB grundsätzlich unbefristet auszusprechen.

ziehen sind, wobei allerdings der Regelungsgehalt des possessorischen Besitzschutzes einbezogen werden muss.[799]

385 Zulässig bleibt eine einstweilige Verfügung hingegen bei possessorischen Besitzschutzansprüchen nichtehelicher Lebenspartner, wenn einer dem anderen den Besitz an der Wohnung im Zusammenhang mit der Trennung eigenmächtig entzieht. Hier kann eine Wiedereinräumung des Mitbesitzes auch nur über eine einstweilige Verfügung erreicht werden, da die Vorschriften der § 1361b BGB, § 14 LPartG nach herrschender Meinung auf nichteheliche Lebensgefährten nicht analog anwendbar sind.[800]

386 Eine einstweilige Anordnung nach § 64b Abs. 3 S. 1 FGG setzt Zuständigkeit des Familiengerichts voraus. Nach § 23b Nr. 8a GVG ist diese nur dann gegeben, wenn die Parteien einen auf Dauer angelegten gemeinsamen Haushalt führen oder innerhalb von sechs Monaten vor Antragstellung geführt haben. Ist das Familiengericht danach nicht zuständig, sondern das allgemeine Zivilgericht, kommt als einstweilige Rechtschutzmaßnahme **für Maßnahmen nach § 1 GewSchG** ausschließlich die einstweilige Verfügung in Betracht. Eine Wohnungszuweisung gemäß § 2 GewSchG, die den auf Dauer angelegten gemeinsamen Haushalt schon tatbestandlich voraussetzt, scheidet in diesem Fall ganz aus.

387 Wird eine einstweilige Verfügung beantragt, obwohl die Voraussetzungen für eine Wohnungszuweisung durch das Familiengericht und damit auch den Erlass einer einstweiligen Anordnung nach §§ 620, 621g ZPO, § 64b Abs. 3 FGG vorliegen, kann dieser Antrag in einen Antrag auf Erlass einer einstweiligen Anordnung verbunden mit einem Antrag auf Einleitung eines entsprechenden Hauptsacheverfahrens **umgedeutet** werden.[801] Bei Abweisung des Antrags auf Erlass der einstweiligen Verfügung kommt nur ein neuer Antrag auf Erlass einer einstweiligen Anordnung verbunden mit einem entsprechenden Hauptsacheverfahrens in Betracht.[802]

---

799 OLG Hamm FamRZ 1996, 1411; vgl. auch OLG Koblenz FamRZ 2008, 63 = FF 2007, 271 m. Anm. *Brudermüller* = NJW 2007, 2337 m. Anm. *Caspary* (zum Hausrat); vgl. zum Verhältnis von §§ 861ff BGB zu den Wohnungszuweisungsvorschriften Rdnr. 261ff.
800 Vgl. insoweit Rdnr. 243.
801 *Haußleiter/Schulz* Kap. 4 Rdnr. 222.
802 OLG Frankfurt/M. FamRZ 1985, 193.

J. Vollstreckung

I. Räumungsanordnung

1. Im Verfahren nach § 1361b BGB, § 14 LPartG, der HausratsVO und §§ 17, 18 LPartG

Die Vollstreckung einer Entscheidung über die Räumung einer Wohnung setzt deren Wirksamkeit und damit **die Rechtskraft** voraus (§ 16 Abs. 1 HausratsVO). Über § 18a HausratsVO gilt diese Vorschrift entsprechend für die Trennungszeit, und über §§ 661 Abs. 1 Nr. 5, Abs. 2, 621 Abs. 1 Nr. 7, 621a Abs. 1 ZPO auch für Lebenspartner bei Wohnungszuweisung während der Trennungszeit und nach Aufhebung der Lebenspartnerschaft. Die nachfolgenden Ausführungen erwähnen diese Verweisungsvorschriften vereinfachend nicht, sondern nur die maßgeblichen Vorschriften der HausratsVO.

388

§ 16 Abs. 1 HausratsVO ist eine Sondervorschrift zu § 16 Abs. 1 FGG. Eine vorläufige Vollstreckbarkeit ist nicht vorgesehen.[803] Die Rechtskraft tritt im isolierten Wohnungszuweisungsverfahren ein, wenn die Frist für die befristete Beschwerde abgelaufen ist (§§ 621e Abs. 1, 3, 517 ZPO), wenn auf Rechtsmittel verzichtet wird oder eine endgültige Entscheidung des Beschwerdegerichts vorliegt (§§ 621e Abs. 2 S. 1, 629a Abs. 1 ZPO). Im Verbundverfahren wird die Entscheidung über die Wohnungszuweisung erst mit Rechtskraft der Scheidung (§ 629d ZPO) bzw. Ablauf der Frist für ein Anschlussrechtsmittel (§ 629a Abs. 3 ZPO) wirksam. Nach § 16 Abs. 3 HausratsVO richtet sich die Vollstreckung nach den Vorschriften der ZPO, so dass zunächst die **Erteilung einer Vollstreckungsklausel** erforderlich ist, soweit zivilprozessuale Vorschriften dies vorsehen. Die Räumungsvollstreckung selbst richtet sich nach § 885 ZPO. Die Vorschrift sieht allerdings vor, dass nicht nur die fragliche Person, sondern auch die gesamte Wohnungseinrichtung entfernt wird (§ 885 Abs. 2 bis 4 ZPO), was dem Schutzzweck der Wohnungszuweisung zuwiderliefe. Der in der Wohnung Verbleibende kann als Vollstreckungsgläubiger einen uneingeschränkten gerichtlichen Räumungsauftrag auch nicht dahingehend einschränken, dass nur die fragliche Person, nicht aber bewegliche Sachen

---

[803] OLG Nürnberg FamRZ 2000, 1104.

und damit die Hausratsgegenstände entfernt werden sollen, es sei denn, der Vollstreckungstitel besteht in einer gerichtlich protokollierten Vereinbarung.[804] Es bedarf daher einer entsprechenden **Einschränkung des Räumungsauftrages durch das Gericht**, der in der Regel durch den Ausschluss der diesbezüglichen Vorschriften im Tenor erfolgt.[805]

389 Die Zwangsvollstreckung nach § 885 ZPO ist nur zulässig, wenn in der Entscheidung über die Zuweisung der Ehewohnung an einen Ehegatten auch die Räumungsverpflichtung angeordnet wurde. Die bloße Verpflichtung zum Auszug oder Verlassen der Wohnung wäre durch Androhung und Verhängung eines Zwangsgeldes nach § 888 ZPO zu vollstrecken.[806]

Praxistipp: Der Antragsteller muss den Gerichtsvollzieher selbst mit der Vollziehung der Räumung beauftragen. Die Zustellung der einstweiligen Anordnung und deren Vollziehung erfolgen nur bei einer Zuweisung nach § 2 GewSchG von Amts wegen (§ 64b Abs. 3 S. 6 FGG).

390 §§ 765a, 721 ZPO finden im familiengerichtlichen Wohnungszuweisungsverfahren keine Anwendung. **Räumungsschutz** wird hier **nach §§ 17, 15 HausratsVO** vom Familiengericht gewährt.[807] Die Regelungen des Wohnungszuweisungsverfahrens vermögen der – im Verhältnis zu Räumungsprozessen im Übrigen – in diesen Fällen gegebenen komplexeren Interessenkonstellation deutlich besser gerecht zu werden. Geprüft werden muss, ob der Grad der Zwistigkeiten und das Verhalten des räumungspflichtigen Partners es für den zum Verbleib Berechtigten und die Kinder zumutbar machen, einen beschränkten Räumungsaufschub hinzunehmen, wobei auch die dem Räumungsschuldner in der Zwangsvollstreckung gewährleisteten Grundrechte in die Abwägung einzubeziehen sind.[808]

---

804 KG FamRZ 1987, 1290; vgl. auch Thomas/Putzo/*Hüßtege* § 885 ZPO Rdnr. 8.
805 OLG Karlsruhe FamRZ 1994, 1185; Zöller/*Philippi* § 620 Rdnr. 72; *Haußleiter/Schulz* Kap. 4 Rdnr. 40; vgl. dazu auch Rdnr. 310.
806 AG Gladbeck FamRZ 1992, 589; Zöller/*Stöber* § 885 ZPO Rdnr. 2; Johannsen/Henrich/ *Brudermüller* § 1361b Rdnr. 69.
807 OLG München NJW 1978, 548; *Brudermüller* FamRZ 1987, 109 (122).
808 Zu den verfassungsrechtlichen Anforderungen an eine Räumungsvollstreckung bei Suizidandrohung vgl. BVerfG FamRZ 2007, 1717; BVerfG FamRZ 2007, 107; BVerfG FamRZ 2005, 1972; BGH FamRZ 2008, 260; BGH NJW 2007, 3719; BGH NJW 2006, 508; BGH FamRZ 2006, 265.

2. Im Verfahren nach § 2 GewSchG

Auch die Hauptsacheentscheidungen nach §§ 1, 2 GewSchG werden gemäß § 64b Abs. 2 S. 1 FGG erst mit Rechtskraft wirksam und diese wiederum tritt ein, wenn die mit der Zustellung des Beschlusses beginnende einmonatige Beschwerdefrist abgelaufen ist (§§ 621e Abs. 1, 3, 517 ZPO). § 64b Abs. 4 FGG verweist für die Vollstreckung wiederum auf die ZPO. Im Gewaltschutzverfahren kann das Gericht jedoch gemäß § 64b Abs. 2 S. 2 FGG die **sofortige Wirksamkeit der Endentscheidung** und die **Zulässigkeit der Vollstreckung vor der Zustellung** anordnen. In diesem Fall werden die Beschlüsse schon in dem Zeitpunkt wirksam, in dem sie der Geschäftsstelle übergeben werden (§ 64b Abs. 2 S. 3 FGG). Diesen Zeitpunkt hat die Geschäftsstelle auf dem Beschluss zu vermerken. Dies ist vor allem dann ein praktisch wirkender Vorteil, wenn die aktuelle Anschrift/der aktuelle Aufenthalt des Täters unbekannt und damit eine Zustellung an ihn unmöglich ist.[809]

391

Praxistipp: Der Anordnung nach § 64b Abs. 2 S. 2 FGG bedarf es nicht, wenn eine einstweilige Anordnung erlassen wurde, die bis zur Rechtskraft der Hauptsacheentscheidung weiter gilt. Wurde die einstweilige Anordnung allerdings befristet, muss die Anordnung sofortiger Wirksamkeit beantragt werden, wenn diese Frist voraussichtlich vor Eintritt der Rechtskraft der Hauptsache abläuft.

3. Im einstweiligen Anordnungsverfahren

a) Grundsätze

Im Verfahren auf Erlass einer einstweiligen Anordnung wird durch Beschluss entschieden. Der Beschluss ist zu verkünden, wenn er aufgrund mündlicher Verhandlung ergeht (§ 329 Abs. 1 S. 1 ZPO). Einstweilige Anordnungen, die auf die Regelung der Alleinnutzung einer Wohnung gerichtet sind, sind gemäß § 794 Abs. 1 Nr. 3a ZPO Vollstreckungstitel und daher zuzustellen (§ 329 Abs. 3 ZPO). Die Vollstreckung richtet sich wiederum nach § 885 ZPO. Es ist fraglich, ob auf die **Vollstreckungsklausel** nach dem Rechtsgedanken des § 929 Abs. 1 ZPO im Interesse der beschleunigten Durchsetzung verzichtet werden kann. Für diese Möglich-

392

---

809 *Von Pechstaedt* NJW 2007, 1233.

keit sprechen praktische Gründe,[810] sie ist allerdings erheblichen dogmatischen Bedenken ausgesetzt.[811]

Bei einem Antrag auf Abänderung der einstweiligen Anordnung nach § 620b ZPO oder einer sofortigen Beschwerde nach § 620c ZPO kommt eine **Aussetzung der Vollziehung** nach § 620e ZPO in Betracht.

b) Besonderheiten Gewaltschutzgesetz

393 Die einstweilige Räumungsanordnung bei einer Zuweisung der Wohnung zur Alleinnutzung nach § 2 GewSchG kann bei dementsprechender gesonderter Anordnung gemäß § 64b Abs. 3 S. 3 FGG **schon vor ihrer Zustellung an den Täter vollstreckt** werden, um neuen Übergriffen vorzubeugen. Einer Anordnung der sofortigen Wirksamkeit bedarf es nicht bei Erlass der einstweilige Anordnung ohne mündliche Verhandlung, da diese gemäß § 64b Abs. 3 S. 4 FGG mit Übergabe an die Geschäftsstelle wirksam wird. Nach § 64b Abs. 3 S. 6 FGG gilt der Antrag auf Erlass einer einstweiligen Anordnung bei Entscheidung ohne mündliche Verhandlung als Antrag auf Zustellung durch den Gerichtsvollzieher und Vollstreckung. Damit der Antragsteller nicht durch die Zustellung vorgewarnt wird, empfiehlt sich der Antrag, die **Zustellung nicht vor der Vollstreckung** vorzunehmen (§ 64b Abs. 3 S. 6 letzter Hs. FGG).

c) Mehrfache Vollziehung nach § 885 Abs. 1 S. 3 ZPO

394 § 885 Abs. 1 S. 3 ZPO sieht während der Geltungsdauer von einstweiligen Anordnungen nach §§ 620 Nr. 7, 9, 621g ZPO eine mehrfache Vollziehung während der Geltungsdauer vor. Streitig ist, ob diese Vorschrift auch für einstweilige Anordnungen nach § 64b Abs. 3 FGG Anwendung findet, da diese Vorschrift in § 885 Abs. 1 S. 3 ZPO unerwähnt bleibt.[812] Bei Zuwiderhandlungen des Täters gegen die Wohnungszuweisung oder auch Schutzanordnungen gemäß § 1 GewSchG kann aus einer einstweiligen Anordnung daher mehrfach und auch unter Anwendung unmittelbaren Zwangs vollstreckt werden (§§ 885 Abs. 1 S. 3, 892a ZPO).

---

810 Dafür AG Ibbenbüren FamRZ 2000, 1594; Zöller/*Philippi* § 620a Rdnr. 33; Johannsen/Henrich/*Sedemund-Treiber* § 620 ZPO Rdnr. 5.
811 Dazu eingehend OLG Karlsruhe FamRZ 2008, 291; Zöller/*Stöber* § 794 Rdnr. 21; Keidel/*Weber* § 64b Rdnr. 34.
812 Dafür *Brudermüller* in Festschrift für Blank S. 109 (127); Keidel/*Weber* § 64b Rdnr. 37; a.A. Haußleiter/*Schulz* Kap. 10 Rdnr. 83, die allerdings zu Recht den wesentlichen Anwendungsbereich des § 885 Abs. 1 S. 3 ZPO im Rahmen des GewSchG sehen; Thomas/Putzo/*Hüßtege* § 885 Rdnr. 10b.

Es bedarf weder einer erneuten einstweiligen Anordnung noch einer erneuten Zustellung, § 885 Abs. 1 S. 4 ZPO.

II. Untersagungsanordnungen

Untersagungsanordnungen (Näherungs- und Kontaktverbote) werden bei einer Vollstreckung nach den Vorschriften der ZPO, wie sie in § 16 Abs. 3 HausratsVO und in § 64b Abs. 4 FGG vorgesehen ist, nach § 890 ZPO durch **Verhängung von Ordnungsgeld und Ordnungshaft,** nicht nach § 888 ZPO vollstreckt.[813] Das einzelne Ordnungsgeld darf den Betrag von 250.000,- € die Ordnungshaft insgesamt zwei Jahre nicht übersteigen. Der Verhängung muss gemäß § 890 Abs. 2 ZPO eine **Androhung vorausgehen.** Die Androhung muss auf Antrag des Gläubigers erfolgen und setzt nicht voraus, dass bereits eine Zuwiderhandlung des Unterlassungspflichtigen erfolgt ist. Ist die Androhung nicht bereits im Ausgangsbeschluss enthalten, kann sie durch separaten Beschluss nachgeholt werden.

395

Praxistipp: Bei einem Vergleich ist stets die separate Androhung der Ordnungsmittel nötig. Diese Androhung in einem gerichtlichen Beschluss außerhalb des Vergleichs wird in der Praxis nicht nur von Rechtsanwälten, sondern auch von Richtern gelegentlich übersehen.

Die **Gewährung rechtlichen Gehörs** ist im Zwangsvollstreckungsverfahren nach § 890 ZPO **unerlässlich** (§ 891 S. 2 ZPO). Das kann in mündlicher Verhandlung oder durch Gelegenheit zur schriftlichen Stellungnahme geschehen.[814] Auch wenn wegen derselben Handlung bereits eine Kriminalstrafe verhängt wurde, ist die Festsetzung von Ordnungsmitteln als Maßnahme der Zwangsvollstreckung einer familiengerichtlichen Entscheidung zulässig. Allerdings ist die strafgerichtliche Verurteilung bei der Höhe des Ordnungsgeldes zu berücksichtigen.[815]

III. Nichtabholung zurückgelassener Sachen

Ein alter Streitpunkt in der Praxis sind zurückgelassene persönliche Sachen des aus der Wohnung Gewiesenen, die der nunmehrige Wohnungs-

396

---

813 OLG Bremen FamRZ 2007, 1033; bei Maßnahmen nach § 1 GewSchG besteht nach § 892a ZPO außerdem die Möglichkeit der Anwendung unmittelbaren Zwangs.
814 OLG Bremen FamRZ 2007, 1033; zur Erforderlichkeit der Beiordnung eines Rechtsanwalts vgl. OLG Brandenburg FamRZ 2007, 57.
815 OLG Schleswig FamRZ 2007, 300.

nutzer gerne entfernt sähe. Die Frage ist, wie er sich dieser entledigen kann.

Ein möglicher Weg ist – nachdem der Partner durch Aufforderung zur Abholung in Verzug gesetzt wurde – die wertvollen Dinge zu hinterlegen, die weniger wertvollen versteigern zu lassen und den Erlös zu hinterlegen und die unverkäuflichen nach Information des Partners zu entsorgen.[816]

Um diesen umständlichen und kostenintensiven Weg nicht beschreiten zu müssen, empfiehlt es sich, darauf hinzuwirken, dass das Gericht im Rahmen der Zuweisungsentscheidung, wie vielfach üblich, als Zusatzanordnung die **Verpflichtung** des aus der Wohnung Gewiesenen **zur Mitnahme seiner persönlichen Sachen** aufnimmt, wobei diese hinreichend bestimmt bezeichnet werden müssen. Das ist einfacher und entspricht den Bedürfnissen der Praxis. Wird dieser gerichtlichen Auflage keine Folge geleistet, kann der in der Wohnung Verbliebene die Gegenstände im Wege der Ersatzvornahme vom Gerichtsvollzieher auf Kosten des Gegners zu diesem schaffen lassen (§ 887 ZPO).[817]

IV. Vollstreckung der „go-order"

397 Voraussetzungen für einen Vollzug nach § 33 FGG ist eine vollzugsfähige gerichtliche Entscheidung. Die Regelung der elterlichen Sorge selbst nach § 1666 BGB ist keine in diesem Sinn vollzugfähige Entscheidung; anders jedoch die Entscheidungen, die zu ihrer Durchsetzung getroffen werden und die Beteiligten zur Vornahme einer bestimmten Handlung oder Unterlassung verpflichten, wie die „go-order". Die Wegweisung kann mit **Zwangsgeld und unmittelbarem Zwang** gemäß § 33 Abs. 2 S. 1 FGG durchgesetzt werden. Zwangshaft kommt nicht in Betracht.[818]

Zwangsgeld muss **angedroht** werden, wobei auch hier die Androhung nicht voraussetzt, dass eine Zuwiderhandlung bereits stattgefunden hat.[819]

---

816 Vgl. dazu im Einzelnen Johannsen/Henrich/*Brudermüller* § 8 HausratsVO Rdnr. 21; Haußleiter/*Schulz* Kap. 4 Rdnr. 154.

817 Thomas/Putzo/*Hüßtege* § 887 ZPO Rdnr. 2c; zur Ersatzvornahme bei der Verpflichtung zur Entfernung von Sachen vgl. BGH NJW-RR 2005, 212; zur Verpflichtung zur Mitnahme persönlicher Sachen bei Auszug vgl. auch LG Traunstein FamRZ 2008, 894.

818 Nur zulässig, wenn Anordnung auf Herausgabe einer Person gerichtet ist (§ 33 Abs. 1 S. 2 FGG).

819 OLG Brandenburg FamRZ 2007, 2096; OLG Stuttgart FamRZ 2007, 745 (jeweils zum Umgang); aber: Ist die durchzusetzende Regelung aufgehoben oder sonst überholt und nicht mehr umsetzbar, darf Zwangsgeld als Beugemittel nicht mehr verhängt werden, so OLG Karlsruhe FamRZ 2007, 2097.

Sie kann im Tenor der Entscheidung über die Wegweisung oder in einem gesonderten Beschluss ausgesprochen werden. Für jede einzelne Zuwiderhandlung kann ein Zwangsgeld bis zur Höhe von 25.000,- € festgesetzt werden. Die Zuwiderhandlung muss schuldhaft erfolgen. Androhung und Festsetzung eines Zwangsgeldes sind nach § 18 FGG **jederzeit abänderbar**, wenn sich heraussstellt, dass ihre Voraussetzungen nicht gegeben waren oder weggefallen sind.

Die gesonderte Anordnung über den Einsatz von Gewalt zur Herausgabe der Wohnung nach § 33 Abs. 2 FGG setzt voraus, dass die Durchsetzung der Wegweisung oder das Fernbleiben von der Wohnung **auf andere Weise nicht erreicht** werden kann. Nach § 33 Abs. 3 S. 6 FGG bedarf es einer vorherigen Androhung dieser besonderen Anordnung nicht, jedoch sollte diese in der Regel erfolgen, es sei denn der Zweck wird hierdurch vereitelt. Sie kann wie die Anordnung über den Gebrauch der Gewalt selbst bereits mit der Entscheidung nach §§ 1666, 1666a BGB verbunden werden

398

Die Androhung und die Anordnung von Zwangsmitteln im Rahmen des §§ 1666, 1666a BGB werden gemäß § 16 FGG mit ihrer Bekanntgabe wirksam

FamFG-E:

Nach § 95 FamFG-E soll künftig grundsätzlich nach ZPO-Regeln vollstreckt werden. § 96 FamFG-E enthält eine Sonderregelung für § 1 GewSchG und Wohnungszuweisungen, bei denen die mehrfache Einweisung des Besitzes nach § 885 Abs. 1 ZPO während der Geltungsdauer ermöglicht wird.

K. Kosten, Streitwert und Gebühren

399 Sowohl die Regelung der Kostenentscheidung als auch die Wertfestsetzung und die Regelung der Gerichtsgebühren finden sich – je nach Verfahrensart – in unterschiedlichen Gesetzen. Das anwaltliche Vergütungsrecht ist seit Inkrafttreten des Kostenrechtsmodernisierungsgesetzes am 1.7.2006[820] im RVG geregelt.

Zu den Kosten eines Verfahrens in Familiensachen zählen

- die Gebühren und Auslagen für das gerichtliche Verfahren (einschließlich der Entschädigung für Zeugen sowie der Vergütung für Dolmetscher oder Sachverständige) und
- die Vergütung des Rechtsanwalts für seine Tätigkeit.

Im Falle eines Verbundverfahrens richtet sich die Kostenentscheidung grundsätzlich nach der ZPO. Gleiches gilt für isolierte ZPO-Folgesachen, während bei isolierten FGG-Folgesachen die Kostenregelungen der KostO und § 13a FGG bzw. § 20 HausratsVO heranzuziehen sind.

Die Gegenstandswerte richten sich bei einem Verbundverfahren nach dem GKG und zwar auch hinsichtlich der FGG-Folgesachen, während für isolierte FGG-Folgesachen die Gegenstandswerte in der KostO geregelt sind. Auch das RVG enthält Vorschriften zur Bemessung des Gegenstandswerts, soweit Verfahren gerichtsgebührenfrei und die Werte deshalb in der KostO nicht geregelt sind.

Die Gerichtsgebühren sind gleichfalls im GKG bzw. – für das FGG-Verfahren – in der KostO geregelt.

I. Kostenentscheidung in der ersten Instanz

1. Wohnungszuweisung nach HausratsVO, §§ 17, 18 LPartG und nach § 1361b BGB, § 14 LPartG

a) Isoliertes Zuweisungsverfahren

400 In einem isolierten Verfahren auf endgültige Zuweisung der Ehewohnung nach der HausratsVO ist gemäß § 20 HausratsVO über die **Kosten**

---

820 BGBl. 2004 I S. 718.

des Verfahrens sowie die Erstattung außergerichtlicher Kosten zu entscheiden. Die Vorschrift gilt auch im Rahmen eines Verfahrens auf Wohnungszuweisung für die Zeit des Getrenntlebens nach § 1361b BGB. Zwar erklärt § 18a HausratsVO für die Zeit des Getrenntlebens nur die „vorstehenden Verfahrensvorschriften" der HausratsVO für entsprechend anwendbar, jedoch entspricht es allgemeiner Auffassung, dass auch die Kostenvorschriften der §§ 20, 23 HausratsVO in einem Verfahren auf Wohnungszuweisung für die Trennungszeit entsprechend anzuwenden sind, da sie der Eigenart des Wohnungszuweisungsverfahrens mehr entsprechen, als die allgemeinen Bestimmungen der Kostenordnung und des FGG.[821] Gemäß §§ 661 Abs. 1 Nr. 5, Abs. 2, 621 Abs. 1 Nr. 7, 621a Abs. 1 ZPO richtet sich auch bei der endgültigen Wohnungszuweisung bei Lebenspartnern gemäß §§ 17, 18 LPartG sowie der vorläufigen Zuweisung für die Zeit der Trennung nach § 14 LPartG das Verfahren nach der HausratsvO, so dass auch in diesem Fall § 20 HausratsVO zur Anwendung kommt.

§ 20 HausratsVO ist **lex specialis** im Verhältnis zu § 13a FGG. Die Vorschrift gilt auch für den Fall, dass das Verfahren übereinstimmend für erledigt erklärt oder der Antrag auf Zuweisung zurückgenommen wurde, wenn also nur noch **isoliert über die Kosten** zu entscheiden ist; die §§ 91a, 269 Abs. 3 ZPO sind nicht anwendbar.[822]

aa) Verfahrenskosten

Nach § 20 S. 1 HausratsVO bestimmt der Richter **nach billigem Ermessen**, welcher Beteiligte die Gerichtskosten zu tragen hat, d.h. über die Verfahrenskosten muss eine Entscheidung des Familiengerichts getroffen werden. Im Rahmen des billigen Ermessens ist primär auf den Ausgang des Verfahrens abzustellen, jedoch können die wirtschaftlichen Verhältnisse der Parteien, aber auch ihr Verhalten im Prozess mit berücksichtigt werden. Hat eine Partei keinerlei Veranlassung zur Einleitung des Verfahrens gegeben und erkennt sie den darin geltend gemachten Anspruch sofort an, kann dies entsprechend dem Rechtsgedanken des § 93 ZPO dazu führen, dass die gesamten Verfahrenskosten dem Antragsteller aufzuerlegen sind.[823] Gleiches gilt im Fall einer Antragsrücknahme, wenn das Verfahren ohne jede Erfolgsaussicht war.

In die Kostenentscheidung nach § 20 HausratsVO können **Dritte einbezogen** werden, wenn gerade durch ihr Verhalten Kosten entstanden

401

---

821 OLG Bamberg FamRZ 1995, 560.
822 Johannsen/Henrich/*Brudermüller* § 20 HausratsVO Rdnr. 1 und 3.
823 OLG Köln FamRZ 2000, 305.

sind. Dies ist beim Vermieter etwa dann der Fall, wenn dieser sich außergerichtlich weigert, einen Ehe- oder Lebenspartner entsprechend der zwischen diesen getroffenen Übereinkunft aus dem Mietvertrag zu entlassen, ohne dass die Weigerung durch begründete Schutzinteressen gerechtfertigt wäre, und das Verfahren nach der HausratsVO bzw. §§ 17, 18 LPartG somit nur aus diesem Grund und mit dem Ziel der Änderung des Mietvertrags betrieben werden musste.

bb) Außergerichtliche Kosten

402 Nach § 20 S. 2 HausratsVO kann die Erstattung außergerichtlicher Kosten vom Familiengericht angeordnet werden. In einem Verfahren der freiwilligen Gerichtsbarkeit – wie hier – ist jedoch grundsätzlich davon auszugehen, dass jeder Beteiligte seine außergerichtlichen Kosten selbst zu tragen hat, sofern eine Erstattung dieser Kosten nicht **durch besondere Gründe ausnahmsweise gerechtfertigt** ist.[824] Auch bei Zurückweisung des Antrags oder einer Antragsrücknahme ist diese Rechtfertigung nicht ohne weiteres gegeben, es sei denn, das Verfahren war von vorneherein eindeutig ohne jede Erfolgsaussicht. Bei der Anordnung der Erstattung außergerichtlicher Kosten ist daher Zurückhaltung geboten, es sei denn, besondere Gründe lassen es im Einzelfall billig erscheinen, einem Beteiligten diese Kosten aufzuerlegen.[825]

Die Erstattung außergerichtlicher Kosten eines Dritten kann angeordnet werden, wenn dieser **ohne eigene Veranlassung** in das Verfahren hineingezogen wurde.[826]

Enthält eine Entscheidung keinen Ausspruch über die Erstattung außergerichtlicher Kosten findet diese nicht statt.

Praxistipp: Auch wenn ein Ausspruch über die Nichterstattung außergerichtlicher Kosten demnach nicht erforderlich ist, verhindert die ausdrückliche Tenorierung, dass eine Erstattung außergerichtlicher Kosten nicht stattfindet, diesbezügliche Zweifel und Nachfragen der Beteiligten.

b) Im Verbundverfahren

403 Als Folgesache im Scheidungs- bzw. Aufhebungsverbundverfahren kann nur die endgültige Wohnungszuweisung nach der HausratsVO für

---

824 Keidel/*Zimmermann* § 13a FGG Rdnr. 21.
825 OLG Brandenburg FamRZ 2002, 1356 mit Anm. *Gottwald*.
826 OLG Hamburg FamRZ 1994, 716 (717).

die Zeit nach Scheidung der Ehe bzw. nach §§ 17, 18 LPartG für die Zeit nach Aufhebung der Lebenspartnerschaft anhängig gemacht werden.

Für die Kostentragungspflicht im Scheidungsverbund enthält § 93a ZPO eine **Sonderregelung**, die Gerichtskosten und außergerichtliche Kosten umfasst. Hat der Scheidungsantrag Erfolg sind gemäß § 93a Abs. 1 S. 1 ZPO die Kosten des gesamten Verfahrens und damit auch des Wohnungszuweisungsverfahrens grundsätzlich gegeneinander aufzuheben, sofern nicht ausnahmsweise eine andere Kostenverteilung nach § 93a Abs. 1 S. 2 Nr. 1 ZPO angezeigt ist. Die Vorschrift gilt gemäß § 93a Abs. 5 ZPO entsprechend bei Lebenspartnerschaftssachen. § 93a ZPO bleibt **auch im Falle einer Abtrennung** der Folgesache Wohnungszuweisung gemäß § 628 ZPO die maßgebliche Kostenvorschrift.[827] Bei Zurücknahme des Scheidungsantrags gilt die Kostenregelung der §§ 626 Abs. 1, 269 Abs. 3 bis 5 ZPO.

§ 93a ZPO gilt jedoch **nicht für die Kosten Drittbeteiligter**. Ob und nach welchen Vorschriften bei der Beteiligung Dritter im Rahmen eines Verbundverfahrens auch über deren Kosten entschieden werden kann, ist streitig. Da im Rahmen des Scheidungsverbundes nur die endgültige Wohnungszuweisung als Folgesache anhängig gemacht werden kann, andererseits aber auch nur bei einem Verfahren auf endgültige Wohnungszuweisung Dritte zu beteiligen sind, erscheint die entsprechende Anwendung von § 13a FGG, § 20 HausratsVO insoweit angemessen. Soweit es der Billigkeit entspricht, können nach verbreiteter Ansicht vor allem in der Literatur dem verfahrensbeteiligten Dritten daher auch im Verbundverfahren die ihm entstandenen Kosten zu erstatten sein.[828]

404

2. Regelung der Wohnungsnutzung nach § 2 GewSchG

a) Gerichtskosten

Das Verfahren für Maßnahmen nach dem Gewaltschutzgesetz und damit auch der Regelung der Alleinnutzung einer Wohnung nach § 2 GewSchG richtet sich nach den Vorschriften des Gesetzes über die Angelegenheiten der freiwilligen Gerichtsbarkeit (§§ 621 Abs. 1 Nr. 13, 621a Abs. 1 ZPO). In diesem Fall ist **in der Kostenordnung** geregelt, ob und in welcher Höhe Gerichtskosten zu erheben sind und wer diese Kosten zu

405

---

827 Thomas/Putzo/*Hüßtege* § 628 ZPO Rdnr. 15.
828 So Johannsen/Henrich/*Sedemund-Treiber* § 93a ZPO Rdnr. 8; Zöller/*Philippi* § 629 Rdnr. 3a; Thomas/Putzo/*Hüßtege* § 629 ZPO Rdnr. 2; anders OLG Karlsruhe FamRZ 1995, 361 (Entscheidung im VA-Verfahren nach den Kostenvorschriften der ZPO und Verteilung auf die Parteien gemäß §§ 91, 100 Abs. 1, 93a ZPO); OLG Hamm FamRZ 1981, 695.

tragen hat. Insoweit ist für eine gerichtliche Kostenentscheidung kein Raum. Erfolgt dennoch ein Ausspruch über die Kostentragungspflicht, so hat dieser lediglich die Bedeutung einer nicht bindenden Anweisung an den Kostenbeamten.[829] Etwas anderes gilt jedoch dort, wo das Gesetz eine Entscheidung des Gerichts darüber, wer die Kosten zu tragen hat, ausdrücklich vorsieht. Dies ist in Verfahren nach dem Gewaltschutzgesetz der Fall: Nach § 100a Abs. 3, 1. Hs. KostO ist der Verfahrensbeteiligte für Gerichtsgebühr und gerichtliche Auslagen zahlungspflichtig, **den das Familiengericht nach billigem Ermessen bestimmt**. Im Rahmen der Ausübung dieses billigen Ermessens ist (entsprechend § 20 Hausrats-VO[830]) wiederum auf die gesamten Umstände des Einzelfalls abzustellen, die für die Sachentscheidung maßgeblich sind, wobei auch hier die wirtschaftlichen Verhältnisse der Parteien und deren Verhalten im Prozess in die Würdigung einbezogen werden können. Erledigt sich ein derartiges Verfahren und führt das zur Beendigung des Verfahrens in der Hauptsache ohne Entscheidung über den Verfahrensgegenstand selbst, ist über die Gerichtskosten grundsätzlich gleichfalls nach der Sondervorschrift des § 100a Abs. 3 KostO zu entscheiden.[831]

Das Gericht kann gemäß § 100a Abs. 3, 2. Hs. KostO auch anordnen, dass von der Erhebung von Kosten (d.h. gerichtlichen Gebühren und Auslagen) **abgesehen** wird.

b) Außergerichtliche Kosten

406 Hinsichtlich der außergerichtlichen Kosten kann das Gericht nach § 13a Abs. 1 S. 1 FGG anordnen, dass die Kosten, die zur zweckentsprechenden Erledigung der Angelegenheit notwendig waren, von einem Beteiligten ganz oder teilweise zu erstatten sind, wenn dies der Billigkeit entspricht. Nur wenn diese Kosten (außer durch ein unbegründetes Rechtsmittel) **durch Verschulden veranlasst** sind, müssen sie gemäß § 13a Abs. 1 S. 2 FGG zwingend einem Beteiligten auferlegt werden, in allen anderen Fällen ist nach den **Grundsätzen der Billigkeit** zu entscheiden. Dabei ist davon auszugehen, dass im Verfahren der freiwilligen

---

829 Keidel/*Zimmermann* vor § 13a FGG Rdnr. 20.
830 Vgl. BT-Drs. 14/5429 S. 36.
831 OLG Dresden FamRZ 2003, 1312; allerdings bedarf es in diesem Fall wegen der Gerichtsgebühr im Ergebnis keiner Regelung. § 100a Abs. 1 KostO bestimmt, dass „für Entscheidungen" in Familiensachen nach § 621 Abs. 1 Nr. 13 ZPO eine Gebühr erhoben wird. Unter Entscheidung ist, ebenso wie in den Fällen des § 94 Abs. 1 KostO nur eine abschließende Sachentscheidung über die Hauptsache zu verstehen (vgl. *Hartmann* § 94 KostO Rdnr. 1). Kommt es dazu nicht, fällt keine gerichtliche Gebühr an; Antragsrücknahme unterfällt hingegen § 130 Abs. 2 KostO, da § 100a KostO in § 91 KostO nicht genannt ist.

Gerichtsbarkeit grundsätzlich jeder Beteiligte die ihm im ersten Rechtszug erwachsenen Kosten selbst trägt und deshalb der Erfolg bzw. Misserfolg eines Beteiligten für sich allein keine Kostenüberbürdung rechtfertigt. Dementsprechend ist wie bei § 20 HausratsVO weder die Zurückweisung des Antrags noch dessen Rücknahme für sich allein ein ausreichender Grund, um eine Kostenerstattung anzuordnen. Es müssen vielmehr **besondere Gründe** vorliegen, die es billig erscheinen lassen, einem Beteiligten die außergerichtlichen Kosten des anderen ganz oder teilweise aufzuerlegen, wie etwa unwahre Behauptungen, schuldhafte Veranlassung des Verfahrens[832] oder von Mehrkosten sowie die Verfolgung offensichtlich aussichtsloser Verfahrensziele, wobei jedoch gerade bei Familienstreitigkeiten Zurückhaltung mit einer Auferlegung von Kosten geboten ist.[833]

3. Bei „go-order" nach §§ 1666, 1666a BGB

a) Gerichtskosten

Wird eine Person zur Abwendung einer Kindeswohlgefährdung aus einer mit dem Kind gemeinsam bewohnten oder einer Nachbarwohnung gewiesen, geschieht dies im Rahmen eines Sorgerechtsverfahrens, bei dem es sich ebenfalls um ein Verfahren der freiwilligen Gerichtsbarkeit handelt (§§ 621 Abs. 1 Nr. 1, 621a Abs. 1 ZPO). Somit ergibt sich auch hier grundsätzlich aus der Kostenordnung, wer die Gerichtskosten zu tragen hat.[834] Jedoch ist auch im Fall einer Entscheidung oder Anordnung nach §§ 1666, 1666a BGB eine Entscheidung des Gerichts darüber, wer die Gerichtskosten zu tragen hat, in § 94 Abs. 1 Nr. 3, Abs. 3 S. 2, 1. Hs. KostO ausdrücklich vorgesehen, d.h. nur der Beteiligte ist zahlungspflichtig, **den das Gericht nach billigem Ermessen bestimmt**. In der Regel hat der Elternteil oder Beteiligte die Kosten zu tragen, der Veranlassung zum Verfahren gegeben hat. Das Gericht kann die Kosten auch zwischen verschiedenen Beteiligten teilen, nicht allerdings wie im zivilprozessualen Verfahren die Kosten gegeneinander aufheben. Nach § 94 Abs. 3 S. 2, 2. Hs. KostO kann außerdem – wie bei Maßnahmen nach dem Gewaltschutzgesetz nach § 100a Abs. 3, 2. Hs. KostO – **von der Erhebung der Kosten abgesehen** werden. Die Vorschrift wurde durch das Gewaltschutzgesetz neu gefasst und das vorher darin enthaltene Wort „Gebühr" durch „Kosten" ersetzt. Damit wurde die bis dahin streitig

407

---

832 OLG Dresden FamRZ 2003, 1312 (1313).
833 BayObLG FamRZ 1991, 846 (847).
834 Vgl. dazu Rdnr. 405.

Frage klargestellt, dass das Gericht gemäß § 94 Abs. 3 S. 2, 2. Hs. KostO sowohl von der Erhebung der Gerichtsgebühr als auch der Auslagen absehen kann.

Greift § 94 KostO wegen des Fehlens einer gerichtlichen Entscheidung nicht ein, ist streitig, ob die Eltern als Interessenschuldner nach § 2 Nr. 2 KostO haften.[835]

Nach § 33 Abs. 1 S. 3 FGG kann das Gericht bei der Vollstreckung der „go-order" dem Verpflichteten die Gerichtskosten und die durch Einschaltung des Vollstreckungsbeamten entstehenden Kosten auferlegen.[836]

b) Außergerichtliche Kosten

408   Eine Erstattung außergerichtlicher Kosten kommt nur unter den Voraussetzungen des § 13a FGG in Betracht, wobei hierfür jedoch erforderlich ist, dass mindestens zwei Personen am Verfahren beteiligt sind, **die unterschiedliche Entscheidungen** anstreben.[837]

4. Kosten einer einstweiligen Anordnung

409   Das Verfahren auf Erlass einer einstweiligen Anordnung richtet sich nicht nur bei einer einstweiligen Anordnung nach § 620 ZPO, sondern auch bei einstweiligen Anordnungen nach § 621g ZPO und § 64b Abs. 3 S. 1 FGG aufgrund der Verweisung in §§ 621g S. 2 ZPO, 64b Abs. 3 S. 2 FGG nach den §§ 620a ff ZPO.[838]

Nach dem daher in allen Verfahren auf Erlass einer einstweiligen Anordnung gültigen § 620g ZPO gelten die in diesem Verfahren entstehenden Kosten für die Kostenentscheidung als **Teil der Kosten der Hauptsache**. Dies gilt auch im Falle einer Antragsrücknahme, Hauptsacheerledigung oder einer Erledigung nur des Verfahrens auf Erlass einer einstweiligen Anordnung durch Vergleich ohne Kostenregelung.[839]

---

835 So OLG Hamm FamRZ 1996, 1558; vgl. auch OLG Stuttgart FamRZ 2006, 139; a.A. BayObLG FG-Prax 1995, 196 (197); OLG Celle FamRZ 1996, 1559; OLG Köln FamRZ 2001, 112 (Sorgerechtsinhaber sind nicht Interesseschuldner).
836 *Bumiller/Winkler* § 33 Rdnr. 28.
837 Großmutter in einem Verfahren nach § 1666 BGB, wenn sie den Verbleib des Kindes bei ihr anstrebt BayObLG FamRZ 1994, 1413; zur Beteiligtenstellung des Jugendamts vgl. Keidel/*Zimmermann* § 13a Rdnr. 12, Fn. 55.
838 Vgl. zu Einzelheiten des Verfahrens auf Erlass einstweiliger Anordnungen Rdnr. 369ff.
839 Str., wie hier Thomas/Putzo/*Hüßtege* § 620g ZPO Rdnr. 3.

Praxistipp: Da über die Kosten nach § 620g ZPO erst zusammen mit der Hauptsache entschieden wird, enthält der Beschluss über die einstweilige Anordnung keine Kostenentscheidung.[840] Eine gleichwohl erlassene unzulässige Kostenentscheidung ist nach § 620b Abs. 1 ZPO aufzuheben.[841]

Die Kosten des Anordnungsverfahrens werden in der Hauptsacheentscheidung grundsätzlich nicht danach verteilt, wer im Verfahren über den Erlass der einstweiligen Anordnung erfolgreich war, sondern richten sich zunächst nach den Grundsätzen der Kostenentscheidung über die Hauptsache und somit nach § 20 HausratsVO, § 93a ZPO, §§ 100a Abs. 3, 94 Abs. 3 S. 2 KostO, § 13a FGG. Eine Ausnahme hiervon macht § 620g 2. Hs. ZPO der § 96 ZPO für entsprechend anwendbar erklärt. Danach können die Kosten eines erfolglosen, d.h. **unzulässigen, aber auch offensichtlich unbegründeten Antrags** auf Erlass oder auch Abänderung einer einstweiligen Anordnung dem Antragsteller auferlegt werden. In diesem Fall muss im Rahmen der (Hauptsache-)Kostenentscheidung ein **gesonderter Ausspruch** über die Kosten des Verfahrens betreffend die einstweilige Anordnung erfolgen.

410

Wird nach Erlass einer einstweiligen Anordnung in der Hauptsache nicht mehr entschieden, wird eine isolierte gesonderte Kostenentscheidung erforderlich.[842]

II. Kostenentscheidung in der Rechtsmittelinstanz

1. Rechtsmittel gegen Wohnungszuweisung

a) Isoliertes Verfahren

Wird die Alleinnutzung einer Wohnung durch das Familiengericht im Rahmen eines isolierten Verfahrens nach § 1361b BGB, §§ 14, 17, 18 LPartG oder der HausratsVO durch Endentscheidung geregelt, ist hiergegen gemäß § 621e ZPO die **befristete Beschwerde** zulässig. Die Kostenentscheidung im Rahmen der Beschwerdeentscheidung folgt in diesem Fall – wie bei der Entscheidung erster Instanz – § 20 **HausratsVO**.[843] Hat eine Beschwerde aufgrund neuen Vorbringens in der Rechtsmittelinstanz Erfolg, ist dies im Rahmen der Entscheidung über die Kosten des Be-

411

---

840 OLG Brandenburg FamRZ 2002, 964.
841 OLG Oldenburg FamRZ 2000, 759.
842 OLG Naumburg NJW-RR 2003, 1508.
843 Johannsen/Henrich/*Brudermüller* § 1361b BGB Rdnr. 67 a.E.

schwerdeverfahrens zu berücksichtigen.[844] Die Anordnung der Erstattung außergerichtlicher Kosten erfolgt grundsätzlich – entsprechend der Regelung in § 13a Abs. 1 S. 2 FGG –, wenn diese durch ein unzulässiges oder unbegründetes Rechtsmittel verursacht wurden, ansonsten bei Veranlassung durch grobes Verschulden oder wenn dies der Billigkeit entspricht.

In den Fällen einer Entscheidung nach § 2 GewSchG oder einer „go-order" nach §§ 1666, 1666a BGB findet gleichfalls die **befristete Beschwerde** nach § 621e ZPO statt. Im Rahmen dieser Verfahren regeln §§ 131, 2ff KostO die Verpflichtung zur Tragung **der Gerichtskosten**. Eines Ausspruchs über die Gerichtskosten bedarf es in der Beschwerdeentscheidung daher nicht. Die Verpflichtung zur Erstattung **außergerichtlicher Kosten** kann gemäß § 13a Abs. 1 S. 1 FGG angeordnet werden, wenn dies der Billigkeit entspricht. Im Rechtsmittelverfahren ist außer bei Veranlassung durch grobes Verschulden die Verpflichtung zur Erstattung außergerichtlicher Kosten gemäß § 13a Abs. 1 S. 2 FGG dann anzuordnen, wenn diese durch ein unbegründetes Rechtsmittel veranlasst wurden, wobei unbegründet im Sinne von „erfolglos" auszulegen ist, so dass § 13a Abs. 1 S. 2 FGG auch bei einem unzulässigen Rechtsmittel eingreift.

b) Verbundverfahren

412   § 93a ZPO gilt auch für die Kostenentscheidung des Berufungs- oder (bei isolierter Anfechtung der Wohnungszuweisung) des Beschwerdegerichts, auch nach Hauptsacheerledigung,[845] es sei denn, das Rechtsmittel gegen die Wohnungszuweisung ist **erfolglos**. In diesem Fall ist die Kostenentscheidung gemäß § 97 Abs. 1 ZPO (in Verbindung mit § 97 Abs. 3 ZPO) vorrangig. Gemäß § 97 Abs. 2 ZPO (in Verbindung mit § 97 Abs. 3 ZPO), der entsprechend angewendet werden kann,[846] kommt eine auch teilweise Auferlegung von Kosten dann in Betracht, wenn das Obsiegen in der Rechtsmittelinstanz auf neuem Sachvortrag beruht, der bereits im vorherigen Rechtszug hätte geltend gemacht werden können. § 97 ZPO gilt als besondere Bestimmung im Sinne von § 621a Abs. 1 S. 1 ZPO **auch für Dritte**, die Folgesachenentscheidungen aus dem Bereich der freiwilligen Gerichtsbarkeit anfechten, also etwa den Vermieter. Bei erfolgreichem Rechtsmittel eines Dritten richtet sich die Kostenentscheidung hingegen nach § 621a Abs. 1 S. 1 ZPO, § 20 HausratsVO. Der Dritte kann danach

---

844   FA-FamR/*Klein* 8. Kap. Rdnr. 261.
845   OLG Brandenburg FamRZ 1994, 1485.
846   BGH NJW 1997, 1007.

grundsätzlich von den Eheleuten keine Kostenerstattung verlangen, sondern nur dann, wenn dies der Billigkeit entspricht.[847]

c) Rechtsmittelrücknahme

Bei Rücknahme einer Beschwerde gegen eine Endentscheidung im isolierten Verfahren richtet sich die Kostenentscheidung nach § 131 KostO, § 13a FGG.[848]

413

Sehr streitig ist, nach welcher Vorschrift im Falle einer Rücknahme der Beschwerde in einer Folgesache über die Kosten zu entscheiden ist. Hier wird eine analoge Anwendung von § 516 Abs. 3 ZPO vertreten,[849] eine Kostenentscheidung nach § 13a Abs. 1 S. 1 ZPO,[850] nach § 93a ZPO,[851] aber auch, dass mangels Rechtsgrundlage keine Kostenentscheidung ergeht.[852]

2. Rechtsmittel gegen einstweilige Anordnung

Im Fall einer sofortigen Beschwerde nach § 620c ZPO gegen eine einstweilige Anordnung sind auch die Kosten des Beschwerdeverfahrens gemäß § 620g ZPO **Teil der Kosten der Hauptsache**, es sei denn die Beschwerde ist (auch teilweise) **erfolglos**, in diesem Fall geht geht § 97 Abs. 1 ZPO dem § 620g ZPO vor.[853] Im Fall der Beschwerderücknahme gilt § 516 Abs. 3 ZPO entsprechend.[854]

414

3. Rechtsmittel gegen Zwangsmittel

Im Rahmen der sofortigen Beschwerde gemäß § 793 ZPO gegen die Androhung, Verhängung oder Ablehnung von Ordnungsmitteln nach §§ 888, 890 ZPO richtet sich die Kostenentscheidung nach den Grundsätzen des § 97 ZPO, bei der Beschwerde nach § 19 FGG gegen die

415

---

847 So Zöller/*Philippi* § 629a Rdnr. 12; Hoppenz/*Zimmermann* § 629a ZPO Rdnr. 8; zur Streitfrage vgl. bei Rdnr. 404.
848 Zöller/*Philippi* § 621e ZPO Rdnr. 96; Thomas/Putzo/*Hüßtege* § 621e ZPO Rdnr. 12.
849 OLG Dresden FamRZ 1997, 1019; OLG Düsseldorf FamRZ 1980, 1052; OLG München FamRZ 1979, 734.
850 OLG München OLGR 2004, 70; KG FamRZ 1995, 376; OLG Stuttgart FamRZ 1983, 936; OLG Hamm FamRZ 1982, 1093; OLG Oldenburg FamRZ 1980, 1135.
851 OLG Frankfurt/M. FamRZ 1982, 1093.
852 OLG Hamm FamRZ 1995, 377.
853 Thomas/Putzo/*Hüßtege* § 620g ZPO Rdnr. 4.
854 BayObLG FamRZ 1995, 184; OLG Bamberg FamRZ 1997, 1227; Zöller/*Philippi* § 620g ZPO Rdnr. 9; str., nach anderer Ansicht gemäß § 131 KostO, § 13a FGG.

Androhung oder Verhängung von Zwangsmitteln nach § 33 FGG nach der Kostenordnung, so dass es keines Ausspruchs bedarf. Hinsichtlich der außergerichtlichen Kosten gilt in diesem Fall wiederum § 13a FGG.

III. Gegenstandwerte

1. Verfahren nach § 1361b BGB, § 14 LPartG

a) Hauptsacheverfahren

416 Verfahren, im Rahmen derer die Alleinnutzung einer Wohnung durch das Familiengericht geregelt werden kann, sind – wie dargestellt – FGG-Verfahren. Der Gegenstandswert richtet sich daher im isolierten Verfahren nach der KostO. Nach inzwischen ganz überwiegender Ansicht ist im Hauptsacheverfahren gemäß § 100 Abs. 3 S. 1 KostO auf den **einjährigen Miet- oder Nutzungswert**, der dem Mietwert regelmäßig entsprechen wird, abzustellen.[855] Auszugehen ist von der Nettokaltmiete.

Werden im Verfahren wechselseitige Anträge gestellt, werden die Werte **nicht addiert**, es bleibt beim Jahresmietwert.[856]

Auch die Geltendmachung einer **Nutzungsentschädigung** erhöht den Gegenstandswert nicht.[857] Wird diese isoliert geltend gemacht, handelt es sich nach der hier vertretenen Ansicht gleichfalls stets um eine Familiensache, so dass sich der Gegenstandswert wiederum nach § 100 Abs. 3 S. 1 KostO bemisst.[858]

b) Einstweilige Anordnung

417 Im FGG-Verfahren werden gemäß § 91 S. 2 KostO für einstweilige Anordnungen keine Gerichtsgebühren erhoben.[859] Dementsprechend enthält die KostO keine Regelung über den Geschäftswert von einstweiligen

---

855 OLG Köln FamRZ 2008, 1099; OLG Dresden FamRZ 2007, 234; OLG Köln NJW-Spezial 2007, 589 (Ls.); OLG Hamm FamRZ 2006, 141; OLG Düsseldorf FamRZ 2005, 1583; OLG München FamRZ 2005, 1002; OLG Karlsruhe FamRZ 2005, 230; OLG Frankfurt/M. FamRZ 2005, 230; *Hartmann* § 100 KostO Rdnr. 5; noch a.A. noch OLG Karlsruhe FamRZ 2003, 1767 (nur halbjähriger Mietwert entsprechend § 100 Abs. 3 S. 2 KostO im Hinblick auf die nur vorläufige Nutzungsregelung).
856 *Schneider* ZFE 2007, 464 (468).
857 *Hartmann* § 100 KostO Rdnr. 5.
858 Vgl. dazu insbesondere Rdnr. 287f und 297; aber auch OLG Koblenz FamRZ 2001, 225: Anspruch aus § 745 Abs. 2 BGB und Streitwert nach dem 3 1/2fachen jährlichen Nutzungsentgelt (§ 48 GKG in Verbindung mit § 9 ZPO); so auch OLG Hamm FamRZ 2008, 1208; anders OLG Köln FamRZ 2001, 239: Jahresentgelt analog § 41 GKG.
859 OLG Dresden FamRZ 2003, 1312 (1313).

Anordnungen nach § 621g ZPO. Für die Berechnung der Anwaltsgebühren enthält § 24 RVG für diesen Fall eine **besondere Wertvorschrift**. Nach § 24 S. 2 RVG gilt für den Erlass einstweiliger Anordnungen in isolierten (gerichtsgebührenfreien FGG-)Zuweisungsverfahren nach § 621g ZPO (auch in Verbindung mit § 661 Abs. 2 ZPO) der in § 53 Abs. 2 S. 2 GKG vorgesehene Wert entsprechend, so dass von einem Gegenstandswert von 2.000,- € auszugehen ist.

2. Verfahren nach der HausratsVO, §§ 17, 18 LPartG

a) Hauptsacheverfahren

Bei einer endgültigen Regelung die Wohnungsnutzung betreffend richtet sich der Gegenstandswert gleichfalls nach der Kostenordnung.[860] Auch hier ist nach § 100 Abs. 3 S. 1 KostO daher der **einjährige Nettokaltmietwert** – oder der Nutzungswert – heranzuziehen.[861] Im Rahmen eines Verbundverfahrens bemisst sich der Gegenstandswert der Folgesache Wohnungszuweisung nach § 48 Abs. 1 GKG, § 3 ZPO, wobei – entsprechend der Wertung des § 100 Abs. 3 KostO – auch hier auf den einjährigen Nettokaltmietwert abzustellen ist.

418

Der Wert eines Änderungsverfahrens nach § 17 HausratsVO bemisst sich nach dem Wert des Abänderungsbegehrens, so dass bei einer erstrebten Verlängerung der Räumungsfrist der dementsprechende **Bruchteil des Jahresmietwerts** zugrundegelegt werden kann.[862]

b) Einstweilige Anordnung

Für Verfahren auf Erlass einer einstweiligen Anordnung nach § 620 Nr. 7 ZPO ist in § 53 Abs. 2 S. 2 GKG ein **fester Gegenstandswert** von 2.000,- € vorgesehen.

419

3. Verfahren nach § 2 GewSchG

a) Hauptsacheverfahren

Der Gegenstandswert in einem Verfahren auf Regelung der Alleinnutzung einer Wohnung nach § 2 GewSchG beträgt gemäß §§ 100a Abs. 2,

420

---

860 *Hartmann* § 53 GKG Rdnr. 20.
861 OLG Brandenburg FamRZ 1996, 502.
862 OLG Braunschweig OLGR 1994, 90.

30 Abs. 2 S. 1 KostO **in der Regel 3.000,- €**.[863] Dieser Wert kann nach §§ 100a Abs. 2, 30 Abs. 2 S. 2 KostO über- oder unterschritten werden, sofern der Fall in Umfang und Schwierigkeit der Angelegenheit von Durchschnittsfällen abweicht, sei es, dass das Verfahren hochstreitig mit aufwändiger Sachverhaltsermittlung zu führen ist, sei es, dass zwischen den Parteien keine Meinungsverschiedenheiten herrschen. Fehlen tatsächliche Anhaltspunkte für einen anderen Wert braucht das Gericht vor Ansatz des Regelwertes keine weiteren Nachforschungen anstellen.[864] Eine Abweichung ist jedoch geboten, wenn die konkreten Umstände des Einzelfalles erkennen lassen, dass der Regelwert unangemessen hoch oder niedrig ist.[865]

Auch für Maßnahmen nach § 1 GewSchG bemisst sich der Gegenstandswert nach §§ 100a Abs. 2, 30 Abs. 2 S. 1 KostO. Werden in einem Verfahren Anordnungen nach § 1 und § 2 GewSchG getroffen, sind die Werte zu **addieren**.[866]

b) Einstweilige Anordnung

421   Die einstweilige Anordnung auf Regelung der Wohnungsnutzung nach § 2 GewSchG gemäß § 620 Nr. 9 ZPO hat gemäß § 53 Abs. 2 S. 2 GKG einen Wert von 2.000,- €. Die einstweilige Anordnung im isolierten Verfahren nach § 64b Abs. 3 FGG ist wiederum gerichtsgebührenfrei, für die Anwaltsgebühr gilt über § 24 S. 2 RVG aber auch der Fixbetrag des § 53 Abs. 2 S. 2 GKG in Höhe von 2.000,- €. Bei im Wege der einstweiligen Anordnung angeordneten Schutzmaßnahme nach § 1 GewSchG beläuft sich der Gegenstandswert gemäß § 24 S. 1 und 3 RVG auf 500,- €.[867]

4. Verfahren nach §§ 1666, 1666a BGB

a) Hauptsacheverfahren

422   Nach §§ 94 Abs. 2 S. 1, 30 Abs. 2 und 3 KostO beträgt der **Regelstreitwert** auch hier **3.000,- €** mit der Möglichkeit, bei Abweichung von Durchschnittsfällen hiervon nach oben und unten abzuweichen. Ob im

---

863   OLG Dresden FamRZ 2006, 803; OLG Dresden FamRZ 2003, 1313.
864   OLG Hamm FamRZ 2001, 1473 (für Umgang).
865   OLG Karlsruhe FamRZ 2004, 1304 (für Sorgerecht).
866   OLG Dresden FamRZ 2006, 803; *Hartmann* § 30 KostO Rdnr. 60 „Gewaltschutz"; str.
867   OLG Dresden FamRZ 2006, 803; vgl. aber OLG Düsseldorf FamRZ 2008, 1096 (Geschäftswert der Hauptsache bei massiven Rechtsverletzungen).

Rahmen einer sorgerechtlichen Maßnahme diese Abweichung bereits bei Vorhandensein mehrerer Kinder zu bejahen ist, wird uneinheitlich beurteilt.[868]

Ein Verfahren nach § 1666 BGB kann **Verbundverfahren** sein. In diesem Fall beträgt der Wert nach § 48 Abs. 3 S. 3 GKG lediglich 900,- €.[869] Dieser Festwert ist nicht veränderbar.

b) Einstweilige Anordnung

Der Wert einer einstweiligen Anordnung ist mit 500,- € in Ansatz zu bringen (§ 24 S. 1 RVG). 423

5. Rechtsmittelverfahren

Im Rechtsmittelverfahren richtet sich die Wertfestsetzung nach § 47 GKG, §§ 131 Abs. 2, 30 KostO. Maßgeblich sind die **Anträge des Rechtsmittelführers** bzw. dessen nach freiem Ermessen zu bestimmendes **Interesse**. 424

6. Zwangsvollstreckungsverfahren

Bei Räumung von Wohnraum nach § 885 ZPO ist gemäß § 41 Abs. 2 GKG der einjährige Mietwert zugrundezulegen. Das Gläubigerinteresse bestimmt demgegenüber den Wert der Vollstreckung eines Unterlassungsanspruchs nach § 890 ZPO, nicht hingegen die Höhe des nach dieser Vorschrift festgesetzten Ordnungsgeldes (§ 25 Abs. 1 Nr. 3 RVG).[870] Demgegenüber ist im Zwangsmittelverfahren nach § 33 FGG gemäß § 119 Abs. 2 KostO die Höhe des angedrohten oder festgesetzten Zwangsgeldes maßgeblich. Mangels einer anderweitigen Regelung kann der für die Zwangshaft in §§ 119 Abs. 6 S. 2, 30 Abs. 2 KostO vorgesehene Regelwert auch für die Androhung und Anordnung von Gewaltanwendung nach § 33 Abs. 2 FGG zugrunde gelegt werden.[871] 425

---

868 Für Erhöhung bei zwei Kindern: OLG Köln FamRZ 2006, 1219; nur wenn erhöhter Arbeitsaufwand: OLG Karlsruhe FamRZ 2007, 848; OLG Jena FamRZ 2000, 968; *Hartmann* § 30 KostO Rdnr. 50 „Sorgerecht".
869 Str., ob dieser Wert auch im Beschwerdeverfahren anzunehmen ist, so OLG Karlsruhe FamRZ 2006, 631; a.A. mit beachtlichen Gründen OLG München FamRZ 2006, 632.
870 Zöller/*Herget* § 3 ZPO Rdnr. 16 Stichwort: Ordnungs- und Zwangsmittelfestsetzung.
871 FA-FamR/*Keske* 17. Kap. Rdnr. 129.

IV. Gebühren

1. Allgemeine Grundsätze

426 Die Gerichtsgebühr nach dem GKG und der KostO ist eine pauschale Verfahrensgebühr, die sämtliche Tätigkeiten des Gerichts abdeckt, soweit nicht im Einzelfall gesonderte Gebühren vorgesehen sind. Sie kann – in konkret im Gesetz genannten Fällen – reduziert werden. Im FGG-Verfahren werden Gerichtsgebühren nur in den in §§ 92ff KostO genannten Fällen erhoben, zum Teil ist dieses Verfahren gerichtsgebührenfrei. Das RVG differenziert demgegenüber zwischen der Verfahrens- und der Terminsgebühr, zu denen eine Einigungsgebühr hinzukommen kann.

Die Gerichtsgebühren und die Gebühren des Rechtsanwalts richten sich grundsätzlich nach den **Gegenstandswerten**, denen **bestimmte Gebührensätze** zugeordnet sind (§ 34 GKG, § 32 KostO, §§ 13, 49 RVG). Im Verbundverfahren, das als eine Angelegenheit gilt, werden die Scheidung bzw. die Aufhebung einer Lebenspartnerschaft und die Werte der Folgesachen addiert (§ 46 Abs. 1, 3 GKG, §§ 16 Nr. 4 und 5, 22 Abs. 1 RVG).

Die konkrete Gebührenhöhe folgt für die Gerichtskosten aus dem Kostenverzeichnis, Anlage 1 zum GKG bzw. § 32 KostO (in Verbindung mit der Anlage zur KostO) und für die Anwaltskosten aus dem Vergütungsverzeichnis, Anlage 1 zum RVG.

2. Übersicht über die im Einzelnen anfallenden Gebühren:

a) Gerichtsgebühren

aa) 1. Instanz

427

Verfahrensart	Rechtsgrundlage	Reguläre Gebühr	Ermäßigte Gebühr
Verbundverfahren	KV 1310, 1311	2,0	0,5
Einstweilige Anordnung nach § 620 Nr. 7 ZPO	KV 1421	0,5	
Isolierte Wohnungszuweisung	§ 100 Abs. 1 KostO	1,0 – 3,0	0,5
Einstweilige Anordnung im isolierten Verfahren (§ 621g ZPO)	§ 91 S. 2 KostO	gerichtsgebührenfrei	
Isoliertes Gewaltschutzverfahren	§ 100a KostO	1,0 (bei Entscheidung)	

Verfahrensart	Rechtsgrundlage	Reguläre Gebühr	Ermäßigte Gebühr
Einstweilige Anordnung im isolierten Verfahren (§ 64b Abs. 2 FGG)	§ 91 S. 2 KostO	gerichtsgebührenfrei	
Einstweilige Anordnung nach § 620 Nr. 9 ZPO	KV 1421	0,5	
Isoliertes Verfahren nach § 1666 BGB	§ 94 Abs. 1, 3 KostO	1,0 (bei Entscheidung)	
Einstweilige Anordnung im isolierten Verfahren (§ 621g ZPO)	§ 91 S. 2 KostO	gerichtsgebührenfrei	
Einstweilige Anordnung nach § 620 Nr. 1 ZPO		gerichtsgebührenfrei	

bb) 2. Instanz

Verfahrensart	Rechtsgrundlage	Reguläre Gebühr	Ermäßigte Gebühr
Verbundverfahren	KV 1320ff	3,0	0,5 – 2,0
Einstweilige Anordnung nach § 620 Nr. 7 ZPO	KV 1425	1,0	
Isoliertes Verfahren Wohnungszuweisung	§ 131a KostO		
Einstweilige Anordnung im isolierten Verfahren, § 621g ZPO	§ 131a KostO	Wie 1. Instanz	
Gewaltschutzgesetz	§ 131 KostO		
Einstweilige Anordnung im isolierten Verfahren Gewaltschutzgesetz, § 64b Abs. 3 FGG	§ 131 KostO	0,25 – 0,5 (bei Verwerfung, Zurückweisung, Zurücknahme)	
Einstweilige Anordnung nach § 620 Nr. 9 ZPO	KV 1425	1,0	
Isoliertes Verfahren nach § 1666 BGB	§ 131 Abs. 1, 3 KostO	in der Regel gerichtsgebührenfrei	
Einstweilige Anordnung im isolierten Verfahren, § 621g ZPO	§ 131 Abs. 1, 3 KostO		
Einstweilige Anordnung nach § 620 Nr. 1 ZPO	KV 1425	1,0	

428

b) Anwaltsgebühren

aa) Grundsatz

429   Sowohl im Verbundverfahren als auch in isolierten Verfahren, die die Regelung der Wohnungsnutzung betreffen, fallen **grundsätzlich die gleichen,** nachfolgend aufgeführten Gebühren an. Dies gilt auch für Verfahren auf Erlass einer einstweiligen Anordnung in der 1. Instanz.

	Verfahrensgebühr	Terminsgebühr	Einigungsgebühr
1. Instanz regulär	VV 3100 1,3	VV 3104 1,2	VV 1003 1,0
1. Instanz ermäßigt	VV 3101 0,8	VV 3105 0,5	
2. Instanz regulär (Berufung, befristete Beschwerde gemäß § 621e ZPO)	VV 3200 1,6	VV 3202 1,2	VV 1004 1,3
2. Instanz ermäßigt	VV 3201 1,1	VV 3203 0,5	

bb) Ausnahmen

430   Die Anwaltsgebühren im Zwangsvollstreckungsverfahren betragen grundsätzlich jeweils 0,3 (VV 3309). Bei anderen Beschwerden als der befristeten (Bsp: Beschwerde nach §§ 19ff FGG, sofortige Beschwerde gemäß § 620c ZPO) fallen eine Verfahrens- und gegebenenfalls eine Terminsgebühr in Höhe von jeweils lediglich 0,5 an (VV 3500, 3513).

FamFG-E:

Die Bestimmung zur Kostentragungspflicht aller Beteiligten soll künftig in §§ 80 bis 85 FamFG-E enthalten sein. Dem Grundsatz nach kann das Gericht die Kosten nach billigem Ermessen regeln (§ 81 Abs. 1 FamFG-E). Die Vorschrift umfasst dabei die Verteilung der Gerichtskosten und die Erstattung außergerichtlicher Kosten. In einer Reihe von Fällen soll jedoch hiervon abgesehen werden (§ 81 Abs. 2 FamFG-E – am Verfahrensverhalten orientiert). Kostenentscheidungen im Scheidungsverfahren und in Folgesachen regelt § 150 FamFG-E, der als Grundsatz auch die Kostenaufhebung vorsieht. Rechtsmittelkosten sind bei erfolglosem Rechtsmittel nach § 84 FamFG-E dem Rechtsmittelführer aufzuerlegen, wobei Ausnahmen in besonders gelagerten Fällen möglich sind.

FamGKG-E:

Im Rahmen der Reform des Verfahrensrechts ist ein einheitliches Kostengesetz vorgesehen, das auch die Gebühren für die bisherigen FGG-Familiensachen umfasst. Die Werte von Folgesachen im Verbundverfahren sind in § 44 Abs. 2 FamGKG-E geregelt. Der Gegenstandswert einer Wohnungszuweisung nach § 1361b BGB beträgt künftig 3.000,- €, nach der HausratsVO 4.000,- € (§ 48 Abs. 1 FamGKG-E). In Gewaltschutzsachen nach § 1 GewSchG beträgt der Wert 2.000,- €, nach § 2 GewSchG 3.000,- € (§ 49 Abs. 1 FamGKG-E). In Verfahren wegen Kindeswohlgefährdung beträgt der Wert 3.000,- € (§ 45 Abs. 1 FamGKG-E). Im Verfahren der einstweiligen Anordnung ist der Wert nach § 41 FamGKG-E unter Berücksichtigung der geringeren Bedeutung gegenüber der Hauptsache zu ermäßigen, wobei von der Hälfte des Hauptsachewertes auszugehen sein dürfte. Im Rechtsmittelverfahren bestimmt sich der Verfahrenswert grundsätzlich nach den Anträgen des Rechtsmittelführers (§ 40 FamGKG-E). In vielen Vorschriften ist jedoch je nach den Umständen des Einzelfalls eine Abweichung nach oben oder unten vorgesehen (vgl. etwa §§ 44 Abs. 3, 45 Abs. 3, 48 Abs. 3, 49 Abs. 2 FamGKG-E).

L. Rechtsmittel

I. Rechtsmittel gegen Hauptsacheentscheidung

431   Die Entscheidung über die Alleinnutzung einer Wohnung bzw. eine „go-order" ergeht im isolierten FGG-Verfahren durch Beschluss. Hiergegen richtet sich die **befristete Beschwerde** nach § 621e ZPO. Wird über die endgültige Wohnungszuweisung bei Ehe- oder Lebenspartnern im Rahmen des Verbundverfahrens entschieden, ergeht die Entscheidung durch ein einheitliches Urteil über die Scheidung und alle Folgesachen. Rechtsmittel gegen das Urteil ist die **Berufung** zum OLG (§ 511 ZPO, § 119 Abs. 1 Nr. 1a GVG). Gegen eine im Rahmen des Verbundes erfolgte Wohnungszuweisung kommt nach § 629a Abs. 2 ZPO jedoch auch die befristete Beschwerde in Betracht.

FamFG-E:

Nach dem FamFG-E ergehen Endentscheidungen künftig einheitlich durch Beschluss (§ 38 FamFG-E). Nach § 39 FamFG-E ist in jedem Beschluss über den statthaften Rechtsbehelf, das Gericht, bei dem dieser einzulegen ist und die zu beachtende Form und Frist zu belehren. Gegen Endentscheidungen findet die befristete Beschwerde statt (§§ 58, 63 FamFG-E), Zwischen- und Nebenentscheidungen sind grundsätzlich nicht selbständig anfechtbar, soweit das Gesetz diese Anfechtbarkeit nicht ausdrücklich vorsieht. Beschlüsse erwachsen in formeller Rechtskraft (§ 45 FamFG-E). § 158 Abs. 3 S. 4 FamFG-E regelt die nach derzeitigem Recht noch umstrittene Frage der Anfechtbarkeit einer Verfahrenspflegerbestellung dahingehend, dass diese unanfechtbar ist. Die Beschwerdezuständigkeit liegt beim OLG (§ 119 Abs. 1 Nr. 1a GVG-E). Die Beschwerdefrist beträgt einen Monat (§ 63 Abs. 1 FamFG-E), bei einstweiligen Anordnungen jedoch nur zwei Wochen (§ 63 Abs. 2 Nr. 1 FamFG-E).

1. Beschluss im isolierten Hauptsacheverfahren

a) Befristete Beschwerde, § 621e ZPO

aa) Statthaftigkeit – Problem der „Endentscheidung"

Der in einem isolierten Verfahren nach
- § 1361b BGB oder § 14 LPartG,
- nach der HausratsVO oder §§ 17, 18 LPartG in Verbindung mit der HausratsVO,
- nach § 2 GewSchG und
- nach §§ 1666, 1666a BGB

ergangene abschließende Beschluss ist mit der befristeten Beschwerde gemäß § 621e ZPO anfechtbar.

Die Beschwerde nach § 621e ZPO ist nur gegen Endentscheidungen in den FGG-Familiensachen nach § 621 Abs. 1 ZPO statthaft (§ 621e Abs. 1 ZPO).

Nach § 621 Abs. 1 Nr. 1 ZPO sind dies zum einen Sorgerechtsentscheidungen im Rahmen der §§ 1666, 1666a BGB und damit die „go-order" und in Verbindung mit dieser getroffene Zusatzentscheidungen.

Zu den Regelungen nach § 621 Abs. 1 Nr. 7 ZPO gehört nicht nur die Wohnungszuweisung nach § 1361b BGB, § 14 LPartG, der HausratsVO und §§ 17, 18 LPartG in Verbindung mit der HausratsVO selbst, sondern **auch die Anordnung einer Nutzungsentschädigung** auf der Grundlage dieser Vorschriften. Dies muss insbesondere deshalb gelten, weil nach der Neufassung des § 1361b Abs. 3 BGB, § 14 Abs. 3 LPartG eine Nutzungsentschädigung nicht voraussetzt, dass eine Wohnungszuweisung überhaupt erfolgt ist oder auch nur die Voraussetzungen für eine solche vorlagen, sondern diese auch bei einem freiwilligen Auszug eines Ehe- oder Lebenspartners in Betracht kommt. § 621 Abs. 1 Nr. 7 ZPO umfasst außerdem **Schutz- und Zusatzanordnungen**, so dass auch gegen die Bewilligung oder Versagung einer Räumungsfrist die befristete Beschwerde stattfindet.[872] Sie kann des Weiteren gegen ein Kündigungsverbot, ein Kontaktverbot oder eine Bannmeile erhoben werden. Zwar handelt es sich bei diesen Entscheidungen um bloße Annexentscheidungen zur Nutzungsregelung, jedoch ist – wie bei der Räumungsfrist – auch hier ein enger Sachzusammenhang mit der Hauptsacheentscheidung gegeben, der

---

872 OLG Bamberg FamRZ 2001, 691; Thomas/Putzo/*Hüßtege* § 621e ZPO Rdnr. 2; *Haußleiter/Schulz* Kap. 4 Rdnr. 197.

für die Anwendung des § 621e ZPO spricht. Auch Abänderungsentscheidungen nach § 17 HausratsVO – wie etwa die Verlängerung einer Räumungsfrist – können mit der befristeten Beschwerde angegriffen werden.

Dementsprechendes gilt für Maßnahmen nach dem Gewaltschutzgesetz nach § 621 Abs. 1 Nr. 13 ZPO. Auch hier kommt die befristete Beschwerde nach § 621e ZPO nicht nur gegen die Anordnungen nach § 1 GewSchG oder die Zuweisung der Wohnung zur Alleinnutzung nach § 2 GewSchG in Betracht, sondern auch gegen eine Nutzungsvergütung gemäß § 2 Abs. 5 GewSchG oder Schutz- und Zusatzanordnungen nach § 2 Abs. 4 GewSchG bzw. § 64b Abs. 2 S. 4 FGG in Verbindung mit § 15 HausratsVO.

bb) Abhilfe

433   Die bei der sofortigen Beschwerde nach § 567 BGB vorgesehene Abhilfeentscheidung durch das Gericht, dessen Entscheidung angefochten wird, scheidet bei der befristeten Beschwerde nach § 621e ZPO aus, da § 621e Abs. 3 S. 2 ZPO nicht auf § 572 ZPO, sondern auf § 318 ZPO verweist.

> **FamFG-E:**
>
> Nach § 68 Abs. 1 FamFG-E soll künftig das Gericht, dessen Entscheidung angefochten wird, der Beschwerde abhelfen können, soweit es sich nicht um eine Endentscheidung in Familiensachen handelt.

cc) Beschwerdeberechtigung

434   Beschwerdeberechtigt ist grundsätzlich jeder, **für den die angegriffene Entscheidung nachteilig ist**. Dies kann – je nach Inhalt der Entscheidung – im Fall der Zuweisung einer Wohnung zur Alleinnutzung nach § 1361b BGB, § 14 LPartG, der HausratsVO, §§ 17, 18 LPartG und § 2 GewSchG zunächst auf Antragsteller und Antragsgegner zutreffen. Bei einer endgültigen Wohnungszuweisung nach der HausratsVO für die Zeit nach Scheidung der Ehe oder nach §§ 17, 18 LPartG für die Zeit nach Aufhebung der Lebenspartnerschaft können auch nach § 7 HausratsVO beteiligte **Dritte** beschwert sein, wenn die Entscheidung – wie etwa bei Umgestaltung des Mietvertrags nach § 5 HausratsVO – in deren Rechte eingreift.

Auch bei einer Entscheidung nach §§ 1666, 1666a BGB ist derjenige beschwert, dessen Rechte beeinträchtigt sind. Das kann neben dem Weggewiesenen der andere Elternteil, das Kind, aber auch das Jugendamt sein, wenn die Anordnung einer Maßnahme nach § 1666 BGB abgelehnt oder aufgehoben wird (§ 57 Nr. 9 FGG).[873] Wird ein Nachbar wegen Kindeswohlgefährdung aus seiner Wohnung weg gewiesen, beschwert diese Entscheidung auch dessen Ehe- oder Lebenspartner.

FamFG-E:
Die Beschwerdeberechtigung des Jugendamts soll künftig aus §§ 162 Abs. 3, 176 Abs. 2, 194 Abs. 2 und § 205 Abs. 2 FamFG-E folgen.

dd) Zuständigkeit, Frist, Form, Anwaltszwang

Zuständig für die Entscheidung über die befristete Beschwerde ist das **Oberlandesgericht** (§ 119 Abs. 1 Nr. 1a GVG) und dort der **Senat**. Eine Zuständigkeit des Einzelrichters kommt nur nach Maßgabe der §§ 526, 527 ZPO in Betracht. 435

Die Beschwerde muss gemäß § 621e Abs. 3 S. 2 ZPO in Verbindung mit §§ 517, 520 Abs. 3 S. 1 ZPO binnen einer **Notfrist von einem Monat** beim Beschwerdegericht eingelegt werden. Wird sie beim Amtsgericht – Familiengericht – eingelegt, kommt es darauf an, dass sie innerhalb der Frist beim OLG eintrifft. Ist dies der Fall ist die Beschwerde zulässig. Das Familiengericht ist zur Weiterleitung der Beschwerde verpflichtet. Wird die Beschwerde so frühzeitig beim Familiengericht eingereicht, dass sie im ordentlichen Geschäftsgang ohne Weiteres rechtzeitig beim OLG hätte eingehen müssen, ist dem Beschwerdeführer **Wiedereinsetzung in den vorigen Stand** zu gewähren, wenn dies nicht der Fall ist.[874] Eine Wiedereinsetzung scheidet wegen Verschuldens durch die falsche Adressierung hingegen aus, wenn die Beschwerde erst so spät beim Familiengericht eingereicht wird, dass sie bei Weiterleitung im ordentlichen Geschäftsgang nicht mehr fristgerecht beim OLG eingehen kann.[875] Die Frist beginnt mit der Zustellung der vollständig abgefassten Entscheidung an den Rechtsmittelführer.[876] Ist diese unterblieben oder unwirksam, beginnt der Lauf der Beschwerdefrist fünf Monate nach der Verkündung (§ 621e Abs. 3 S. 2 ZPO in Verbindung mit § 517 ZPO). 436

---

873 Vgl. *Löhnig* Rdnr. 59.
874 BVerfG FamRZ 1995, 1559; BGH NJW-RR 2004, 1655; BGH FamRZ 1998, 285.
875 BGH NJW 2000, 2511.
876 BGH NJW 2002, 2252; OLG Naumburg FamRZ 2001, 1542.

Wird ein materiell Beteiligter[877] überhaupt nicht in das Verfahren eingeschaltet – etwa der Vermieter bei der endgültigen Wohnungszuweisung nach der HausratsVO –, beginnt nach der h.M. für ihn die Rechtsmittelfrist nur dann fünf Monate nach Verkündung der Entscheidung zu laufen, wenn er überhaupt Kenntnis von dem Verfahren hatte, mit der Konsequenz, dass bei einer vollständigen Nichtbeteiligung die absolute Rechtsmittelfrist nicht zu laufen beginnt und seine Beschwerde zulässig bleibt.[878]

437 Die Beschwerde ist **schriftlich** einzulegen und innerhalb von zwei Monaten nach Zustellung der vollständig abgefassten Entscheidung zu begründen (§ 621e Abs. 3 S. 2 ZPO in Verbindung mit § 520 Abs. 1, 2 ZPO). Die Begründung muss in knapper Form darstellen, wodurch sich der Beschwerdeführer beschwert fühlt und ergeben, dass er diese Entscheidung angreift. Dabei kann die Beschwerde **auch auf neue Tatsachen** gestützt werden (§ 23 FGG).

438 Gemäß § 78 Abs. 1 S. 5 ZPO besteht für Parteien und beteiligte Dritte vor dem Familiensenat des Oberlandesgerichts grundsätzlich Anwaltszwang. Die befristete Beschwerde unterliegt jedoch nicht dem Anwaltszwang, soweit die Wohnungszuweisung nicht im Rahmen des Scheidungsverbundes erfolgt ist. Und auch in diesem Fall besteht die Notwendigkeit, sich durch einen Rechtsanwalt vertreten zu lassen nur für die Partei, nicht aber für einen beteiligten Dritten (§ 78 Abs. 3 ZPO).

ee) Reformatio in peius

439 Das Beschwerdegericht ist an Anträge nicht gebunden, § 621e Abs. 3 S. 2 ZPO verweist nicht auf § 520 Abs. 3 S. 2 ZPO. Mit Ausnahme des Verfahrens nach §§ 1666, 1666a BGB gilt bei Verfahren der Zuweisung einer Wohnung zur Alleinnutzung jedoch das Verbot der reformatio in peius, die Beschwerdeentscheidung darf also die Ausgangsentscheidung nicht zum Nachteil des Beschwerdeführers abändern.[879] Etwas anderes gilt im Rahmen des Verfahrens nach §§ 1666, 1666a BGB, da Maßstab hier **allein das Kindeswohl** ist, das allen anderen Interessen vorgeht.[880]

---

877 Vgl. zu den Beteiligten Rdnr. 364ff.
878 BGH FamRZ 1997, 999 (1000); OLG Brandenburg FamRZ 2004, 1300; OLG Brandenburg FamRZ 2000, 1028; OLG Naumburg FamRZ 2001, 550; OLG Stuttgart FamRZ 2001, 549; OLG Celle FamRZ 1997, 760; OLG München FamRZ 1996, 740; zur Kritik hieran vgl. Johannsen/Henrich/*Sedemund-Treiber* § 621e ZPO Rdnr. 13.
879 Johannsen/Henrich/*Brudermüller* § 14 HausratsVO Rdnr. 4.
880 Zöller/*Philippi* § 621e ZPO Rdnr. 72.

ff) Suspensiveffekt

Die befristete Beschwerde hat keinen Suspensiveffekt. Es besteht jedoch die Möglichkeit, der **Aussetzung der Vollziehung** der erstinstanziellen Entscheidung durch das Beschwerdegericht (§ 24 Abs. 3 FGG).[881] Entscheidungen über eine Wohnungszuweisung werden allerdings nach § 16 Abs. 1 HausratsVO (in Verbindung mit § 18a HausratsVO bzw. §§ 661 Abs. 1 Nr. 5, Abs. 2, 621 Abs. 1 Nr. 7, 621a Abs. 1 ZPO) erst mit Rechtskraft wirksam.

440

gg) Anschlussbeschwerde

Zwar enthält § 621e Abs. 1, 3 ZPO keinen ausdrücklichen Verweis auf die entsprechende Anwendung des § 524 ZPO. Es entspricht jedoch allgemeiner Meinung, dass auch im Beschwerdeverfahren nach § 621e Abs. 1, 3 ZPO **in echten Streitsachen** der freiwilligen Gerichtsbarkeit, wozu auch die Verfahren auf Zuweisung einer Wohnung zur Alleinnutzung gehören, ein Anschlussrechtsmittel gegeben ist.[882] Nicht zulässig ist sie wegen fehlenden Rechtsschutzbedürfnisses hingegen dort, wo das Verbot der reformatio in peius nicht gilt, so in den Verfahren wegen Kindeswohlgefährdung gemäß §§ 1666, 1666a BGB.[883]

441

Praxistipp: Trotz fehlender Bindung an die Anträge der Parteien kann im Hinblick auf das sonst eingreifende Verbot der reformatio in peius die Anschlussbeschwerde im Einzelfall zweckmäßig sein.

Entsprechend § 524 Abs. 2 S. 2 ZPO hat die Anschließung bis zum Ablauf der Beschwerdeerwiderungsfrist zu erfolgen.

hh) Beschwerderücknahme

Die Rücknahme der Beschwerde ist bis zum Erlass der Beschwerdeentscheidung möglich und bedarf nicht der Zustimmung der anderen Beteiligten.[884]

442

---

[881] Zöller/*Philippi* § 621e ZPO Rdnr. 60.
[882] OLG Düsseldorf FamRZ 2007, 1572; Zöller/*Philippi* § 621e Rdnr. 54.
[883] OLG Dresden FamRZ 2005, 1275 (zum Umgang); OLG Karlsruhe FamRZ 2004, 722; Zöller/*Philippi* § 621e Rdnr. 72; vgl. dazu auch Rdnr. 439.
[884] Vgl. zur Kostenentscheidung in diesem Fall Rdnr. 413.

b) Rechtsbeschwerde

443 In den Verfahren nach § 1361b BGB, § 14 LPartG, der HausratsVO bzw. §§ 17, 18 LPartG und nach § 2 GewSchG findet eine Rechtsbeschwerde zum BGH nicht statt (§ 621e Abs. 2 ZPO).

Bei einem Verfahren nach §§ 1666, 1666a BGB, in dem eine go-order ausgesprochen wurde, kommt sie gemäß § 621e Abs. 2 ZPO bei Zulassung durch das Beschwerdegericht demgegenüber in Betracht. Bei Nichtzulassung findet in Familiensachen die Nichtzulassungsbeschwerde gemäß §§ 621e Abs. 2, 544 ZPO nicht statt (§ 26 Nr. 9 EGZPO).

FamFG-E:

Gemäß § 70 Abs. 1 FamFG-E soll die Rechtsbeschwerde zum BGH (§ 133 GVG-E) auch künftig nur auf Zulassung stattfinden.

2. Verbundentscheidung

a) Berufung oder sofortige Beschwerde

444 Ergeht die Entscheidung über die endgültige Wohnungszuweisung nach den Vorschriften der HausratsVO im Verbund mit dem Scheidungsurteil bzw. nach §§ 17, 18 LPartG zusammen mit dem Urteil über die Aufhebung der Lebenspartnerschaft, ist die Berufung das statthafte Rechtsmittel, wenn die **Entscheidung insgesamt angegriffen** wird. Gemäß §§ 629a Abs. 2 S. 1, 621e ZPO findet hingegen die befristete Beschwerde statt, wenn sich das Rechtsmittel **nur gegen die Zuweisung der Wohnung** (und gegebenenfalls noch andere FGG-Folgesachen) richtet. Auch wenn formal Berufung eingelegt wird, deren Begründung aber lediglich die Wohnungszuweisung angreift, ist das Rechtsmittel als Beschwerde auszulegen, die abweichende Bezeichnung schadet nicht. Hat derselbe Rechtsmittelführer jedoch zugleich Berufung gegen eine zivilprozessuale Folgesache eingelegt, so bleibt es bei dem einheitlichen Rechtsmittel der Berufung. Eine zunächst eingelegte befristete Beschwerde geht in einer späteren Berufung auf (§ 629a Abs. 2 S. 2 ZPO).

b) Revision oder Rechtsbeschwerde

445 Selbst im Fall des Zusammentreffens von Berufung und befristeter Beschwerde, bleibt – auch wenn hier nach § 629a Abs. 2 S. 2 ZPO einheitlich Berufung einzulegen ist – der Charakter der befristeten Beschwerde im Sinne von § 621e ZPO erhalten. Dies führt dazu, dass der BGH im

Rahmen einer nachfolgenden Revision hinsichtlich einer zivilprozessualen Folgesache sich **nicht** mit der Folgesache Wohnungszuweisung befassen kann. Der Rechtszug endet deshalb auch bei Verbundentscheidungen beim OLG.[885]

II. Rechtsmittel gegen einstweilige Anordnung

Gemäß § 620c ZPO sind aufgrund einstweiliger Anordnungen getroffene Regelungen nach § 620 Nr. 1, 7 und 9 ZPO, aber auch nach § 621g ZPO und § 64b Abs. 3 FGG nur eingeschränkt und auch nur dann mit der sofortigen Beschwerde anfechtbar, wenn die **Regelung aufgrund mündlicher Verhandlung** erging. Zuständig für die Entscheidung über die Beschwerde ist das **Oberlandesgericht** und dort der **Einzelrichter** (§ 119 Abs. 1 Nr. 1a GVG, § 568 ZPO).

446

1. Statthaftigkeit

Wurde über einen Antrag auf Zuweisung der Ehe- oder Partnerschaftswohnung im Wege der einstweiligen Anordnung nach § 620 Nr. 7 ZPO oder § 621g ZPO entschieden, ist die sofortige Beschwerde sowohl bei Zuweisung der Wohnung als auch (nach der Neufassung der Vorschrift aufgrund des Gewaltschutzgesetzes) bei einer ablehnenden Entscheidung möglich. Da eine sofortige Beschwerde im Rahmen des Verfahrens auf Erlass einer einstweiligen Anordnung nach der Intention des Gesetzgebers nur in eng begrenzten Ausnahmefällen und bei gravierendem Eingriff statthaft sein soll, wird die Anfechtbarkeit einer im Rahmen der einstweiligen Anordnung geregelten **Nutzungsentschädigung** abgelehnt.[886] Das gleiche gilt für die Entscheidung über die Wiedereinräumung des Mitbesitzes[887] und die Aufteilung der Wohnung.[888] Die sofortige Beschwerde gegen die Bewilligung oder Versagung einer **Räumungsfrist** ist jedoch zulässig.[889]

447

---

885 Johannsen/Henrich/*Sedemund-Treiber* § 629a ZPO Rdnr. 5.
886 OLG Brandenburg FamRZ 2003, 1305 (aber: außerordentliche sofortige Beschwerde wegen greifbarer Gesetzeswidrigkeit; gegen die Zulässigkeit einer solchen nach der ZPO-Reform BGH NJW 2002, 1577); Zöller/*Philippi* § 620c ZPO Rdnr. 6a; Musielak/*Borth* § 620c Rdnr. 5; FA-FamR/*Klein* 8. Kap. Rdnr. 292a; a.A. *Baumbach/Lauterbach/Albers/Hartmann* § 620c Rdnr. 5.
887 OLG Bamberg FamRZ 2006, 873.
888 OLG Naumburg FamRZ 2005, 2074; vgl. auch Johannsen/Henrich/*Sedemund-Treiber* § 620c ZPO Rdnr. 3 (Aufteilung nur dann unanfechtbar, wenn diese von vornherein beantragt war, nicht jedoch, wenn sie als „Minus" zur Alleinzuweisung angeordnet wird).
889 Zöller/*Philippi* § 620c ZPO Rdnr. 6a; Johannsen/Henrich/*Sedemund-Treiber* § 620c ZPO Rdnr. 2 a.E.; FA-FamR/*Klein* 8. Kap. Rdnr. 292a; *Viefhues* Rdnr. 2053; vgl. dazu auch MünchKomm/ZPO/*Finger* § 620c Rdnr. 6.

Auch Entscheidungen nach dem GewSchG sind nach § 620c ZPO anfechtbar sowohl soweit sie **erlassen als auch soweit sie abgelehnt** werden. Die einer Sorgerechtsregelung unterfallende „go-order" ist nach § 620c ZPO hingegen nur anfechtbar, **wenn sie angeordnet**, nicht hingegen, wenn sie abgelehnt wird.

448 Wurde die einstweilige Anordnung ohne mündliche Verhandlung erlassen, muss zunächst **Antrag auf mündliche Verhandlung** nach § 620b Abs. 2 ZPO gestellt werden. Lehnt das Familiengericht entgegen § 620b Abs. 2 ZPO eine mündliche Verhandlung ab, findet dagegen die sofortige Beschwerde nach § 567 Abs. 1 Nr. 2 ZPO statt. § 620c S. 2 ZPO schließt dies nicht aus.

Gegen den Beschluss auf **Feststellung des Außerkrafttretens** gemäß § 620f Abs. 1 S. 2 ZPO findet gleichfalls die sofortige Beschwerde statt (§ 620f Abs. 1 S. 3 ZPO).

FamFG-E:

Die Anfechtbarkeit einer einstweiligen Anordnung soll künftig in § 57 FamFG-E geregelt sein und findet statt bei Entscheidungen über die elterliche Sorge, die Herausgabe des Kindes an den anderen Elternteil, einen Antrag auf Verbleiben des Kindes bei einer Pflege- oder Bezugsperson, einen Antrag nach §§ 1, 2 GewSchG oder einen Antrag auf Zuweisung der Wohnung. Die Beschwerdefrist beträgt nach § 63 Abs. 2 Nr. 1 FamFG-E zwei Wochen.

2. Beschwerdeberechtigung

449 Beschwerdeberechtigt sind im Rahmen des § 620c ZPO nur die betroffenen Ehegatten, Lebenspartner bzw. Bewohner der Wohnung bei § 2 GewSchG oder der nach §§ 1666, 1666a ZPO aus der Wohnung gewiesene Elternteil oder Dritte, nicht aber sonstige im Hauptsacheverfahren zu beteiligende Personen, wie Hauseigentümer oder Vermieter (§ 7 HausratsVO), da diese im summarischen Verfahren nicht beteiligt werden und die nur vorläufige Entscheidung auch **nicht in ihre Rechtspositionen eingreifen kann**. Etwas anderes muss für den Ehe- oder Lebenspartner des aus einer (Nachbar-)Wohnung gewiesenen Dritten gelten, da auch die nur vorläufige Wegweisung dessen Recht auf eheliche bzw. lebenspartnerschaftliche Lebensgemeinschaft berührt. Wird eine Sorgerechtsregelung getroffen, aber keine „go-order" ausgesprochen, besteht ein Beschwerderecht gegen die Sorgerechtsregelung. Ein Beschwerderecht gegen die Ab-

lehnung der Wegweisung besteht hingegen nicht, da insoweit eine **Regelung (gerade) nicht erfolgt** ist.[890]

3. Form, Frist, Anwaltszwang

Für die sofortige Beschwerde gelten die §§ 567ff ZPO. Sie ist gemäß § 569 Abs. 1 ZPO binnen einer **Notfrist von zwei Wochen** einzulegen und nach § 620d ZPO (insoweit abweichend von § 571 Abs. 1 ZPO) innerhalb dieser Frist **auch zu begründen**. Das Familiengericht kann der Beschwerde nach § 572 Abs. 1 S. 1 ZPO abhelfen, wobei sich der Nichtabhilfebeschluss mit neuem Beschwerdevorbringen auseinandersetzen und begründet werden muss.[891] Die sofortige Beschwerde hat **keine aufschiebende Wirkung** (§ 570 Abs. 1 ZPO).[892] Im Verbundverfahren besteht Anwaltszwang, nicht jedoch bei einer in einem isolierten Verfahren erlassenen einstweiligen Anordnung.[893]

450

4. Weitere Beschwerde

Die einstweiligen Anordnungen in selbständigen Familiensachen unterliegen nicht der weiteren Beschwerde.[894]

451

III. Rechtsmittel gegen Kostenentscheidung

1. Verbundentscheidung

Wird im Verbundurteil über die Hauptsache Wohnungszuweisung und die Kosten entschieden, kommt gemäß § 99 Abs. 1 ZPO eine Anfechtung der Kostenentscheidung nur **zusammen mit der Hauptsacheentscheidung** in Betracht. Hat sich in der abgetrennten Folgesache die Hauptsache jedoch **erledigt** und war nur noch über die Kosten zu entscheiden, richtet sich die Kostenentscheidung zwar nach § 93a Abs. 1 ZPO, jedoch ist hiergegen analog § 91a Abs. 2 S. 1 ZPO die sofortige Beschwerde zulässig.[895] Wird die Folgesache Wohnungszuweisung im Verbund **zurückgenommen**, so ist die Kostenentscheidung in der Ehesache – soweit sie auf Rücknahme beruht – nach § 269 Abs. 5 ZPO anfechtbar.

452

---

890 OLG Karlsruhe FamRZ 2005, 120; OLG Karlsruhe FamRZ 2004, 656.
891 OLG Brandenburg FamRZ 2004, 653; OLG Karlsruhe FamRZ 2004, 653.
892 OLG Brandenburg FamRZ 2001, 1005.
893 Umkehrschluss aus § 569 Abs. 3 Nr. 1 ZPO; vgl. Thomas/Putzo/*Hüßtege* § 620c Rdnr. 1.
894 BGH FamRZ 2003, 1551.
895 OLG Karlsruhe NJW-RR 1996, 1477.

Die Ermessensentscheidung nach § 93a Abs. 1 S. 2 ZPO kann nur auf Ermessensfehler überprüft werden.[896]

2. Isoliertes Verfahren

453 Auch im isolierten Wohnungszuweisungsverfahren nach dem BGB, dem LPartG, der HausratsVO oder einem Verfahren nach §§ 1666, 1666a BGB kann gemäß § 20a Abs. 1 FGG die Kostenentscheidung **nur zusammen mit der Hauptsacheentscheidung** angefochten werden.

Nach der Neuregelung des Beschwerderechts durch das Zivilprozessreformgesetz kommt auch **keine außerordentliche sofortige Beschwerde** gegen eine mit der Hauptsacheentscheidung zusammen ergangene Kostenentscheidung in Betracht, selbst wenn diese einer gesetzlichen Grundlage entbehrt und dem Gesetz inhaltlich fremd sein sollte.[897]

Im Fall einer selbständig ergangenen Kostenentscheidung kann diese nach § 20a Abs. 2 FGG mit der sofortigen Beschwerde gemäß § 22 FGG angegriffen werden, wenn der **Beschwerdewert von 100,- €** überschritten wird.[898] Die sofortige Beschwerde ist binnen einer Frist von 2 Wochen einzulegen (§ 22 Abs. 1 FGG). Sie kann nach § 21 Abs. 1 FGG beim Ausgangs- oder beim Beschwerdegericht eingelegt werden.

Ist allerdings gegen die Hauptsacheentscheidung **kein Rechtsmittel zulässig**, ist auch gegen die isolierte Kostenentscheidung ein Rechtsmittel nicht gegeben.[899]

IV. Rechtsmittel gegen Zwangsmittel und deren Androhung

454 Gegen die Androhung und Verhängung von Ordnungsgeld gemäß § 890 ZPO, die Verhängung eines Zwangsgeldes nach § 888 ZPO oder die Zurückweisung eines diesbezüglichen Antrags richtet sich die **sofortige Beschwerde nach § 793 ZPO**. Ihr Ziel kann auch sein, den Ord-

---

896 BGH FamRZ 2007, 893.
897 BGH NJW 2002, 1577.
898 OLG Hamburg FamRZ 1994, 716 (717) bei analog § 321 ZPO nachgeholter Kostenentscheidung; eine analoge Anwendung des § 20a Abs. 2 FGG wurde für den Fall vertreten, dass einer Kostenentscheidung die gesetzliche Grundlage fehlt, so OLG Koblenz FamRZ 1996, 1023; vgl zur außerordentlichen Beschwerde BGH NJW 2002, 1577 und für den Bereich des FGG *Bumiller/Winkler* § 29a Rdnr. 2; Keidel/*Kahl* § 19 Rdnr. 39 a.E.; vgl. dazu auch *Bassenge/Roth* § 29a Rdnr. 1.
899 Keidel/*Zimmermann* § 20a FGG Rdnr. 9; OLG Naumburg FamRZ 2007, 1035: Unanfechtbarkeit der isolierten Kostenentscheidung nach Antragsrücknahme in der Hauptsache und vorangehender einstweiliger Anordnung ohne mündliche Verhandlung.

nungsmittelrahmen zu ändern. Die Beschwerde hat keine aufschiebende Wirkung, denn § 570 Abs. 1 ZPO gilt – entgegen seinem Wortlaut – nicht für Maßnahmen der Zwangsvollstreckung. Der Vollzug der angefochtenen Entscheidung kann allerdings gemäß § 570 Abs. 2 ZPO ausgesetzt werden.[900]

Die Rechtsbeschwerde findet nur statt, wenn das Beschwerdegericht sie zugelassen hat (§ 574 Abs. 1 Nr. 2, Abs. 3, Abs. 2 Nr. 1 und 2 ZPO).

Die Androhung, die gesonderte Verfügung, durch die der Gebrauch von Gewalt gestattet wird, und die Festsetzung des Zwangsgeldes nach § 33 FGG im Rahmen einer „go-order" nach §§ 1666, 1666a ZPO sind jeweils mit der **Beschwerde gemäß § 19 FGG** anfechtbar. Dabei ist die Anfechtung auch nach Zahlung des Zwangsgeldes noch zulässig. Beschwerden gegen die Festsetzung von Zwangsmitteln (einschließlich der Anordnung nach § 33 Abs. 2 FGG) haben nach § 24 Abs. 1 S. 1 FGG aufschiebende Wirkung, das Beschwerdegericht kann gemäß § 24 Abs. 3 1. Hs. FGG jedoch eine einstweilige Anordnung zur Durchsetzung der Entscheidung erlassen, wenn ein Warten bis zum Abschluss des Beschwerdeverfahrens im Hinblick auf die bestehende Kindeswohlgefährdung nicht möglich ist.

Das Beschwerdegericht prüft, ob das Zwangsmittel im Zeitpunkt seiner Entscheidung noch gerechtfertigt ist.

Eine weitere Beschwerde findet nicht statt, da Androhung und Festsetzung von Zwangsmitteln Vollstreckungsmaßnahmen nach § 33 FGG darstellen, die nicht den Endentscheidungen nach § 621e ZPO zuzurechnen sind. Derartige Entscheidungen der freiwilligen Gerichtsbarkeit in Familiensachen unterliegen nur der Beschwerde nach § 19 Abs. 1 FGG, nicht aber einer weiteren Beschwerde.[901]

455

V. Rechtsmittel gegen Festsetzung des Geschäftswerts, Kostenfestsetzung und Kostenansatz

Im selbständigen Zuweisungsverfahren kann die Festsetzung des Geschäftswertes mit der Beschwerde gemäß § 31 Abs. 3 KostO angegriffen werden, sofern der Wert des Beschwerdegegenstandes 200,- € übersteigt oder die Beschwerde wegen der grundsätzlichen Bedeutung zugelassen wird. Im Verbundverfahren gilt insoweit § 68 GKG.

456

---

900 OLG Köln FamRZ 2005, 223.
901 BGH FamRZ 1992, 538; Keidel/*Zimmermann* § 33 FGG Rdnr. 27; *Bumiller/Winkler* § 33 Rdnr. 26.

Gegen die Kostenfestsetzung und die Festsetzung der Vergütung nach § 11 RVG findet die sofortige Beschwerde nach § 104 Abs. 3 S. 1 ZPO statt. Die Beschwerdesumme beträgt auch hier 200,- € (§ 567 Abs. 2 ZPO). Die Rechtsbeschwerde kann nach § 574 ZPO zugelassen werden, im FGG-Verfahren kommt die sofortige weitere Beschwerde (§§ 27ff FGG) in Betracht.

Gegen den Kostenansatz besteht zunächst die Möglichkeit, Erinnerung gemäß § 11 RPflG einzulegen. Hilft der Rechtspfleger der Erinnerung nicht ab, entscheidet das Gericht darüber durch Beschluss, gegen den die Beschwerde statthaft ist, wenn der Wert des Beschwerdegegenstands 200,- € übersteigt oder sie vom Erstrichter wegen grundsätzlicher Bedeutung zugelassen wird (§ 66 Abs. 2 GKG, § 14 Abs. 3 KostO).

M. Ausblick

Das Familienrecht ist in Bewegung und auch im Recht der Regelung der Alleinnutzung einer Wohnung bleibt für den Gesetzgeber noch einiges zu tun.

Bestehende Überschneidungen zwischen Miet- und Familienrecht provozieren Fragen und machen Lösungen unsicher. Natürlich geht der Familienrechtler davon aus, dass das Mietrecht durch das Familienrecht überlagert wird.[902] Aber wie sieht das der Mietrichter? Mietrechtliche Probleme, wie etwa die Frage einer wirksamen Vermieterkündigung bei Trennung eines Paares und Überlassung der Wohnung an den Nichtmieter, würden sich reduzieren, wenn dementsprechende Regelungen in das Wohnraummietrecht übernommen und nicht allein der Rechtsprechung überlassen würden.[903] Aber auch die Möglichkeit einer Umgestaltung des Mietverhältnisses durch das Familiengericht bereits bei längerer Trennung wäre in diesem Zusammenhang hilfreich.[904] Die Entscheidung des BVerfG[905] über die Berücksichtigung eines Wohnungszuweisungsverfahrens im Rahmen des Räumungsverfahrens hat nicht nur Bedeutung für die Zeit nach Scheidung der Ehe.

Außerdem erweisen sich Schutzmaßnahmen im Rahmen der Wohnungszuweisung, insbesondere das aus § 1361b Abs. 3 S. 1 BGB, § 14 Abs. 3 S. 1 LPartG, § 2 Abs. 4 GewSchG hergeleitete Kündigungsverbot, als stumpfes Schwert, solange es nicht zur absoluten Unwirksamkeit einer verbotswidrig ausgesprochenen Kündigung führt.

Dringender Reformbedarf besteht im Zusammenhang mit der Nutzungsentschädigung: Während § 1361b Abs. 3 S. 2 BGB, § 14 Abs. 3 S. 2 LPartG sowie § 2 Abs. 5 GewSchG eine Nutzungsentschädigung nach Billigkeit ausdrücklich vorsehen und diese – jedenfalls nach nunmehr überwiegender Meinung – auch bei freiwilligem Auszug[906] durch das Familiengericht angeordnet werden kann, ohne dass (mit Ausnahme des Ge-

457

---

902 Vgl. dazu Henrich/Schwab/*Schwab* S. 129 (132ff).
903 Zur Aufnahme einer gesetzlichen Bestimmung für die Beendigung von Mietermehrheiten in das Mietrecht auch *Hülsmann* NZM 2004, 124 (129).
904 Vgl. auch *Wlecke* S. 276.
905 FamRZ 2006, 1596.
906 Nach BGH FamRZ 2006, 930 auch bei § 1361b BGB a.F.

waltschutzgesetzes) die Zuweisungsvoraussetzungen überhaupt vorliegen müssen, erwähnt die HausratsVO die Nutzungsvergütung mit keinem Wort. Die Rechtsprechung konstruiert einen Anspruch darauf im Fall des Alleineigentums bei ausnahmsweiser Überlassung an den Nichteigentümer über § 3 HausratsVO, während § 18 Abs. 2 LPartG in diesem Fall (noch) zwingend die Begründung eines Mietverhältnisses vorsieht, so dass sich hieraus ein Anspruch auf Mietzinszahlung ergibt. Bei Miteigentum leitet die überwiegende Meinung den Anspruch auf Nutzungsentschädigung bei freiwilligem Auszug eines Miteigentümers für die Zeit nach der Scheidung aus § 745 Abs. 2 BGB ab, mit der derzeit noch daraus folgenden Konsequenz der Zuständigkeit des allgemeinen Zivilgerichts.[907] Auch der nunmehr vorliegende § 1568a BGB-E nach dem Entwurf eines Gesetzes zur Änderung des Zugewinnausgleichs- und Vormundschaftsrechts, der – bei gleichzeitiger Aufhebung der HausratsVO – die Neuregelung der Wohnungszuweisung für die Zeit nach Rechtskraft der Scheidung vorsieht, hält hier keine Lösung bereit.

§ 1568a BGB-E sieht in seinen Abs. 3 mit 5 – zum Teil auf Verlangen des Wohnungsnutzers – außerdem die zwingende und umfassende Begründung von Mietverhältnissen vor. Dies entspricht grundsätzlich der Intention, im Zusammenhang mit der endgültigen Regelung der Nutzung der Wohnung für die Zeit nach Rechtskraft der Scheidung die zugrundeliegenden Rechtsverhältnisse anzupassen. Jedoch sind auch in dem auf eine endgültige Regelung der Nutzungsverhältnisse an der ehemaligen Ehewohnung angelegten Verfahren nach der HausratsVO Fälle denkbar, in denen ein bloßes Nutzungsverhältnis im Innenverhältnis der Ehegatten einer Umgestaltung des Mietvertrages vorzuziehen ist.[908] Dies gilt auch und insbesondere im Fall von Werkdienst- bzw. Werkmietwohnungen nach § 1568a Abs. 4 BGB-E (§ 4 HausratsVO), wenn diese ausnahmsweise gegen den Willen des Dienstberechtigten zur Vermeidung einer unbilligen Härte dem anderen Ehegatten zugewiesen werden, zumal die Zuweisung in diesem Fall regelmäßig zu befristen ist. Dabei ist zu bedenken, dass bei einer Werkdienstwohnung nach § 576b BGB die Überlassung der Wohnung das Entgelt oder einen Teil des Entgelts für die Dienstleistung darstellt. Ein lediglich befristetes Nutzungverhältnis im Innenverhältnis mit einem Ausgleich des „Wohnvorteils" sei es durch Einbeziehung in eine Unterhaltsregelung, sei es durch Anordnung der Zahlung einer Nutzungsentschädigung, stellt eine wesentlich einfachere Lösung dar, als die Begründung eines Mietverhältnisses zwischen dem nicht Dienstverpflichteten und dem Dienstherren, die zwangsläufig wieder Aus-

---

907 Zu Recht anders jetzt OLG München FamRZ 2007, 1655 m. abl. Anm. *Wever*.
908 Johannsen/Henrich/*Brudermüller* § 5 HausratsVO Rdnr. 3.

wirkungen auf das Vertragsverhältnis zwischen dem Dienstherrn und dem Dienstberechtigten hat, sofern dieser nicht ohne weiteres eine andere Wohnung zur Verfügung stellen kann.

Das Familiengericht sollte daher auch künftig die Möglichkeit haben, es bei einem bloßen Nutzungsverhältnis im Innenverhältnis der Partner zu belassen, wobei für diesen Fall – entsprechend § 1361b BGB – eine Nutzungsentschädigung im Gesetz selbst vorgesehen werden sollte. Streitfragen in der Praxis und eine divergierende Rechtsprechung könnten dadurch weitgehend ausgeschlossen werden.

Die derzeitige Fassung des § 1568a Abs. 5 BGB-E schließt auch eine Lösung, wie sie nach bisherigem Recht gemäß § 5 Abs. 2 HausratsVO möglich ist, zu Lasten des dinglich (mit-)berechtigten Ehegatten aus: Zu Recht erwähnt die Entwurfsbegründung, dass bei ausnahmsweiser Zuweisung an den nicht dinglich berechtigten Ehegatten nach § 1568a Abs. 2 BGB-E (§ 3 HausratsVO) zur Vermeidung einer unbilligen Härte die Begründung eines Mietverhältnisses diesen vor einer Veräußerung durch den dinglich Berechtigten schützt, gegen den ein Veräußerungsverbot nach h.M. nicht verhängt werden kann.[909] Gleiches gilt im Fall des Miteigentums für die Teilungsversteigerung.[910] Wird die Wohnung dem nicht dinglich Berechtigten zugewiesen, lässt sich der darin liegende Eingriff in das verfassungsrechtlich geschützte Eigentum jedoch nur rechtfertigen, wenn diese Zuweisung befristet (und regelmäßig auch gegen Zahlung einer Nutzungsentschädigung) erfolgt. Nach § 5 Abs. 2 HausratsVO kann das Familiengericht in diesem Fall ein Mietverhältnis nur zu vorübergehendem Gebrauch begründen, wobei sich der vorübergehende Gebrauch aus der Verknüpfung eines Vertragszwecks, der sachlich die Kurzfristigkeit der Gebrauchsüberlassung rechtfertigt, mit einer vertragsgemäß kurzfristigen, überschaubaren Überlassungsdauer ergibt. Bei einem Mietverhältnis nur zu vorübergehendem Gebrauch sind nach § 549 Abs. 2 S. 1 BGB bestimmte Mieterschutzvorschriften ausgeschlossen, so auch § 575 BGB, so dass die Befristung unabhängig vom Vorliegen der Voraussetzungen dieser Vorschrift erfolgen kann. Nach der Formulierung des § 1568a Abs. 5 BGB-E kommt eine Befristung jedoch nur unter den – deutlich engeren – Voraussetzungen des § 575 Abs. 1 BGB in Betracht. Vor allem ist das – nach der Scheidung aber durchaus legitime – Interesse, die Immobilie zu veräußern oder versteigern zu lassen, danach kein Kriterium für eine Befristung.[911]

---

909 Johannsen/Henrich/*Brudermüller* § 1361b BGB Rdnr. 59; MAH-Familienrecht/*Müller* § 16 Rdnr. 73; Scholz/Stein/*Eckebrecht* Teil D Rdnr. 26.
910 Entwurfsbegründung S. 42/43.
911 Vgl. Schmidt-Futterer/*Blank* § 575 BGB Rdnr. 7.

Problematisch erscheint auch die in § 1568a Abs. 3 Nr. 1 BGB-E vorgesehene Umgestaltung des Mietverhältnisses durch Zugang einer dementsprechenden Erklärung der (vormaligen) Eheleute beim Vermieter verbunden mit einem außerordentlichen Kündigungsrecht des Vermieters analog § 563 Abs. 4 BGB. Diese Vorschrift wird den Familiengerichten kaum Arbeit ersparen, wirft aber durch die Parallelität von Miet- und Familienrecht zahlreiche Fragen auf. Verfahren auf Zuweisung der Wohnung nach Rechtskraft der Scheidung sind in der Praxis nicht häufig, denn der Streit um die Wohnung entsteht regelmäßig bereits bei der Trennung und erfordert dann ein Verfahren nach § 1361b BGB. Bis zum Ablauf des Trennungsjahres sind die Wohnverhältnisse in der Regel (zwangsläufig) wieder geklärt. Aus diesem Grund ist Anlass für ein Verfahren nach der HausratsVO häufig nur die fehlende Zustimmung des Vermieters zur Umgestaltung des Mietvertrags entsprechend dem tatsächlichen Nutzungsverhältnis. In diesem Fall wird der Vermieter künftig nach Zugang der Mitteilung über die Überlassung von seinem außerordentlichen Kündigungsrecht Gebrauch machen, der Streit dreht sich dann um die Wirksamkeit dieser Kündigung. In einem diesbezüglichen Räumungsverfahren sind aber zwingend wiederum die geschützten Belange der familiären Gemeinschaft und des Kindeswohls mit zu berücksichtigen und – wie bei einem originären Zuweisungsverfahren – in die Entscheidung einzubeziehen.[912] Hinzu kommt, dass die derzeit in § 5 Abs. 1 S. 2 HausratsVO enthaltenen und in § 209 FamFG-E vorgesehenen Sicherungsanordnungen zugunsten des Vermieters bei einer Änderung des Mietvertrags nach § 1568a Abs. 3 Nr. 1 BGB-E nicht möglich sind, der Vermieter sich ohne diese einem Mieterwechsel aber eher widersetzen wird. Bei Einigkeit aller Beteiligten bedarf es einer Regelung, wie in § 1568a Abs. 3 Nr. 1 BGB-E vorgesehen, nicht, da durch dreiseitige Vereinbarung der Mietvertrag jederzeit abänderbar ist und in der Praxis auch in vielen Fällen auf diese Weise abgeändert wird. Bei fehlender Einigung bietet die Vorschrift hingegen keine echte Alternative zum Wohnungszuweisungsverfahren, sondern verkompliziert das Verfahren im Verhältnis zur ausschließlichen Mietvertragsänderung durch das Familiengericht.

Eine weitere „Baustelle" im Zusammenhang mit gemeinsam bewohnten Wohnungen findet sich im Verhältnis des possessorischen Besitzschutzes zu den Wohnungszuweisungsvorschriften. Auch hier bedarf es zur Vermeidung weiterer Streitigkeiten eines Tätigwerdens des Gesetzgebers. Das große Familiengericht allein, wie es das FamFG vorsieht, löst die Probleme nicht, notwendig ist vielmehr die Erweiterung der materiellen

---

912 BVerfG FamRZ 2006, 1596.

Zuweisungsvorschrift selbst um den Regelungsgehalt des possessorischen Besitzschutzes.

Schließlich erfährt ein nichtehelicher Lebensgefährte bei verbotener Eigenmacht des Partners zwar Besitzschutz durch § 861 BGB und in Gewaltfällen kommen Nutzungsregelungen nach § 2 GewSchG oder eine „go-order" nach §§ 1666, 1666a BGB in Betracht. Liegen deren Voraussetzungen aber nicht vor, muss auf allgemeine schuld- und sachenrechtliche Vorschriften zurückgegriffen werden, eine Umgestaltung des Mietvertrags ist generell ausgeschlossen. Selbst bei Einigkeit der Lebensgefährten besteht die Gefahr des Wohnungsverlustes, wenn der Nichtmieter in der Wohnung bleibt und der Vermieter hiermit nicht einverstanden ist.[913] Kindeswohlorientierte Regelungen bei Trennung der Eltern fehlen völlig, so dass nichteheliche Kinder gegenüber ehelichen deutlich schlechter gestellt sind. So existiert keine ihr Wohl schützende Vorschrift im Rahmen einer Teilungsversteigerung entsprechend § 180 Abs. 3 ZVG. Auch müssen sie ständige Spannungen und Streitigkeiten der Eltern ertragen, bis die Schwelle der Gewalt (endlich?) überschritten ist. Der statusunabhängige Schutz der Kinder wird in diesem Zusammenhang schon seit längerem gefordert und – nach der Entscheidung des BVerfG vom 28.2.2007[914] – nunmehr zu Recht besonders nachdrücklich angemahnt.[915]

---

913 Zur Kritik daran vgl. *Brudermüller* FuR 2003, 433 (442).
914 FamRZ 2007, 965ff.
915 *Schumann* FF 2007, 227 (230/231).

Anhang

I. Checklisten für § 1361b BGB, HausratsVO und § 2 GewSchG

Hinweis: Für die Wohnungszuweisung nach §§ 14, 17, 18 LPartG können die Checklisten für die Wohnungszuweisung nach § 1361b BGB bzw. nach der HausratsVO entsprechend angewendet werden.

1. Wohnungszuweisung nach § 1361b BGB

√ Parteien sind
- verheiratete Eheleute (Rdnr. 161),
- die getrennt leben oder bei denen zumindest ein Partner die Trennung beabsichtigt (Rdnr. 162ff).

√ Handelt es sich um die Ehewohnung?
  → Nach wie vor streitig, ob es nur eine Ehewohnung geben kann (Rdnr. 165ff).

√ Hat ein Partner die Wohnung bereits verlassen?
- Freiwillig
  → Wurde Rückkehr rechtzeitig angekündigt? Frist: 6 Monate, § 1361b Abs. 4 BGB (Rdnr. 188f).
- Ist er ausgeschlossen worden (verbotene Eigenmacht des anderen)?
  → Verhältnis §§ 861ff BGB – Wohnungszuweisung streitig; Zuständigkeitsproblem (§§ 861ff BGB – Zivilgericht; § 1361b BGB – Familiengericht; Rdnr. 261ff).
- Aufgrund eines polizeilichen Platzverweises?
  → Wann endet dieser? Antrag auf Erlass einer einstweiligen Anordnung erforderlich (Rdnr. 369ff).
- Aufgrund einer gerichtlichen Entscheidung?
  → Einstweilige Anordnung oder Endentscheidung? Rechtsmittel prüfen (Rdnr. 431ff).

√ Besteht eine dingliche Berechtigung an der Wohnung (Rdnr. 180, 249ff)?
- Alleinberechtigung
  → Bei Vertretung des Nichteigentümer und Zuweisung an ihn auf Begründung eines (gegebenenfalls befristeten) Mietverhältnisses wegen Veräußerungsgefahr hinwirken!
  → Bei Vertretung des Eigentümers: Auf zeitliche Begrenzung hinwirken und gegebenenfalls Nutzungsvergütung beantragen (Rdnr. 267ff).

- Mitberechtigung der Partner
  → Auch hier Mietverhältnis zwischen den Partnern wegen Teilungsversteigerung begründen (Rdnr. 319f).
  → Steht bereits fest, was mit der Immobilie geschehen soll (Veräußerung, Übernahme durch einen Partner; Rdnr. 124f).
- Mitberechtigung eines Partners mit Dritten
  → Mietverhältnis und Befristung wie bei Alleineigentum.

√ Handelt es sich um eine Mietwohnung?
  - Wurde Wohnung durch den Vermieter bereits gekündigt?
    → Aussetzung Räumungsverfahren bei anhängigem Zuweisungsverfahren (Rdnr. 41).
  - Der weichende Partner ist Alleinmieter
    → Bei Vertretung des Nichtmieters Verbot erwirken, das Mietverhältnis durch Kündigung oder auf andere Weise zu beenden (Rdnr. 316)!
  - Beide Partner sind Mitmieter
    → Will der in der Wohnung Verbliebene diese dauerhaft oder nur vorübergehend nutzen? Wenn Wohnung aufgegeben werden soll, gemeinsame Kündigung; falls nicht, einvernehmliche Änderung des Mietvertrages mit Entlassung des nicht in der Wohnung Verbleibenden aus dem Mietvertrag jetzt schon möglich? Falls nicht: Verfahren nach HausratsVO mit dem Ziel Mietvertragsänderung vormerken.
  - Ein Partner ist gemeinsam mit einem Dritten Mieter
    → Kündigungsverbot wie bei Alleinmieter erwirken (Rdnr. 316)!

√ Lebt ein Kind im gemeinsamen Haushalt?
  - Wer betreut?
  - Schule, Kindergarten, Freunde in der Nähe?

√ Unbillige Härte – Kriterien:
  - Kindeswohl (Rdnr. 171ff)
  - Dingliche Berechtigung (Rdnr. 180)
  - Schwere Störungen des Familienfriedens, erhebliche Belästigungen, Randalieren (Rdnr. 170, 179ff)
  - Beschimpfungen und Beleidigungen
  - Hinwegsetzen über Wohnungsteilung
  - Wer findet leichter Ersatzwohnraum?
  - Alter, Gesundheitszustand, finanzielle Verhältnisse
  - Angewiesensein auf Lage und Ausstattung der Wohnung
  - Verbindung von Wohn- und Geschäftsraum
  - Wohnung schon vor der Ehezeit bewohnt
  - Erhebliche Investitionen in die Wohnung
  - Pflegebedürftige Angehörige in oder in der Nähe der Wohnung

√ Kann die Wohnung geteilt werden (Rdnr. 247f)?

√ Kam es zu ausgeübter oder angedrohter Gewalt (Rdnr. 174ff)?
• Wann, wo, Verletzungen, Zeugen, Einschaltung Polizei, Strafanzeige (Geschäftszeichen/Tagebuchnummer), Strafverfahren (Aktenzeichen), Erstvorfall oder Wiederholung?
• Fehlende Wiederholungsgefahr (Beweislast Täter; Rdnr. 185)
• Ohne Wiederholungsgefahr: Unzumutbarkeit für Opfer?
  → auf Zusatzanordnungen hinwirken (Bannmeile etc; Rdnr. 321)
√ Kommt eine Nutzungsentschädigung in Betracht (Rdnr. 273ff)?
• Eigentums- oder Mietwohnung?
• Bleibt der Berechtigte in der Wohnung (Rdnr. 268)?
• Wurde Wohnungsnutzung (Wohnwert) bereits bei der Unterhaltsberechnung berücksichtigt (Rdnr. 271)?
• Gesamtschuldnerausgleich?
• Wie sind die Einkommens- und Vermögensverhältnisse?
• Höhe nach Billigkeit (Kriterien: Kinderbetreuung, Unterhaltszahlung, aufgedrängte Nutzung u.a.).
  → Ausgangspunkt im ersten Trennungsjahr: Angemessene Miete; danach objektive Marktmiete
• Beachte kontroverse Rechtsprechung zu § 1361b BGB – § 745 Abs. 2 BGB bei freiwilligem Auszug und Miteigentum – Zuständigkeitsproblem (Rdnr. 276f)!
√ Kommt Räumungsfrist in Betracht (Rdnr. 312)?

2. Zuweisung nach der HausratsVO

√ Parteien sind geschiedene Eheleute.
• Bei Rechtshängigkeit des Scheidungsverfahrens Folgesache Wohnungszuweisung möglich.
√ Haben sich die Partner bereits abschließend geeinigt (Rdnr. 197ff)?
• Liegt Zustimmung des Vermieters zur Änderung des Mietverhältnisses vor?
• Besteht Einigkeit auch über eine zu zahlende Nutzungsentschädigung?
√ Lebt ein Kind in der Wohnung (Rdnr. 202)?
• Wer betreut?
• Schule, Kindergarten, Freunde in der Nähe?
√ Erfordernisse des Gemeinschaftslebens (Rdnr. 203)
• Kam es zu Vertragsverletzungen durch einen Partner?
• Wer fügt sich besser in Hausgemeinschaft ein?
√ Sonstige Billigkeitskriterien (wie bei § 1361b BGB; Rdnr. 201ff)
√ Handelt es sich um eine Werkdienst- oder Werkmietwohnung (Rdnr. 209f)?
• Ist der Dienstherr mit der Überlassung an den betriebsfremden Ehegatten einverstanden?

- Falls nein, Zuweisung zur Vermeidung einer unbilligen Härte trotzdem nötig?

√ Besteht eine dingliche Allein- oder Mitberechtigung mit Dritten an der Wohnung, § 3 HausratsVO (Rdnr. 205ff)?
- Kann unbillige Härte die Zuweisung an Nichteigentümer begründen?
- Falls ja: Zum Schutz vor Veräußerung auf Begründung eines befristeten Mietverhältnisses zwischen den Partnern hinwirken (§ 5 Abs. 2 HausratsVO; Rdnr. 339).
- Zuweisung an den dinglich nicht Berechtigten nur befristet möglich (Rdnr. 253).
- Nutzungsentschädigung regeln bzw. beantragen (Rdnr. 285ff).
- Unternommene Schritte zur Wohnungssuche dokumentieren, falls Fristverlängerung nötig (Rdnr. 257).

√ Handelt es sich um eine Mietwohnung?
- Wurde Wohnung durch den Vermieter bereits gekündigt?
  → Aussetzung Räumungsverfahren bei anhängigem Zuweisungsverfahren (Rdnr. 42).
- Bleibt der Alleinmieter in der Wohnung?
- Bei Mitmietern oder Alleinberechtigung des Weichenden: Auf Änderung des Mietvertrags nach § 5 Abs. 1 HausratsVO hinwirken (Rdnr. 333ff).
  → Entlassung eines Mieters aus dem Mietverhältnis und Fortsetzung nur mit dem anderen oder Entlassung des bisherigen Alleinmieters aus dem Mietverhältnis und Fortsetzung mit dem bisherigen Nichtmieter.
  → bei Vertretung des Vermieters: Auf Sicherungsanordnungen nach § 5 Abs. 1 S. 2 HausratsVO hinwirken (Rdnr. 340ff).
- Bei Genossenschaftswohnung Herstellung von Einvernehmen zur Vermeidung einer nachfolgenden Kündigung bei Zuweisung an den Nichtgenossen wichtig (Rdnr. 210)!
  → keine Übertragung Genossenschaftsrechte möglich!

√ Nutzungsentschädigung (Rdnr. 285ff)
- Bei Alleineigentum überwiegend auf der Grundlage von § 3 HausratsVO.
- Sehr streitig, ob auch bei freiwilligem Auszug, insbesondere bei Miteigentum auf der Basis der HausratsVO möglich oder ob Anspruch der vor Zivilgericht geltend gemacht werden muss (Rdnr. 287).
- Höhe aber in jedem Fall nach Billigkeit (Kriterien wie bei § 1361b BGB).
  → Ausgangspunkt objektiver Mietwert.

√ Räumungsfrist (Rdnr. 312f)

3. Wohnungsüberlassung zur Alleinnutzung nach § 2 GewSchG

√ Personen, die einen auf Dauer angelegten gemeinsamen Haushalt führen (Rdnr. 222ff).
- Eheleute, eingetragene Lebenspartner ohne Trennungsabsicht.
- Nichteheliche Lebensgefährten.

√ Vorsätzlich und widerrechtlich ausgeübte Gewalt (Rdnr. 218, 225ff)
- Wann, wo, Verletzungen, Zeugen, Einschaltung Polizei, Strafanzeige (Geschäftszeichen/Tagebuchnummer), Strafverfahren (Aktenzeichen), Erstvorfall oder Wiederholung?
  → strenge Anforderungen an Substantiierung!

√ Drohung mit Gewalt genügt, wenn Wohnungszuweisung zur Vermeidung einer unbilligen Härte geboten (§ 2 Abs. 6 GewSchG; Rdnr. 219f)
- Unbillige Härte: Wie bei § 1361b BGB

√ Wiederholungsgefahr (Rdnr. 229f)
- Beweislast für Fehlen trägt Täter.
- Ohne Wiederholungsgefahr: Unzumutbarkeit für Opfer?
  → Streitig, ob bei Unzumutbarkeit auch Kindeswohl zu berücksichtigen.

√ Überlassung der Wohnung muss verlangt werden!
- Rechtzeitige Mitteilung? Frist: 3 Monate (§ 2 Abs. 3 Nr. 2 GewSchG; Rdnr. 231ff)
  → Schriftform!
- Nachweis des Zugangs?
  → Zustellung eines gerichtlichen Antrags nach § 2 GewSchG genügt.
- War rechtzeitige Mitteilung überhaupt möglich und zumutbar?

√ Dauer der Zuweisung (Rdnr. 256)
- Der in der Wohnung Verbleibende ist Alleinmieter/Alleineigentümer: Keine Frist.
- Täter und Opfer sind Miteigentum/Mitmieter: Befristung nötig, keine Vorgabe im Gesetz (§ 2 Abs. 2 S. 1 GewSchG).
- Täter ist Alleineigentümer/Alleinmieter (oder gemeinsam mit Dritten): Max. 6 Monate mit einmaliger Verlängerung um 6 Monate (§ 2 Abs. 2 S. 2, 3 GewSchG).
  → Dokumentation der zur Wohnungssuche unternommenen Schritte (Rdnr. 257)!

√ Nutzungsentschädigung (Rdnr. 292ff)
- Nach Billigkeit
- Bei freiwilligem Auszug nur, wenn Tatbestand für Zuweisung erfüllt.

√ Neben Wohnungszuweisung auf Zusatzanordnungen nach § 1 GewSchG hinwirken (Rdnr. 304)!

II. Formulierungshilfen für Anträge und Beschlüsse

Hinweis: Für Zuweisungen nach §§ 14, 17, 18 LPartG kann auf die Formulierungen für die Zuweisung nach § 1361b BGB bzw. nach der HausratsVO zurückgegriffen werden.

1. Antrag/Beschluss nach § 1361b BGB mit Zusatzanordnungen

(Frau hat Zuweisungsantrag gestellt, Mann ist Alleinmieter)

I. Der Antragsgegnerin wird die am Viktualienmarkt 7 in München, 2. OG rechts gelegene Ehewohnung, bestehend aus vier Zimmern, Küche, Bad/Toilette und Kellerabteil Nr. 4, für die Zeit der Trennung zur alleinigen Nutzung zugewiesen.

II. Der Antragsgegner ist verpflichtet, die in Ziffer I. genannte Wohnung sofort zu räumen und an die Antragstellerin herauszugeben. § 885 Abs. 2 bis 4 ZPO sind bei der Räumung nicht anzuwenden.

III. Dem Antragsgegner wird verboten, die in Ziffer I. genannte Wohnung nach der Räumung ohne vorherige Zustimmung der Antragstellerin nochmals zu betreten. Auf Aufforderung hat er die Wohnung der Antragstellerin sofort wieder zu überlassen.

IV. Dem Antragsgegner wird aufgegeben, der Antragstellerin sämtliche Haus- und Wohnungsschlüssel auszuhändigen.

V. Dem Antragsgegner wird aufgegeben, beim Auszug seine persönlichen Sachen, insbesondere sämtliche Bekleidung aus dem zweitürigen Schrank im Schlafzimmer, die im Arbeitszimmer befindlichen 20 grünen Leitzordner sowie den PC nebst Drucker, die im Kellerabteil gelagerten Sportgeräte (Fahrrad, Marke ...; Ski, Marke ...) sowie die ebenfalls im Kellerabteil gelagerten vier dunkelgrauen Werkzeugkisten mitzunehmen. Hausratsgegenstände darf er aus der Wohnung nicht entfernen.

VI. Dem Antragsgegner wird verboten, das Mietverhältnis über die in Ziffer I. genannte Wohnung zu kündigen oder in sonstiger Weise zu beenden.

2. Antrag/Beschluss nach §§ 2, 5 HausratsVO
(Frau ist Antragstellerin, Mann Alleinmieter)

I. Der Antragstellerin wird die in der Hoffstraße 12 in Karlsruhe, EG links, gelegene Ehewohnung bestehend aus drei Zimmern, Küche, Bad/Toilette, Speicherabteil Nr. 11 und Garagenstellplatz Nr. 8 für die Zeit ab Rechtskraft der Scheidung zur alleinigen Nutzung zugewiesen.

II. Der Antragsgegner ist verpflichtet, die in Ziffer I. genannte Wohnung bis spätestens ... zu räumen und an die Antragstellerin herauszugeben.
§ 885 Abs. 2 bis 4 ZPO sind bei der Räumung nicht anzuwenden.

III. Dem Antragsgegner wird verboten, die in Ziffer I. genannte Wohnung nach der Räumung ohne vorherige Zustimmung der Antragstellerin nochmals zu betreten. Auf Aufforderung hat er die Wohnung der Antragstellerin sofort wieder zu überlassen.

IV. Dem Antragsgegner wird aufgegeben, der Antragstellerin sämtliche Haus- und Wohnungsschlüssel auszuhändigen.

V. Dem Antragsgegner wird aufgegeben, beim Auszug seine persönlichen Sachen, insbesondere ..., mitzunehmen. Hausratsgegenstände darf er aus der Wohnung nicht entfernen.

VI. Die Antragstellerin tritt an Stelle des Antragsgegners in das von diesem mit dem Vermieter V aufgrund Mietvertrags vom 1.1.2002 bestehende Mietverhältnis über die in Ziffer I. genannte Wohnung ab Rechtskraft der Scheidung ein. Der Antragsgegner scheidet aus dem Mietverhältnis aus.

VII. Der Antragsgegner übernimmt gegenüber dem Vermieter V die Mithaftung für Mietrückstände der Antragstellerin aus dem Mietverhältnis über die in Ziffer I. genannte Wohnung. Die Mithaftung wird auf den Betrag von 12 Monatsmieten und auf die Dauer von drei Jahren ab Rechtskraft der Scheidung beschränkt.

Alternative, wenn Mitmietverhältnis:

Das zwischen den Parteien und dem Vermieter V aufgrund Mietvertrags vom 1.1.2002 bestehende Mietverhältnis über die in Ziffer I. genannte Wohnung wird ab Rechtskraft der Scheidung von der Antragstellerin allein fortgesetzt. Der Antragsgegner scheidet aus dem Mietverhältnis aus.

Alternative, wenn Alleinmieter die Wohnung bereits gekündigt hat:

> Zwischen der Antragstellerin und dem Vermieter V wird ab Rechtskraft der Scheidung (rückwirkend zum …) ein Mietverhältnis zu den Bedingungen des Mietvertrags zwischen dem Antragsgegner und dem Vermieter V vom 1.1.2002 begründet. Die monatliche Miete beträgt 600,- € netto kalt zuzüglich 200,- € monatlich Vorauszahlung für Neben- und Heizkosten.

3. Antrag/Beschluss nach §§ 2, 3 HausratsVO

(Mann ist Alleineigentümer, Frau betreut Kinder, keine Ersatzwohnung, kleinstes Kind schwer erkrankt; Frau hat Einkommen; kein Unterhalt)

> I. Der Antragstellerin wird die im Leharweg 15 in Bad Dürkheim gelegene Ehewohnung bestehend aus 5 Zimmern, Küche, Bad, 2 Toiletten, Keller, Speicher und Garage für die Zeit ab Rechtskraft der Scheidung bis … zur alleinigen Nutzung zugewiesen.
>
> II. Der Antragsgegner ist verpflichtet, die in Ziffer I. genannte Wohnung bis spätestens … zu räumen und an die Antragstellerin herauszugeben.
>
> § 885 Abs. 2 bis 4 ZPO sind bei der Räumung nicht anzuwenden.
>
> III. Dem Antragsgegner wird verboten, die in Ziffer I. genannte Wohnung nach der Räumung ohne vorherige Zustimmung der Antragstellerin nochmals zu betreten. Auf Aufforderung hat er die Wohnung der Antragstellerin sofort wieder zu überlassen.
>
> IV. Dem Antragsgegner wird aufgegeben, der Antragstellerin sämtliche Haus- und Wohnungsschlüssel auszuhändigen.
>
> V. Dem Antragsgegner wird aufgegeben, beim Auszug seine persönlichen Sachen, insbesondere …, mitzunehmen. Hausratsgegenstände darf er aus der Wohnung nicht entfernen.
>
> VI. Zwischen den Parteien wird ein Mietverhältnis zu vorübergehendem Gebrauch befristet bis …[916] begründet. Die monatliche Miete beträgt 600,- € netto kalt zuzüglich 200,- € monatlich Vorauszahlung für Neben- und Heizkosten.

---

916 Entsprechend der Zuweisung in Ziffer I.

4. Antrag/Beschluss nach § 2 GewSchG

(Nichteheliche Lebensgemeinschaft, Frau hat Mann schwer verletzt, Eigentumswohnung der Frau)

I. Dem Antragsteller wird die Am Hügel 17 in Unterhaching, EG rechts gelegene gemeinsame Wohnung bestehend aus 2 Zimmern, Küche, Bad und Toilette, für die Dauer von vier Monaten, somit bis ..., zur alleinigen Benutzung überlassen.

II. Die Antragsgegnerin ist verpflichtet, die Wohnung sofort zu räumen und an den Antragsteller mit allen zur Wohnung gehörenden Schlüsseln herauszugeben.
Für die Räumung sind § 885 Abs. 2 bis 4 ZPO nicht anzuwenden.

III. Der Antragsgegnerin wird untersagt, die in Ziffer I. genannte Wohnung nach der Räumung ohne vorherige Zustimmung des Antragstellers nochmals zu betreten.

IV. Der Antragsgegnerin wird verboten, ohne vorherige Zustimmung des Antragstellers
1. sich in einem Umkreis von 100 m der in Ziffer I. genannten Wohnung zu nähern,
2. sich in einem Umkreis von 50 m dem Arbeitsplatz des Antragstellers beim Bayerischen Rundfunk, Rundfunkplatz 1 in München, zu nähern,
3. Verbindung mit dem Antragsteller auch unter Verwendung von Fernkommunikationsmitteln aufzunehmen oder
4. ein Zusammentreffen mit dem Antragsteller herbeizuführen.

V. Für jeden Fall der Zuwiderhandlung wird der Antragsgegnerin ein Ordnungsgeld bis zu 100.000,- € angedroht.

VI. Die sofortige Wirksamkeit dieser Entscheidung und die Zulässigkeit der Vollstreckung vor der Zustellung an die Antragsgegnerin werden angeordnet.

VII. Die in Ziffer IV 1. bis 4. angeordneten Maßnahmen gelten bis ....

VIII. Die Antragsgegnerin wird darauf hingewiesen, dass die Zuwiderhandlung gegen die unter Ziffer III. und IV. angeordneten Verbote mit einer Freiheitsstrafe bis zu einem Jahr oder mit Geldstrafe bestraft werden kann, § 4 GewSchG.

5. Antrag/Beschluss nach § 1666 BGB

(Herr Maier wird wegen der Misshandlung von Nachbarskindern aus seiner von ihm allein angemieteten Wohnung gewiesen)

I. Dem Beteiligten Maier wird die Nutzung seiner in der Herrenstraße 45 in Karlruhe, 3. OG rechts gelegenen Wohnung, bestehend aus zwei Zimmern, Küche sowie Bad/Toilette und Kellerabteil (Nr. 2) für die Dauer von zwei Monaten untersagt.

II. Der Beteiligte Maier ist verpflichtet, die in Ziffer I. genannte Wohnung sofort zu räumen.

III. Für den Fall der Zuwiderhandlung wird dem Beteiligten Maier ein Zwangsgeld bis zu einer Höhe von 25.000,- € angedroht. Des Weiteren wird für den Fall, dass die Durchsetzung der Wegweisung auf andere Weise nicht erreicht werden kann, die Anordnung über den Einsatz von Gewalt angedroht.

IV. Dem Beteiligten Maier wird zudem verboten, die Kinder Sissi, geb. am 10.1.1998 und Franz, geb. am 25.10.2004 zu belästigen, zu bedrohen oder zu misshandeln.

V. Ihm wird des Weiteren verboten, sich für die Dauer von zwei Monaten in einem Umkreis von 100 m von der in Ziffer I. genannten Wohnung aufzuhalten.

VI. Dem Beteiligten Maier wird außerdem verboten, sich in einem Umkreis von 100 m der Schule in der Friedensstraße 5 in Karlsruhe sowie dem Kindergarten in der Sonnenstraße 10 in Karlsruhe aufzuhalten.

VII. Dem Beteiligten Maier wird schließlich verboten, Zusammentreffen mit den Kindern herbeizuführen und Verbindung zu ihnen aufzunehmen, auch durch Telefonieren oder andere Fernkommunikationsmittel.

III. Gesetzesentwürfe

1. Entwurf eines Gesetzes zur Reform des Verfahrens in Familiensachen und in den Angelegenheiten der freiwilligen Gerichtsbarkeit (FamFG-E)[917]

§ 7 Beteiligte
(1) In Antragsverfahren ist der Antragsteller Beteiligter.
(2) Als Beteiligte sind hinzuzuziehen
1. diejenigen, deren Recht durch das Verfahren unmittelbar betroffen wird,
2. diejenigen, die aufgrund dieses oder eines anderen Gesetzes von Amts wegen oder auf Antrag zu beteiligen sind.
(3) Das Gericht kann von Amts wegen oder auf Antrag weitere Personen als Beteiligte hinzuziehen, soweit dies in diesem oder einem anderen Gesetz vorgesehen ist. Das Gericht entscheidet durch Beschluss, wenn es einem Antrag auf Hinzuziehung nicht entspricht. Der Beschluss ist mit der sofortigen Beschwerde in entsprechender Anwendung der §§ 567 bis 572 der Zivilprozessordnung anfechtbar.
(4) Diejenigen, die nach Absatz 3 als Beteiligte zu dem Verfahren hinzugezogen werden können, sind von der Einleitung des Verfahrens zu benachrichtigen, soweit sie dem Gericht bekannt sind. Sie sind über ihr Antragsrecht zu belehren.
(5) Wer anzuhören ist oder eine Auskunft zu erteilen hat, ohne dass die Voraussetzungen des Absatzes 2 oder 3 vorliegen, wird dadurch nicht Beteiligter.

§ 24 Anregung des Verfahrens
(1) Soweit Verfahren von Amts wegen eingeleitet werden können, kann die Einleitung eines Verfahrens angeregt werden.
(2) Folgt das Gericht der Anregung nach Absatz 1 nicht, hat es denjenigen, der die Einleitung angeregt hat, darüber zu unterrichten, soweit ein berechtigtes Interesse an der Unterrichtung ersichtlich ist.

§ 27 Mitwirkung der Beteiligten
(1) Die Beteiligten sollen bei der Ermittlung des Sachverhalts mitwirken.
(2) Die Beteiligten haben ihre Erklärungen über tatsächliche Umstände vollständig und der Wahrheit gemäß abzugeben.

§ 36 Vergleich
(1) Die Beteiligten können einen Vergleich schließen, soweit sie über den Gegenstand des Verfahrens verfügen können. Das Gericht soll außer in Gewaltschutzsachen auf eine gütliche Einigung der Beteiligten hinwirken.
(2) Kommt eine Einigung im Termin zustande, ist hierüber eine Niederschrift anzufertigen. Die Vorschriften der Zivilprozessordnung über die Niederschrift des Vergleichs sind entsprechend anzuwenden.
(3) Ein nach Absatz 1 Satz 1 zulässiger Vergleich kann auch schriftlich entsprechend § 278 Abs. 6 der Zivilprozessordnung geschlossen werden.
(4) Unrichtigkeiten in der Niederschrift oder in dem Beschluss über den Vergleich können entsprechend § 164 der Zivilprozessordnung berichtigt werden.

---

917 BT-Drs. 16/6308 vom 7.9.2007, 16/9733 vom 23.6.2008 und 16/9831 vom 27.6.2008, vom Deutschen Bundestag am 27.6.2008 verabschiedet.

§ 39 Rechtsbehelfsbelehrung
Jeder Beschluss hat eine Belehrung über das statthafte Rechtsmittel, den Einspruch, den Widerspruch oder die Erinnerung sowie das Gericht, bei dem diese Rechtsbehelfe einzulegen sind, dessen Sitz und die einzuhaltende Form und Frist zu enthalten.

§ 45 Formelle Rechtskraft
Die Rechtskraft eines Beschlusses tritt nicht ein, bevor die Frist für die Einlegung des zulässigen Rechtsmittels oder des zulässigen Einspruchs, des Widerspruchs oder der Erinnerung abgelaufen ist. Der Eintritt der Rechtskraft wird dadurch gehemmt, dass das Rechtsmittel, der Einspruch, der Widerspruch oder der Erinnerung rechtzeitig eingelegt wird.

§ 48 Abänderung und Wiederaufnahme
Das Gericht des ersten Rechtszugs kann eine rechtskräftige Endentscheidung mit Dauerwirkung aufheben oder ändern, wenn sich die zugrunde liegende Sach- oder Rechtslage nachträglich wesentlich geändert hat. In Verfahren, die nur auf Antrag eingeleitet werden, erfolgt die Aufhebung oder Abänderung nur auf Antrag.

§ 49 Einstweilige Anordnung
(1) Das Gericht kann durch einstweilige Anordnung eine vorläufige Maßnahme treffen, soweit dies nach den für das Rechtsverhältnis maßgebenden Vorschriften gerechtfertigt ist und ein dringendes Bedürfnis für ein sofortiges Tätigwerden besteht.
(2) Die Maßnahme kann einen bestehenden Zustand sichern oder vorläufig regeln. Einem Beteiligten kann eine Handlung geboten oder verboten, insbesondere die Verfügung über einen Gegenstand untersagt werden. Das Gericht kann mit der einstweiligen Anordnung auch die zu ihrer Durchführung erforderlichen Anordnungen treffen.

§ 51 Verfahren
(1) Die einstweilige Anordnung wird nur auf Antrag erlassen, wenn ein entsprechendes Hauptsacheverfahren nur auf Antrag eingeleitet werden kann. Der Antragsteller hat den Antrag zu begründen und die Voraussetzungen für die Anordnung glaubhaft zu machen.
(2) Das Verfahren richtet sich nach den Vorschriften, die für eine entsprechende Hauptsache gelten, soweit sich nicht aus den Besonderheiten des einstweiligen Rechtsschutzes etwas anderes ergibt. Das Gericht kann ohne mündliche Verhandlung entscheiden. Eine Versäumnisentscheidung ist ausgeschlossen.
(3) Das Verfahren der einstweiligen Anordnung ist ein selbständiges Verfahren, auch wenn eine Hauptsache anhängig ist. Das Gericht kann von einzelnen Verfahrenshandlungen im Hauptsacheverfahren absehen, wenn diese bereits im Verfahren der einstweiligen Anordnung vorgenommen wurden und von einer erneuten Vornahme keine zusätzlichen Erkenntnisse zu erwarten sind.
(4) Für die Kosten des Verfahrens der einstweiligen Anordnung gelten die allgemeinen Vorschriften.

§ 52 Einleitung des Hauptsacheverfahrens
(1) Ist eine einstweilige Anordnung erlassen, hat das Gericht auf Antrag eines Beteiligten das Hauptsacheverfahren einzuleiten. Das Gericht kann mit Erlass der einstweiligen Anordnung eine Frist bestimmen, vor deren Ablauf der Antrag unzulässig ist. Die Frist darf drei Monate nicht überschreiten.
(2) In Verfahren, die nur auf Antrag eingeleitet werden, hat das Gericht auf Antrag anzuordnen, dass der Beteiligte, der die einstweilige Anordnung erwirkt hat, binnen einer zu bestimmenden Frist Antrag auf Einleitung des Hauptsacheverfahrens oder Antrag auf Bewilligung von Verfahrenskostenhilfe für das Hauptsacheverfahren stellt. Die Frist darf drei Monate nicht überschreiten. Wird dieser Anordnung nicht Folge geleistet, ist die einstweilige Anordnung aufzuheben.

§ 57 Rechtsmittel

Entscheidungen im Verfahren der einstweiligen Anordnung in Familiensachen sind nicht anfechtbar. Dies gilt nicht, wenn das Gericht des ersten Rechtszugs aufgrund mündlicher Erörterung

1. über die elterliche Sorge für ein Kind,
2. über die Herausgabe des Kindes an den anderen Elternteil,
3. über einen Antrag auf Verbleiben eines Kindes bei einer Pflege oder Bezugsperson,
4. über einen Antrag nach den §§ 1 und 2 des Gewaltschutzgesetzes oder
5. in einer Wohnungszuweisungssache über einen Antrag auf Zuweisung der Wohnung

entschieden oder den Ausschluss des Umgangs mit einem Elternteil angeordnet hat

§ 95 Anwendung der Zivilprozessordnung

(1) Soweit in den vorstehenden Unterabschnitten nichts Abweichendes bestimmt ist, sind auf die Vollstreckung

1. wegen einer Geldforderung,
2. zur Herausgabe einer beweglichen oder unbeweglichen Sache,
3. zur Vornahme einer vertretbaren oder nicht vertretbaren Handlung,
4. zur Erzwingung von Duldungen und Unterlassungen oder
5. zur Abgabe einer Willenserklärung

die Vorschriften der Zivilprozessordnung über die Zwangsvollstreckung entsprechend anzuwenden.

(2) An die Stelle des Urteils tritt der Beschluss nach den Vorschriften dieses Gesetzes.

(3) Macht der aus einem Titel wegen einer Geldforderung Verpflichtete glaubhaft, dass die Vollstreckung ihm einen nicht zu ersetzenden Nachteil bringen würde, hat das Gericht auf seinen Antrag die Vollstreckung vor Eintritt der Rechtskraft in der Entscheidung auszuschließen. In den Fällen des § 707 Abs. 1 und des § 719 Abs. 1 der Zivilprozessordnung kann die Vollstreckung nur unter derselben Voraussetzung eingestellt werden.

(4) Ist die Verpflichtung zur Herausgabe oder Vorlage einer Sache oder zur Vornahme einer vertretbaren Handlung zu vollstrecken, so kann das Gericht durch Beschluss neben oder anstelle einer Maßnahme nach den §§ 883, 885 bis 887 der Zivilprozessordnung die in § 888 der Zivilprozessordnung vorgesehenen Maßnahmen anordnen, soweit ein Gesetz nicht etwas Anderes bestimmt.

§ 96 Vollstreckung in Verfahren nach dem Gewaltschutzgesetz und in Wohnungszuweisungssachen

(1) Handelt der Verpflichtete einer Anordnung nach § 1 des Gewaltschutzgesetzes zuwider, eine Handlung zu unterlassen, kann der Berechtigte zur Beseitigung einer jeden andauernden Zuwiderhandlung einen Gerichtsvollzieher zuziehen. Der Gerichtsvollzieher hat nach § 758 Abs. 3 und § 759 der Zivilprozessordnung zu verfahren. Die §§ 890 und 891 der Zivilprozessordnung bleiben daneben anwendbar.

(2) Bei einer einstweiligen Anordnung in Gewaltschutzsachen, soweit Gegenstand des Verfahrens Regelungen aus dem Bereich der Wohnungszuweisungssachen sind, und in Wohnungszuweisungssachen ist die mehrfache Einweisung des Besitzes im Sinne des § 885 Abs. 1 der Zivilprozessordnung während der Geltungsdauer möglich. Einer erneuten Zustellung an den Verpflichteten bedarf es nicht.

§ 111 Familiensachen

Familiensachen sind
1. Ehesachen,
2. Kindschaftssachen,

3. Abstammungssachen,
4. Adoptionssachen,
5. Wohnungszuweisungs- und Hausratssachen,
6. Gewaltschutzsachen,
7. Versorgungsausgleichssachen,
8. Unterhaltssachen,
9. Güterrechtssachen,
10. sonstige Familiensachen,
11. Lebenspartnerschaftssachen.

§ 155 Vorrang- und Beschleunigungsgebot

(1) Kindschaftssachen, die den Aufenthalt des Kindes, das Umgangsrecht oder die Herausgabe des Kindes betreffen, sowie Verfahren wegen Gefährdung des Kindeswohls sind vorrangig und beschleunigt durchzuführen.
(2) Das Gericht erörtert in Verfahren nach Absatz 1 die Sache mit den Beteiligten in einem Termin. Der Termin soll spätestens einen Monat nach Beginn des Verfahrens stattfinden. Das Gericht hört in diesem Termin das Jugendamt an. Eine Verlegung des Termins ist nur aus zwingenden Gründen zulässig. Der Verlegungsgrund ist mit dem Verlegungsgesuch glaubhaft zu machen.
(3) Das Gericht soll das persönliche Erscheinen der verfahrensfähigen Beteiligten zu dem Termin anordnen.

§ 157 Erörterung der Kindeswohlgefährdung; einstweilige Anordnung

(1) In Verfahren nach den §§ 1666 und 1666a des Bürgerlichen Gesetzbuchs soll das Gericht mit den Eltern und in geeigneten Fällen auch mit dem Kind erörtern, wie einer möglichen Gefährdung des Kindeswohls, insbesondere durch öffentliche Hilfen, begegnet werden und welche Folgen die Nichtannahme notwendiger Hilfen haben kann. Das Gericht soll das Jugendamt zu dem Termin laden.
(2) Das Gericht hat das persönliche Erscheinen der Eltern zu dem Termin nach Absatz 1 anzuordnen. Das Gericht führt die Erörterung in Abwesenheit eines Elternteils durch, wenn dies zum Schutz eines Beteiligten oder aus anderen Gründen erforderlich ist.
(3) In Verfahren nach den §§ 1666 und 1666a des Bürgerlichen Gesetzbuchs hat das Gericht unverzüglich den Erlass einer einstweiligen Anordnung zu prüfen.

§ 158 Verfahrensbeistand

(1) Das Gericht hat dem minderjährigen Kind in Kindschaftssachen, die seine Person betreffen, einen geeigneten Verfahrensbeistand zu bestellen, soweit dies zur Wahrnehmung seiner Interessen erforderlich ist.
(2) Die Bestellung ist in der Regel erforderlich,
1. wenn das Interesse des Kindes zu dem seiner gesetzlichen Vertreter in erheblichem Gegensatz steht,
2. in Verfahren nach den §§ 1666 und 1666a des Bürgerlichen Gesetzbuchs, wenn die teilweise oder vollständige Entziehung der Personensorge in Betracht kommt,
3. wenn eine Trennung des Kindes von der Person erfolgen soll, in deren Obhut es sich befindet,
4. in Verfahren, die die Herausgabe des Kindes oder eine Verbleibensanordnung zum Gegenstand haben oder
5. wenn der Ausschluss oder eine wesentliche Beschränkung des Umgangsrechts in Betracht kommt.
(3) Der Verfahrensbeistand ist so früh wie möglich zu bestellen. Er wird durch seine Bestellung als Beteiligter zum Verfahren hinzugezogen. Sieht das Gericht in den Fällen des Absatzes 2 von der Bestellung eines Verfahrensbeistands ab, ist dies in der Endentscheidung zu begründen. Die

Bestellung eines Verfahrensbeistands oder deren Aufhebung sowie die Ablehnung einer derartigen Maßnahme sind nicht selbständig anfechtbar.

(4) Der Verfahrensbeistand hat das Interesse des Kindes festzustellen und im gerichtlichen Verfahren zur Geltung zu bringen. Er hat das Kind über Gegenstand, Ablauf und möglichen Ausgang des Verfahrens in geeigneter Weise zu informieren. Soweit nach den Umständen des Einzelfalls ein Erfordernis besteht, kann das Gericht dem Verfahrensbeistand die zusätzliche Aufgabe übertragen, Gespräche mit den Eltern und weiteren Bezugspersonen des Kindes zu führen sowie am Zustandekommen einer einvernehmlichen Regelung über den Verfahrensgegenstand mitzuwirken. Das Gericht hat Art und Umfang der Beauftragung konkret festzulegen und die Beauftragung zu begründen. Der Verfahrensbeistand kann im Interesse des Kindes Rechtsmittel einlegen. Er ist nicht gesetzlicher Vertreter des Kindes.

(5) Die Bestellung soll unterbleiben oder aufgehoben werden, wenn die Interessen des Kindes von einem Rechtsanwalt oder einem anderen geeigneten Verfahrensbevollmächtigten angemessen vertreten werden.

(6) Die Bestellung endet, sofern sie nicht vorher aufgehoben wird,
1. mit der Rechtskraft der das Verfahren abschließenden Entscheidung oder
2. mit dem sonstigen Abschluss des Verfahrens.

(7) ...

(8) ...

§ 162 Mitwirkung des Jugendamts

(1) Das Gericht hat in Verfahren, die die Person des Kindes betreffen, das Jugendamt anzuhören. Unterbleibt die Anhörung wegen Gefahr im Verzug, ist sie unverzüglich nachzuholen.

(2) Das Jugendamt ist auf seinen Antrag an dem Verfahren zu beteiligen.

(3) Dem Jugendamt sind alle Entscheidungen des Gerichts bekannt zu machen, zu denen es nach Absatz 1 Satz 1 zu hören war. Gegen den Beschluss steht dem Jugendamt die Beschwerde zu.

§ 200 Wohnungszuweisungssachen; Hausratssachen

(1) Wohnungszuweisungssachen sind Verfahren
1. nach § 1361b des Bürgerlichen Gesetzbuchs,
2. nach den §§ 2 bis 6 der Verordnung über die Behandlung der Ehewohnung und des Hausrats.

(2) Hausratssachen sind Verfahren
1. nach § 1361a des Bürgerlichen Gesetzbuchs,
2. nach den §§ 2 und 8 bis 10 der Verordnung über die Behandlung der Ehewohnung und des Hausrats.

§ 203 Antrag

(1) Das Verfahren wird durch den Antrag eines Ehegatten eingeleitet.

(2) Der Antrag in Hausratssachen soll die Angabe der Gegenstände enthalten, deren Zuteilung begehrt wird. Dem Antrag in Hausratssachen nach § 200 Abs. 2 Nr. 2 soll zudem eine Aufstellung sämtlicher Hausratsgegenstände beigefügt werden, die auch deren genaue Bezeichnung enthält.

(3) Der Antrag in Wohnungszuweisungssachen soll die Angabe enthalten, ob Kinder im Haushalt der Ehegatten leben.

§ 204 Beteiligte

(1) In Wohnungszuweisungssachen nach § 200 Abs. 1 Nr. 2 sind auch der Vermieter der Wohnung, der Grundstückseigentümer, der Dritte (§ 4 der Verordnung über die Behandlung der Ehewohnung und des Hausrats) und Personen, mit denen die Ehegatten oder einer von ihnen hinsichtlich der Wohnung in Rechtsgemeinschaft stehen, zu beteiligen.

(2) Das Jugendamt ist in Wohnungszuweisungssachen auf seinen Antrag zu beteiligen, wenn Kinder im Haushalt der Ehegatten leben.

§ 205 Anhörung des Jugendamts in Wohnungszuweisungssachen

(1) In Wohnungszuweisungssachen soll das Gericht das Jugendamt anhören, wenn Kinder im Haushalt der Ehegatten leben. Unterbleibt die Anhörung allein wegen Gefahr im Verzug, ist sie unverzüglich nachzuholen.
(2) Das Gericht hat in den Fällen des Absatzes 1 Satz 1 dem Jugendamt die Entscheidung mitzuteilen. Gegen den Beschluss steht dem Jugendamt die Beschwerde zu.

§ 207 Erörterungstermin

Das Gericht soll die Angelegenheit mit den Ehegatten in einem Termin erörtern. Es soll das persönliche Erscheinen der Ehegatten anordnen.

§ 208 Tod eines Ehegatten

Stirbt einer der Ehegatten vor Abschluss des Verfahrens, gilt dieses als in der Hauptsache erledigt.

§ 209 Durchführung der Entscheidung, Wirksamkeit

(1) Das Gericht soll mit der Endentscheidung die Anordnungen treffen, die zu ihrer Durchführung erforderlich sind.
(2) Die Endentscheidung in Wohnungszuweisungs- und Hausratssachen wird mit Rechtskraft wirksam. Das Gericht soll in Wohnungszuweisungssachen nach § 200 Abs. 1 Nr. 1 die sofortige Wirksamkeit anordnen.
(3) Mit der Anordnung der sofortigen Wirksamkeit kann das Gericht auch die Zulässigkeit der Vollstreckung vor der Zustellung an den Antragsgegner anordnen. In diesem Fall tritt die Wirksamkeit in dem Zeitpunkt ein, in dem die Entscheidung der Geschäftsstelle des Gerichts zur Bekanntmachung übergeben wird. Dieser Zeitpunkt ist auf der Entscheidung zu vermerken.

§ 210 Gewaltschutzsachen

Gewaltschutzsachen sind Verfahren nach den §§ 1 und 2 des Gewaltschutzgesetzes.

§ 212 Beteiligte

In Verfahren nach § 2 des Gewaltschutzgesetzes ist das Jugendamt auf seinen Antrag zu beteiligen, wenn ein Kind in dem Haushalt lebt.

§ 213 Anhörung des Jugendamts

(1) In Verfahren nach § 2 des Gewaltschutzgesetzes soll das Gericht das Jugendamt anhören, wenn Kinder in dem Haushalt leben. Unterbleibt die Anhörung allein wegen Gefahr im Verzug, ist sie unverzüglich nachzuholen.
(2) Das Gericht hat in den Fällen des Absatzes 1 Satz 1 dem Jugendamt die Entscheidung mitzuteilen. Gegen den Beschluss steht dem Jugendamt die Beschwerde zu.

§ 214 Einstweilige Anordnung

(1) Auf Antrag kann das Gericht durch einstweilige Anordnung eine vorläufige Regelung nach § 1 oder § 2 des Gewaltschutzgesetzes treffen. Ein dringendes Bedürfnis für ein sofortiges Tätigwerden liegt in der Regel vor, wenn eine Tat nach § 1 des Gewaltschutzgesetzes begangen wurde oder aufgrund konkreter Umstände mit einer Begehung zu rechnen ist.
(2) Der Antrag auf Erlass der einstweiligen Anordnung gilt im Fall des Erlasses ohne mündliche Erörterung zugleich als Auftrag zur Zustellung durch den Gerichtsvollzieher unter Vermittlung der Geschäftsstelle und als Auftrag zur Vollstreckung; auf Verlangen des Antragstellers darf die Zustellung nicht vor der Vollstreckung erfolgen.

§ 215 Durchführung der Endentscheidung

In Verfahren nach § 2 des Gewaltschutzgesetzes soll das Gericht in der Endentscheidung die zu ihrer Durchführung erforderlichen Anordnungen treffen.

§ 216 Wirksamkeit, Vollstreckung vor Zustellung

(1) Die Endentscheidung in Gewaltschutzsachen wird mit Rechtskraft wirksam. Das Gericht soll die sofortige Wirksamkeit anordnen.

(2) Mit der Anordnung der sofortigen Wirksamkeit kann das Gericht auch die Zulässigkeit der Vollstreckung vor der Zustellung an den Antragsgegner anordnen. In diesem Fall tritt die Wirksamkeit in dem Zeitpunkt ein, in dem die Entscheidung der Geschäftsstelle des Gerichts zur Bekanntmachung übergeben wird; dieser Zeitpunkt ist auf der Entscheidung zu vermerken.

§ 216a Mitteilung von Entscheidungen

Das Gericht teilt Anordnungen nach den §§ 1 und 2 des Gewaltschutzgesetzes sowie deren Änderung oder Aufhebung der zuständigen Polizeibehörde und anderen öffentlichen Stellen, die von der Durchführung der Anordnung betroffen sind, unverzüglich mit, soweit nicht schutzwürdige Interessen eines Beteiligten an dem Ausschluss der Übermittlung, das Schutzbedürfnis anderer Beteiligter oder das öffentliche Interesse an der Übermittlung überwiegen. Die Beteiligten sollen über die Mitteilung unterrichtet werden.

§ 266 Sonstige Familiensachen

(1) Sonstige Familiensachen sind Verfahren, die
1. Ansprüche zwischen miteinander verlobten oder ehemals verlobten Personen im Zusammenhang mit der Beendigung des Verlöbnisses sowie in den Fällen der §§ 1298 und 1299 des Bürgerlichen Gesetzbuchs zwischen einer solchen und einer dritten Person,
2. aus der Ehe herrührende Ansprüche,
3. Ansprüche zwischen miteinander verheirateten oder ehemals miteinander verheirateten Personen oder zwischen einer solchen und einem Elternteil im Zusammenhang mit Trennung oder Scheidung oder Aufhebung der Ehe,
4. aus dem Eltern-Kind-Verhältnis herrührende Ansprüche oder
5. aus dem Umgangsrecht herrührende Ansprüche

betreffen, sofern nicht die Zuständigkeit der Arbeitsgerichte gegeben ist oder das Verfahren eines der in § 348 Abs. 1 Satz 2 Nr. 2 Buchstabe a bis k der Zivilprozessordnung genannten Sachgebiete, das Wohnungseigentumsrecht oder das Erbrecht betrifft und sofern es sich nicht bereits nach anderen Vorschriften um eine Familiensache handelt.

(2) Sonstige Familiensachen sind auch Verfahren über einen Antrag nach § 1357 Abs. 2 Satz 1 des Bürgerlichen Gesetzbuchs.

2. Entwurf eines Gesetzes zur Erleichterung familiengerichtlicher Maßnahmen bei Gefährdung des Kindeswohls[918]

BGB-E:
§ 1666 wird wie folgt geändert:

a) Absatz 1 wird wie folgt gefasst:

„(1) Wird das körperliche, geistige oder seelische Wohl des Kindes oder sein Vermögen gefährdet und sind die Eltern nicht gewillt oder nicht in der Lage, die Gefahr abzuwenden, so hat das Familiengericht die Maßnahmen zu treffen, die zur Abwendung der Gefahr erforderlich sind."

b) Absatz 3 wird wie folgt gefasst:

„(3) Zu den gerichtlichen Maßnahmen nach Absatz 1 gehören insbesondere
1. Gebote, öffentliche Hilfen wie zum Beispiel Leistungen der Kinder- und Jugendhilfe und der Gesundheitsfürsorge in Anspruch zu nehmen,
2. Gebote, für die Einhaltung der Schulpflicht zu sorgen,
3. Verbote, vorübergehend oder auf unbestimmte Zeit die Familienwohnung oder eine andere Wohnung zu nutzen, sich in einem bestimmten Umkreis der Wohnung aufzuhalten oder zu bestimmende andere Orte aufzusuchen, an denen sich das Kind regelmäßig aufhält,
4. Verbote, Verbindung zum Kind aufzunehmen oder ein Zusammentreffen mit dem Kind herbeizuführen,
5. die Ersetzung von Erklärungen des Inhabers der elterlichen Sorge,
6. die teilweise oder vollständige Entziehung der elterlichen Sorge."

Dem § 1696 Abs. 3 wird folgender Satz angefügt:

„Sieht das Familiengericht von Maßnahmen nach den §§ 1666 bis 1667 ab, soll es seine Entscheidung in angemessenem Zeitabstand, in der Regel nach drei Monaten, überprüfen."

FGG-E:
§ 50e Vorrang- und Beschleunigungsgebot
(1) Verfahren, die den Aufenthalt des Kindes, das Umgangsrecht oder die Herausgabe des Kindes betreffen, sowie Verfahren wegen Gefährdung des Kindeswohls, sind vorrangig und beschleunigt durchzuführen.
(2) Das Gericht erörtert in Verfahren nach Absatz 1 die Sache mit den Beteiligten in einem Termin. Der Termin soll spätestens einen Monat nach Beginn des Verfahrens stattfinden. Das Gericht hört in diesem Termin das Jugendamt an. Eine Verlegung des Termins ist nur aus zwingenden Gründen zulässig. Der Verlegungsgrund ist mit dem Verlegungsgesuch glaubhaft zu machen.
(3) Das Gericht soll das persönliche Erscheinen der Beteiligten anordnen.
(4) In Verfahren wegen Gefährdung des Kindeswohls hat das Gericht unverzüglich den Erlass einer einstweiligen Anordnung zu prüfen.

---

918 BT-Drs. 16/6815 vom 24.10.2007 in der vom Deutschen Bundestag am 24.4.2008 verabschiedeten Fassung, vgl. BT-Drs. 16/8914 vom 23.4.2008. Als Gesetz vom 4.7.2008 am 12.7.2008 in Kraft getreten (BGBl. I S. 1188).

3. Entwurf eines Gesetzes zur Änderung des Zugewinnausgleichs- und Vormundschaftsrechts[919]

§ 1568a BGB-E

(1) Der Ehegatte, der unter Berücksichtigung des Wohls der im Haushalt lebenden Kinder und der Lebensverhältnisse der Ehegatten in stärkerem Maße auf die Ehewohnung angewiesen ist, kann von dem anderen Ehegatten verlangen, dass er ihm anlässlich der Scheidung die Ehewohnung überlässt.

(2) Ist einer der Ehegatten allein oder gemeinsam mit einem Dritten Eigentümer des Hauses, in dem sich die Ehewohnung befindet oder steht einem Ehegatten allein oder gemeinsam mit einem Dritten ein Nießbrauch, das Erbbaurecht oder ein dingliches Wohnrecht an dem Grundstück zu, so kann der andere Ehegatte die Überlassung nur verlangen, wenn dies notwendig ist, um eine unbillige Härte zu vermeiden. Entsprechendes gilt für das Wohnungseigentum und das Dauerwohnrecht.

(3) Der Ehegatte, dem die Wohnung überlassen wird, tritt
1. zum Zeitpunkt des Zugangs der Mitteilung der Ehegatten an den Vermieter über die Überlassung oder
2. mit Rechtskraft der Endentscheidung im Wohnungszuweisungsverfahren
an Stelle des zur Überlassung verpflichteten Ehegatten in ein von diesem eingegangenes Mietverhältnis ein oder setzt ein von beiden eingegangenes Mietverhältnis allein fort. § 563 Abs. 4 gilt entsprechend.

(4) Ein Ehegatte kann die Begründung eines Mietverhältnisses über eine Wohnung, die die Ehegatten auf Grund eines Dienst- oder Arbeitsverhältnisses innehaben, das zwischen einem von ihnen und einem Dritten besteht, nur verlangen, wenn der Dritte einverstanden oder dies notwendig ist, um eine unbillige Härte zu vermeiden.

(5) Besteht kein Mietverhältnis über die Ehewohnung, so kann der Ehegatte, der Anspruch auf deren Überlassung hat, von der zur Vermietung berechtigten Person die Begründung eines Mietverhältnisses zu ortsüblichen Bedingungen verlangen. Unter den Voraussetzungen des § 575 Abs. 1 kann der Vermieter eine angemessene Befristung des Mietverhältnisses verlangen. Kommt eine Einigung über die Höhe der Miete nicht zustande, kann der Vermieter eine angemessene Miete, im Zweifel die ortsübliche Vergleichsmiete, verlangen.

(6) In den Fällen der Absätze 3 und 5 erlischt der Anspruch auf Eintritt in ein Mietverhältnis oder auf seine Begründung ein Jahr nach Rechtskraft der Endentscheidung in der Scheidungssache.

§ 209 Abs. 1 FamFG-E sollen folgende Sätze 2 und 3 angefügt werden:

Das Gericht trifft den Ehegatten gegenüber die Anordnungen, die geeignet sind, die aus dem Mietverhältnis herrührenden Ansprüche des Vermieters zu sichern. Die Anordnungen sollen befristet werden.

---

919 Stand: 1.11.2007, abrufbar unter www.bmj.de > Zivilrecht > Familienrecht > Güterrecht > RegE > Gesetz zur Änderung des Zugewinnausgleichs und Vormundschaftsrechts.

Stichwortverzeichnis
(die Zahlen verweisen auf Randziffern)

A
Abhilfe 433
Alleineigentum 97ff
- Besitzrecht des Partners 98
- Mietverhältnis zwischen den Bewohnern 97
- Schutz vor Veräußerung 100ff

Alleinmieter 1ff
- Aufnahme des Ehe- oder Lebenspartners 2ff
- Aufnahme des Lebensgefährten 5ff
- Ausgleichsansprüche 22ff
- Beitritt zum Mietvertrag 10f
- Besitzrecht des Ehe- oder Lebenspartners 25ff
- Einbeziehung in die Schutzwirkung des Mietvertrags 15ff
- Erhöhung des Mietzinses bei Aufnahme des Partners 13f
- Haftung für den Mietzins 12
- Haftung für den Partner 18ff
- Mitbesitz des Lebensgefährten 28
- Räumungsanspruch gegen Lebensgefährten 28
- Tod des Mieters 29ff

Alleinnutzung der Wohnung nach § 2 GewSchG 215ff
- Auf Dauer angelegter gemeinsamer Haushalt 222ff
- Ausschluss der Zuweisung 225ff
- Gemeinsame Wohnung 217
- Grundsätze 216
- Verletzungshandlung 218ff

Amtsermittlung 356ff
Änderung der Entscheidung 365
Änderung des Mietvertrags durch das Familiengericht 331ff
Anschlussbeschwerde 441
Anspruch auf Zustimmung zur Kündigung 90ff
Antrag 359
Anwaltsgebühren 429f
Anwaltszwang 363, 374, 438
Auf Dauer angelegter gemeinsamer Haushalt 222ff
Ausblick 457
Ausgeübte oder angedrohte Gewalt, § 1361b Abs. 2 BGB 174ff
Ausgleichsansprüche 22ff, 78ff, 104ff, 144ff
Ausgleichszahlung 300
Ausschluss der Wohnungszuweisung bei § 1361b BGB 185ff
Aussetzung des Verfahrens 361

B
Bannmeile 321
Befristete Beschwerde, § 621e ZPO 432ff
Befristung der Schutz- und Zusatzanordnungen 326
Befristung der Zuweisung 249ff
- Dauer 256
- Fristverlängerung 257

Belästigungsverbot 321
Berechtigtes Interesse 6
Beschwerdeberechtigung 434, 449
Beschwerderücknahme 413, 442

Besitz- und Nutzungsrechte von Mitmietern 85f
Besitzschutz 27f
Beteiligte 364ff
Beweislast 356ff
Billiges Ermessen, § 2 HausratsVO 201ff

D
Dienst- und Werkwohnungen, § 4 HausratsVO 209f
Dingliche Rechtspositionen 180, 205ff, 214, 252ff
Drohung 174, 219f

E
Ehewohnung 165ff, 196
Eilmaßnahmen 369ff
- Anhängiges Hauptsacheverfahren 373
- Antrag 375
- Geltungsdauer 382f
- Glaubhaftmachung 375
- Mündliche Verhandlung 378ff
- Rechtsmittel 446ff
- Regelungsbedürfnis 376
- Überblick über die Vorschriften 370
- Zuständigkeit 377
Einbeziehung in die Schutzwirkung des Mietvertrags 15ff
Einigung 186, 197ff
Einstweilige Verfügung 384ff
Erfordernisse des Gemeinschaftslebens 203
Erhöhung des Mietzinses
- Bei Aufnahme des Ehe- oder Lebenspartners 13
- Bei Aufnahme des Lebensgefährten 14

F
Folgen der Wohnungszuweisung für Mietverhältnis und Eigentum 156ff
Freistellung statt Nutzungsentschädigung 296

G
Gebühren 426ff
Gefahrenabwehr durch die Eltern 237
Gegenstandswerte 416ff
- Bei go-order 422f
- Bei Zuweisung nach § 1361b BGB, § 14 LPartG 416f
- Bei Zuweisung nach der HausratsVO, §§ 17, 18 LPartG 418f
- Im Beschwerdeverfahren 424
- Im Verfahren nach dem GewSchG 420f
Im Zwangsvollstreckungsverfahren 425
Geltungsdauer einstweiliger Anordnungen 382f
Gerichtliches Kündigungsverbot 50, 316
Gerichtliches Veräußerungsverbot 102, 317
Gerichtsgebühren 427f
Go-order 235ff
- Amtsverfahren 241
- Fehlende Gefahrenabwehr 237
- Kindeswohlgefährdung 236
- Maßnahmen gegen Dritte 238
- Überprüfungspflicht 242
Grundsatz der Verhältnismäßigkeit 240, 246ff

H
Haftung für den Partner 18ff
Hauptsacheerledigung 362

Stichwortverzeichnis

I
Isolierte Nutzungsentschädigung 297
Isolierte Schutz- und Zusatzanordnungen 322ff

K
Kautionsrückzahlung 96
Kinder 152f
Kindeswohl 138, 171ff, 202, 213, 220, 230
Kindeswohlgefährdung 236
Konkurrenzen 258ff
- Bei nichtehelicher Lebensgemeinschaft 266
- Im Verhältnis zu § 861 BGB 261ff
- Im Verhältnis zu §§ 985, 745 Abs. 2 BGB 265
- Innerhalb der Zuweisungvorschriften 258ff
Kontaktverbot 321
Körperverletzung 175, 218
Kostenentscheidung 399ff
- Bei § 1361b BGB, HausratsVO, §§ 14, 17, 18 LPartG 400ff
- bei Beschwerderücknahme 413
- Bei einstweiliger Anordnung 409f
- Bei go-order 407f
- Im isolierten Zuweisungsverfahren 400ff
- Im Verbundverfahren 403f
- Im Verfahren nach § 2 GewSchG 405f
- in der Rechtsmittelinstanz 411f
Kündigung durch den Alleinmieter 46ff
- Einschränkung aus § 1353 BGB, § 2 LPartG 47ff
- Gerichtliches Kündigungsverbot 50
Kündigung durch den Vermieter
- Bei Mitmietern 74f
- Wegen Aufnahme des Partners 38ff
- Wegen Fehlverhalten des Partners 44f
- Wegen Überlassung der Wohnung nach Trennung an den Ehe- oder Lebenspartner 41f
- Wegen Überlassung der Wohnung nach Trennung an den Lebensgefährten 43
Kündigung durch Mitmieter
- Anspruch auf Zustimmung zur Kündigung 90ff
- Kündigungserklärung 87ff
Kündigungsverbot 316

M
Maßnahmen gegen Dritte 238
Mehrfache Vollziehung nach § 885 Abs. 1 S. 3 ZPO 394
Mietaufhebungsvertrag 93ff
Mieterhöhungsverlangen bei Mitmietern 71f
Miteigentum 109ff
- Nach der Trennung 111ff
- Nutzungsentschädigung 120ff
- Recht zum Besitz 110
- Übernahme durch einen Partner 125
- Verfügungsbefugnis 109
- Verkauf der Immobilie 124
Mitmieter 56ff
- Ausgleichsansprüche 78ff
- Besitz- und Nutzungsrechte 85 f
- Gesamthandsgläubiger 69
- Gesamtschuldner 70
- Kündigung des Vermieters 74f
- Kündigung durch die Mieter 87ff
- Mietaufhebungsvertrag 93ff

- Mieterhöhungsverlangen 71f
- Tod eines Mieters 73
- Vertragsschluss durch Eheleute 57ff
- Vertragsschluss durch Lebensgefährten 65ff
- Vertragsschluss durch Lebenspartner 61ff
- Vollmachtklauseln 77

Mündliche Verhandlung 360, 378ff

N
Neubegründung eines Mietverhältnisses 337ff
Nichtabholung zurückgelassener Sachen 396
Nutzungsentschädigung 120ff, 267ff
- Bei getrennt lebenden Eheleuten 273ff
- Bei getrennt lebenden Lebenspartnern 284
- Bei go-order 295
- Bei Miteigentum 296f, 287f, 293
- Höhe 280ff, 289, 294
- Isolierte Nutzungsentschädigung 297
- Mögliche Fallgruppen 268ff
- Nach Aufhebung der Lebenspartnerschaft 290f
- Nach dem GewSchG 292ff
- Nach der HausratsVO 285ff
- Verhältnis zu Unterhaltsansprüchen 298
- Verhältnis zum Gesamtschuldnerausgleich 299

Nutzungsregelungen im Überblick 154

P
Partnerschaftswohnung 191, 212
Possessorischer Besitzschutz und Wohnungszuweisung 261ff

R
Räumlich-gegenständlicher Bereich der gemeinsamen Wohnung 149ff
Räumungsanordnung 309f
Räumungsanspruch gegen Lebensgefährten 28
Räumungsfrist 312f
Räumungsvollstreckung 51ff
- Durch den Alleinmieter 54f
- Durch den Vermieter 51ff
Rechtsbeschwerde 443, 445
Rechtsmittel 431ff
- Bei Verbundentscheidung 444f
- Gegen einstweilige Anordnung 446ff
- Gegen Festsetzung des Geschäftswerts und Kostenansatz 456
- Gegen Hauptsacheentscheidung 431ff
- Gegen Kostenentscheidung 452f
- Gegen Zwangsmittel und deren Androhung 454f
Rechtsverhältnis an der Wohnung 155
Rechtswidrigkeit 177, 227
Reformatio in peius 439
Regelungsbedürfnis 376

S
Schutz- und Zusatzanordnungen 301ff
Gerichtliches Veräußerungsverbot 102, 371f
Schutz vor Veräußerung durch den Alleineigentümer

- § 1353 BGB, § 2 LPartG 100
- § 1365 BGB 101
Sicherung der Ansprüche des Vermieters 340ff
Sonstige dingliche Berechtigung 148
Stillschweigender Beitritt 11
Strafbarkeit nach § 4 GewSchG 304ff
Suspensiveffekt 440

T
Täterbelange 234
Teilungsversteigerung 126ff
- Antrag 127f
- Einstellung des Verfahrens 136ff
- Erlösverteilung 143
- Kindeswohl 138
- Unzulässigkeit des Verfahrens 133ff
- Verfahren 131f
- Zustimmungserfordernis aus § 1365 BGB 129f
Tod des Alleinmieters 29ff
- Ablehnungsrecht 31
- Kündigungsrecht des Vermieters 32
Tod eines Mitmieters 73
Trennung 162ff

U
Überlassungsverlangen 188f, 231ff
Überprüfungspflicht 242
Umgestaltung des Mietvertrags 333ff
Unbillige Härte 169ff, 219f
Untermietverhältnis 21

V
Veräußerungsverbot 317

Verbot der Teilungsversteigerung 319
Verbundverfahren 350
Vereinbarungen 306, 367
Verfahrensrecht 345ff
Verlängerung der Räumungsfrist 313
Verletzung der Freiheit 175, 218
Verletzung der Gesundheit 175, 218
Verschulden 177, 228
Versuch 176, 221
Vertragsbeitritt 10ff
Vollendete Gewalttat 176, 221
Vollmachtklauseln 77
Vollstreckung 388ff
- Bei Nichtabholung zurückgelassener Sachen 396
- Der go-order 397f
- Der Räumungsanordnung 388ff
- Von Untersagungsanordnungen 395
Voraussetzungen einer einstweiligen Anordnung 371ff
Vorläufige Benutzungsregelung 160
Vorsatz 174, 225f

W
Wiederholungsgefahr 185, 229f
Wirksame Lebenspartnerschaft 192f, 212
Wohlverhaltensgebote 302
Wohnungsteilung 247f
Wohnungszuweisung bei nichtehelicher Lebensgemeinschaft 243ff
Wohnungszuweisung für die Trennungszeit bei Eheleuten, § 1361b BGB 159ff
- § 1361b Abs. 2 BGB und Kindeswohl 178

- Ausgeübte oder angedrohte Gewalt 174ff
- Ausschluss der Zuweisung 185ff
- Ehewohnung 165ff
- Gesamtabwägung 179ff
- Kindeswohl 171ff
- Trennung 162
- Unbillige Härte 169ff
- Vorläufige Benutzungsregelung 160

Wohnungszuweisung für die Trennungszeit bei Lebenspartnern nach § 14 LPartG 190ff
- Ausschlus der Zuweisung 194
- Partnerschaftswohnung 191
- Wirksame Lebenspartnerschaft 192

Wohnungszuweisung gegen den Willen des Begünstigten 344

Wohnungszuweisung nach Aufhebung der Lebenspartnerschaft 211ff

Wohnungszuweisung nach der HausratsVO 195ff
- Billiges Ermessen 201ff
- Dienst- und Werkwohnungen 209 f
- Dingliche Rechtspositionen 205ff
- Ehewohnung 196
- Fehlende Einigung 197ff

Wohnwert 113ff

Z

Zusatzanordnungen bei Wohnungsteilung 315
Zuständigkeit 346, 377
Zuweisung zur Veräußerung 168